Guido Knopp

Die Gefangenen

Guido Knopp

Die Gefangenen

In Zusammenarbeit
mit Alexander Berkel, Stefan Brauburger,
Rudolf Gültner, Sönke Neitzel,
Friedrich Scherer, Ricarda Schlosshan

Redaktion:
Mario Sporn

C. Bertelsmann

Umwelthinweis:
Dieses Buch und der Schutzumschlag wurden auf
chlorfrei gebleichtem Papier gedruckt.
Die Einschrumpffolie (zum Schutz vor Verschmutzung)
ist aus umweltschonender und recyclingfähiger PE-Folie.

1. Auflage

Umschlaggestaltung: Design Team München
Satz: Uhl + Massopust, Aalen
Druck und Bindung: GGP Media, Pößneck
Printed in Germany
ISBN 3-570-00700-6
www.bertelsmann-verlag.de

Inhalt

Vorwort 7

Ab nach Sibirien!
Knopp/Scherer
-13-

Gefangene Seiner Majestät
Knopp/Berkel
-75-

Schlimmer als die Hölle
Knopp/Brauburger
-137-

Willkommen im Camp
Knopp/Neitzel
-207-

Zwischen Tod und Liebe
Knopp/Schlosshan
-265-

Die Heimkehr der Zehntausend
Knopp/Gültner
-331-

Ausgewählte Literatur 391
Personenregister 397
Orts- und Sachregister 403
Abbildungsnachweis 411

Die Gefangenen

Am Ende eines Krieges, der von deutschem Boden ausging, waren elf Millionen deutsche Soldaten in Gefangenschaft der Anti-Hitler-Koalition. Und hunderttausende Zivilisten: Frauen, Kinder, alte Menschen, die als Zivilverschleppte in den Weiten der Sowjetunion Fronarbeiten leisten mussten. Der Großteil einer ganzen Generation weiß aus eigenem Erleben, was es hieß, Gefangener zu sein. Von ihnen kehrten über zehn Millionen heim. Die ersten – ganz alte, sehr junge oder todkranke Gefangene – kamen oft schon in den Wochen nach der Kapitulation nach Hause; die letzten erst elf Jahre später – nach einer Zeit des Hungers, der Entbehrungen, der Zwangsarbeit. Über eine Million Gefangene sind gestorben. Ihre Spuren haben sich verloren – wie die von ungezählten Soldaten, die bis heute vermisst sind.

Die Heimkehrer haben das Erlebte oft verdrängt. Zu sehr lasteten Erfahrungen auf ihnen, die sie gern vergessen wollten. Heute, sechs Jahrzehnte nach all dem, brechen viele ihr Schweigen, erzählen uns in diesem Buch ihr Schicksal: von der Gefangennahme, dem Weg ins Lager, den Überlebensstrategien, dem alltäglichen Daseinskampf. Sie berichten von Ängsten, Träumen, Fluchtversuchen, Hoffnungen – und von der Heimkehr. Dabei waren ihre Erlebnisse ganz unterschiedlich, ja sogar höchst gegensätzlich. Der Autor weiß etwa aus den Erzählungen seines Vaters, der im Mai 1943 in Tunesien in amerikanische Gefangenschaft geriet und diese bis zum Mai 1946 in so unwirtlichen Gegenden wie Texas, Florida und Kalifornien zu verbringen hatte, was es hieß, dort »Prisoner of War« zu sein: gut bestückte Lagerbibliotheken, samstags neue Filme, täglich Weißbrot, morgens Corn Flakes, mittags Schweinebraten, abends Steaks. Der dünne Junge nahm zwölf Kilogramm zu – was der Heimkehrer im Hungerwinter 1946/47 ganz rasch wieder revidierte. Ganz andere Erinnerungen hat ein Onkel des Autors zu bieten, der als »prisonnier de guerre« in einem französischen Bergwerk knapp dem Hungertod entging.

Die ersten deutschen Kriegsgefangenen des Zweiten Weltkriegs waren in britischem Gewahrsam: meist U-Boot-Männer oder Flieger. Doch nur wenige blieben auf der Insel – und nur dann, wenn sie über kriegswichtige Kenntnisse verfügten, die für die Geheimdienste von Interesse waren. In diesem Buch ist erstmals dokumentiert, dass dies mitunter Informationen waren, die unfreiwillig preisgegeben wurden: Der britische Geheimdienst belauschte etwa die Privatgespräche gefangener deutscher Generale – und hörte unter anderem erstaunliche Debatten über deren Wissen und Nichtwissen-Wollen, was den Judenmord betraf. Die britische Regierung sah die deutschen Kriegsgefangenen in England als Gefahr für die eigene Sicherheit. Bis 1944 gab es in ganz Großbritannien nicht mehr als 2000 Kriegsgefangene; die Mehrzahl war nach Kanada, Kenia, Südafrika oder gar Australien verfrachtet worden. Erst in den letzten Monaten des Krieges, nach der Landung der Alliierten in der französischen Normandie, füllten sich die Lager auch auf der britischen Insel. Briten und Deutsche hielten sich bei der Behandlung der Gefangenen der jeweils anderen Seite in der Regel an die Genfer Konvention. Und konsequenter als jede andere Macht betrieben die Briten, was sie »Re-education« nannten: Umerziehung oder Demokratisierung »ihrer« Deutschen. Ein prominentes Beispiel war hier unter anderen der spätere Verleger Wolf Jobst Siedler.

Mit ganz anderen Problemen konfrontiert sahen sich die deutschen Kriegsgefangenen in der Sowjetunion. Waren bis zur Schlacht um Stalingrad nur wenige zehntausend Soldaten der Wehrmacht in sowjetischem Gewahrsam, so stiegen die Zahlen nach dem Zusammenbruch der Sechsten Armee rasch an. Als General Paulus kapitulierte, waren schon 150 000 seiner Soldaten den Kämpfen, der Kälte und dem Hunger zum Opfer gefallen. 92 000 Mann traten den qualvollen Weg in die Gefangenschaft an. Nur 6000 von ihnen sollten die Heimat wiedersehen. Was sich beide Völker, Deutsche und Russen, während des Krieges antaten, setzte sich in der Gefangenschaft fort. Hitler führte den Vernichtungskrieg im Osten ganz bewusst jenseits des Völkerrechts. Von den 5,75 Millionen sowjetischen Gefangenen in deutschem Gewahrsam starben 3,3 Millionen – mehr als die Hälfte.

Umgekehrt war Stalin trotz des Drucks der Westalliierten nicht bereit, sich zur Haager Landkriegsordnung zu bekennen. Auch die Genfer Konvention hatte die Sowjetunion nicht unterzeichnet.

Die meisten der oft riesigen sowjetischen Gefangenenlager lagen weit hinter der Front. Viele der über drei Millionen deutschen Soldaten, die im

Osten bis Kriegsende gefangen genommen wurden, überlebten schon den Marsch in die Lager nicht. Hunderttausende bezahlten die Todesmärsche bis zur nächsten Bahnstation, die Transporte im offenen Güterwagen, den quälenden Hunger, die absehbaren Seuchen mit dem Leben.

Die Erinnerung der Überlebenden berührt noch heute – zumal sie in den allermeisten Fällen nicht von Hass geprägt ist. Immer wieder ist in den Berichten die Rede davon, wie, bei aller offiziellen Unbarmherzigkeit, die russische Zivilbevölkerung, die selbst oft Hunger litt, den abgerissenen Gefangenen Lebensmittel zusteckte – und das, obwohl die Wehrmacht auf dem Rückzug Richtung Westen Tausende von Bauerndörfern in Brand gesetzt hatte.

Die Rache der Sieger traf Hunderttausende deutscher Zivilisten, die in den letzten Kriegs- und ersten Friedenstagen von sowjetischen Sonderkommandos aufgegriffen wurden. Alter und Geschlecht spielten in der Regel keine Rolle. Viele überlebten die Strapazen des Transports nicht. Erst nach wochenlanger Fahrt erreichten die Verschleppten ihre Bestimmungsorte: Arbeitslager in der Ukraine, in Stalingrad, im Kaukasus und im Ural, am Kaspischen und Weißen Meer, in Sibirien, in Kasachstan und Usbekistan. Viele der Verschleppten waren junge Frauen und Mädchen. Gleichsam als lebende Reparationsleistungen mussten sie für jene Verbrechen büßen, die von Deutschen und in deutschem Namen in der Sowjetunion begangen worden waren.

In den Arbeitslagern war der Tod allgegenwärtig – ob durch Hunger, Krankheit und Verzweiflung. Wohl die meisten der Verschleppten kehrten nicht zurück. Noch immer gilt eine große Anzahl von ihnen als vermisst. Manche wurden anonym bei irgendeinem Lager in den Weiten der Sowjetunion verscharrt, andere fanden noch als kleine Kinder Aufnahme in einer russischen Familie und vergaßen ihre Herkunft – dann wurde aus Paul Pawel, aus Liesabeth Maria. Ihr Schicksal zählt zu den verdrängten und traumatischen Kapiteln des 20. Jahrhunderts.

Den Überlebenden geht es nach eigenem Bekunden nicht um Aufrechnung von Schuld. Wenn frühere deutsche Zwangsarbeiter über ihre tragischen Erfahrungen zu reden beginnen, ist es für viele wohl der erste Schritt auch zur Bewältigung einer Zeit, die manche der Frauen in ihren Träumen noch bis heute heimsucht. Lange wurde dieser Opfer nicht gedacht. Jetzt ist es Zeit, dass sie sprechen.

Alles andere als traumatisch waren in der Regel die Erfahrungen der Deutschen, die ab 1942 in amerikanische Gefangenschaft gerieten. Eingesetzt als Hilfskräfte in militärischen Einrichtungen oder in der Landwirtschaft, ging es diesen Gefangenen so gut wie in keinem anderen Gewahrsam: Es gab Sportveranstaltungen, ja regelrechte Fußballmeisterschaften mit US-Wachen als Fans; es gab Lageruniversitäten, Fernkurse, Konzerte und Theateraufführungen. Die Genfer Konvention, derzufolge die Kriegsgefangenen genauso unterzubringen und zu ernähren waren wie die eigene Truppe, wurde in den USA so exakt eingehalten, dass manche amerikanische Zivilisten protestierten, den Deutschen ginge es besser als ihnen selbst. Erst gegen Ende des Krieges, mit der Entdeckung der Konzentrationslager Dachau, Buchenwald und Bergen-Belsen, änderte sich die Situation. Als die Gefangenen die Todesbilder aus den Lagern vorgeführt bekamen, taten viele dies zunächst als »alliierte Propaganda« ab, weil sie es nicht glauben wollten.

US-Gefangenschaft ganz anderer Art – auch unter dem Eindruck dieser Bilder – erlebten jene Deutschen, welche gegen Kriegsende in Westdeutschland in amerikanische Hände gerieten. Von April bis Juli 1945 pferchten US-Truppen entlang des Rheins fast eine Million deutscher Soldaten in riesigen Camps unter freiem Himmel zusammen. Zelte gab es nicht, Stacheldraht umschloss morastige Wiesen. Täglich wurden Massengräber ausgehoben. In drei Monaten starben 4500 Gefangene. Wer die Kraft dazu hatte, grub sich mit den Händen Erdlöcher als Schutz vor Wind und Regen. Das Internationale Rote Kreuz protestierte vergeblich.

Als im Sommer 1945 im Südwesten Deutschlands die französische Besatzungszone eingerichtet wurde, übernahm die vierte Siegermacht prompt hunderttausende Gefangene der US-Armee. Die Erinnerung an die demütigende Besatzung war noch gegenwärtig, und so behandelten französische Militärs die ehemaligen Okkupanten rigider als Briten und Amerikaner. Vertreter des Roten Kreuzes warnten, dass fast 200 000 deutsche Kriegsgefangene in französischen Lagern zu verhungern drohten. Verzweifelt versuchten viele die Flucht, doch nur wenigen gelang sie. Angesichts des Elends in den Lagern verziehen französische Bauern mitunter schneller als ihre Regierung und versorgten die Deutschen über den Stacheldraht hinweg mit Wasser und Brot – spontane Gesten des Mitleids und der Hilfsbereitschaft. Einmal aus den Lagern heraus und zur Feldarbeit eingeteilt, entwickelten sich auf den Höfen da und dort schon erste deutsch-französische Bande.

Immerhin kehrten die letzten Kriegsgefangenen in französischem Gewahrsam 1948 zurück nach Deutschland – zu einem Zeitpunkt, als noch Hunderttausende ihrer Kameraden in den Lagern Stalins festgehalten wurden. Wie zuvor sowjetische Zwangsarbeiter in Hitlers Reich, so mussten auch die deutschen Kriegsgefangenen jahrelange Zwangsarbeit leisten – in Kohlegruben und in Steinbrüchen genauso wie beim Wiederaufbau der im Krieg zerstörten Städte. Einige der Gefangenen wagten die Flucht; nur wenigen gelang sie. Wer das Glück hatte, schon Ende der Vierziger-, Anfang der Fünfzigerjahre nach Hause entlassen zu werden, traf nicht selten auf Not und Verwüstung. Einige erfuhren erst jetzt vom Tod ihrer Familien, andere trafen ihre Frauen in den Armen anderer Männer an.

Der Neubeginn für die vom Krieg traumatisierten Männer war nicht leicht. Mitte der Fünfzigerjahre waren noch immer fast 10 000 Deutsche in sowjetischem Gewahrsam – unter ihnen freilich auch notorische Nazis: Personen aus Hitlers Entourage, SS-Ärzte aus Auschwitz und ein Gauleiter. Die meisten allerdings waren ehemalige Soldaten, die man in Scheinprozessen zu 25 Jahren Zwangsarbeit verurteilt hatte.

In der Bundesrepublik zumindest waren sie nicht vergessen. Viele Menschen stellten jeweils am 4. Mai, dem »Tag der Treue«, Kerzen in die Fenster, um an die Gefangenen zu erinnern. 1955 reiste Konrad Adenauer nach Moskau, um die Letzten nach Hause zurückzuholen. Nach zähem Ringen hatte seine Mission Erfolg. Ab Oktober 1955 erreichte der erste Transport das Lager Friedland: Auftakt für die legendäre »Heimkehr der Zehntausend« – Augenblicke kollektiver Emotion. Nie waren Freud und Leid so nahe beieinander: Während sich zu den Klängen des Chorals »Nun danket alle Gott« lange getrennte Familienangehörige in den Armen lagen, warteten viele Mütter vergebens auf ihre Söhne, Frauen vergebens auf ihre Männer. Manche warteten noch Jahrzehnte – bis zu ihrem Tod. Noch zu Beginn des 21. Jahrhunderts ist das Schicksal von 1,5 Millionen vermissten Soldaten ungeklärt.

Es sind dramatische und traurige, traumatische und tragische Erfahrungen, welche die Erinnerungen überlebender Gefangener bereithalten. Doch allemal sind es Erfahrungen, aus denen wir, die Nachgeborenen, lernen können: wozu Menschen fähig sind, im Guten wie im Bösen. Die Archive, die uns Auskunft geben über Millionen Schicksale, stehen mittlerweile sämtlich offen. Wir haben sie genutzt zu einem Zeitpunkt, da die Zeugen jener Jahre, welche die Gefangenschaft erlebt haben, noch reden können. Hören wir ihnen zu.

Ab nach Sibirien!

»Russe vor der Tür, wir bereiten Zerstörung vor«, lautete der Funkspruch aus dem Hauptquartier im Kaufhauskeller. Zehn Minuten später, als sich ein sowjetischer Oberleutnant bereits den Weg in den überfüllten und stinkenden Keller bahnte, folgte die Vollzugsmeldung: »Wir zerstören.« Es war die letzte Nachricht, welche die Heimat erreichte. Anschließend verließen der Generalfeldmarschall und sein Stab mit erhobenen Händen ihren Gefechtsstand. Auch aus den umliegenden Ruinen krochen geisterhafte Gestalten ans Licht, hoben die Hände und sammelten sich, angetrieben durch die Gewehrläufe der sowjetischen Soldaten, auf dem »Roten Platz« der zerstörten Stadt. Einige der ausgemergelten Gestalten riefen »Hitler kaputt!« als Zeichen ihrer Kapitulation. Andere rüsteten sich stumm für ihr weiteres Schicksal, umwickelten ihre Stiefel zum Schutz vor der Kälte mit abgerissenen Uniformstücken oder suchten sich ein Stück Holz als Krücke, um sich mit erfrorenen Zehen weiterzuschleppen. Immer wieder waren gedämpfte Schüsse aus den unterirdischen Kellern und Bunkern der Stadt zu hören – Zeichen, dass die dort eindringenden Rotarmisten noch auf vereinzelte Gegenwehr stießen oder aber schwer verwundete deutsche Soldaten, die nicht mehr gehfähig waren, kurzerhand erschossen. Es war der frühe Morgen des 31. Januar 1943; zwei Tage später erlosch der letzte deutsche Widerstand im Kessel von Stalingrad.

Es war uns durch Erzählungen von in russische Gefangenschaft geratenen eigenen Leuten, die wieder getürmt sind, bewusst: Nichts ist schlimmer als russische Gefangenschaft.

Eugen Fritze,
Militärarzt der Wehrmacht

Die Nachricht vom Untergang der Sechsten Armee unter Generalfeldmarschall Friedrich Paulus traf das Reich nicht wie ein Blitz aus heiterem Himmel. In den vorausgehenden Wochen hatte die deutsche Propagandamaschine mit Hochdruck gearbeitet, um die Öffentlichkeit auf das absehbar gewordene Ende der Sechsten

Aus Moskau kommt die Nachricht, dass Paulus und 14 seiner Generäle in bolschewistische Gefangenschaft geraten seien. Diese Nachricht ist alles andere als beglückend.

Joseph Goebbels, Tagebucheintrag vom 2. Februar 1943

»Ein Feldmarschall ergibt sich nicht«: Friedrich Paulus und sein Stab auf dem Weg in die Gefangenschaft.

Armee vorzubereiten. In einer Unterredung am 23. Januar 1943 hatten sich Hitler, Goebbels und Göring darauf geeinigt, die bittere Niederlage in ein deutsches »Heldendrama« umzumünzen, welches das deutsche Volk nicht deprimieren, sondern aufrütteln sollte. Die Soldaten der Sechsten Armee, so wollte man es deuten, hätten sich im Kampf bis zum letzten Mann geopfert, um ihre Heimat vor der roten Flut zu schützen und ihr durch ihr heroisches Vorbild den Weg zum Sieg zu weisen. Um das Heldenlied zu krönen, hatte Hitler kurz vor Schluss den Befehlshaber der Sechsten Armee, Generaloberst Paulus, zum Generalfeldmarschall ernannt. Ein deutscher Feldmarschall ergibt sich nicht, er geht mit seinen Männern unter, so sein zynisches Kalkül. Propagandistisch machte der Opfergang der Sechsten Armee erst dann Sinn, wenn es keine Überlebenden gab.

Nun wird sehr bald der schwere Augenblick kommen, dass wir die ganze Wahrheit dem deutschen Volke mitteilen müssen. Ich glaube nicht, dass diese Tatsache allzu erschütternd wirken wird, denn im Großen und Ganzen weiß das Volk mehr, als wir ahnen.

Joseph Goebbels, Tagebucheintrag vom 4. Februar 1943

Die Nachricht von der Kapitulation der Sechsten Armee traf die deutsche Führung daher wie ein Schlag. Hitler empfing die Meldung in der »Wolfsschanze«, seinem geheimen Hauptquartier in den ostpreußischen Wäldern, als er gerade beim Essen war. Frühere Hiobsbotschaften hatten die in seiner Umgebung so gefürchteten Tobsuchtsanfälle ausgelöst, doch diesmal war es anders. Schweigend und starr blickte er in den Suppenteller vor sich. Umso lauter machte er am darauf folgenden Tag seiner Empörung Luft. »Die haben sich da absolut formgerecht übergeben«, tobte er bei einer Lagebesprechung vor den Spitzen der Wehrmacht, »denn im anderen Falle stellt man sich zusammen, bildet einen Igel und schießt mit der letzten Patrone sich selbst tot.« Immer wieder kam er im Verlauf der Lageerörterung auf Paulus selbst zu sprechen, der in seinen Augen zu feige gewesen war, das »Heldenepos« von Stalingrad mit seinem Opfertod zu krönen. »Mir tut das darum so weh, weil das Heldentum von so vielen Sol-

Wir brauchten gar keine Hände zu heben, die Russen haben uns einfach zusammengetrieben. Da lief dann alles kreuz und quer, Infanterie und Panzer, Artillerie und Pioniere, die ließen alles stehen und liegen und folgten der russischen Aufforderung. Im Nu hatte sich ein Haufen gesammelt, der immer größer wurde, und so sind wir in Gefangenschaft gegangen.

Heinz Thomas, als Offizier in Stalingrad gefangen genommen

daten von einem einzigen charakterlosen Schwächling ausgelöscht wird. Was heißt das Leben? Der Einzelne muss ja sterben. Was über dem Einzelnen bleibt, ist das Volk. Mir persönlich tut es am meisten weh, dass ich das noch getan habe, ihn zum Feldmarschall zu befördern. Ich wollte ihm die letzte Freude geben. Er konnte sich von aller Trübsal erlösen und in die Ewigkeit, in die nationale Unsterblichkeit eingehen – und er geht lieber nach Moskau.«

Die Kapitulation der Sechsten Armee stellte die deutsche Führung vor eine grundlegende Entscheidung: Entweder musste sie die Propaganda der Realität oder die Realität der Propaganda angleichen. Ohne zu zögern wählten Hitler und Goebbels die zweite Variante. Die Kapitulation und Gefangennahme von Paulus und seinen Soldaten wurde verschwiegen, etwaige Lebensäußerungen von ihnen galten von nun als unerwünscht. Die Helden hatten tot zu sein. Im Rundfunk-Sonderbericht des Oberkommandos der Wehrmacht (OKW) vom 3. Februar 1945 wurde die Lüge offiziell: Zweimal habe der Feind die Sechste Armee aufgerufen zu kapitulieren, zweimal habe diese stolz abgelehnt, um dann »bis zum letzten Atemzuge« kämpfend der feindlichen Übermacht zu erliegen: »Unter der Hakenkreuzfahne, die auf der höchsten Ruine von Stalingrad weithin sichtbar gehisst wurde, vollzog sich der letzte Kampf. Generale, Offiziere, Unteroffiziere und Mannschaften fochten Schulter an Schulter bis zur letzten Patrone. Sie starben, damit Deutschland lebe.«

Als man sie führte, sah das wie eine große graugrüne Schlange aus, denn sie hatten graugrüne Militärmäntel. Ihre Mützen haben sie tief auf die Ohren aufgezogen, andere hatten irgendwelche selbstgebastelte Mützen, bei manchen war der Kopf in Handtücher eingewickelt. Ihr Anblick war alles andere als kriegerisch.

Georgij Kireew, russischer Soldat in Stalingrad

Am frühen Morgen sind dann die russischen Truppen gekommen, haben uns gefangen genommen, und dann sind wir aus unseren Gräben vom Steilufer zur Zariza runtermarschiert, und ich hab' mich, als ich unten war, umgedreht und hab' gedacht: Mal sehen, wie viele von deinen Leuten mitkommen. Da kommt ein endloser Zug von Soldaten hinter mir her.

Gerhard Dengler, als Offizier in Stalingrad gefangen genommen

Während der Rundfunk diese Nachricht verbreitete, traten die unfreiwilligen und totgesagten »Helden« von Stalingrad ihre bittere Odyssee in die Gefangenschaft an. Ohne Waffen und Helme, mit tief heruntergezogenen Wollmützen oder Kleiderfetzen, die um den Kopf gewickelt waren, wurden die besiegten Überreste der Sechsten Armee zu langen Marschkolonnen zusammengestellt – »humpelnde und schlurfende Geister in Lumpen«, wie ein Beobachter, der Kommunist Erich Weinert, sie beschrieben hat. Die Glücklicheren unter ihnen wurden in eines der näher gelegeneren Sammellager getrieben. Für andere

Oben: »Eine große graugrüne Schlange«: Die Reste der geschlagenen Sechsten Armee schleppen sich in die Gefangenschaft.
Unten: »Erbarmungswürdiger Anblick«: Deutsche Soldaten nach ihrer Gefangennahme durch Rotarmisten.

Wir sind zuversichtlich in die Gefangenschaft gegangen. Schlechter als im Kessel, so dachten wir, kann es uns dort auch nicht gehen.

Helmut Tomisch, als Soldat in Stalingrad gefangen genommen

begann der Weg in die Gefangenschaft mit einem regelrechten Todesmarsch. Der damals 23-jährige Feldwebel Josef Probst erinnert sich: »Unser Weg führte durch den hohen Schnee am Straßenrand, denn die Straße mit ihrer festgetretenen und festgefahrenen Schneespur wurde ausschließlich von den zur Front zurückfahrenden Autos, Schlitten und marschierenden Kampfeinheiten der Russen benutzt. Für uns war deshalb der Marsch besonders beschwerlich. Unsere Kräfte waren schnell verbraucht. Die große Kälte gab uns den Rest. Immer wieder passierte es, dass vorbeiziehende Russen Kameraden von uns aus der Kolonne zogen, auf die Erde in den Schnee warfen und sie nach brauchbaren Bekleidungsstücken und Wertgegenständen untersuchten. Viele überlebten diese Untersuchungen nicht. Vor mir wurde einer aus der Reihe gezogen, den man in aller Eile zwang, seine Handschuhe und Lederstiefel auszuziehen, und nur mit Socken an den Füßen weiterzumarschieren. Es bestand keine Gelegenheit, ihm zu helfen. Die Wachposten trieben uns dauernd zum schnelleren Marsch durch den Schnee an. Wer zurückblieb, wurde von den am Schluss eingesetzten russischen Soldaten erbarmungslos erschossen. Wir hörten immer wieder Rufe und Schreie und die darauf folgenden Schüsse. Keiner von uns drehte sich um oder sagte ein Wort dazu. Auf diesem Marsch hatten alle nur einen Gedanken: Nicht zurückbleiben!«

Am übelsten traf es diejenigen, die in das Hauptsammellager Beketowka geführt wurden. Mehr als fünf Tage, bei Temperaturen zwischen minus 25 und 30 Grad, mussten sie sich ohne Nahrung und fast ohne Wasser voranschleppen. Wer den Tagesmarsch überlebte, sah sich mit der nächsten Gefahr konfrontiert. Nur selten stand für die Übernachtung ein Gebäude zur Verfügung, meist mussten die Gefangenen im Schnee kampieren. Die morgens aufwachten, fanden sich oft zwischen den Leichen erfrorener

Und es blieb nicht aus, dass der eine oder andere, wie man in Gefangenschaftskreisen sagte, »den Löffel aus der Hand legte«, schlicht gesagt: verreckte. Manche wegen hohen Fiebers, das war schon der Anfang des Fleckfiebers, manche wegen des Hungers. Tagsüber wurde manchmal irgendwann gehalten, dann wurde uns Wassersuppe oder Brot reingereicht; es war meistens sehr frisch und warm und schmeckte für uns wie Kuchen.

Manfred Gusovius, als Soldat in Stalingrad gefangen genommen

»Ein endloser Zug von Gefangenen«: Deutsche Soldaten auf dem Weg aus Stalingrad in eines der Sammellager.

Zwei Tage brauchten wir bis nach Gumrak. In der Nacht mussten wir im Schnee stehen bleiben, bis es weiterging am anderen Tag. Am Morgen lag ein Drittel der Soldaten dort erfroren. Wir warnten immer: Legt euch nicht hin. Wenn ihr liegt, dann schlaft ihr ein, dann ist es aus, das merkt ihr gar nicht mehr. Wir liefen immer im Kreis, dass wir in Bewegung blieben. Aber der eine oder andere legte sich hin, der hielt es nicht mehr aus, und dann schlief er ein – für immer. Und am anderen Tag konnte man nur noch sagen: Na ja, guter Kamerad – vorbei.
Hans Mroczinski, als Soldat in Stalingrad gefangen genommen

Kameraden wieder, die am Ende ihrer Widerstandskräfte lautlos in den Tod gedämmert waren. Aus Angst, im Schlaf zu sterben, organisierten die Überlebenden einen Wachdienst, der die Kameraden jede halbe Stunde weckte. Alle bewegten sich dann heftig, um den Kreislauf wieder in Gang zu bringen. Erst dann wagten sie es, sich erneut zum Schlaf niederzulegen. Kilometer um Kilometer, Nacht für Nacht schmolz die Truppe auf diese Weise zusammen. »Wir waren mit 1200 Mann losmarschiert«, erinnert sich Josef Farber, »und nur ein Zehntel davon, etwa 120, lebte noch zu dem Zeitpunkt, da wir Beketowka erreichten.«

Der Untergang der Sechsten Armee in Stalingrad war nicht nur ein militärischer Wendepunkt des Zweiten Weltkriegs, er markiert auch die wichtigste Zäsur in der Geschichte der deutschen Kriegsgefangenen. Zum ersten Mal in diesem Krieg kam es zu einer deutschen Massenkapitulation; eine gesamte Armee – zuletzt etwa 90 000 Mann – ging geschlossen in Gefangenschaft. Niemals zuvor waren Soldaten der Wehrmacht oder der Waffen-SS in derartiger Zahl in die Hände des Gegners gefallen. Und noch in einer anderen Hinsicht ragt Stalingrad heraus. Niemals zuvor und niemals danach war eine ganze Armee zum Zeitpunkt ihrer Gefangennahme in einem so jämmerlichen Zustand wie die Sechste Armee nach ihrer Kapitulation im Kessel von Stalingrad. Der Hunger und die entsetzliche Kälte während der über zwei Monate währenden Belagerung hatten die einst stolze Truppe in eine formlose Masse zerlumpter Gestalten verwandelt. Angesichts dieser Tatsache war es schon absehbar, dass ein beträchtlicher Teil der gefangenen Soldaten die ersten Wochen und Monate der Gefangenschaft nicht überleben würde.

Was in den Sammellagern von Beketowka, Dubovka, Krasnoarmeisk und anderswo geschah, übertraf die schlimmsten Befürchtungen. Obwohl die Kapitulation der Sechsten Armee in den Wochen zuvor absehbar geworden war, hatten die sowjetischen Behörden fast keine Vorkehrungen getroffen, um die zu erwartende Masse an Gefangenen unterzubringen, geschweige denn, sie zu verpflegen. Ganz offenbar war man überrascht von der großen Zahl Soldaten, die sich im Kessel ergaben. Gleichgültigkeit, Korruption, Inkompetenz und ein verheerender Mangel an Koordination zwischen der Roten Armee und den für die Gefangenen zuständigen Truppen des Innenministeriums (NKWD) taten ein Weiteres, um katastrophale Zustände hervorzurufen. Erst Tage nach der Ankunft erhielten die meisten Soldaten die erste Ration, ein Stück Hartbrot zumeist oder warmes Wasser, das mit einem bisschen Kleie zur Suppe verrührt wurde – mancher hatte zu diesem Zeitpunkt bereits seit 14 Tagen nichts mehr gegessen.

Angesichts dieser Not wurde das Lagerleben zu einem täglichen Kampf ums nackte Dasein, bei dem menschliches Mitgefühl und Kameradschaft oft genug auf der Strecke blieben. Die Verlierer wurden am Morgen aus den Baracken getragen und nackt in einer Reihe aufgestapelt. In Beketowka erreichte diese »Mauer des Todes« Berichten zufolge bisweilen eine Länge von 100 Metern bei einer Höhe von zwei Metern. Zwischen dem 3. Februar und dem 10. Juni wurden allein hier 27 078 Verstorbene registriert – die tatsächliche Zahl dürfte weit höher liegen. Wer krank wurde, hatte nur dann eine Chance zu überleben, wenn ihm Kameraden halfen, denn um die wenigen windgeschützten Plätze in den Lagern tobte ein bitterer Existenzkampf. Hauptmann Gerhard Dengler lag mit Typhus im Lager von Krasnoarmeisk: »Sie sagten über mich: ›Der stirbt heute Nacht sowieso, den könnt ihr ruhig auf den Haufen legen.‹ Dann haben Soldaten, die nicht zu meinem Regiment gehörten, dafür gesorgt, dass ich aus dem windgeschützten

Die Leute taten einem Leid, einfach nur Leid. Sie waren halb erfroren, ausgemergelt, halb verhungert. Viele von ihnen weinten. Sie begriffen, was ihnen bevorstand. Im Prinzip hätten sie alle ins Krankenhaus gehört.
Alle waren krank. Gesunde deutsche Soldaten habe ich keine gesehen.

Michail Poselskij, Kameramann der Roten Armee in Stalingrad

Die Russen waren gar nicht in der Lage, diese 100 000 Gefangenen plötzlich zu versorgen, die hatten ja schon Probleme, ihre eigene Armee zu verpflegen.

Horst Zank, als Offizier in Stalingrad gefangen genommen

In Beketowka gab es verschiedene Häuser, die keine Türen und keine Fenster mehr hatten und deren Fußböden herausgerissen waren. Dort hinein wurden wir geführt und mussten warten, bis irgendwas geschah. Es hat tagelang gedauert, bevor wir das erste Essen bekamen. Die Russen waren nicht darauf eingerichtet, so viele Menschen zu versorgen, die hatten ja selbst nichts.

Eberhard Manthey, als Soldat in Stalingrad gefangen genommen

Wir bekamen kaum etwas zu essen. Nur ab und zu kam eine russische Ärztin in unseren Keller und fragte: »Skolko kaputt?« – »Wie viele sind heute gestorben?«

Horst Zank

Die Rumänen haben versucht, uns Fleisch zu verkaufen. Es wurde dann festgestellt, dass dieses Fleisch von den frisch gestorbenen eigenen Leuten stammte.

Eberhard Manthey, als Soldat in Stalingrad gefangen genommen

Raum auf den Totenhaufen gelegt wurde. Dort lag ich dann schon, als unser Abteilungsarzt vorbeikam und mich sah. ›Der lebt noch‹, hat er gesagt, ›der hat noch einen Puls.‹ Er hat dann die anderen Regimentskameraden mobilisiert, und die haben mich mit Gewalt wieder in den Raum zurückgebracht. So habe ich überlebt.«

Angesichts des unsäglichen Hungers in den Sammellagern der Stalingrad-Gefangenen ist es nicht verwunderlich, dass dort auch Fälle von Kannibalismus dokumentiert sind. Dünne Scheiben wurden aus den Leichen geschnitten, gekocht und dann als »Kamelfleisch« angeboten. Jene, die es über sich brachten, davon zu essen, waren angeblich daran zu erkennen, dass ihr Gesicht eine gesündere rötliche Farbe aufwies, die von den grauen Wangen ihrer Kameraden abstach. Vereinzelt versuchte das Wachpersonal mit Schusswaffengewalt die barbarische Sitte abzustellen. An den verantwortlichen Ursachen, dem katastrophalen Mangel an Lebensmitteln, änderte sich freilich nur langsam etwas. Erst ab April 1943, so die spätere Erinnerung der Heimkehrer, erhielten die Gefangenen in den Stalingrad-Lagern eine geregelte Mindestversorgung, die das Überleben einigermaßen sicherte.

Auch wenn sich die Ernährungslage stabilisierte – die Hungerkrankheit Dystrophie blieb eine ständige Begleiterscheinung des Gefangenenlebens bis 1948/49. Der elementare Mangel beeinträchtigte die Funktion der Körperzellen, was zu einer körperlichen wie geistigen Erlahmung des Kranken sowie oft genug zum Tod führte. Die Patienten, die an Dystrophie im dritten, lebensgefährlichen Grad litten, waren leicht zu erkennen. Hans Dibold, der als deutscher Arzt in einem Stalingrader Kriegsgefangenenlager wirkte, hat sie allgemein gültig so beschrieben: »Sie bestehen aus Haut und Knochen, bei der feuchten Form sind Arme, Beine und Gesicht stark angeschwollen, Brust- und Bauchhöhle mit gewaltigen Mengen wasserheller Flüssigkeit erfüllt. Die Kranken leiden an Durchfällen, manchmal verlässt das Wasser auf dem Wege dieser Durchfälle die Gewebe und Körperhöhlen, und es bleiben mumien-

Über drei Wochen hungern musste natürlich im beschleunigten Tempo zum Hungertod oder zu einer derartigen Entkräftung führen, dass sie in der Gefangenschaft jeder Infektion zum Opfer fielen. Also, an Ruhr starb ein normal, voll ernährter Mensch kaum. Fleckfieber kann er weitaus leichter überstehen. An Diphtherie wird er niemals oder kaum erkranken, wenn er nicht geschwächt ist. Aber durch den Hunger, durch die Schwächung wird einfach jedes Widerstandsvermögen aufgehoben.

Horst Rocholl, Gefangener in der Sowjetunion

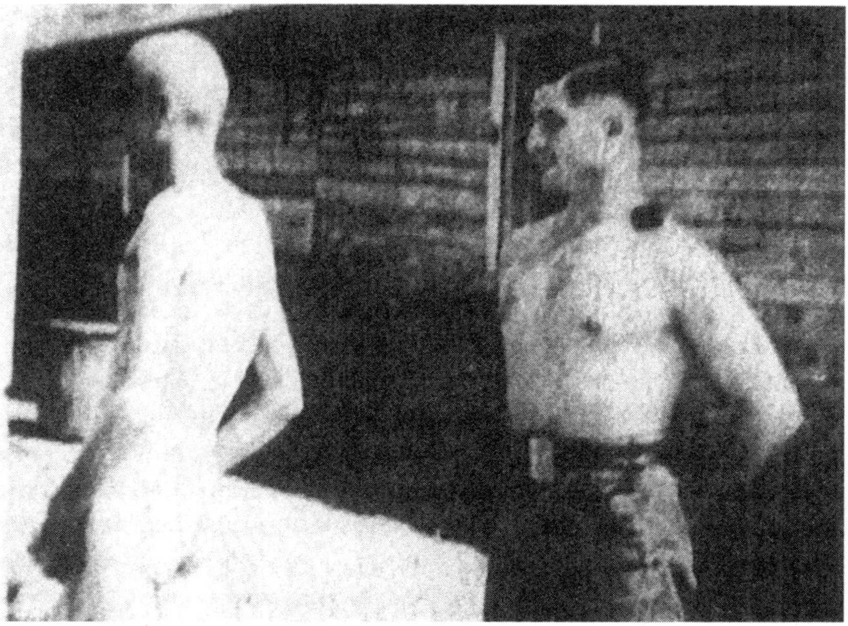

Oben: »Nur noch Haut und Knochen«: Gegenüberstellung eines Dystrophikers und eines besser genährten Angehörigen der »Lagerprominenz«.
Unten: »Zwischen Leben und Tod«: Ein durch die Hungerkrankheit Dystrophie geschwächter Gefangener in einem Hospital.

artige Körper zurück, deren Herz dann in höchster Gefahr ist und sich oft nicht mehr erholt. Seelisch sind die Kranken schwer verändert: teilnahmslos, ichsüchtig. Der Tod trat meist infolge Herzschwäche auf, ausgelöst durch wenig ausgeprägte Lungenentzündungen. Vieles an diesem Auslöschen erinnerte an das Sterben alter Leute. Und so qualvoll die seelischen Störungen auch für den waren, der sie mit ansah – für die Kranken selbst boten sie einen großen Vorteil: Längst bevor das Ende kam, war der Leidende stumm, unteilnehmend und empfindungslos geworden.«

So übel es den deutschen, italienischen und rumänischen Soldaten, die bei Stalingrad in sowjetische Gefangenschaft gerieten, auch erging – in ihrem Fall kann gleichwohl von einer willentlichen Dezimierung nicht die Rede sein. Die meisten Opfer forderten vielmehr die Entkräftung der Gefangenen, der Mangel an Lebensmitteln und die Gleichgültigkeit einer Roten Armee, die mehr mit ihrem unter hohen Verlusten erkauften Sieg als mit dem Los der Gefangenen beschäftigt war. Auch darf man die besonderen Umstände nicht vergessen, unter denen sich dieses grauenhafte Massensterben abspielte. Viele Soldaten der Roten Armee litten fast unter demselben Hunger wie ihre geschlagenen Feinde; den sowjetischen Zivilisten ging es oft sogar noch schlechter. Es verlangte viel von ihnen, ihre wenigen Nahrungsmittel mit denjenigen zu teilen, die das Land überfallen und ausgeraubt hatten. Auch standen in dem zerstörten Umland von Stalingrad nicht ohne weiteres ausreichend Unterbringungskapazitäten für die Gefangenen zur Verfügung. So paradox es klingen mag – die entsetzlichen Märsche haben sogar Soldaten am Leben gehalten, die beim freien Kampieren an Ort und Stelle womöglich erfroren wären. Dennoch ist die Zahl der Toten erschreckend. Nach realistischen Schätzungen haben von den 120 000 Soldaten, die seit der sowjetischen Gegenoffensive im November 1942 bis zur endgültigen Kapitulation der Sechsten Armee am 2. Februar 1942 in sowjetische Gefangenschaft geraten waren, etwa 60 000 bis 70 000 die ersten vier Monate nicht überlebt.

Auf dem Marsch in die Gefangenschaft gab es jeden Abend dasselbe Spiel. Mitten in der Landschaft, mitten in der Schneewüste, haben uns die Wachsoldaten stehen lassen. Sie selbst haben in Häusern am Wegesrand übernachtet, und wir standen da in der Kälte. Zum Glück hatten zwei Kameraden Decken dabei, die uns wärmten. Doch viele hatten morgens Eiszapfen an den Nasen, die waren erfroren.
Vincenz Griesemer, als Soldat in Stalingrad gefangen genommen

Im Lager Dubrovka waren ungefähr 15 000 bis 20 000 Kriegsgefangene – kaum welche haben überlebt. Die Toten haben wir liegen lassen, denn wenn ein Russe kam und ein Scheibchen Brot oder was gebracht hat, hat er abgezählt; und wenn er noch welche viele liegen sah, hat er nicht kontrolliert, ob die noch lebten. Wir haben die Toten liegen lassen, solange es ging, nur dass wir etwas mehr Verpflegung hatten.
Josef Schaaf, als Offizier in Stalingrad gefangen genommen

In diesen dunklen Monaten wurden deutschen Soldaten freilich nicht nur Härten, sondern auch Momente des Mitleids und der Hilfsbereitschaft zuteil: Nur so konnten manche von ihnen, wie Gerhard Dengler, überleben: »Mit 25 anderen Offizieren, die Flecktyphus hatten, kam ich in eine Quarantänestation, wo uns eine jüdische Ärztin aus Kiew betreute. Die Deutschen hatten vor ihren Augen ihren Mann und ihre zwölfjährige Tochter erschlagen und ihr selbst mit dem Bajonett in den Arm gestochen. Diese leidgeprüfte Ärztin hat uns 25 deutsche Offiziere bemuttert; sie ist über Land gezogen, um für uns Essen zu besorgen. Sie hat sich an unser Bett gesetzt und uns mit dem Teelöffel Hühnerbrühe oder Hagebuttensaft eingeflößt. Später kamen wir in ein ehemaliges Kinderferienlager, wo wir jeden Tag 300 Gramm Weißbrot, 300 Gramm Schwarzbrot und Konserven aus amerikanischen Hilfslieferungen erhielten. Wenn die Bevölkerung draußen, die Baumrinde gegessen hat, gewusst hätte, dass da 25 deutsche Offiziere so hochgepäppelt werden, die hätten die Wachen erschlagen.«

Der grundsätzliche Wille, die regulären Gefangenen der Sechsten Armee am Leben zu erhalten, zeigt sich gerade im Kontrast zu dem Schicksal, das russische »Hiwis« oder Hilfswillige erwartete, die auf deutscher Seite gekämpft hatten. Allein die Sechste Armee, so schätzt man, verfügte über 50 000 Hiwis, die ein Viertel ihrer Mannschaftsstärke ausmachten. Bei den meisten handelte es sich um Kriegsgefangene, die man mit der Zusage einer Rückkehr in die Heimat oder einer besseren Behandlung in deutsche Dienste gelockt hatte. Andere hatten sich freiwillig gemeldet oder waren wie etliche Ukrainer übergelaufen, da ihnen deutsche Flugblätter eine Rückkehr zu ihren Familien versprochen hatten. Sie alle wurden zunächst vor allem

Unsere russische Ärztin war sehr aufopferungsvoll: Bei jeder schweren Krankheit kamen wir sofort ins Lazarett. Tote wollte sie unbedingt vermeiden.
Helmut Tomisch, Gefangener in der Sowjetunion

Das Schlimmste war, dass wir, kaum dass wir einige Tage im Lager zubrachten, alle Fleckfieber bekommen haben, und von 200 Leuten, die dort untergebracht waren, sind 50 übrig geblieben.
Josef Zrenner, als Soldat in Stalingrad gefangen genommen

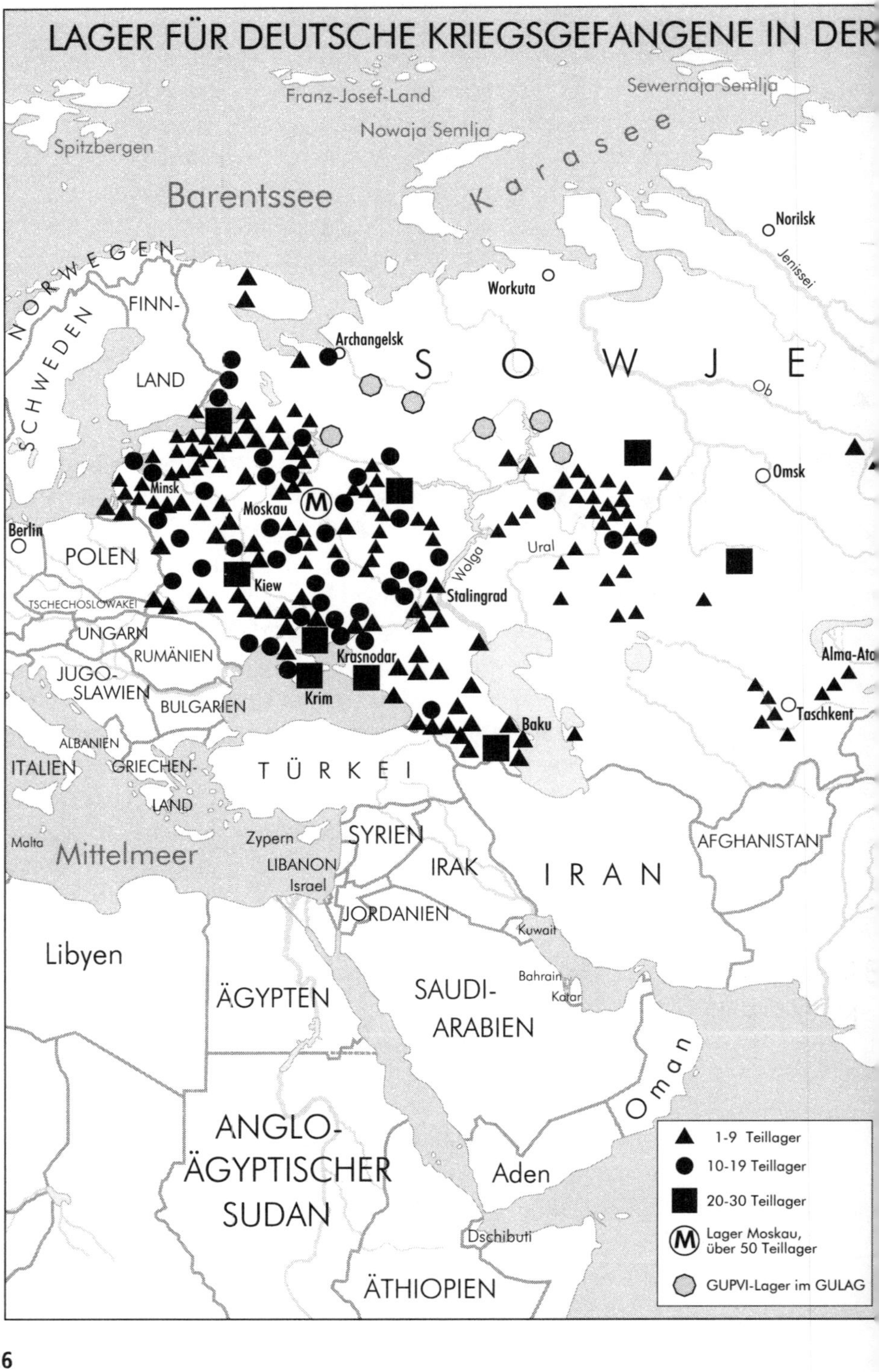

LAGER FÜR DEUTSCHE KRIEGSGEFANGENE IN DER
Franz-Josef-Land
Sewernaja Semlja
Nowaja Semlja
Spitzbergen
Karasee
Barentssee
Norilsk
Jenissei
NORWEGEN
Workuta
FINN-
LAND
SCHWEDEN
Archangelsk
SOWJE
Ob
Omsk
Minsk
Moskau
Berlin
POLEN
Ural
Wolga
Kiew
Stalingrad
TSCHECHOSLOWAKEI
UNGARN
RUMÄNIEN
Krasnodar
Alma-Ata
JUGO-
SLAWIEN
BULGARIEN
Krim
Taschkent
Baku
ALBANIEN
ITALIEN
GRIECHEN-
LAND
TÜRKEI
Malta
Mittelmeer
Zypern
SYRIEN
LIBANON
Israel
IRAK
IRAN
AFGHANISTAN
JORDANIEN
Kuwait
Libyen
ÄGYPTEN
SAUDI-
ARABIEN
Bahrain
Katar
Oman
ANGLO-
ÄGYPTISCHER
SUDAN
Aden
Dschibuti
ÄTHIOPIEN
1-9 Teillager
10-19 Teillager
20-30 Teillager
Lager Moskau,
über 50 Teillager
GUPVI-Lager im GULAG

SOWJETUNION
Neusibirische In.
Laptewsee
Ostsibirische See
Lena
Kolyma
Jakutsk
TUNION
Kamtschatka
Ochotskisches Meer
Krasnojarsk
Tschita
Irkutsk
Amur
Sachalin
Chabarowsk
MONGOLEI
Wladiwostok
Nord-Korea
Süd-Korea
JAPAN
PAZIFISCHER OZEAN
CHINA
Tibet
NEPAL
Bhutan
BRITISCH-
NDIEN
TAIWAN
Laos
VIETNAM
THAI-LAND
KAMBO-DSCHA
Philippinen

für niedere Arbeiten in den Feldküchen und anderswo eingesetzt, doch aufgrund des zunehmenden Personalmangels verrichteten sie in steigendem Maße auch Soldatenpflichten und trugen deutsche Uniformen mit besonderen Abzeichen. Sie alle hatten vor folgendem Dilemma gestanden: »Wenn wir zu den Russen zurückkehren, gelten wir als Verräter, und wenn wir uns weigern zu kämpfen, werden uns die Deutschen erschießen.«

In der Tat kannte Stalin, der befreite Kriegsgefangene der Roten Armee zu Verrätern abstempeln und entsprechend behandeln ließ, für Sowjetbürger in deutschen Diensten erst recht keine Gnade. Bis heute ist das Schicksal der »Hiwis« im Kessel von Stalingrad unklar. Einige wurden sofort bei der Gefangennahme erschossen, die meisten aber durch NKWD-Truppen aus der Masse der deutschen Gefangenen ausgesiebt und in Marschkolonnen fortgetrieben – wo sich ihr Schicksal im Ungewissen verliert. Manchen Berichten zufolge wurden sie totgeprügelt und nicht erschossen, da man die Munition sparen wollte und sie der »Ehre« für nicht wert hielt. Möglich ist auch, dass sie in Arbeitslagern landeten und sich dort im wahrsten Sinne des Wortes zu Tode schuften mussten. Noch immer sind Akten verschlossen, die Licht in das Dunkel ihres Schicksals bringen könnten.

Diejenigen Stalingrad-Kämpfer, welche die Märsche und das Sammellager überlebt hatten, wurden ab dem Frühjahr weiter in die Dauerlager abtransportiert und lernten nun die weite Welt des »Archipels GUPVI« kennen. Durch die Bücher von Alexander Solschenizyn hat das Kürzel »Gulag« weltweit traurige Berühmtheit erlangt: als Synonym für die schreckliche Lagerwelt, in die das Sowjetregime Millionen seiner Bürger verbannte. Weniger bekannt ist der Archipel »GUPVI« – die Lager der Hauptverwaltung der Kriegsgefangenen und Internierten. Gegründet wurde GUPVI vom Volkskommissar des Innern, Lawrentij Berija, am 19. September 1939, unmittelbar nach dem deutschen Angriff auf Polen. Zwei Tage zuvor waren sowjetische Truppen in Polen einmarschiert, das nach dem Geheimabkommen zwischen Hitler und Stalin gemeinsam besetzt und aufgeteilt wurde. Die ersten Insassen der neuen Lagerwelt waren daher rund 200 000 polnische Soldaten, die in sowjetischen Gewahrsam gerieten. Etwa 15 000 von ihnen, darunter viele Offiziere, die zur intellektuellen Elite Polens gehörten, wurden im Frühjahr 1940 auf Befehl Moskaus hingerichtet. Ihre Massengräber wurden später von der deutschen Wehrmacht unter anderem bei Katyn gefunden und als willkommenes

Mittel der Propaganda publik gemacht. Erst nach jahrzehntelangen Dementis und dem Ende der Sowjetunion fand sich Moskau 1992 bereit, das Verbrechen offiziell einzuräumen.

Wie der Gulag wurde auch GUPVI dem vom Berija geleiteten Volkskommissariat des Innern, NKWD, unterstellt, das nun für zwei parallele Lagerarchipele zuständig war. Nach dem deutschen Angriff auf die Sowjetunion am 22. Juni 1941 erhielt GUPVI einen neuen Zustrom an Gefangenen. Die großen Niederlagen und der Rückzug der Roten Armee führten freilich dazu, dass in den nächsten Monaten nur wenige Soldaten der deutschen Wehrmacht oder ihrer Verbündeten in sowjetische Hände fielen. Zu Jahresbeginn 1942 gab es daher in der Sowjetunion lediglich sechs Kriegsgefangenenlager. Die erfolgreiche Gegenoffensive vor Moskau und später an den südlichen Fronten ließen im Lauf des Jahres 1942 die Zahl der gefangen genommenen Soldaten und damit auch der Gefangenenlager sprunghaft ansteigen. Parallel zur Ausweitung bildete sich ab Sommer 1942 eine Dreiteilung der GUPVI-Lagerwelt heraus: Gefangene Soldaten kamen zunächst in frontnahe Aufnahme- oder Sammellager (PPW), wie es Dubrowka und Beketowka gewesen waren. Von diesen aus wurden sie in Verteilungslager (FPPL) weitergeschickt und dort auf Dauerlager im Inneren des Archipels verteilt.

Die Armee muss sich nun nicht mehr ungeordnet zurückziehen. … Fast täglich machen wir Gefangene, dabei ist die Tatsache erfreulich, dass wir den kläglichen Anblick des deutschen Soldaten mit eigenen Augen sehen können – schlecht gekleidet, oft hungrig, verlaust, dreckig, oft moralisch am Ende.

K.D. Golubev, Befehlshaber der 43. sowjetischen Armee, in einem Brief vom 8. November 1941

Sie hatten genauso viel Angst vor der Gefangenschaft, wie auch unsere Soldaten diese Angst hatten. Die Deutschen hatten den Aufruf: »Halte durch, sonst wirst du von den Russen erschossen, die Russen machen keine Gefangene.«

Fjodor Iltschenko, russischer Soldat in Stalingrad

Die gefangen genommenen Generäle sind aus Stalingrad sehr bald mit einem Sonderzug weggebracht worden. Sind dann in Krasnogorsk gewesen, haben dort von Anfang an ein relativ normales Gefangenenleben geführt, auch verpflegungsmäßig. Das ist ein ganz anderer Weg gewesen als der der Masse der Stalingrader Kriegsgefangenen, die ja auf Todes- und Hungermärschen und in Hungerlagern die ersten Wochen verbringen mussten und zu Tausenden gestorben sind. Die Russen haben das Interesse gehabt, diese Generäle am Leben zu halten, weil sie glaubten, diese noch benutzen zu können.

Horst Zank, als Offizier in Stalingrad gefangen genommen

Schon am 20. Februar 1943 ging ein Transport mit 268 Stabsoffizieren und Generalen der Sechsten Armee nach Krasnogorsk ab – im »weißen Zug«, wie jüngere Offiziere mit Blick auf die vergleichsweise komfortablen Waggons bitter bemerkten. Viele empörte es, dass diejenigen, denen man eine Mitschuld am Desaster von Stalingrad gab und die ihre Untergebenen auf den Kampf bis zur letzten Patrone eingeschworen hatten, ihre eigenen Parolen nicht nur überlebten, sondern von den Sowjets nun auch unvergleichlich viel besser verpflegt und behandelt wurden. Es zeigte sich hier, was überhaupt als Faustregel für die Gefangenen in der Sowjetunion gelten kann: je höher der Rang, desto größer die Überlebenschance. Besonders krass ist dies im Falle der Gefangenen von Stalingrad sichtbar. Über 95 Prozent der Soldaten und Unteroffiziere kamen zu Tode, es starben auch 55 Prozent der Offiziere der niedrigeren Dienstgrade, aber nur etwa fünf Prozent der ranghohen Offiziere. Im Allgemeinen waren sie zum Zeitpunkt der Kapitulation in einem besseren körperlichen Zustand als ihre Untergebenen. Zudem erhielten besonders die Generale eine privilegierte Behandlung, die von der sowjetischen Hochschätzung für Hierarchien zeugte. Von 24 Generalen, die sich in Stalingrad der Roten Armee ergaben, starb nur einer in der Gefangenschaft. Alle anderen überlebten den Krieg.

Bis zum Juni 1943 wurde auch der Großteil der Offiziere und Mannschaften der Stalingrad-Armee in andere Gebiete der Sowjetunion verschickt. Die Offiziere kamen vor allem nach Elabuga und Suzdal, die Mannschaften und Unteroffiziere wurden vornehmlich in die Oblaste Swerdlowsk, Molotow und Omsk, teilweise auch nach Kasachstan oder Usbekistan transportiert; einige tausend verblieben in den Lagern bei Stalingrad, die von Aufnahme- in dauerhafte Arbeitslager umfunktioniert wurden.

Die Zugfahrt war einfach schrecklich. Ich hatte mal als kleiner Junge erlebt, wie große Kuhherden zum Bahnhof getrieben und in Viehwaggons verladen wurden. Das war die Parallele, ganz einfach: Wir wurden in die Wagen hineingepfercht, ohne sanitäre Anlagen. Ohne etwas zu trinken oder essen zu bekommen, konnten weder sitzen noch liegen und mussten die ganze Zeit stehen.

Siegfried Suda, Gefangener in der Sowjetunion

Für die Transporte hatte das NKWD formell vergleichsweise humane Regelungen aufgestellt, die Realität sah freilich anders aus. Bis zu 100 Mann wurden in einzelne Viehwaggons gepackt, die in keiner Weise für den Transport von Menschen vorbereitet waren. Weder Stroh noch Decken waren vorhanden, nur der nackte Boden. Durch die geschlossenen und mit Stacheldraht gesicherten Luken drang kaum ein Lichtstrahl in das Dunkel des ratternden Verlieses, dessen Insassen weder wussten, wohin die Reise ging, noch wie lange sie dauern würde.

Oben: »Eine qualvolle Reise«: Ein Transport mit deutschen Kriegsgefangenen auf dem Weg nach Osten.
Unten: »Nur für die Propaganda«: »Klubhäuser« waren für die Masse der deutschen Kriegsgefangenen reine Wunschvorstellung.

Wir wurden zu 30, 40 Mann in Güterwaggons gesteckt und rollten zehn Tage nach Osten, wir rechneten mit Sibirien. Der Transport war verheerend, wir haben kaum etwas zu essen bekommen. Es sind viele gestorben, die dann unterwegs aus dem Zug geworfen wurden.

Johannes Bebak, Gefangener in der Sowjetunion

18 Tage und Nächte dauerte die Fahrt, bis der Pionier Friedrich Schruff von Stalingrad in einem Lager bei Moskau eintraf – eine qualvoll tödliche Reise, bei der Schruff und seine Leidensgefährten kaum etwas zu essen und zu trinken bekamen: »Oft sangen die Fieberkranken Heimatlieder. Sie riefen nach der Mutter um Wasser, nach Frauen und Kindern. Die Toten häuften sich immer mehr. Sie lagen nackt auf einem Haufen, nur noch Skelette. Sie grinsten einen an mit offenen Augen und offenem Mund, als ob sie sagen wollten: ›Als Nächster bist du an der Reihe.‹ In einer grausamen Nacht streckte der Tod auch seine kalten Hände nach mir aus. Die Wahnsinnigen toben, schreien, schlagen. Ich gerate in ein Menschenknäuel. Hände krallen sich um meinen Hals. Andere fallen auf mich – ich ringe nach Luft –, die Sinne drohen zu schwinden. Meine Finger krallen sich in Todesangst mit letzter, unerhörter Anstrengung um den Hals des Wahnsinnigen. Ich fühle die Augen und packe zu. Ein furchtbarer Schrei! Die Hände des Wahnsinnigen lösen sich von meinem Hals. Ich bekomme wieder Luft und kann mich aus meiner furchtbaren Lage befreien. Im Todeskampf hatte ich beinahe einen Menschen getötet, der mich erwürgen wollte. Ich hatte ihn erblindet und wollte es nicht.« Todesfahrten dieser Art forderten in den ohnehin bereits stark gelichteten Reihen der Sechsten Armee weitere zahlreiche Opfer. Etwa die Hälfte der Stalingrad-Kämpfer, so rechnet man, welche die ersten Monate in den Auffanglagern von Beketowka und anderswo überlebt hatten, starb auf dem Transport in die stationären Lager.

Wir wurden mit kleinen Güterwagen transportiert. Wenn man zur Tür hereinkam, war in der Mitte ein Gang, der zur gegenüberliegenden Tür ging, links und rechts waren Doppelpritschen eingebaut. Es konnten 10 Mann auf einer Pritsche liegen, das wären 40 Mann. Wir waren aber mindestens 50 – und ich gehörte zu denen zwischen 40 und 50. Wir mussten in diesem Durchgang auf dem Boden liegen. Da kam die Kälte von unten durch, weil da Ritzen im Boden waren. Außerdem war auf der einen Seite eine Holzrinne eingebaut, die nach außen führte. Zum Wasserlassen war das ganz gut, aber wir hatten ja auch Durchfall. Alles sammelte sich dort und gefror – es ist nicht zu beschreiben.

Albrecht Appelt, Gefangener in der Sowjetunion

Für die anderen begann nun endgültig der Lageralltag in einem der vielen GUPVI-Gefangenenlager, die in ihrer Anlage meist sehr ähnlich waren. Ein typisches Gefangenenlager dieser Jahre war umgeben von einer Steinmauer, oft auch nur von einem Holz- oder Drahtzaun, der eine Höhe von mindestens zweieinhalb Metern aufwies. Innerhalb und außerhalb dieser Umzäunung verlief eine »verbotene Zone« von bis zu fünf Metern Breite. An den Eckpunkten der rechteckigen Anlage standen Wachtürme. Nachtscheinwerfer und ein ausgeklügeltes Alarmsystem der NKWD-Wachmannschaften erschwerten zusätzlich jeden Ausbruchsversuch, der aufgrund der großen Entfernung zu den deutschen Linien ohnehin fast aussichtslos war. Jeden Morgen und jeden Abend mussten die Gefangenen zu Zählappellen antreten, bei denen ihre Vollständigkeit überprüft wurde – eine Prozedur, die von vielen als Demütigung und Schikane empfunden wurde: »Die Zählung war unangenehm«, erinnert sich einer von ihnen, »weil man da im Regen oder in der Kälte stehen musste, und auch deswegen, weil die Leute nicht in der Lage waren, richtig zusammenzuzählen. Da fehlte plötzlich einer – wie kam das nun? Und wir hatten da einen Tagesoffizier, der so ein bisschen ein Sadist war und uns einfach in der Kälte stehen ließ. Nicht, weil die Zahl nicht bekannt war, sondern weil er sich wohl sagte: ›Na, die sollen mal ruhig stehen.‹«

Ausstattung und Verpflegung waren von Lager zu Lager durchaus verschieden. Vor allem zeigte sich nun deutlich, dass die unterschiedliche Behandlung, die Offiziere, Unteroffiziere und Mannschaften in den Monaten nach der Kapitulation erfahren hatten, ein dauerhaftes Prinzip der sowjetischen Gewahrsamsmacht waren. Es gab eigene Lager für Generale und Stabsoffiziere; Unteroffiziere und Mannschaften blieben zusammen. Rangniedere Offiziere (Hauptleute und Leutnante) wurden entweder gemeinsam mit den Unteroffizieren und einfachen Soldaten untergebracht oder in spezielle Lager eingeliefert. Grundsätzlich galt, dass Offiziere nicht arbeiten mussten – eine Referenz an die Genfer Konvention, die von der Sowjetunion offiziell freilich nicht anerkannt wurde. Für die anderen Dienstgrade bestand dagegen eine Arbeitspflicht. Sie übernahmen Lagertätigkeiten in der Küche oder in den Lazaretten beziehungsweise sie arbeiteten in der Landwirtschaft oder in den Bergwerken. Bitteren Spott erregte es unter den deutschen Gefangenen, die von der Wehrmacht her gewohnt waren, dass Offiziere und Landser grundsätzlich die gleiche Verpflegung erhielten, dass die angebliche »klassenlose« Gesellschaft der Sowjetunion hinsichtlich der Verpflegung und Unterbringung der Gefangenen sehr fein nach den jeweiligen Rängen unterschied. Die Gefange-

Einen gefangenen Feldmarschall zu haben, bedeutete einen entscheidenden Einschnitt in den moralischen Zustand unserer Leute. Nach den ersten Jahren des Krieges hatten wir Respekt vor den Deutschen, die uns so geschlagen haben. Und diese Deutschen, diese allmächtigen Deutschen, sind bei uns als Gefangene und sogar noch Feldmarschall Paulus.

Lew Besymenski, russischer Dolmetscher und Aufklärungsoffizier

nenlager waren in diesem Punkt ein Spiegelbild der Roten Armee, in der Offiziere und Mannschaften je nach Status in unterschiedliche Ernährungsklassen eingeteilt wurden – eine Diskrepanz, die funktional erklärt wurde: Wer mehr Verantwortung trage, verdiene eine bessere Kost.

Besonders deutlich hob sich die Behandlung der Generale ab. Am 20. Februar war Generalfeldmarschall Paulus gemeinsam mit den anderen Stalingrad-Generalen per Eisenbahn in das Lager Krasnogorsk bei Moskau verbracht worden, im Juli kamen sie ins speziell für Generale eingerichtete Lager Nr. 48 in Wolkowo, einem alten Gasthaus und Sanatorium, das wegen seines relativen Luxus den Spitznamen »Schloss« erhielt. Das Lager war in zwei Zonen unterteilt: In der ersten lebten die Generale, in der zweiten die Unteroffiziere und Soldaten, die das Lager bedienten und mit diversen Arbeiten betraut waren. Die Generale lebten in Räumen, die je nach Größe drei bis zwölf Personen umfassten. Das Lager war von einem Park mit Linden, Gehwegen und Blumenbeeten umgeben. Zu dem Komplex gehörte ein Gemüsegarten, in dem sich die Generale auf Wunsch betätigen und hierdurch ihre Verpflegung aufbessern konnten.

Auch in Gefangenschaft legte Paulus Wert auf ein standesgemäßes Auftreten und vor allem auf den Status eines Feldmarschalls. Da er unmittelbar nach seiner Ernennung in Gefangenschaft geraten war, hatte er naturgemäß keine Zeit gehabt, die Uniform eines Generalobersten mit der eines Feldmarschalls zu wechseln. Einer der ersten Briefe, die er schrieb, war daher eine Bedarfsanforderung an den Militärattaché der deutschen Botschaft in Ankara: »Mein lieber Rhode, ich bin in Gefangenschaft geraten, mit den Sachen, die ich bei mir hatte. Deswegen bitte ich Sie um den Gefallen, mir einige Sachen zu kaufen... (3.) sechs Paar Schulterstücke eines Feldmarschalls, (4.) eine Feldmütze mit Schirm für einen General, Größe 58, (5.) eine Felduniform (fragen Sie meine Frau nach der, die ich in Paris habe nähen lassen)... Ich danke Ihnen im Voraus für Ihre Fürsorge und verbleibe mit den besten Grüßen, Ihr Paulus. Meine Adresse: Kriegsgefangenenlager 27, UdSSR, Paulus, 25. 02. 43.« Zweifellos lag es auch im Interesse der sowjetischen Propaganda, dass Paulus rasch zu seinen Rangabzeichen kam. Auf späteren Fotos aus der Gefangenschaft ist er stets als Generalfeldmarschall zu sehen. Lediglich seinen Marschallstab sollte er nie erhalten, denn diesen übergab der »Führer« immer persönlich.

»Lebensfeindliche Umgebung«: Die Wohnbaracken in einem der Arbeitslager von Workuta.

Am anderen Ende der Skala rangierte ein Lagerort, der bis heute seinen traurigen Ruhm bewahren konnte: Workuta. Die Stadt jenseits des Polarkreises, nicht weit vom Nördlichen Eismeer in der autonomen russischen Komi-Republik gelegen, gehört zu den unwirtlichsten Flecken der Welt. Zehn Monate im Jahr herrscht hier Winter mit Temperaturen von maximal minus 60 Grad. Kein Baum wächst in dieser eisigen Tundra, wo der Boden bis zu zwei Meter gefriert und von einer hohen Schneeschicht bedeckt ist. Nur im Juli und August gibt es hier warme Tage, dann verwandelt sich die Schneelandschaft in einen Sumpf, bevölkert von Milliarden Mücken und Fliegen. In dieser eisigen, nur von Nomaden bewohnten Einöde waren in den Dreißigerjahren des 20. Jahrhunderts reiche Kohlevorkommen entdeckt worden. Um sie auszubeuten, hatte Stalin hunderttausende Häftlinge des Gulag nach Workuta verschleppen lassen. Auf Blut und Kohle wurde eine sozialistische Vorzeigestadt aus dem Boden gestampft, mit breiten Straßen und Plätzen: Hier überschnitten sich die zumeist getrennten Welten von Gulag und GUPVI, vermischte sich das Elend der sowjetischen Opfer des stalinistischen Terrors mit der Not der deutschen Kriegsgefangenen.

Es hieß immer, wir kommen nach Sibirien, und Sibirien war schlimmer als die düsterste Gefängniszelle. Das klang nach Entbehrung, Kälte und Tod. Davor hatte man Angst, und viele haben sich eher umgebracht, als in Gefangenschaft zu gehen.

Josef Schaaf, Gefangener in der Sowjetunion

Keiner der mehreren tausend deutschen Kriegsgefangenen und Zivilinternierten, die seit 1943 nach Workuta kamen, war auf das Leben und die Arbeit in einer solch lebensfeindlichen Umgebung vorbereitet. So quälend die langen Arbeitsschichten in den Kohlebergwerken oder beim Schienenbau auch waren – für diejenigen, die dort lebten, blieb die schneidende Kälte am stärksten in Erinnerung: »Unsere Augenbrauen und Wimpern waren mit Eiskrusten bedeckt. Wir hatten das Gefühl, die Augäpfel selbst erfrieren. Jeder Atemzug schnitt wie mit Messern in die Lunge. Wir versuchten, für eine bessere Durchblutung des Gesichts zu sorgen: den Kopf nach unten gehängt, die Arme auf dem Rücken zusammenschlagend, standen wir dann da. Es sah recht komisch aus. So wie eine Schar großer Vögel, die sich bemüht fortzufliegen und der es auch durch kräftigstes Flügelschlagen nicht gelingt, sich in die Luft zu erheben.«

Das Wort »Workuta« verkörpert all das, was in dem Namen »Sibirien« mitschwingt: eine kalte, endlose und lebensfeindliche Welt im fast ewigen Winter. Ironischerweise liegt der Ort rein geografisch nicht in Sibirien, sondern westlich davon im hohen Ural. Überhaupt ist der Begriff »Sibirien« oder der Ausdruck »Ab nach Sibirien«, von dem in Gefangenen-Biografien und in der Öffentlichkeit oft die Rede ist, nicht allzu wörtlich zu nehmen. Wer die Karte der rund 5000 temporären und dauerhaften GUPVI-Gefangenenlager betrachtet, dem fällt auf, dass nur sehr wenige dieser Lager tatsächlich in Sibirien lagen – im Gegensatz zu der dort sehr hohen Zahl von Straflagern für sowjetische Gefangene, des Archipels Gulag. Die große Masse der Kriegsgefangenenlager befand sich hingegen im westlichen, europäischen Teil der Sowjetunion, zumeist noch in großer Entfernung vor dem Ural, dem Gebirgszug, der die Grenze zu Sibirien grob markiert. Der Topos »Sibirien« muss daher vor allem im übertragenen Sinne verstanden werden, als Synonym für eine fremde, weite Landschaft mit ungewohnt kalten und langen Wintern und auch als Reminiszenz an das russische Zarenreich, in dem politische Gegner in die sibirische Verbannung geschickt wurden.

Eines hatten wir immer: Hunger. Das war die Geißel. Manche Gefangenen wurden rebellisch, fingen im Fieberwahn an zu fantasieren oder schlugen auf die anderen ein. Da haben sich unschöne Szenen abgespielt.

Horst Rocholl, Gefangener in der Sowjetunion

Neben der Kälte gehörte der ständige Hunger zu den prägenden Erlebnissen des Lagerlebens. Erinnerungen wie die von Hans Kampmann sind symptomatisch: »Kein Tier, keine Pflanze war vor uns sicher. Ob Igel, Vogel oder Mops, alles ging durch unsere Mägen. Was aus der Erde wuchs, wurde gegessen, und was darüber flog nach Möglichkeit erlegt. Nachts beim Toilettengang lag auf einmal ein Igel vor mir – ein Geschenk des Himmels. Ich wickelte ihn in ein Tuch, nahm ihn mit, und am Tag darauf wurde er abgezogen, gekocht und verspeist.« Waren einst Frauen das Thema »Nummer eins« unter den Soldaten gewesen, so drehte sich in der Gefangenschaft alles um das Thema Essen. Selbst hohe Offiziere tauschten Rezepte aus oder diskutierten langatmig über die Güte der Bierhefe, die ihnen gereicht wurde: »Sie sprachen nur noch über die Hefe«, erinnert sich Hans Kampmann. »Etwa: ›Heute ist sie aber schlecht, sie lässt sich nicht richtig schlagen, nicht wahr?‹ Oder: ›Donnerwetter, heute gibt es aber eine Menge!‹ Hohe, ordensdekorierte Offiziere standen da. Ich dachte jedes Mal für mich: Was für eine Entwürdigung! Früher hatten sie strategische Pläne ausgearbeitet, Truppen geführt. Nun standen sie mit dem Schneebesen da und schlugen Bierhefe. Das passte nach meinem Gefühl nicht zusammen.«

Außer Kälte und Hunger litten die meisten Gefangenen unter der Einsamkeit in den Lagern. In dieser engen Lagerwelt, in der beständig um Nahrung und Kleidung, um einen besseren Arbeits- und Schlafplatz und nach dem Krieg auch um eine frühzeitige Heimkehr konkurriert wurde, verlor das kameradschaftliche Zusammengehörigkeitsgefühl, wie es sich in der Kaserne und besonders an der Front herausgebildet hatte, seine Kraft. Für die meisten Gefangenen war es ein erschütterndes Erlebnis, mit einem Schlag auf sich allein gestellt zu sein. Viele gewannen die Überzeugung, dass sie ihr Überleben gerade nicht mit den anderen gemeinsam, sondern nur für sich allein, allenfalls im kleinsten Kreis sichern könnten. »Der letzte Kamerad ist bei Stalingrad gefallen!«, lautet eine Redensart unter ehemaligen gefangenen Stalingrad-Kämpfern.

Ein ausgeprägtes Spitzelwesen, das die sowjetischen Bewacher in den Lagern einführten und förderten, belastete zusätzlich die Beziehungen zwischen den gefangenen Soldaten. Die Tatsache, niemandem mehr trauen zu können, wog für viele schwerer als manche Entbehrungen. Die Gründe, die gefangene Soldaten dazu veranlassten, ihre Kameraden zu denunzieren, waren vielfältig. Meist ging es darum, sich eine bessere Verpflegung oder eine bequeme Tätigkeit in der Lagerverwaltung zu verschaffen. Nach Kriegsende

Als Einzelgänger war man im Lager dem Tode geweiht. Man kriegte nichts zu essen, man kriegte nichts zu trinken: Man musste drei, vier, fünf Kameraden haben.

Gottfried von Bismarck, Gefangener in der Sowjetunion

Das wichtigste Instrument eines Kriegsgefangenen war ein Löffel, um die Wassersuppe löffeln zu können, die es einmal am Tag gab, dazu vielleicht noch etwas glitschiges Brot, das auf Dutzende Leute verteilt wurde. Die Unterernährung nahm zu, wobei wir schon aus der Zeit des Stalingrader Kessels nicht mehr in einem guten körperlichen Zustand waren.

Horst Zank, Gefangener in der Sowjetunion

Die Kriegsgefangenen haben Anspruch auf Achtung ihrer Person und Ehre.

Artikel 3 der Genfer Konvention vom 27. Juni 1929

Der Staat, in dessen Gewalt sich die Kriegsgefangenen befinden (Gewahrsamsstaat), ist verpflichtet, für ihren Unterhalt zu sorgen.

Artikel 4 der Genfer Konvention vom 27. Juni 1929

zeigte mancher einen Mitgefangenen wegen angeblicher Kriegsverbrechen an, um sich selbst eine beschleunigte Rückkehr in die Heimat zu sichern. Wer als Spitzel ertappt wurde, hatte sich vorzusehen, um nicht der Rache seiner Kameraden anheim zu fallen, die manchmal auch vor Mord nicht zurückschreckten. Noch auf den Eisenbahntransporten in die Heimat wurden alte Rechnungen beglichen, indem man ehemalige Spitzel oder »Kameradenschweine« aus dem fahrenden Zug warf.

Die schlechte Behandlung, die deutsche Kriegsgefangene in sowjetischer Gefangenschaft erfuhren – im Unterschied zu ihren Kameraden in britischem oder amerikanischem Gewahrsam –, beruhte zum Teil auf ihrem unterschiedlichen völkerrechtlichen Status. Grundsätzlich war der völkerrechtliche Status von Kriegsgefangenen in den Haager Konventionen von 1907, »Über die Gesetze und Sitten des Landkrieges«, festgelegt worden; später kamen die zwei Genfer Konventionen von 1929, »Über die Behandlung der Kriegsgefangenen« und »Über die Erleichterung des Loses der Verwundeten und Kranken der kämpfenden Armeen«, hinzu. Allerdings hatte die Sowjetunion 1931 nur dieser letzteren Konvention über die Verwundeten und Kranken zugestimmt, nicht dagegen den Haager oder den anderen Genfer Regelungen bezüglich der Kriegsgefangenen. Sie erließ freilich im Juli 1941 interne »Bestimmungen über die Kriegsgefangenen«, in denen sie viele Verpflichtungen dieser zweiten Genfer Konvention übernahm. So wurden den Kriegsgefangenen eine ihrem Dienstrang entsprechende Behandlung, medizinische Hilfe, die Möglichkeit zur Korrespondenz mit Verwandten und der Erhalt von Päckchen garantiert. Freilich gab es auch elementare Bestimmungen der zweiten Genfer Konvention, die nicht übernommen wurden: So war es nicht verboten, die Gefangenen zu gesundheitsschädlichen Arbeiten heranzuziehen. Ebenso wenig wurde die Rechtshilfe garantiert, falls Kriegsgefangene eines Verbrechens angeklagt wurden, und sie konnten hingerichtet werden, ohne dass ihre Regierung oder das Rote Kreuz offiziell davon erfuhren. Ohnehin wurden die »Bestimmungen über die Kriegsgefangenen« zwar gerne als ein Mittel der Propaganda gegenüber der deutschen Wehrmacht benutzt, an ihrer buchstabengetreuen Einhaltung jedoch war die sowjetische Führung wenig interessiert. So zeigte sich die Sowjetunion weder bereit, dem Roten Kreuz eine Liste der gefangenen Soldaten auszuhändigen, noch erlaubte sie Vertretern dieser Organisation, ihre Kriegsgefangenenlager zu inspizieren.

Im Grunde war das Nichtbeitreten zu den internationalen Abkommen über Kriegsgefangene die logische Konsequenz einer brutalen Gleichgültigkeit des stalinistischen Systems gegenüber den gefangenen Rotarmisten. Gewahrsamsmächte wie Großbritannien oder die USA hielten sich auch deswegen gegenüber gefangenen deutschen Soldaten an die Genfer Konventionen, um britischen und amerikanischen Soldaten in deutscher Gefangenschaft eine entsprechende Behandlung zu sichern. Dieses Geschäft auf Gegenseitigkeit war im Falle der Sowjetunion schon deshalb nicht möglich, weil diese Kriegsgefangenen der eigenen Armee nicht als unvermeidlichen Umstand eines jeden Krieges akzeptierte, sondern als Verbrecher verurteilte. So schloss das Dienstreglement der Roten Armee von vornherein aus, dass ein sowjetischer Soldat gegen seinen Willen in Gefangenschaft geraten könne. Mehr noch: Die Gefangennahme durch den Feind war nach Paragraph 22 der »Bestimmungen über Militärverbrechen« von 1927 dem Landesverrat gleichgestellt. Als im Sommer 1941 nach den Kesselschlachten bei Minsk und Smolensk mehr als 600 000 Soldaten der Roten Armee in deutsche Gefangenschaft gerieten, zeigte sich Stalin nicht im Geringsten bereit, sein eigenes Versagen oder objektive Umstände hierfür verantwortlich zu machen. In seinen Augen ging die Schuld an den sowjetischen Verlusten und Rückschlägen allein auf den mangelnden Kampfwillen der Truppe zurück. Mehr denn je war er überzeugt, dass »es in der Roten Armee keine Kriegsgefangenen, sondern nur Verräter der Heimat« gebe.

Als Konsequenz ließ Stalin zahlreiche Generale erschießen, verhaften oder strafversetzen. Längst hatte er die alte Bürgerkriegsinstitution »Kriegskommissare« wieder eingeführt. Ihre Aufgabe bestand darin, die Kommandeure zu überwachen und dafür zu sorgen, dass sie bis zum Letz-

> *Wer in die Einkreisung geraten ist, hat auf Leben und Tod zu kämpfen und bis zuletzt zu versuchen, sich zu den Unsern durchzuschlagen. Wer dagegen die Gefangenschaft vorzieht, ist mit allen Mitteln zu vernichten. Den Angehörigen von Rotarmisten, die sich gefangen gegeben haben, sind staatliche Zuwendungen und Unterstützungen zu entziehen.*
>
> Aus Stalins Befehl Nr. 270, 16. August 1941

ten kämpften. Außerdem wurden hinter der kämpfenden Truppe nun so genannte »Sperreinheiten« postiert, die das Zurückweichen einzelner Rotarmisten oder ganzer Einheiten mit Gewalt verhindern sollten – eine Maßnahme, die freilich das Gegenteil des gewünschten Effekts erzielte. Da ihnen der Rückzug versperrt war, ergaben sich die Soldaten der Roten Armee nun sogar noch häufiger, wenn sie eine Fortsetzung des Kampfes für aussichtslos hielten. Als Konsequenz daraus erging am 16. August 1941 der berühmt-berüchtigte Befehl Nr. 270, den das Oberkommando der Roten Armee in allen Einheiten verlesen ließ und der als ultimatives Drohmittel die Sippenhaft einführte. Gefangengenommene wurden als »böswillige Deserteure« gebrandmarkt, ganz gleichgültig, wie ihre Festnahme erfolgt war. Ihren Familien wurde jede staatliche Unterstützung entzogen; die Angehörigen von gefangenen Kommandeuren und Kommissaren waren sogar zu verhaften.

Bei der unerbittlichen Anwendung dieses Befehls machte Stalin nicht einmal vor der eigenen Familie Halt. Als sein Sohn Jakow im Juli 1941 in deutsche Gefangenschaft geriet, rührte er für diesen keinen Finger. Ein späteres deutsches Angebot, Jakow gegen den in Stalingrad gefangenen Generalfeldmarschall Paulus auszutauschen, lehnte Stalin schroff ab: »Wir tauschen keinen Marschall gegen einen Leutnant!«, ließ er der deutschen Seite mitteilen. Ohne mit der Wimper zu zucken, veranlasste er die Verhaftung seiner eigenen Schwiegertochter, der Frau Jakows. Sie wurde erst 1943 wieder freigelassen, als die Nachricht vom Tod Jakows nach Moskau gelangte. Doch trotz dieser unerbittlichen Maßnahmen gerieten in den nächsten Monaten weiterhin hunderttausende sowjetische Soldaten in deutsche Gefangenschaft. Bis Ende 1941 waren es bereits 3,3 Millionen, im Sommer 1942 kamen noch einmal hunderttausende dazu. Erst mit den einsetzenden Niederlagen der deutschen Armeen ebbte der Gefangenenstrom ab. Bis Kriegsende wurden nach deutschen Angaben insgesamt 5,7 Millionen Rotarmisten gefangen genommen – eine offizielle russische Statistik von 1991 spricht von vier Millionen, doch dürften die deutschen Zahlen näher an der Realität liegen.

Das Schicksal dieser Menschen gehört neben dem Holokaust zu den dunkelsten Kapiteln des Zweiten Weltkriegs. Von Anfang an hatte Hitler den Krieg gegen die Sowjetunion nicht nur als einen militärischen Schlagabtausch betrachtet, sondern auch und vor allem als einen Eroberungs- und Vernichtungskrieg. Bereits am 30. März 1941, einige Monate vor Beginn des »Unternehmens Barbarossa«, hatte er in einer Ansprache vor über

Kampf zweier Weltanschauungen gegeneinander. Vernichtendes Urteil über Bolschewismus, ist gleich asoziales Verbrechertum.
Kommunismus ungeheure Gefahr für die Zukunft. Wir müssen von dem Standpunkt des soldatischen Kameradentums abrücken. Der Kommunist ist vorher kein Kamerad und nachher kein Kamerad. Es handelt sich um einen Vernichtungskampf. Wenn wir es nicht so auffassen, dann werden wir zwar den Feind schlagen, aber in 30 Jahren wird uns wieder der kommunistische Feind gegenüberstehen. Wir führen nicht Krieg, um den Feind zu konservieren.
Franz Halder, Kriegstagebuch, 30. März 1941

200 Befehlshabern und Stabschefs des Ostheeres nahezu unverhohlen seine diesbezüglichen Absichten offen gelegt: »Der Krieg wird sich sehr unterscheiden vom Kampf im Westen. Ein Krieg gegen Russland kann nicht ritterlich geführt werden. Es handelt sich um einen Kampf der Weltanschauungen und rassischen Gegensätze und ist daher mit nie da gewesener erbarmungsloser Härte zu führen. Alle Offiziere werden sich überlebter Anschauungen entledigen müssen. ... Wir müssen von dem Standpunkt des soldatischen Kameradentums abrücken. Der Kommunist ist vorher kein Kamerad und nachher kein Kamerad.«

Wohl irritierte einige Offiziere die hasserfüllte Polemik dieser Sätze, doch blieben Proteste aus. Stattdessen machten sich die Stäbe im Oberkommando der Wehrmacht (OKW) und des Heeres (OKH) in den folgenden Wochen daran, Hitlers Forderungen in die Tat umzusetzen. Am 13. Mai 1941 wurde der so genannte »Gerichtsbarkeitserlass« ausgegeben: »Für Handlungen, die Angehörige der Wehrmacht gegen feindliche Zivilpersonen begehen, besteht kein Verfolgungszwang, auch dann nicht, wenn die Tat zugleich militärisches Verbrechen oder Vergehen ist.« Im Klartext hieß das: Egal, ob deutsche Soldaten raubten, mordeten und vergewaltigten – kein Militärgericht war verpflichtet, solche Verbrechen zu bestrafen. Am 6. Juni folgte dieser Aufhebung sämtlicher zivilisierter Regeln mit den »Richtlinien für

Wir hörten, dass es da einen »Kommissarbefehl« gab, dass, wenn ein Kommissar in Gefangenschaft kam, er auf der Stelle erschossen werden sollte. Aber ich kann mich nicht entsinnen, dass der Befehl bei uns in irgendeiner Weise angewandt wurde.
Wolfgang Mischnick,
Soldat der Wehrmacht

Ich habe den Eindruck gewonnen, dass die Erschießungen der Juden, der Gefangenen und auch der politischen Kommissare fast allgemein im Offizierskorps abgelehnt wird, die Erschießung der Kommissare vor allem auch deswegen, weil dadurch der Feindwiderstand besonders gestärkt wird.
Bericht des Nachrichtenoffiziers der Heeresgruppe Mitte, Freiherr von Gersdorff, 9. Dezember 1941

»Grundsätzlich sofort mit der Waffe zu erledigen«: Ein politischer Kommissar der Roten Armee wird verhört, Juni 1941.

die Behandlung politischer Kommissare« ein offener Mordbefehl: »Die Urheber barbarisch asiatischer Kampfmethoden sind die politischen Kommissare. Gegen diese muss daher sofort und ohne weiteres mit aller Schärfe vorgegangen werden. Sie sind daher, wenn im Kampf oder Widerstand ergriffen, grundsätzlich sofort mit der Waffe zu erledigen.«

Im Geiste des »Kommissarbefehls« und der von Hitler ausgegebenen Parole, dass es im Osten »keine Kameraden« gebe, erfolgte dann auch die Planung für die Versorgung der zu erwartenden sowjetischen Kriegsgefangenen. Obwohl die zuständigen Abteilungen in OKW und OKH durchaus mit riesigen Gefangenenzahlen in kurzer Zeit rechneten – schließlich ging die allgemeine Planung von einem siegreichen Blitzkrieg aus –, waren die diesbezüglichen Vorbereitungen völlig unzureichend. In Menschen verachtender Gleichgültigkeit wurden die Unterbringung und die Versorgung der sowjetischen Kriegsgefangenen als ein nebensächliches Problem behandelt, das auf keinen Fall die militärischen Operationen stören und im Weiteren die Sicherung der deutschen Herrschaft im Osten und die Ausbeutung der Nahrungsmittel- und Rohstoffressourcen der Sowjetunion zu Gunsten des Deutschen Reiches behindern durfte. Im Gegensatz zu den umfangreichen Maßnahmen für die Versorgung der französischen und britischen Gefangenen an der Westfront war man im

»Vorspiel für die Todesmärsche von Stalingrad«: In den ersten Monaten des Russlandfeldzugs machte die Wehrmacht hunderttausende russische Gefangene.

Falle der erwarteten sowjetischen Gefangenen von vornherein bestrebt, nur minimale Sachmittel und Energie aufzuwenden. Eine humanitäre Katastrophe war zwar nicht geplant, doch wurde sie teils leichtfertig, teils billigend in Kauf genommen.

Sie ließ denn auch nicht auf sich warten. Schon die ersten großen Kesselschlachten der Heeresgruppe Mitte Anfang Juli bei Bialystok und Minsk, bei denen über 300 000 Rotarmisten in die Hände der deutschen Wehrmacht fielen, vermittelten einen Vorgeschmack auf die Hölle, welche die sowjetischen Soldaten erwartete. Bei Minsk wurden 100 000 Kriegsgefangene und 40 000 Zivilpersonen auf »einem Raum von etwa der Größe des [Berliner] Wilhelmsplatzes« eingepfercht, schrieb der Ministerialrat der »Organisation Todt«, Xaver Dorsch, in einem Bericht vom 10. Juli 1941: »Die Gefangenen können sich kaum rühren und sind dazu gezwungen, ihre Notdurft an dem Platz zu verrichten, wo sie gerade stehen. Bewacht wird das Lager von einem Kommando aktiver Soldaten in Kompaniestärke. Die Bewachung des Lagers ist bei der geringen Stärke des Wachpersonals nur

Die großen Umfassungsschlachten, die Hunderttausenden von Gefangenen, die gemacht wurden – ich selbst habe in einem Feldpostbrief an meine Mutter im September 1941 geschrieben: »Der Krieg ist in wenigen Wochen zu Ende.«

Ulrich de Maizière,
Offizier der Wehrmacht

Die schlimmen Bilder sind in den deutschen »Wochenschauen« nicht gezeigt worden. Wenn da die russischen Kolonnen über die Leinwand marschierten, dann hatte man nicht das Gefühl, dass sie schlecht behandelt würden.

Hillmar Hoffmann,
Soldat der Wehrmacht

möglich unter Anwendung brutalster Gewalt. Die Kriegsgefangenen, bei denen das Verpflegungsproblem kaum zu lösen ist, sind teilweise sechs bis acht Tage ohne Nahrung und kennen in einer durch den Hunger hervorgerufenen tierischen Apathie nur noch eine Sucht: zu etwas Essbarem zu gelangen.«

Erst am neunten Tag seiner Gefangenschaft, so erinnert sich der russische Arzt Fjodor Iwanowitsch Tschumakow, erhielt er etwas zu essen – eine Schöpfkelle Brühe, welche die sowjetischen Gefangenen als »Balanda« bezeichneten und die in einem großen Kessel gekocht worden war. Zwei Schöpfkellen voll waren die tägliche Ration eines Gefangenen; Brot gab es nicht dazu, sondern nur einen schwer verdaulichen Ölkuchen aus gepressten Sonnenblumenkernen. »Der Hunger nahm zu, und das Essen wurde bald zum einzigen Streben meines Wesens. Während der Verteilung der Mahlzeiten zeigte sich, dass nicht alle Gefangenen die tägliche ›Balanda‹ bekommen konnten, da sie keine Essnäpfe besaßen. Ihre Lage wurde geradezu tragisch: ›Hast du keinen Napf, bleibst du also ohne Essen!‹ Manche besaßen noch Helme, die sie als Geschirr gebrauchten. Aber immer gab es einige Leute, die überhaupt nichts bei sich hatten. Am Küchenkessel angelangt, waren sie gezwungen, ihre alten und schmutzigen Feldmützen zu benutzen. Die flüssige Brühe drang durch den Stoff und tropfte schon nach wenigen Sekunden zu Boden. Selbst wenn die Gefangenen einen Löffel besaßen, hatten sie keine Zeit, ihn zu benutzen. Sie mussten schleunigst den Inhalt der Feldmütze austrinken. Dabei konnten sie sich auch verbrühen. Wer so ein Schauspiel nicht beobachtet hat, der kann es sich nicht vorstellen.«

Unter Berücksichtigung dessen, dass die Ausschreitungen und Gewaltakte an wehrlosen sowjetischen Bürgern und gefangenen Rotarmisten und Verrat am Vaterland die schändlichsten und schwersten Verbrechen, die abscheulichsten Missetaten sind, beschließt das Präsidium des Obersten Sowjets der UdSSR:
1. anzuordnen, dass die deutschen, italienischen, rumänischen, ungarischen und finnischen Verbrecher, die der Mordtaten an der Zivilbevölkerung und gefangener Rotarmisten überführt wurden und auch Spione und Vaterlandsverräter unter den Sowjetbürgern mit der Todesstrafe durch Erhängen bestraft werden.
Aus dem Erlass des Präsidiums des Obersten Sowjets, 19. April 1943

Von Anfang an waren der furchtbare Hunger und die menschenunwürdige Unterbringung ständige Wegbegleiter der sowjetischen Gefangenen. Die Tatsache, dass Übelstände wie in Minsk bereits in dieser ganz frühen Phase des »Unternehmens Barbarossa« auftraten, als die Zahl der Gefangenen noch überschaubar und die Vorräte der deutschen Truppen frisch waren, ist ein Beleg dafür, wie wenig Rücksicht die Verantwortlichen von vornherein auf das Schicksal der Gefangenen zu nehmen gewillt gewesen waren. Diese kärglichen Rationen, die deutlich unter dem Existenzminimum lagen, erwiesen sich als umso verheerender, als der Abtransport der Gefangenen in die rückwärtigen Gebiete in den ersten Monaten zum allergrößten Teil nicht mit der Bahn, sondern mittels Fußmärschen erfolgte. Die Konsequenzen waren unausweichlich und den Beteiligten auch durchaus bewusst. So machte ein Nachschuboffizier einer zum Abtransport eingesetzten Sicherungsdivision bei der Heeresgruppe Mitte darauf aufmerksam, »dass die Verpflegungssätze (20–30 g Hirse, 100–200 g Brot) selbst für eine Marschleistung von 30–40 km zu gering sind und damit zu rechnen ist, dass ein großer Teil der Leute das Ziel wegen Entkräftung nicht erreicht«.

Nichtarbeitende Kriegsgefangene in den Gefangenenlagern haben zu verhungern.

Anweisung von General Eduard Wagner, 13. November 1941

Die Gefangenenlager der Russen habe ich erst später gesehen. Die Wehrmacht war nicht in der Lage, diese Leute zu verpflegen, ohne die eigene Versorgung zu vernachlässigen. Dadurch sind in den Lagern Seuchen ausgebrochen und viele gestorben. Es war keine Absicht unserer Führung, es war Krieg.

Ewald Okrafka, Soldat der Wehrmacht

Auf diese Weise wurden die Märsche der sowjetischen Kriegsgefangenen zu einem Vorspiel für die Todesmärsche der Soldaten der Sechsten Armee nach ihrer Kapitulation im Kessel von Stalingrad. Hier wie dort wurden Gefangene, die aus Entkräftung den Marsch nicht mehr fortsetzen konnten, von den sie begleitenden Wachmannschaften erschossen. Es ist nicht ausgeschlossen, dass mancher Täter später selbst zum Opfer dieser unmenschlichen Gewohnheit wurde. So berichtete der Leiter der Abteilung Abwehr II im OKW, Oberst Lahousen, am 31. Oktober 1941 nach einer Inspektionsfahrt durch die Frontgebiete: »Die 6. Armee hat Befehl gegeben, dass alle schlappmachenden Kriegsgefangenen zu erschießen sind. Bedauerlicherweise wird dies an der Straße, selbst in Ortschaften vorgenommen, sodass die einheimische Bevölkerung Augenzeuge dieser Vorgänge ist.«

Im Gegensatz zu den Gefangenen aus westlichen Kriegsschauplätzen wurden für die gefangenen Rotarmisten keine vorgefertigten Ein-

Die russischen Gefangenen sahen schlimm aus, wie später die Deutschen nach Stalingrad. Wir haben lieber nicht so genau hingesehen.

Karl Erler, Soldat der Wehrmacht

Oben: »Vieh behandelte man besser«: Transport russischer Gefangener in Witebsk, September 1941.
Unten: »Verzweifelter Hunger«: Sowjetische Kriegsgefangene betteln in einem Lager um Lebensmittel.

Oben: »Menschenunwürdige Bedingungen«: Sowjetische Gefangene müssen im Stalag 326 Senne in Erdlöchern hausen.
Rechts: »Rationen unter dem Existenzminimum«: Ein unterernährter sowjetischer Kriegsgefangener in Sennelager bei Bielefeld.

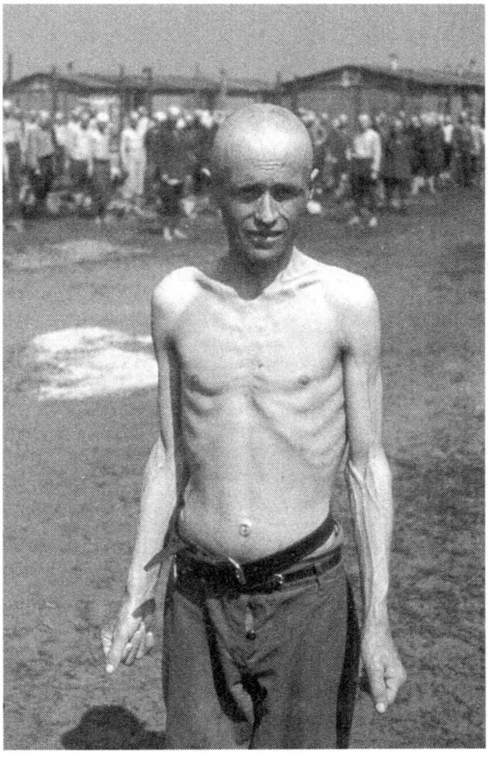

Ein Beispiel für die Behandlung von russischen Kriegsgefangenen war die Geschichte der Infanteriedivision Nr. 23 mit dem berühmten Regiment Nr. 9. Die verloren Ende August ihre im Tross befindlichen 2000 Mäntel. Daraufhin wurde am 3. September befohlen: 2000 russischen Gefangenen werden die Mäntel abgenommen, was ein sicheres Todesurteil für diese 2000 Gefangenen war. Und das wurde praktiziert. Keitel hat am 22. Dezember einen Erlass herausgegeben, in dem diese Praktik bestätigt wurde.
Carl Dirks, Offizier der Wehrmacht

heitsbaracken bereitgestellt. Ob nun auf Reichsterritorium oder in den östlichen Gebieten: Grundsätzlich fanden sie sich in einem lediglich mit Stacheldraht umzäunten und mit Wachtürmen bestückten Gelände wieder, in dem sie selbst sich einzurichten hatten. Ein Bericht der Kreisleitung Falkenberg (Oberschlesien) vom 11. September 1941 gibt über das Schicksal der seit Ende Juli im Stalag 318, Lamsdorf, eingesperrten sowjetischen Gefangenen deutlichen Aufschluss: Die Gefangenen hätten sich »mit Kochgeschirren und mit den Händen Löcher in die Erde gegraben, in denen sie sich des Nachts aufhalten. Die Verpflegung… ist zwar knapp, aber immerhin ausreichend. Zum Frühstück wird warmer Kaffee gereicht, und zum Mittagessen gibt es ständig ein Eintopfgericht. Gegen Abend erfolgt dann die Ausgabe der Kaltverpflegung bestehend aus Kommissbrot (1 Brot für 5 Mann) und Marmelade. Für diese verfressenen Untermenschen ist das aber noch viel zu wenig, und so konnte in den ersten Wochen beobachtet werden, dass sie wie die Tiere Gras, Blumen und rohe Kartoffeln fraßen. Nachdem sie nichts Essbares mehr auf ihrem Lagerplatz vorfanden, haben sie sich der Menschenfresserei zugewandt.«

Das Schicksal der sowjetischen Kriegsgefangenen in Deutschland ist … eine Tragödie größten Ausmaßes. Von den 3,6 Millionen Kriegsgefangenen sind heute nur noch einige hunderttausend voll arbeitsfähig. Ein großer Teil von ihnen ist verhungert oder durch die Unbilden der Witterung umgekommen. Tausende sind auch dem Fleckfieber erlegen.
Denkschrift des Reichsministeriums für die besetzten Ostgebiete, März 1942

Unter diesen menschenunwürdigen Bedingungen fanden bis Ende 1941 bereits 1,4 Millionen gefangene Rotarmisten in den Lagern oder auf den Transporten den Tod. Das Massensterben der sowjetischen Kriegsgefangenen stand hierbei im klaren Widerspruch zum Interesse der deutschen Wirtschaft, die aufgrund der Mobilisierung gegen die Sowjetunion unter extremem Arbeitskräftemangel litt. Da bereits im Ersten Weltkrieg russische Kriegsgefangene in hohem Umfang für die deutsche Wirtschaft gearbeitet hatten, wäre es nahe liegend gewesen, auf diese positiven Erinnerungen zurückzugreifen. Diesem Einsatz standen jedoch starke ideologische Barrieren entgegen: zum einen das von der NS-Propaganda gepflegte Untermenschen-Klischee und noch mehr die Befürchtung, dass die deutschen Soldaten und die deutsche Bevölkerung durch die Berührung mit den Sowjetsoldaten vom Virus des Bolschewismus angesteckt würden. »Zum ersten Male in diesem Krieg steht dem deutschen Soldaten ein nicht nur soldatisch, sondern auch politisch geschulter Gegner gegenüber«, hieß es in einem Merkblatt des OKW für die Bewachung sowjetischer Kriegsgefangener vom 9. September 1941: »Auch der in Gefangenschaft geratene Sowjetsoldat, mag er noch so harmlos erscheinen, wird jede Gelegenheit nutzen, um seinen Hass gegen alles Deutsche zu betätigen.«

Wir haben immer gesagt: »Wir müssen Gefangene machen!« Nun denken wir: »Was sollen wir mit all diesen Gefangenen anfangen?«

Hitler, Tischgespräch, 13. Oktober 1941

Der Führer sprach am gestrigen Abend über den notwendigen Einsatz der russischen Kriegsgefangenen; es sei notwendig, diese noch dazu billigen Arbeitskräfte baldigst produktiv anzusetzen, denn füttern müssten wir die Gefangenen doch, und es wäre widersinnig, dass sie in den Lagern als unnütze Esser faulenzten.

Martin Bormann, Leiter der Reichskanzlei, 15. Oktober 1941

Aus diesen Gründen lehnte Hitler in den ersten Monaten nach dem Überfall auf die Sowjetunion den Arbeitseinsatz sowjetischer Kriegsgefangener im Gebiet des Deutschen Reiches ab. Erst als sich der Vormarsch der deutschen Wehrmacht Ende 1941 vor Moskau festlief, setzte auch bei ihm das Umdenken ein. Mit einem Schlag wurde deutlich, dass es sich beim Krieg gegen die Sowjetunion nicht um einen Blitzkrieg handeln würde. Aufgrund der deutschen Verlustzahlen und der Unmöglichkeit, die sich nach einem Sieg anbietende Teildemobilisierung der Wehrmacht durchzuführen, wurde der Arbeitskräftemangel im Deutschen Reich immer spürbarer. »Die gegenwärtigen Schwierigkeiten im Arbeitseinsatz wären nicht entstanden«, so trug der Leiter der Geschäftsgruppe Arbeitseinsatz im Vierjahresplan, Ministerialdirektor Mansfeld, am 19. Februar 1942 vor, »wenn man sich rechtzeitig zu einem großzügigen Einsatz russischer Kriegsgefangener entschlossen hätte. Es standen 3,9 Millionen Russen zur Verfügung, davon sind nur noch 1,1 Millionen übrig.« Angesichts des Drucks aus der Industrie und den Wirtschaftsressorts stimmte Hitler am 31. Oktober 1941 widerwillig zu, die sowjetischen Gefangenen von nun an in großem Umfang in deutschen Betrieben einzusetzen.

Aus Angst vor einer »bolschewistischen Ansteckung« der deutschen Arbeiter legte die nationalsozialistische Führung jedoch großen Wert da-

Die Verwendung von sowj. Kriegsgefangenen innerhalb der Reichsgrenzen ist ein notwendiges Übel und daher auf ein Mindestmaß zu beschränken. Grundsätzlich dürfen sie nur an solchen Arbeitsplätzen beschäftigt werden, an denen bei völliger Isolierung in geschlossenen Kolonnen gearbeitet werden kann.

Durchführungserlass der Abteilung Kriegsgefangene im OKW, 2. August 1941

rauf, »politisch gefährliche« Personen unter den sowjetischen Gefangenen von vornherein zu eliminieren. Bereits Mitte Juli 1941 war eine Übereinkunft zwischen OKW und Reichssicherheitshauptamt (RSHA) geschlossen worden, die diese Aussonderung regelte. Neben Kommissaren, kommunistischen Parteifunktionären wurden auch »sowjetische Intelligenzler«, »alle Juden« und »alle Personen, die als Aufwiegler oder als fanatische Kommunisten festgestellt werden« als »politisch gefährlich« eingeordnet – eine Formulierung, die jeglicher Willkür Tür und Tor öffnete. Nach dem Befehl des OKW sollte das Wehrmachtspersonal in den Kriegsgefangenenlagern diese Aussonderung durch eine »grobe Trennung« vorbereiten. Die definitive Auswahl war »besonders geschulten« Einsatzkommandos der SS vorbehalten, welche die entsprechenden Untersuchungen im Lager durchführten. Diese »Spezialisten« sandten, nachdem sie anhand ihrer Kategorien die »untragbaren Elemente« selektiert hatten, eine Namensliste als »Exekutionsvorschlag« an das RSHA. Von dort erging ein entsprechender »Exekutionsbefehl« an das Gefangenenlager. Dieses hatte dann – gemäß der Vereinbarung zwischen OKW und RSHA – die genannten Gefangenen formell aus der Gefangenschaft zu entlassen und in ein KZ zu verbringen, wo die Selektierten »sonderbehandelt«, das heißt ermordet wurden. Je nach KZ kamen hierbei unterschiedliche Methoden zur Anwendung. In Dachau wurden die Opfer auf dem Schießplatz erschossen, in Sachsenhausen und Buchenwald in einer als Untersuchungsraum getarnten Genickschussanlage getötet. Besonders grausam soll es in Mauthausen zugegangen sein. Hier mussten sich die Selektierten im Steinbruch des Lagers buchstäblich »totarbeiten«, andere wurden durch Injektionen mit Phenol um ihr Leben gebracht, oder man ließ sie schlichtweg verhungern. Insgesamt fielen offenbar mehr als 50 000 sowjetische Kriegsgefangene, die ins Reichsgebiet (ausschließlich Ostpreußen) verbracht wurden, den »Aussonderungen« zum Opfer. Die Gesamtzahl der sowjetischen Kriegsgefangenen, die auf das Mordkonto der Sonderkommandos gingen, betrug weit über 140 000 Menschen.

Nur vereinzelt scheint sich Widerstand gegen die Durchführung dieser Mordbefehle geregt zu haben. Im November 1941 protestierte der für die

Kriegsgefangenen zuständige Kommandeur im Wehrkreis VII (München), Generalmajor von Saur, beim OKW gegen die »oberflächliche« und allzu umfangreiche Aussonderung, die im Stalag VII A, Moosburg, geplant sei. Dort hatte das Sonderkommando nach Überprüfung von 3788 Gefangenen drei »Funktionäre und Offiziere«, 25 Juden, 69 »Intelligenzler«, 146 »fanatische Kommunisten«, 85 »Hetzer, Aufwiegler, Diebe«, 35 Flüchtlinge und 47 »unheilbar Kranke« ausgemacht, die für die »Sonderbehandlung« vorgesehen waren. Zur Stellungnahme aufgerufen, wies die zuständige Stapo-Leitstelle München den Protest Saurs entschieden zurück. Man habe nicht mehr als 13 Prozent der überprüften Gefangenen ausgesondert, während die Stapo-Leitstellen Nürnberg-Fürth und Regensburg im Durchschnitt auf 15 bis 17 Prozent kämen. Das Problem liege vielmehr bei den Offizieren des Stalag VII A, bei denen durchweg das Bestreben aufgefallen sei, »die Russen durch Milde zu bessern, die kranken Russen wieder aufzupäppeln und sich dadurch ein Mäntelchen der Humanität zu verschaffen«. Als besonders »untragbar« sei hierbei der Arbeitseinsatzoffizier Saurs aufgefallen, ein Major Meinel, der bei einer Unterredung mit dem Sachbearbeiter der Stapo-Leitstelle habe erkennen lassen, »dass er das ganze Verfahren, wie man hier die sowjetischen Gefangenen behandle, für untragbar halte. Er sei alter Soldat und vom soldatischen Standpunkt aus sei ein solches Verfahren nicht zu billigen. Wenn einmal ein feindlicher Soldat gefangen sei, dann sei er eben gefangen und dürfe nicht ohne weiteres erschossen werden. Der zweite Grund, dass er gegen ein solches Verfahren sei, sei der, dass die Arbeitsmarktlage im Wehrkreis VII katastrophal sei und weil man jede Kraft notwendig brauche.«

Durch den Druck der Gestapo ließ sich Meinel nicht einschüchtern. Mit Rückendeckung Saurs verbot er Mitte Januar 1942, 173 Gefangene, die bereits ausgesondert, aber noch nicht in das KZ Dachau überstellt worden waren, der Gestapo auszuliefern. Als Grund wurde erneut der Arbeitskräftemangel im Wehrkreis angegeben. Längst war die Angelegenheit zu einer Prestigefrage geworden, die die Stapo-Leitstelle unbedingt für sich entscheiden wollte. Eine Intervention des RSHA bei dem für die Gefangenen zuständigen Chef des Wehrmachtsamts im OKW, Generalleutnant Reinecke, machte dem Protest schließlich ein Ende. Von Saur und Meinel wurden von ihren Posten abberufen und die zurückgehaltenen Gefangenen in das KZ Buchenwald eingeliefert.

Der Protest dieser beiden Wehrmachtsoffiziere scheint ein Sonderfall gewesen zu sein, jedenfalls sind andere Fälle dieser Art nicht überliefert.

Im Lager Neuhammer in Schlesien gab es keine Baracken, nichts. Wir lebten in Erdlöchern. Jeden Morgen wurden von einem speziellen Kommando die Leichen aufgesammelt. Dreißig bis vierzig Mann, das war die Norm, jeden Morgen.

Boris Kostinski, als Soldat der Roten Armee in deutscher Gefangenschaft

Im Lager habe ich einen russischen Gefangenen gesehen, dessen Körper ganz angeschwollen war, er saß hinter der Lazarettbaracke, ganz nackt saß er da, allein. Und an der Stelle, wo das Herz ist, klebte so groß wie ein Geldstück ein Haufen Läuse.

Boris Kostinski, als Soldat der Roten Armee in deutscher Gefangenschaft

Auch wenn er erfolglos blieb, so zeigt er, dass Widerstand gegen die Ermordung von sowjetischen Kriegsgefangenen möglich war – vor allem wenn er mit dem nicht regimefeindlichen Argument des Arbeitskräftemangels gekoppelt war. Der Protest scheiterte, weil die oberste Führung der Wehrmacht Meinel und von Saur die Rückendeckung verweigerte und sich auf die Seite des RSHA schlug. Hier wie anderswo wird die Mitschuld des OKW an der Massentötung der sowjetischen Kriegsgefangenen durch die Einsatzkommandos deutlich.

In den folgenden Jahren wurden die sowjetischen Kriegsgefangenen zu einer wichtigen Stütze der deutschen Kriegswirtschaft. 1943 arbeiteten über 600 000 von ihnen im Reichsgebiet. Auch wenn ihre Versorgung und Unterkunft in den so genannten »Stammlagern« oder »Stalags«, in denen sie lebten, mit der Zeit besser wurden – sie blieben gleichwohl unter dem Niveau der übrigen Gefangenengruppen. Die mangelhafte Ernährung und die unzureichenden sanitären Einrichtungen begünstigten den Ausbruch von Fleckfieberepidemien, die noch einmal Hunderttausende hinwegrafften. Nach deutschen Quellen sind von den 5,75 Millionen sowjetischen Kriegsgefangenen in deutschem Gewahrsam etwa 3,3 Millionen an Hunger, Krankheiten und durch Exekutionen gestorben, das heißt mehr als die Hälfte. Im Vergleich dazu gab es – ebenfalls deutschen Quellen zufolge – in der Sowjetunion ungefähr 3,1 Millionen deutsche Gefangene, von denen ungefähr 1,1 bis 1,3 Millionen die Gefangenschaft nicht überlebten, das heißt jeder dritte.

Im Unterschied zu den Deutschen gaben sich die Sowjets große Mühe, ihre Gefangenen politisch zu indoktrinieren. Von Anfang an hatten sowjetische Politoffiziere und deutsche Exilkommunisten wie Walter Ulbricht, Wilhelm Pieck oder der Dichter Erich Weinert versucht, in den sowjetischen Gefangenenlagern Sympathisanten für eine antifaschistische Bewegung anzuwerben, bevorzugt zunächst aus dem Kreis der einfachen Soldaten. Zur großen Enttäuschung der russischen Vernehmungsoffiziere erwies es sich jedoch bald, dass gerade unter den Arbeitern viele über-

»Billige Arbeitskräfte«: Erst nach längerem Zögern entschloss sich die NS-Führung zum Einsatz von sowjetischen Gefangenen in der deutschen Wirtschaft.

Walter Ulbricht war im Lager Oranki und hat Einzelgespräche geführt, um die Leute für das NKFD zu gewinnen. Doch man hat ihn mit seinem sächsischen Dialekt gar nicht ernst genommen.

Josef Schaaf, Gefangener in der Sowjetunion

zeugte Nationalsozialisten waren, die wenigen Antifaschisten hingegen vor allem aus akademischen Berufen stammten. Ohnehin waren zahlreichen jüngeren Gefangenen, welche die Weimarer Republik nicht mehr bewusst erlebt und ihre politische Prägung in Hitlerjugend, Arbeitsdienst und Wehrmacht erfahren hatten, schon sozialistische Grundvokabeln unbekannt. Sie alle hatten zudem durch den Krieg die tatsächlichen Lebensbedingungen in der sozialistischen Sowjetunion mit eigenen Augen gesehen und waren wenig beeindruckt. Unter diesen Bedingungen verliefen die Werbeaktionen nicht sehr erfolgreich. »Was fängst du mit dem Kerl an«?, klagten sowjetische Vernehmungsoffiziere gegenüber Lew Kopelew, »der ist so antikommunistisch, der schimpft auf die Sowjetunion, für ihn sind die Straßen dreckig, und unser Leben ist schlecht.«

Die Niederlage der Deutschen in Stalingrad gab den antifaschistischen Werbeaktionen neuen Auftrieb und zugleich auch andere Formen und Ziele, die von nun an bis Ende 1945 gültig blieben. Die Masse neuer deutscher Kriegsgefangener, die Tatsache, dass die militärische Initiative nun auf die Rote Armee übergegangen war, aber auch die bleibende Enttäuschung über die westlichen Alliierten der Sowjetunion, die USA und Großbritannien, die noch immer keine »zweite Front« im Westen eröffnet hatten, führten zu einem Umdenken. Offenbar war es Stalin persönlich, der in einem Telefongespräch im Juni 1943 den entscheidenden Anstoß gab. Es sei Zeit, soll er gesagt haben, »dass die Deutschen auf breiter Basis ihr antifaschistisches Komitee gründen«. Hatte man sich bis dahin vor allem bemüht, aus dem Heer der Gefangenen kommunistische Aktivisten zu filtrieren, so bemühte man sich nun auch um Nichtkommunisten bürgerlicher oder gar adliger Herkunft. Das neue offizielle Ziel lautete, ein breites Volksfrontbündnis aus Vertretern aller politischen Richtungen und sozialen Schichten zu schaffen, die gemeinsam dafür kämpfen wollten, Hitler zu stürzen und eine demokratische Erneuerung Deutschlands einzuleiten.

Am 12. und 13. Juli 1943 versammelte sich im Lager Nr. 27 in Krasnogorsk eine Gruppe von deutschen Exilkommunisten, Gefangenen und sowjetischen Offizieren, um das »Nationalkomitee Freies Deutschland« (NKFD) ins Leben zu rufen. Der Gründung vorausgegangen war eine harte und zähe Diskussion über ein gemeinsames Manifest. Während dem kommunistischen Spitzenfunktionär Walter Ulbricht die nationalen The-

Ende Mai oder Anfang Juni 1943 hat Stalin den Befehl gegeben, das Nationalkomitee zu gründen. Zwei kommunistische Emigranten wurden damit beauftragt, den Entwurf eines Manifestes zu schreiben, und dieser Entwurf basierte im Wesentlichen auf den Gedanken von Hauptmann Hadermann, das war ein Studienrat aus Kassel, der schon 1942 seine Abrechnung mit dem »Dritten Reich« gemacht hatte. Dieses Manifest war ein Appell an den Selbsterhaltungswillen der Deutschen und sagte, der Krieg ist verloren, wir können ihn noch hinschleppen, um den Preis unermesslicher Opfer, aber wenn wir uns nicht selbst von Hitler befreien, sondern das den Alliierten überlassen, dann wird die Zerstückelung Deutschlands das Ende sein und der Verlust der Souveränität auf 50 Jahre. Mit diesem Manifest wurde in den Offizierslagern geworben, aber damals gab es nur eine winzige Minderheit von Offizieren, die sich diesem Aufruf anschlossen. Da ist man auf die Idee gekommen, einen Offiziersbund zu gründen, der sich speziell an die Führung der Wehrmacht richtete, und man versuchte diese Stalingrad-Generäle zu gewinnen, aber auch von diesen konnten bloß drei oder vier überzeugt werden.
Heinrich Graf von Einsiedel, Mitbegründer des NKFD

sen der Soldaten zu weit gingen, fanden diese wiederum seine »fantasielos gehandhabte Ideologie« unerträglich. Als nach stundenlanger Diskussion noch immer kein Kompromiss in Sicht war, wurde es den sowjetischen Beobachtern zu bunt. Sie entschieden die Diskussion, indem sie die Argumente der Soldaten befürworteten und Ulbrichts Formulierungen bis zur Unkenntlichkeit verstümmelten. Wie sehr die sowjetische Seite bereit war, in den Formen auf etwaige Empfindlichkeiten der Gefangenen einzugehen, um dem NKFD eine möglichst breite Basis verschaffen, zeigte sich noch überraschender in der Farbenwahl für die Fahne des Komitees. Nicht Schwarz-Rot-Gold, die Farben der 1848er-Revolution und der Weimarer Republik, wurden gewählt, sondern Schwarz-Weiß-Rot, die Farben des deutschen Kaiserreichs. Offenbar, so erfuhr der völlig überraschte kommunistische Jungfunktionär Wolfgang Leonhard, war der Vorschlag hierzu von sowjetischer Seite gekommen. Die schwarz-rot-goldene Fahne, so meinte man dort, »erinnere an die Weimarer Republik, an die Zeit der Schwäche, an Krise und Massenarbeitslosigkeit und würde die Bewegung einengen. Die schwarz-weiß-rote Fahne sei viel besser, da sie im Offizierskorps der Wehrmacht beliebter sei und somit dazu beitrage, eine wirklich breite nationale Bewegung zu schaffen.«

In dem Aufruf des Nationalkomitees, der sich vor allem an die Generale

»Für ein freies und unabhängiges Deutschland«: Erich Weinert, Major Karl Hetz, Wilhelm Pieck und Hauptmann Ernst Hadermann (von links) bei der Gründung des Nationalkomitees Freies Deutschland.

und Offiziere der Wehrmacht richtete, war denn auch von sozialistischen Parolen nichts zu spüren: »Wir, die überlebenden Kämpfer der 6. deutschen Armee, der Stalingrad-Armee, Generale, Offiziere und Soldaten, wir wenden uns an euch am Beginn des fünften Kriegsjahres, um unserer Heimat, unserem Volk den Rettungsweg zu zeigen. Ganz Deutschland weiß, was Stalingrad bedeutet. Wir sind durch eine Hölle gegangen. Wir wurden totgesagt und sind zu neuem Leben erstanden. Wir können nicht länger schweigen.« Die militärische Lage, so das Manifest weiter, habe sich seit der Wende von Stalingrad immer weiter zu Ungunsten Deutschlands verändert, jeder »denkende deutsche Offizier« verstehe, dass Deutschland den Krieg verloren habe. Doch Hitler werde niemals bereit sein, den notwendigen Frieden zu schließen. Daher sei es nun an den Generalen und Offizieren der Wehrmacht zu handeln: »Nehmt die Initiative in eure Hand! Wehrmacht und Volk werden euch unterstützen. Fordert den sofortigen Rücktritt Hitlers und seiner Regierung. Kämpft Seite an Seite mit dem Volk, um Hitler und sein Regime zu entfernen und Deutschland vor Chaos und Zusammenbruch zu bewahren!«

Das Manifest des Nationalkomitees wurde als Flugblatt über der Front

Als ich im Hauptlager angekommen bin, kam mein Abteilungsarzt, Dr. Petruschka, zu mir und sagte: »Du, da ist in Moskau ein Nationalkomitee Freies Deutschland gegründet worden. Die haben ein Manifest an die deutsche Armee angenommen, mit Hitler Schluss zu machen. Das ist gestern hier im Lager angekommen, und der Kommandant hat gesagt, am Morgen soll eine große Versammlung im Lager stattfinden, bei der das Manifest verlesen wird und die Offiziere dazu Stellung nehmen sollen.« Er sagte: »Wie ich die kenne, da die Masse hier ja immer noch an den Sieg von Hitler glaubt, glaube ich nicht, dass da einer groß aufsteht. Lies du dir das doch mal durch. Es wäre gut, wenn du, der ja in Stalingrad sowieso mit Hitler und seinem Krieg gebrochen hast, aufstehen würdest und sagen, das hältst du für richtig und unterstützt das.«
Gerhard Dengler, Gefangener in der Sowjetunion

abgeworfen; es wurde zugleich auch in den sowjetischen Kriegsgefangenenlagern verteilt, und an die deutschen Soldaten erging die Aufforderung, dem Komitee beizutreten. Einer der Ersten, die es erhielten, war Hauptmann Dengler: »Ich habe mir das durchgelesen und kriegte schreckliche Bauchschmerzen vor Aufregung. Ich habe gedacht: Kannst du denn das machen hier? In der Gefangenschaft hier aufrufen? Auf der anderen Seite, so habe ich mir gesagt, es gibt doch bloß noch eine Kraft, die mit Hitler Schluss machen kann, und das ist doch nur noch die Armee. Und wenn man also Hitler daran hindern will, aus ganz Deutschland ein Riesen-Stalingrad zu machen, dann muss man doch diese Initiative, die hier ergriffen worden ist, unterstützen. Am nächsten Tag fand die Versammlung statt im großen Hof. Überall aus den Baracken wurden Bänke herausgetragen und das Manifest verlesen. Daraufhin forderte der Politoffizier, der als Immigrant gut Deutsch konnte, die Offiziere dazu auf, Stellung zu beziehen. Keiner meldete sich. Also habe ich mich am Riemen gerissen und habe gesagt: ›Also, ich geh jetzt nach vorne!‹ Ich bin dann nach vorne gegangen und habe gesagt, ich hätte mir das in Ruhe durchgelesen und fände das sehr vernünftig. Wenn uns die Möglichkeit gegeben würde, die Armee, unsere Kameraden dazu aufzufordern, mit diesem verlorenen Krieg Schluss zu

Wer nicht Antifaschist war, also dem NKFD oder dem BDO beitrat, war zwangsläufig Faschist. Ein Zwischending gab es nicht.
Josef Schaaf, Gefangener in der Sowjetunion

Ein Kamerad wollte nichts mehr von mir wissen, nachdem ich dem Nationalkomitee beigetreten war. Er sagte, ich sei ein Volksverräter. Er nahm nicht einmal das Essen an, das ich für ihn zusätzlich organisiert hatte.
Hans Mroczinski, Gefangener in der Sowjetunion

Das Nationalkomitee oder der BDO beherrschte das Lager. Alle lukrativen Posten in der Küche oder Bäckerei wurden von diesen Leuten besetzt.

Horst Zank, Gefangener in der Sowjetunion

machen und den Hitler zu beseitigen, der ganz Deutschland ins Unglück treiben wird, halte ich das für richtig. Und zum Schluss sagte ich: ›Ich erkläre also hiermit meinen Beitritt zur Bewegung Freies Deutschland.‹ Da ging ein Pfeifen los, ein Pfui-Rufen. Meine eigenen Regimentskameraden sind bei mir vorbeigegangen, haben bei mir ausgespuckt. In dem Schlafsaal, wo immer vier Betten, Eisenbetten, zusammenstanden, war mein Bett rausgehoben und stand ganz alleine in der Mitte des Saales. Ich wurde also total boykottiert und isoliert dort. Und ich muss sagen, in der Gefangenschaft die Solidarität seiner Kameraden zu verlieren, ist eine harte Strafe. Da habe ich sehr hart dran schlucken müssen.«

Die Gründung des Nationalkomitees polarisierte die Lagerwelt, die sich in feindliche Gruppierungen aufspaltete. Diese Polarisierung machte das Leben auch für Neutrale schwierig, die sich weder für die »Antifaschisten« noch für die Hitler-Anhänger entscheiden wollten. Ein Offizier musste wochenlang auf dem Boden schlafen, weil ihm die rivalisierenden Gruppen keine Schlafstelle zubilligten. Besonders erboste die Gegner des Na-

»Ein Zwischending gab es nicht«: Wer dem Nationalkomitee beitrat, musste Hakenkreuze und andere NS-Embleme von der Uniform entfernen.

Eines Tages wurde ich im Lager auf die Kommandantur bestellt. Da stand ein Mann in russischer Uniform, der sich auf Deutsch als Rechtsanwalt Bolz aus Gleiwitz vorstellte. Er erzählte mir, der Krieg sei verloren, und man müsse jetzt alles tun, um ihn möglichst schnell zu beenden und Hitler zu stürzen. Ich sagte ihm, ich sei ein kriegsgefangener Offizier hinter Stacheldraht, und ich könnte nichts dazu tun, dass dieser Krieg beendet würde. Jede politische Tätigkeit lehnte ich ab.
Horst Zank, Gefangener in der Sowjetunion

tionalkomitees, dass den Beitretenden attraktive Posten in der Lagerverwaltung und eine bessere Verpflegung winkten. Der Vorwurf des blanken Opportunismus machte die Runde: »›Mach mit‹, sagte man mir«, kann sich Hans Kampmann erinnern, »›dann kannst du in der Wäscherei oder Küche arbeiten – wir finden schon etwas für dich.‹ – ›Nein!‹, war meine Antwort. Die Antifa war der Spaltpilz im Lager. Ihre Überzeugung war jedoch keineswegs echt: Als die Ardennenoffensive im Dezember zunächst erfolgreich verlief und die Amerikaner zurückwichen, trat eine große Anzahl von Mitgliedern wieder aus. ›Mensch‹, sagten sie, ›wenn wir als Kriegsgefangene wieder nach Hause kommen, müssen wir doch eine weiße Weste haben und dürfen nicht in der Antifa gewesen sein!‹ Und die Mehrzahl trat wieder ein, als es dann wieder Richtung Rhein und weiter ostwärts ging. Ich konnte diesen Wankelmut nicht verstehen und habe dafür nur Verachtung gespürt.«

In sowjetischen Augen hatte das Nationalkomitee freilich ein schwer wiegendes Manko: Trotz entsprechender Bemühungen war es nicht gelungen, höhere Offiziere für das Gremium zu gewinnen. Bezeichnenderweise standen die beiden Vizepräsidenten des Komitees, Karl Hetz und Heinrich Graf von Einsiedel, lediglich im Rang eines Majors beziehungsweise eines Leutnants, während den Vorsitz der kommunistische Schriftsteller Erich Weinert innehatte. Das Fehlen höherer Offiziere und Generale hatte zur Folge, dass die meisten Kriegsgefangenen die Autorität und die Bedeutung des Komitees anzweifelten. Aus diesem Grund wurde beschlossen, neben dem Komitee eine antifaschistische Organisation der Generale und höheren Offiziere, den »Bund Deutscher Offiziere« (BDO) zu gründen. Zuständig für diese Aktivitäten war der stellvertretende GUPVI-Vorsitzende, Generalmajor Melnikow, der sich umgehend an die Arbeit machte.

Melnikows Wunschkandidat für den Vorsitz des Bundes war Generalfeldmarschall Paulus, Stalins ranghöchster Gefangener, doch dieser winkte ab. Melnikow musste nach einem anderen geeigneten Kandidaten Ausschau halten. Er fand ihn in einem ehemaligen Untergebenen von Paulus, dem einstigen kommandierenden General des LI. Armeekorps der Sechsten Armee, Walther von Seydlitz. Am 19. August 1943 wurden er und zwei weitere Stalingrad-Generale, Otto Korfes und Martin Lattmann, die man aufgrund vorheriger Verhöre für geeignet hielt, von Wolkowo in ein »Umerziehungslager« in Lunjowo verlegt. Dort trafen sie auf gefangene deutsche Offiziere, die bereits eine »Initiativgruppe« zur Gründung des BDO gebildet hatten. Ihr Appell an die Generale scheint diese beeindruckt, aber noch nicht überzeugt zu haben. Dies gelang erst, als Melnikow den Generalen in einer nächtlichen Sitzung weitgehende mündliche Zusicherungen seitens der Sowjetregierung machte. Falls es durch den Einsatz des Nationalkomitees Freies Deutschland und den Bund Deutscher Offiziere gelingen würde, Hitler zu stürzen und den Krieg zu beenden, bevor dieser deutsches Gebiet erreicht habe, garantiere die Sowjetregierung die Integrität des Deutschen Reiches in den Grenzen von 1937 (das heißt ohne die eroberten Gebiete), das Weiterbestehen einer deutschen Wehrmacht und den Verzicht auf eine Bolschewisierung Deutschlands zugunsten einer bürgerlich-demokratischen Regierung. Aufgrund dieser Zusicherung fanden sich Seydlitz und die beiden anderen Generale bereit, beim BDO mitzuwirken.

Als die drei hochrangigen Offiziere Anfang September 1943 nach Wolkowo zurückkamen, versuchten sie bei einer von Paulus einberufenen und geleiteten Besprechung, die übrigen Generale auf ihre Seite zu ziehen. Der Tag eines neuen »Tauroggen« sei angebrochen, warb Seydlitz in Anspielung auf die berühmte Tat des preußischen Generals York von Wartenburg, der im Dezember 1812 gegen den Willen seines mit Napoleon verbündeten Königs einen Waffenstillstand mit den Russen vereinbart hatte. Denn der Krieg, so Seydlitz weiter, sei militärisch verloren, und hieraus habe man die Konsequenzen zu ziehen. Die wichtigste von ihnen sei, dass man das deutsche Volk zum Sturz Hitlers aufrufen müsse. Seine Rede schlug ein wie eine Bombe. Schon seine Behauptung, dass der Krieg verloren sei, hatte zu starker Unruhe unter den anwesenden Generalen geführt. Als Seydlitz am Ende zum Sturz Hitlers aufrief, gingen seine weiteren Worte in einem allgemeinen Tumult unter. Einige Generale machten An-

Ich habe es als falsch empfunden, dass Seydlitz das Nationalkomitee und den Bund Deutscher Offiziere aufgezogen hat, denn das wirkte sich so aus, dass es doch viele deutsche Soldaten zum Überlaufen bewegt hat. Und das habe ich abgelehnt.

Bernd Freytag von Loringhoven, Offizier der Wehrmacht

»Zum Sturz Hitlers aufrufen!«: Die Exilschriftsteller Johannes R. Becher und Erich Weinert im Gespräch mit Walther von Seydlitz vom Bund Deutscher Offiziere.

stalten, den Saal zu verlassen; andere redeten heftig gestikulierend aufeinander ein, und der Dienstjüngste unter ihnen, ein noch am Tag der Kapitulation in Stalingrad zum General beförderter Oberst, Fritz Roske, schrie mit gellender Stimme und ausgestreckten Armen: »Herr Feldmarschall, ich bitte, gegen die Beleidigungen des Führers einzuschreiten!« In einem Schreiben an die Sowjetregierung machten 17 Generale mit Generalfeldmarschall Paulus an der Spitze ihre ablehnende Haltung deutlich: »Den Weg, den der Bund Deutscher Offiziere gehen will, können wir nur scharf verurteilen. Der Kriegsgefangene, der Volk und Wehrmacht gegen ihren Führer aufruft, trägt Zersetzung in ihre Reihen und schwächt sein Volk in schwerster Zeit. Was die im ›Bund‹ vereinten Offiziere und Generäle treiben, ist also Landesverrat. Wir betrachten sie nicht mehr als unsere Kameraden und sagen uns mit aller Bestimmtheit von ihnen los.«

Die Erklärung der Siebzehn blieb nicht ohne Konsequenzen. Auf Betreiben von Seydlitz wurde Paulus aus dem Generalslager entfernt und in die Datscha Dubrovno unweit von Moskau verlegt, wo man ihn psychologisch in die Mangel nahm. Unter dem Druck ihrer sowjetischen Gesprächspartner fanden Paulus und andere Stalingrad-Generale sich zu

Von den Russen wurden Passierscheine abgeworfen: »Ergebt euch, wir garantieren Heimkehr nach Deutschland nach dem Krieg.« Da hat kein Mensch dran geglaubt. Und die so genannte Tapferkeit der deutschen Soldaten war eher Selbsterhaltungstrieb. Wir wollten einfach unsere Haut so teuer verkaufen wie möglich.

Josef Schaaf, Gefangener in der Sowjetunion

einer Art Waffenstillstand bereit. Sie zogen ihre Erklärung zurück, ohne sich jedoch den Zielen des BDO anzuschließen. Am 12./13. September 1943 wurde in Lunjowo der Bund Deutscher Offiziere gegründet und Walther von Seydlitz zu seinem Präsidenten gewählt. In einem Aufruf vom 18. September wandte sich der Bund an die deutsche Wehrmacht und Öffentlichkeit und forderte sie zum Sturz Hitlers auf: »Wir Generale und Offiziere der 6. Armee sind entschlossen, dem bisher sinnlosen Opfertod unserer Kameraden einen tiefen geschichtlichen Sinn zu geben. Sie sollen nicht umsonst gestorben sein! Aus der bitteren Erkenntnis von Stalingrad soll die rettende Tat hervorgehen.«

Die Aufrufe des Nationalkomitees Freies Deutschland und des Bundes Deutscher Offiziere, die bald in Millionen Flugblättern auf die deutschen Soldaten an der Ostfront herabregneten, scheinen freilich so gut wie keine Wirkung gehabt zu haben. Die Truppe verharrte in Ablehnung und Schweigen. Viele bezweifelten anfangs schlicht die Echtheit der Propaganda. Sie hielten es für undenkbar, dass hochrangige Offiziere der Wehrmacht zu einem solchen in ihren Augen verabscheuungswürdigen Verrat fähig sein sollten. Als diese Realität dann außer Zweifel stand, war fast niemand bereit, sich auf die Argumente der Aufrufe einzulassen. Viele Soldaten der Wehrmacht glaubten, mit dem Einmarsch in die Sowjetunion dem Angriff eines gefährlichen Gegners zuvorgekommen zu sein. Ohnehin war die große Mehrheit durch die Belastungen des Krieges zu sehr beansprucht, um über die Argumente solcher Appelle ernsthaft nachzudenken.

Für diejenigen gefangenen Soldaten, die öffentlich zum Umsturz aufriefen, blieb dies nicht ohne Folgen. Gerhard Dengler wirkte zunächst als Agitator im Offizierslager Elabuga, absolvierte dann ab Mai 1944 einen Antifa-Kurs in Krasnogorsk, den er als überzeugter Marxist verließ. Er kam daraufhin ins Hauptquartier des Nationalkomitees nach Lunjowo, wo er als Journalist arbeitete und in Rundfunkansprachen die deutsche Wehrmacht aufforderte, Hitler zu stürzen. Um die Echtheit dieser Agitation zu betonen, nannten er und die anderen ihren vollen Namen und Dienstgrad – was für ihre Familien in Deutschland nicht ohne Konsequenzen blieb. Gerhard Dengler wurde von einem deutschen Militärgericht in Abwesenheit zum Tode verurteilt. Auch sein Vater, ein angesehener Professor für

Waldbau an der Hochschule Eberswalde, bekam den Zorn der Nazis zu spüren. Zwar sah man davon ab, den renommierten Wissenschaftler und langjährigen Rektor der Hochschule ins KZ zu stecken, wie dies in anderen Fällen der so genannten Sippenhaft geschah. Aber man demütigte ihn zutiefst, wie der Sohn später erfuhr: »Sie haben ihn kriminalisiert. Sie haben ihn gezwungen, sich dreimal in der Woche bei der Polizei zu melden. Das war für meinen bürgerlichen Vater zu viel. Der zweite Weltkrieg, den er miterlebte, ging verloren. Der Sohn war zu den Russen übergegangen und wegen Landes- und Hochverrats zum Tode verurteilt. Und er selbst musste sich wie ein Verbrecher ständig bei der Polizei melden. Da hat er eine Flinte genommen, ist in den Wald gegangen und hat sich erschossen.«

Währenddessen sorgte der unaufhaltsame Vormarsch der Roten Armee für einen stetigen Zustrom deutscher Gefangener, der sich in die GUPVI-Lager ergoss. Im Sommer 1944 traf dann der nach Stalingrad zweite große Schub deutscher Kriegsgefangener ein. Am 22. Juni 1944 durchbrach die Rote Armee bei Mogilev mit starken Truppen die Front der Heeresgruppe Mitte und rollte diese von Norden nach Süden auf. 150 000 deutsche Soldaten gerieten hierdurch im Juni/Juli 1944 in Gefangenschaft. Der damals 22-jährige Leutnant der Artillerie, Hans Kampmann, erlebte den Kollaps der Heeresgruppe als vorgeschobener Beobachter: »Bis heute kann ich mich genau an meine letzte Telefonverbindung erinnern. Ich hörte, dass die Russen in der Stellung seien, mit Panzern die Holme unserer Kanonen überfahren und die Geschütze somit untauglich gemacht hatten. Von da an hatte ich keine Verbindung mehr zu meiner Einheit. Die gesamte Truppe befand sich nun auf der Flucht nach Westen. Immer wieder verlor man sich aus den Augen; jeder war auf sich allein gestellt.«

Ich naseweiser 19-Jähriger habe am Anfang immer noch diskutieren wollen und beispielsweise behauptet: Wir gewinnen den Krieg. Ein älterer Gefangener nahm mich danach auf die Seite und sagte zu mir: »Pass auf, ich gebe dir den einen Rat: Mische dich da nicht ein. Du bist Kriegsgefangener, du hast nichts zu sagen. Behalte deine Meinung lieber für dich.« Daran habe ich mich dann auch gehalten.

Franz Baumeister, Gefangener in der Sowjetunion

Wie viele seiner Kameraden versuchte Kampmann, sich inmitten der ihn überholenden Truppen der Roten Armee zu den eigenen Linien durchzuschlagen. Nach acht Tagen endete seine Flucht in einem Kornfeld unweit von Bobruisk. Gegen zehn Uhr morgens hörte er aufgeregtes Gebell und sah sowjetische Soldaten, die das Feld mit Hunden wie bei einer Treibjagd durchkämmten: »Sie kamen auf mich zu. Ich war allein. Tausend Gedanken schossen mir durch den Kopf: ›Jetzt ist der Zeitpunkt gekommen, wo du dich

Wir hatten keine Ahnung, was passiert, wir sahen nur die Konzentration der Gefangenen. Einige Tage lagen wir unter freiem Himmel, ohne richtige Verpflegung, ehe es in Moskau selbst fettes Essen aus der Gulaschkanone gab. Das war nicht gut für die ausgemergelten Landser: Die Leute bekamen Durchfall und mussten während des Marschs ihre Notdurft verrichten.

Sie hätten uns einfach in Waggons nach Sibirien schaffen können, doch wir wurden systematisch gesammelt und durch Moskau gejagt. Links und rechts und hinter jedem Block waren Posten. Die Zivilisten rundum waren uns nicht gerade freundlich gesonnen. Drei bis vier Stunden sind wir unterwegs gewesen.

Helmut Metternich, Gefangener in der Sowjetunion

entweder vor den Soldaten auf der Stelle umbringst, oder sie bringen dich um.‹ Und dann waren sie auf einmal vor mir: ›Ruki werch‹, hörte ich, ›Hände hoch‹. Ich leistete Folge.« Hans Kampmann hatte Glück. Seine Häscher nahmen ihm alle Wertgegenstände wie Uhr, Kompass und Pistole ab, ansonsten aber behandelten sie ihn freundlich – eine große Überraschung für ihn. »Man hatte uns immer eingebläut, dass die Gefangenschaft unser Tod sein würde. Man warnte uns immer wieder: ›Die bringen euch um.‹ Das hatte viele zum Selbstmord getrieben.«

In Eisenbahnwaggons wurden Kampmann und 1000 andere Gefangene zunächst nach Moskau verfrachtet, wo sie an einem ganz besonderen Ereignis teilnehmen sollten. Am 17. Juli 1944 ließ Stalin etwa 58 000 deutsche Kriegsgefangene durch die Straßen der sowjetischen Hauptstadt führen – in einem Triumphzug nach römischer Feldherrenart. Hans Kampmann erinnert sich: »Es formierte sich eine endlos lange Reihe; ich selbst stand ganz vorne in der zehnten Reihe. Auf einmal kam ein LKW, der einige deutsche Generale heranbrachte. Sie wurden vor uns aufgestellt. Ich konnte sie alle aus unmittelbarer Nähe betrachten. Die Schlange setzte sich in Bewegung. Der Marsch führte uns über den Roten Platz am Kreml vorbei. Viele Gefangene waren sehr abgemagert und hager im Gesicht, einige trugen nur Unterhosen oder liefen ohne Strümpfe, ohne Schuhe. Diejenigen, die an Ruhr erkrankt waren, mussten während des Marsches ihr Bedürfnis auf der Straße verrichten. Der Marsch ging durch verschiedene Straßen Moskaus. Mit bangen Blicken rechts und links, zu

In Moskau wurden wir zu Tausendschaften formiert – 20 Mann nebeneinander, 50 Reihen hintereinander, gleich 1000 Mann. Unser Block musste raustreten und die anderen an uns vorbeimarschieren lassen. Ich habe gezählt, es waren 60 oder 70 Blocks. Alle hatten Ruhr, die Straße sah aus, als ob eine Viehherde durchgetrieben worden wäre. Die Leute warfen Steine von oben und töteten so einige.

Ewald Okrafka, Gefangener in der Sowjetunion

»Wir hatten keine Ahnung, was mit uns passiert«: Deutsche Kriegsgefangene werden im Moskauer Hippodrom gesammelt, Juli 1944.

Angenommen, das Attentat auf Hitler am 20. Juli wäre geglückt. Dann hätten diese Attentäter, noch bevor ein möglicher Botschafter oder Außenminister ernannt worden wäre, mit dem Nationalkomitee bereits einen Botschafter in Moskau gehabt, und dann hätten wir natürlich eine ganz andere Rolle gespielt.

Heinrich Graf von Einsiedel, Mitbegründer des NKFD

den Bürgersteigen und nach oben zu den Fenstern schlichen wir als Besiegte durch die Straßen, an deren Seiten überall Russen standen. Die meisten betrachteten uns schweigend, wenn auch ab und an ein Blumentopf von den umliegenden Fenstern und Balkonen gestoßen wurde.«

Wenige Tage später trafen Nachrichten aus Deutschland ein, welche die politische Landschaft veränderten. Am 24. Juli 1944 erfuhren die Gefangenen im Generalslager Wolkowo vom missglückten Attentat auf Hitler. Viele der Verschwörer kannte und schätzte Paulus, so die Generäle Beck, Fellgiebel, Olbricht und Oberst Stauffenberg. Als am 8. August 1944 sein Freund, Feldmarschall von Witzleben, in Plötzensee als Verschwörer gehängt wurde, gab Paulus seine Zurückhaltung auf. Er unterzeichnete einen Appell »An die kriegsgefangenen deutschen Offiziere und Soldaten und an das deutsche Volk« und sprach im Rundfunksender »Freies Deutschland«: Deutschland müsse sich von Adolf Hitler lossagen und sich eine neue Staatsführung geben, die den Krieg beende und Verhältnisse herbeiführe, die es »unserem Volk ermöglichen, weiterzuleben und mit seinen jetzigen Gegnern in friedliche, ja freundschaftliche Beziehungen zu treten«.

Die Sowjetunion hatte damit eine Galionsfigur unter den deutschen Gefangenen für ihre Zwecke gewonnen; Paulus war von seiner Neutralität abgerückt. Hitler schäumte vor Wut. Da Paulus sich öffentlich exponierte, ließ sich die ohnehin brüchig gewordene Propagandalüge vom Feldmarschall, der Schulter an Schulter mit seinen Grenadieren bis zur letzten Patrone kämpfte und mit seiner Armee unterging, nicht mehr aufrechterhalten. »Der Held von Stalingrad« lebte nicht nur und war Stalins Gefan-

Als der Offiziersbund in der Gründung war, bestand die Hoffnung, Paulus dafür zu gewinnen. Paulus aber konnte sich dazu nicht aufraffen, er verfasste sogar mit anderen eine Erklärung gegen das Komitee. Diese wurde dann aber wieder zurückgezogen unter dem Druck des NKWD. Das war typisch Paulus: Er schlug sich erst auf unsere Seite, nachdem durch den Attentatsversuch am 20. Juli und dadurch, dass ein paar Feldmarschälle aufgehängt wurden, der Widerstand gegen Hitler eine gewisse Legitimation erfahren hatte.

Heinrich Graf von Einsiedel, Mitbegründer des NKFD

gener, er hatte sich nun auch öffentlich von seinem einstigen Kriegsherrn abgewandt. Die Rache des Regimes folgte auf dem Fuß. Da der Feldmarschall selbst seinem Zugriff entzogen war, war es dessen Familie, die hierfür büßen musste. Elena Constance Paulus, die Ehefrau, widersetzte sich dem Druck der Nazis, sich von ihrem Mann loszusagen. Zusammen mit ihrem Sohn Ernst und ihrer Tochter Olga wurde sie in Sippenhaft genommen. Erst die Befreiung des KZ Dachau im April 1945 beendete ihren Leidensweg.

Nach der deutschen Kapitulation am 8. Mai 1945 traten fast die gesamte deutsche Wehrmacht und die SS-Verbände den Weg in die alliierte Gefangenschaft an. Viele, die an der östlichen Front gekämpft hatten, versuchten im letzten Moment, sich in den Westen abzusetzen. Man wollte lieber in amerikanische oder britische als in sowjetische Gefangenschaft geraten. Gerüchte gingen um, dass man sich bald den Westalliierten anschließen würde, um zusammen mit ihnen den Krieg gegen den Bolschewismus fortzusetzen – eine vergebliche Hoffnung. Bereits Ende 1944 hatten die Alliierten beschlossen, dass die deutschen Truppen sich grundsätzlich dem Gegner zu ergeben hatten, gegen den sie gekämpft hatten. Diese Regelung wurde freilich unterschiedlich gehandhabt, insbesondere die Briten gestatteten es unter der Hand, dass zahlreiche deutsche Soldaten nach der Kapitulation in britisch besetztes Gebiet flohen, ohne von dort zurückgeschickt zu werden. Die US-Streitkräfte hingegen hielten sich strikter an die Vereinbarung. Etwa 140 000 Mann wurden von den Amerikanern an die Sowjetunion übergeben. Insgesamt gerieten nach der Kapitulation über zwei Millionen deutsche Soldaten in die Hände der Roten Armee.

Noch einmal zogen endlose Gefangenenkolonnen Richtung Osten. So schrecklich die Erfahrung für den Einzelnen war – die Überlebenschancen dieser Gefangenen waren gleichwohl wesentlich besser als die ihrer Vorgänger. In ihrer großen Mehrheit hatten sie zuletzt auf deutschem Boden gekämpft, wo sie ausreichend versorgt und ernährt worden waren. Sie traten daher ihre Gefangenschaft in einem weit besseren körperlichen Zustand an, als ihre Kameraden in Stalingrad oder nach dem Zusammenbruch der Heeresgruppe Mitte. Umso höher waren ihre Chancen, den Hunger und die körperlichen Strapazen in der Gefangenschaft durchzustehen. Im Unterschied zur Kriegszeit legten die Sowjets nun zudem Wert darauf, nur arbeitsfähige Gefangene in die Sowjetunion zu transportieren. Schwerkranke, die laut ärztlicher Musterung arbeitsunfähig waren, muss-

»Der Transport war verheerend«: 1945 wurden noch einmal zahllose deutsche Gefangene Richtung Osten gebracht.

ten nicht mehr die endlose Fahrt in den sicheren Tod antreten. Sie wurden schon in den Sommermonaten 1945 – zum Teil noch aus den sowjetischen Sammellagern in Deutschland – nach Hause entlassen. Ihre genaue Zahl ist in den Wirren der Nachkriegsmonate nicht festgehalten worden – die sowjetischen Angaben lauten auf 500 000. Viele von ihnen sind freilich binnen kurzer Zeit nach der Rückkehr in die Heimat verstorben.

Das Kriegsende veränderte das Alltagsleben in den Kriegsgefangenenlagern nur allmählich. Das Nationalkomitee Freies Deutschland und der Bund Deutscher Offiziere, die zum Sturz Hitlers aufgerufen hatten, waren überflüssig geworden und lösten sich auf Wunsch der sowjetischen Regierung im November 1945 auf. An ihre Stelle trat die »Antifaschistische Bewegung«, kurz »Antifa« genannt, deren Ausschüsse in den einzelnen Lagern weiterhin politische Schulungen abhielten. Obwohl die Unterbringung der Gefangenen sich im Laufe der Jahre wesentlich gebessert hatte, war der Hunger nach wie vor und bis in die Jahre 1948/49 ein beständiger Begleiter der Gefangenschaft. Was sich vielleicht am meisten änderte, war die Bewertung der Kriegsgefangenen durch die sowjetische Führung. Bislang hatte sie in diesen vor allem den gefangenen Feind gesehen, jetzt wurden die Gefangenen zu willkommenen und nützlichen Arbeitskräften.

Ich habe mit Farbe die Losungen im Lager an die Wände gepinselt: »Es lebe das unbesiegbare Banner von Marx, Engels, Lenin, Stalin« und so weiter. Für jeden Buchstaben bekam ich hinterher in der Küche einen Schlag Suppe extra.

Herbert Wendeler, Gefangener in der Sowjetunion

Schon 1943 nach der Niederlage von Stalingrad hatten die ersten größeren Arbeitseinsätze begonnen – als eine Art »Sühneleistung« waren unter anderem tausende Soldaten der Sechsten Armee dafür eingesetzt worden, das zerstörte Stalingrad wieder aufzubauen. Durch den massenhaften Zufluss deutscher Kriegsgefangener in den Jahren 1944/45 wurde die Arbeitskraft dieses Millionenheeres nun zu einem wichtigen Faktor der sowjetischen Wirtschaft. Rund 1,4 Millionen Deutsche standen nach Kriegsende hierfür zur Verfügung. Auch für untere Offiziersränge wurde nun die generelle Arbeitspflicht eingeführt – ausgenommen blieben freilich auch jetzt noch Stabsoffiziere und Generale –, es sei denn, sie waren von einem Gericht verurteilt worden. Verurteilte Kriegsverbrecher oder solche, die man dazu stempelte, wurden nicht mehr als Kriegsgefangene betrachtet. Sie mussten alle arbeiten. Insgesamt sollen die Kriegsgefangenen und Zivilinternierten aller Nationen in der Sowjetunion von 1943 bis Ende 1949, als die große Mehrheit das Land wieder

»Erzwungene Einstimmigkeit«: Auf Versammlungen in den Lagern mussten sich deutsche Gefangene zum Arbeitseinsatz verpflichten.

Sofort nach Kriegsende ging die Diskussion los, wann wir nach Hause kommen würden. Viele waren der Meinung, dass wir spätestens Weihnachten zu Hause wären. Ich habe ihnen prophezeit, dass wir sicher noch zwei oder drei Jahre in Gefangenschaft bleiben würden – die hätten mich beinahe gefressen. Ich sagte: »Ihr wisst doch, dass die Russen immer wieder erklärt haben: ›Ihr müsst das ganze zerstörte Russland wieder aufbauen!‹« Das war uns in Stalingrad von Anfang an eingebleut worden in der Gefangenschaft.
Franz Baumeister, Gefangener in der Sowjetunion

verlassen hatte, insgesamt etwas mehr als eine Milliarde Mann-Tage für die Sowjetunion abgeleistet haben. Gemessen an ihrem Anteil an der gesamten Gefangenenzahl dürften die deutschen Gefangenen etwa zwei Drittel dieser Arbeitstage geleistet haben.

Die Kriegsgefangenen wurden vor allem beim Aufbau beziehungsweise beim Wiederaufbau großer Industriekomplexe oder von Straßen, Brücken und Eisenbahnstrecken eingesetzt, sie bauten Häuser und ganze Arbeitersiedlungen und waren an der Errichtung stalinistischer Prestigebauten wie der Moskauer Metro oder dem größten Wasserkraftwerk der Welt beteiligt. In den ersten fünf Jahren nach dem Krieg gab es praktisch kein größeres Industrieprojekt in der Sowjetunion, an dem deutsche Gefangene nicht wesentlich beteiligt waren. »Billige« Arbeitskräfte waren die Kriegsgefangenen ironischerweise nicht, obwohl sie persönlich kaum Lohn erhielten und oft bis zur Erschöpfung schuften mussten. Dafür schlugen die Kosten ihrer Bewachung und der Lagerhaltung, die umfangreiche Truppen an unproduktive Aufgaben band, und später die Kosten für ihre Rückführung umso deutlicher zu Buche. Die Gesamtbilanz der Lager war negativ: Den 1,7 Milliarden Rubeln, die alle Lagerverwaltungen zusammen für die Ausleihe von Kriegsgefangenen an die jeweiligen Arbeitgeber vor Ort erhielten, stehen 2,1 Milliarden Rubel Ausgaben gegenüber. Die Gefangenenarbeit lohnte nicht, aber sie ermöglichte der Sowjetunion in der nun einsetzenden Phase des »Kalten Krieges«, ihre Soldaten und Sicherheitskräfte in Bereitschaft zu halten und nicht in dem Maße zu demobilisieren, wie dies ihre früheren Verbündeten und neuen Gegner, USA und Großbritannien, taten.

Die ersten Stalingrad-Kämpfer, die zurückkamen, waren diejenigen, die in der Gefangenschaft über das Nationalkomitee Freies Deutschland oder den Bund Deutscher Offiziere zum Sozialismus gefunden hatten. Im August

»Das zerstörte Russland wieder aufbauen«: Deutsche Kriegsgefangene beseitigen Trümmerschutt.

1945 traf Gerhard Dengler in Deutschland ein, um anschließend in der sowjetischen Besatzungszone eine glänzende journalistische Karriere zu beginnen. Die erste Station war die *Sächsische Volkszeitung* in Dresden. Danach wurde er Chefredakteur der *Leipziger Volkszeitung*. In den Fünfzigerjahren arbeitete Dengler als erster Korrespondent des SED-Zentralorgans *Neues Deutschland* in Bonn, später als Chefkommentator des DDR-Rundfunks und damit als Nachfolger Karl Eduard von Schnitzlers. Sein Dienst am Sozialismus ist für ihn bis heute die einzig richtige Konsequenz aus dem, was er im Krieg erlebt hat. »Meine bürgerliche überkommene Anschauung und Gesinnung von dieser bürgerlichen Gesellschaft, in der ich groß geworden bin, die war in Stalingrad verbrannt.«

Für andere Überlebende der Sechsten Armee war der Krieg noch lange nicht zu Ende. Erst ge-

Der Zustand der ankommenden entlassenen Kriegsgefangenen ist katastrophal. In physischer Beziehung sind sie fast total erschöpft und ausgehungert, ihre Kleidung ist oftmals völlig abgerissen, und meist sind sie ohne genügende Fußbekleidung.

Aus einem Bericht des Berliner Magistrats, 10. September 1945

Aus allen Ländern kommen sie gesund und sauber gekleidet und mit großem Gepäck an. Nur von Russland kommen sie krank und elend wieder.

Brief von Ida Jacob aus Berlin an den Berliner Rundfunk, 4. Juli 1947

»Der Zustand der Entlassenen ist katastrophal«: Heimkehrer aus russischen Lagern im Oktober 1945 in Berlin.

gen Ende 1946 begann die Sowjetunion, deutsche Kriegsgefangene in größerem Umfang in ihre Heimat zu entlassen. Unter der großen Masse, die in den Jahren 1948 und 1949 in das nunmehr geteilte Deutschland zurückströmte, befanden sich auch etwas mehr als 3000 Stalingrad-Gefangene. Doch selbst nach Abschluss der offiziellen Repatriierung Ende 1949 blieben zehntausende deutsche Soldaten wegen angeblicher Kriegsverbrechen in sowjetischer Gefangenschaft zurück – darunter nicht weniger als 2000 Überlebende von Stalingrad. Erst 1955, nach dem Besuch Adenauers in Moskau, wurden die letzten von ihnen in die Heimat entlassen. Von über 90 000 deutschen Soldaten, die im Februar 1943 im Kessel von Stalingrad in Gefangenschaft geraten waren, sahen insgesamt nur etwa 6000 ihr Vaterland und ihre Familien wieder – die letzten von ihnen beinahe 13 Jahre nach dem Untergang der Sechsten Armee. Die Tatsache, überlebt zu haben, so schrieb einer von ihnen, war »Grund genug für Dankbarkeit gegenüber dem Schicksal«.

Für manche, wie Feldmarschall Paulus, war die Rückkehr eine Heimkehr in die Fremde. Im November 1949 war seine Ehefrau gestorben, ohne ihn noch einmal wiedergesehen zu haben. Obwohl er nie – wie viele andere Generale – von einem sowjetischen Gericht als Kriegsverbrecher verur-

»Dankbarkeit gegenüber dem Schicksal«: Das erste Treffen von Stalingrad-Überlebenden nach dem Krieg, Oktober 1958.

teilt wurde, gab Stalin seiner wiederholten Bitte nach Entlassung aus der Gefangenschaft nicht nach. Für den sowjetischen Diktator verkörperte Paulus eine menschliche Trophäe von unschätzbarem Wert, die lebendige Erinnerung an seinen größten Sieg: Stalingrad. Erst im Oktober 1953, nach dem Tod Stalins, durfte Paulus nach Deutschland zurück. »Ich möchte die Sowjetunion nicht verlassen«, schrieb er in einer von der *Prawda* veröffentlichten Erklärung, »ohne den Sowjetmenschen zu sagen, dass ich einst in blindem Gehorsam als Feind in ihr Land kam, nunmehr aber scheide als Freund dieses Landes.« Nach seiner Rückkehr ließ er sich in der DDR nieder, die ihm eine behütete, aber auch kontrollierte Zuflucht vor einer kritischen Öffentlichkeit bot. In Interviews und Vorträgen wandte er sich von hier gegen den NATO-Beitritt der Bundesrepublik und forderte ein geeintes und friedliches Deutschland. Am 1. Februar 1957, genau 14 Jahre nach der Niederlage von Stalingrad, starb er nach schwerer Krankheit in Dresden. Im Nachkriegsdeutschland ist er niemals angekommen.

Gefangene Seiner Majestät

Wir wussten, dass es eine Genfer Konvention gibt, die auch England unterschrieben hatte. Und ich muss sagen, die Engländer haben uns wirklich absolut fair behandelt. Mehr kann man nicht erwarten als Kriegsgefangener.

Otto Peters, Gefangener in Großbritannien

»Motorstillstand! Ich steige aus!« Ein kurzer Funkspruch beendete Ulrich Steinhilpers Jagdpilotenkarriere. Sekunden später wirbelte die Luftströmung den jungen Oberleutnant aus seiner Me 109, die sich mit 200 Stundenkilometern in einer Rechtskurve Richtung Boden bewegte. Kurz darauf fand sich der deutsche Luftwaffenoffizier zwischen den sanften Hügeln der Grafschaft Kent wieder. Zwar war der 22-jährige Pilot weich gelandet – der sumpfige Grasboden in der Nähe eines Kanals hatte den Aufprall gemildert –, doch er spürte starke Schmerzen. Die Schnüre des Fallschirms hatten sich um sein linkes Bein gelegt und das Herabschweben zur peinigenden Tortur gemacht. Trotz der Verletzung sah er klar – im leichten Nieselregen, unter einem grauen Himmel, befiel ihn an diesem Sonntag, dem 27. Oktober 1940, die erschreckende Erkenntnis: »Aus! Jetzt würde ich für einige Zeit der Möglichkeit beraubt sein, über mein Schicksal selbst zu bestimmen. Ein Gefühl der Ohnmacht beschlich mich, das mich fast zum Weinen brachte. Über mir hörte ich das Brummen und Heulen der Motoren meiner heimkehrenden Kameraden, mit denen ich eben noch gesprochen hatte und von denen ich jetzt hoffungslos abgeschnitten war.« So beschreibt er über 60 Jahre später seine Empfindungen in einem Buch mit dem Titel *»Die gelbe Zwei«*. Doch viel Zeit blieb ihm nicht für solche Gedanken. »Als ich am Boden war und probierte, ob sich mein linkes Bein überhaupt noch bewegen ließ, hörte ich einen Schuss. Als ich in die Richtung schaute, aus der er gekommen war, sah ich eine Brücke, und auf der Brücke stand ein Zivilist mit einer gelben Armbinde«, erinnert sich Steinhilper. Der bewaffnete Zivilist war ein Feierabendsoldat der britischen Home Guard – und wild entschlossen, den Deutschen gefangen zu nehmen. Er legte sein Gewehr erneut an. »Ich erinnerte mich an meine Infanterieausbildung und legte mich flach auf den Bauch«, schildert Stein-

»Ein Gefühl der Ohnmacht«: Ein abgeschossener deutscher Jagdpilot in England, 30. August 1940.

hilper die prekäre Situation. Er selbst war bis auf eine Signalpistole unbewaffnet. Statt auf Gegenwehr setzte er auf sein Schulenglisch: »Ich guckte sorgfältig, ob seine Flinte in den Himmel schaute, und dann sagte er: ›Get up!‹ Da erwiderte ich in meinem besten Schulenglisch: ›I can't! My leg is wounded!‹ Als er hörte, dass ich Englisch verstehe, war er offensichtlich beruhigt!«

Aus dem nahe gelegenen Dorf rückte zudem Verstärkung für den einsamen Home-Guard-Helden an. Eine große Menschenmenge schob sich auf die Absprungstelle zu. »Ich hatte Angst, dass ich verprügelt würde – entsprechende Schilderungen kannten wir. Aber als ich sah, dass vor der Menschenmenge zwei Mann in Khakiuniformen liefen, war ich erleichtert«, erzählt der Luftwaffenveteran. Zu Recht, wie sich herausstellte. Die beiden regulären Soldaten nahmen sich des verletzten Feindes an und trugen ihn in das Schulhaus des südenglischen Dörfchens. »Ich wurde von einer Rot-Kreuz-Schwester versorgt, die mein linkes Knie mit Wasser und einem Lappen kühlte und mir eine Zigarette anbot, die ich gerne annahm. Ich wurde sehr menschlich und fair behandelt. Vor der Tür standen Leute, die schimpften und drohten, aber die Leute in der Schule sagten, ich solle mich nicht darum kümmern.« Für Ulrich Steinhilper, den bis dahin siegesgewissen Piloten der deutschen Luftwaffe, war die Luftschlacht um England zu Ende – er war nun kein aktiver Kampfteilnehmer mehr. Doch der Krieg war für ihn persönlich noch lange nicht vorbei. Denn noch immer war er Soldat des Deutschen Reiches, der einen Eid abgelegt hatte und seinem Land wie seinem Dienstherrn Gehorsam schuldete. Zugleich war er nun offiziell ein Kriegsgefangener des britischen Empire – ein »POW« (Prisoner of War), der gemäß der Genfer Konvention exakt festgelegte Rechte hatte und die Fürsorge seiner Gewahrsamsmacht erwarten konnte. Ulrich Steinhilpers Gefangenschaft sollte sechs Jahre dauern.

Während eines Transports schrie eine Frau aus einem Fenster: »German, bloody bastard« und so weiter – all diese schönen englischen Ausdrücke. Da ging ein Polizist hin, redete mit ihr, und sie war still.

Rudolf Miese, Gefangener in Großbritannien

In dieser frühen Phase des Zweiten Weltkriegs waren deutsche Soldaten in britischer Kriegsgefangenschaft noch kein Massenphänomen. Im September 1939, kurz nach Kriegsbeginn, gerieten der Kommandant von U 27 und seine Crew in britische Gefangenschaft – sie waren die ersten von insgesamt 3,5 Millionen Deutschen, die sich bis zum Kriegsende 1945 in britischem Gewahrsam wiederfinden sollten. Doch im ersten Kriegsjahr waren gefangene deutsche Soldaten für alle Kriegsgegner exotische Einzelfälle. Bis Mitte 1940 hatte die siegreiche Wehrmacht halb Europa überrannt. Großbritannien, das Mutterland des Empire, stand am Rande einer Niederlage. Immer weitere Rückschläge drückten die Stimmung auf der Insel. Zwar konnte, als sich Ende Mai in Frankreich die verheerende Niederlage der Westmächte abzeichnete, ein Großteil des britischen Expeditionsheers der Gefangenschaft entgehen. So wurden 215 000 Mann bis zum 4. Juni aus dem eingeschlossenen Dünkirchen evakuiert. Doch dieser unbestreitbare Erfolg wirkte – bei aller Freude über die gelungene Rettungsaktion – auf die Beteiligten eher wie eine demütigende Niederlage. Hunderttausende Franzosen gerieten in Gefangenschaft. Und auch die Briten mussten bittere Nachrichten vernehmen – etwa, dass die 51. schottische Hochlanddivision, die renommierteste Elitetruppe des Empire, an der französischen Nordseeküste bei Saint-Valéry-en-Caux von deutschen Truppen eingeschlossen worden war. Am 12. Juni streckten dort 10 000 Schotten die Waffen – sie kapitulierten gegenüber General Erwin Rommel und traten den Weg in deutsche Gefangenenlager an. Die insgesamt 44 000 britischen Gefangenen erwarteten, gemäß den Regeln der Genfer Konvention behandelt zu werden. Sie wurden zumeist nicht enttäuscht: Generell lässt sich festhalten, dass die Gewahrsamsmächte Groß-

»Englands schwerste Stunde«: Britische Soldaten haben bei Dünkirchen kapituliert und treten den Weg in deutsche Gefangenenlager an.

britannien und Deutschland sich ihren jeweiligen Gefangenen gegenüber regelkonform verhielten – sie wussten, dass eigene Soldaten, die sich in gegnerischer Hand befanden, Repressalien erleiden konnten, falls man selbst gegen die Konvention verstieß. Dennoch gab es an der Front Exzesse – etwa die Ermordung von 180 britischen Gefangenen durch SS-Einheiten bei Wormhoudt und Le Paradis am 27. und 28. Mai 1940. Einzelne Verantwortliche vor Ort hatten verbrecherische Befehle erteilt, doch in der Auseinandersetzung zwischen Deutschen und Westalliierten waren solche Vorfälle die Ausnahme.

Im Spätsommer 1940 begann die deutsche Luftoffensive gegen die britischen Inseln – Hitler wollte das Empire an den Verhandlungstisch bomben. Als zusätzliche Drohkulisse ließ er demonstrativ in den Nordseehäfen von Holland bis Frankreich eine Invasionsflotte zusammenziehen. Die Vorbereitungen für das »Unternehmen Seelöwe«, die drohende Landung deutscher Truppen auf der Insel, schien aller Welt vor Augen zu führen, dass Großbritannien nun endgültig in die Defensive geraten war. Doch die Luftkämpfe über England zeigten, dass die deutsche Luftwaffe keineswegs unbesiegbar war. Die Royal Air Force agierte überraschend wirkungsvoll, schoss immer häufiger deutsche Bomber und Jagdflugzeuge ab. Die Erfolge in der »Luftschlacht um England« stärkten den britischen Durchhaltewillen erheblich – und an der wachsenden Zahl deutscher Gefangener ließen sich Tag für Tag die positiven Auswirkungen der eigenen Gegenwehr feststellen. Die Bevölkerung litt unter den Bombardierungen, täglich starben Menschen. Doch die Briten sahen auch die Fallschirme, an denen abgeschossene Deutsche herabschwebten; man sah die Rentnertruppe der Home Guard und Dorfpolizisten, die deprimierte deutsche Flieger abführten; man sah verwundete Luftwaffenpiloten, die so gar nicht wie unbesiegbare Übermenschen wirkten. Nahezu täglich konnten überregionale Zeitungen und Lokalblätter Fotos von Flugzeugwracks und gefangenen Deutschen veröffentlichen – sie zeigten, dass der Krieg für Großbritannien noch keineswegs verloren war.

Die Zeitungen berichteten freilich nicht, was den deutschen Soldaten in den ersten Tagen und Wochen der Gefangenschaft widerfuhr. Oberleutnant Steinhilpers anfängliche Begegnungen mit offiziellen Vertretern der Gewahrsamsmacht verliefen durchaus typisch. Noch in der Schule, in der er festgehalten wurde, machte er seine erste Erfahrung mit einem Vertreter der »PWIS«, der Prisoner of War Interrogation Section, jener Abteilung, die Gefangene verhörte, Informationen sammelte und systema-

BBC London brachte zu dieser Zeit jeden Tag die Namen der deutschen Kriegsgefangenen. Ein Nachbar meiner Eltern hörte ständig BBC ab, was offiziell verboten war und schwer bestraft wurde. Der hat meinen Eltern gesagt: »Euer Sohn ist in britischer Kriegsgefangenschaft, ich hab' gestern BBC gehört, und da ist der Name genannt worden.« Das war natürlich eine große Erleichterung für meine Eltern.

Johannes Lieberwirth, Soldat des deutschen Afrikakorps

Wir sind in Edinburgh registriert worden und dann weiter nach London gekommen. Dort waren wir acht oder 14 Tage in einem so genannten Verhörlager. Es gab ständig Luftangriffe, und die Verhöroffiziere sagten zu uns: Ihr braucht ja keine Angst zu haben, es sind eure Flieger, die da kommen.

Karl Kuhn, Gefangener in Großbritannien

tisch auswertete. Der Verhöroffizier trug eine Uniform der Royal Air Force. »Er sprach sehr gutes Deutsch mit fränkischem Dialekt. Ich wusste, am besten sagst du gar nichts!« Zu mehr als der Nennung von Dienstgrad und Namen war Oberleutnant Steinhilper laut Genfer Konvention ohnehin nicht gezwungen. Der britische Offizier akzeptierte diese Haltung offenbar. Doch schon bald darauf fand sich Steinhilper – inzwischen mit Krücken ausgerüstet, die ihm ein freundlicher britischer Offizier privat besorgt hatte – in einem so genannten Verhörlager wieder. Dort wurden ihm sofort die Krücken weggenommen, der verletzte Pilot musste sich fortan auf einem Bein hüpfend fortbewegen, eine ärztliche Versorgung wurde ihm nicht zuteil. Stattdessen unterzog ihn ein Verhöroffizier einer brutalen psychologischen Bewährungsprobe. »Ich wurde gleich am Anfang nackt ausgezogen. Als ich nur noch die Armbanduhr anhatte, wurde mir befohlen, sie auch noch abzulegen. Um mich herum standen englische Soldaten mit aufgepflanzten Bajonetten. Und ich dachte: Jetzt legen die dich um. Ich war aber fest entschlossen, auch in dieser bedrohlichen Situation nichts auszusagen. Als der Verhöroffizier das bemerkte, sagte er: ›Wir wollten nur sehen, wie muskulös Sie gebaut sind, offensichtlich haben Sie viel Sport getrieben. Das genügt uns – Sie können sich wieder anziehen!‹ Dieses Lager war unwürdig«, entrüstet sich Steinhilper noch nach über sechs Jahrzehnten. Bekannt bei Luftwaffenpiloten war das Verhörzentrum Cockfosters bei London; außerdem gab es das berüchtigte Spezial-Verhörzentrum London District Cage, das in einem prächtigen Stadthaus in Kensington untergebracht war – dort sahen sich die Befragten systematischem psychologischem Druck ausgesetzt.

Nach dem Zwischenspiel des Verhörlagers begann für die deutschen Flieger die nächste Etappe des Gefangenendaseins. In britischen Lagern sammelte sich nach und nach die Elite der deutschen Luftwaffe. »Als ich in ein normales Gefangenenlager kam, war ich nicht überrascht, so viele alte Bekannte – vor allem unter den Jägerpiloten – zu treffen. Uns waren ja die hohen Verlustzahlen bekannt«, erinnert sich Steinhilper. Zur Begrüßung mussten sich die Neuzugänge der so genannten Vorführung unterziehen, berichtet der ehemalige Oberleutnant. »Das heißt, man musste sich einführen – in einem großen Speisesaal, vor allen Gefangenen. Da schilderte man kurz, wie man in Gefangenschaft geraten war, wie man abgeschossen wurde. Und dann kam die Hauptfrage: Wann geht es los mit der Invasion?« Die »Altgefangenen« lechzten nach Informationen – sie setzten auf das »Unternehmen Seelöwe«, hofften auf Befreiung und einen baldigen deutschen Sieg. Für sie war die Gefangenschaft nur eine ärgerliche Episode. Ulrich Steinhilper zur Stimmung 1940: »Wir waren alle noch siegesgewiss und wollten nach Hause, um zu helfen, den Krieg zu gewinnen. Zu dieser Zeit hatten wir noch keinen Grund, pessimistisch zu sein.«

Auch den Briten war diese Stimmung unter den Gefangenen nicht entgangen; Ende Dezember 1940 befanden sich 3594 Deutsche in britischer Gefangenschaft – nahezu ausschließlich Marineangehörige und abgeschossene Flugzeugbesatzungen. Noch immer glaubte man in Großbritannien, dass eine deutsche Invasion möglich sei – diese Einschätzung teilten die vorsichtigen Briten mit ihren hoffnungsfrohen deutschen Gefangenen. Die Briten fürchteten zudem, dass im Falle einer Invasion die Gefangenen zur »fünften Kolonne« der Angreifer werden könnten, Ausbrecher konnten Verwirrung stiften und Sabotageakte durchführen. Doch wozu gab es das riesige Empire und das Commonwealth? Auf der ganzen Welt hatte man Besitzungen und Verbündete, die von den Deutschen gänzlich ungefährdet waren! Und so begann man, die Lager im Mutterland des Empire zu leeren. In Großbritannien variierte die Zahl der Kriegsgefangenen bis zum Juni 1944 zwischen 300 und etwa 2000 Mann. Anfang 1941 wurden die ersten Gefangenen nach Kanada transportiert; im Sommer 1941 nahmen Schiffe sogar Kurs auf Australien. Britische Gefangenschaft war bis zum »D-Day«, dem Tag der alliierten Landung in der Normandie am 6. Juni 1944, fast immer gleichbedeutend mit Gefangenschaft in Übersee.

Während die Briten deutsche Gefangene um die halbe Welt verschickten, traten auf Befehl Adolf Hitlers deutsche Soldaten eine Reise an, deren Ziel die libysche Wüste war. Mitte Februar 1941 hatte General Erwin Rommel das Kommando über das Afrikakorps übernommen. Deutsche und italienische Verbände stießen im April bis zum Hafen Tobruk vor, schlossen die britischen Verteidiger ein und belagerten fortan die schwer befestigte Stadt. Bis zum Mai marschierten die Soldaten der »Achsenmächte« sogar bis nach Sollum an der libysch-ägyptischen Grenze durch.

BRITISCHE LAGER FÜR DEUTSCHE KRIEGSGEFANGENE

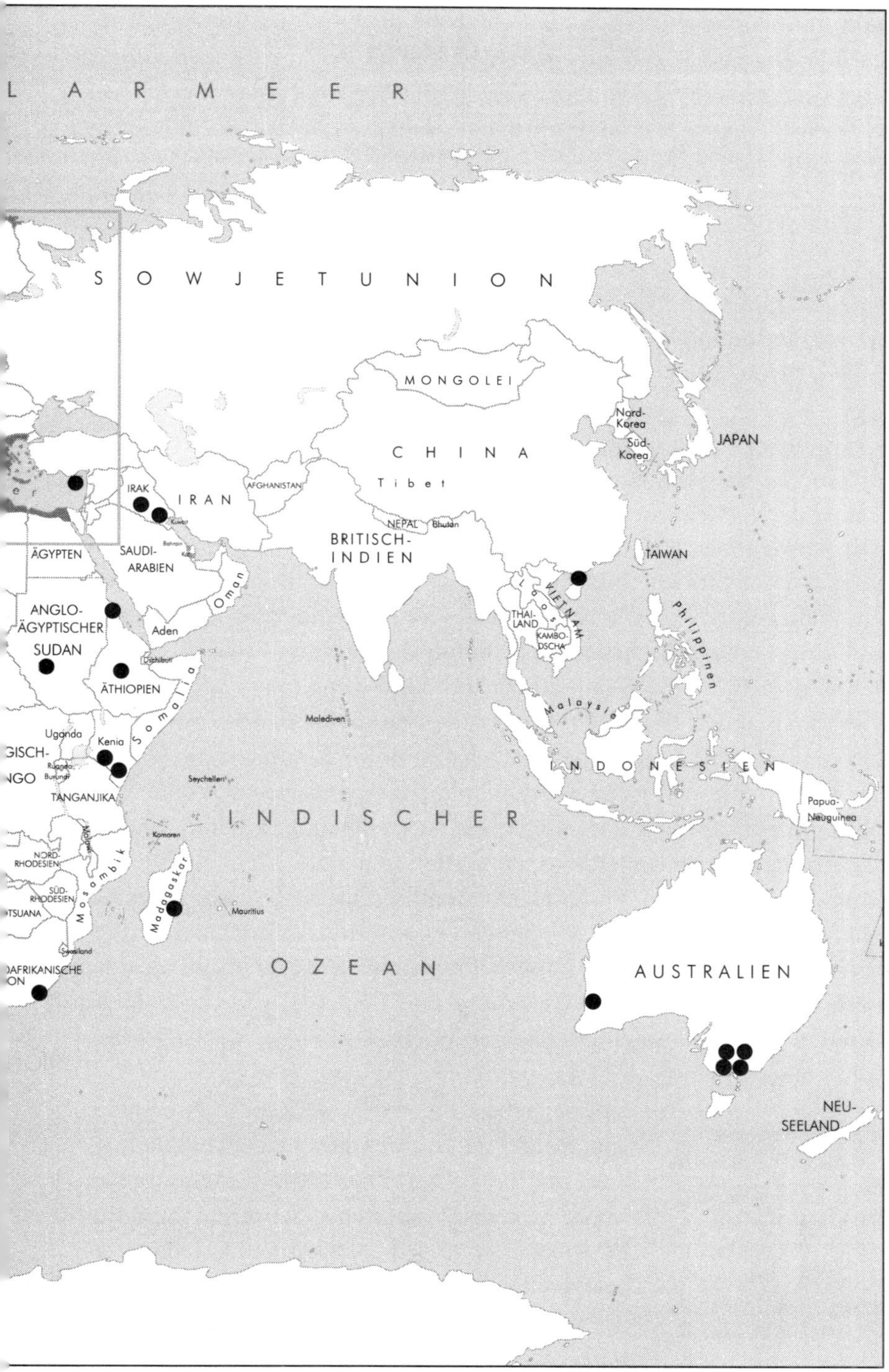
LARMEER
SOWJETUNION
MONGOLEI
CHINA
Tibet
Nord-Korea
Süd-Korea
JAPAN
IRAK
IRAN
AFGHANISTAN
NEPAL
Bhutan
BRITISCH-INDIEN
TAIWAN
ÄGYPTEN
SAUDI-ARABIEN
Oman
Aden
ANGLO-ÄGYPTISCHER SUDAN
ÄTHIOPIEN
Dschibuti
Somalia
Laos
VIETNAM
THAILAND
KAMBODSCHA
Philippinen
Malaysia
Malediven
Uganda
Kenia
Ruanda
Burundi
TANGANJIKA
Seychellen
INDONESIEN
Papua-Neuguinea
INDISCHER
OZEAN
Komoren
NORD-RHODESIEN
SÜD-RHODESIEN
Mosambik
Madagaskar
Mauritius
Swasiland
AUSTRALIEN
NEU-SEELAND

Die Briten mussten fürchten, die Kontrolle über das südöstliche Mittelmeer und den Suezkanal zu verlieren. Doch an der ägyptischen Grenze wurde der Vorstoß der Deutschen gestoppt, ihre Kräfte waren erschöpft, die Nachschubwege zu lang. Ein halbes Jahr lang hielt das Afrikakorps seine Positionen und beschränkte sich im Stellungskrieg auf die Verteidigung. Am 18. November 1941 aber begann die »Operation Crusader«. Die Briten hatten ihre Kräfte verstärkt und wollten die Deutschen, die ihre Stellungen entlang der ägyptischen Grenze bedrohten, endgültig hinwegfegen. Drei starke britische Panzerkolonnen stießen Richtung Tobruk vor – es begann eine blutige Panzerschlacht, die 14 Tage lang mit wechselndem Erfolg anhalten sollte. Auf einem Küstenstreifen von 100 Kilometer Länge erzielten bewegliche motorisierte Verbände immer wieder überraschende Geländegewinne. Auf beiden Seiten wurden die weniger mobilen Infanterieeinheiten von gegnerischen Truppen überrollt oder von feindlichen Verbänden abgeschnitten. Der 19-jährige Johannes Lieberwirth, Melder in einem Bataillonsstab des Schützenregiments 155, war damals mit seiner Einheit als Nachhut zwischen Sidi Rezegh und Sidi Omar in Stellung gegangen: »Wir erlebten mehrere Panzerangriffe, nachdem wir schon drei Tage von jeglichem Nachschub abgeschnitten waren. Wir hatten nichts mehr zu essen und zu trinken. Und wenn man Panzerangriffe erlebt, die praktisch durch die eigenen Reihen rollen, dann verlässt einen der Mut.« Das galt offenbar nicht für den Bataillonskommandeur, wie Lieberwirth berichtet: »Der hatte Halsschmerzen, wie man damals sagte – der wollte unbedingt noch alle möglichen Auszeichnungen haben und bis zum Letzten kämpfen, allerdings auf Kosten seiner Soldaten. Und der rief uns noch Befehle zu, die in dem Feuer praktisch gar nicht mehr auszuführen waren. Gegen die heranbrandenden Panzer und Truppen der Engländer – auch Inder waren dabei – war überhaupt nichts zu machen, zumal unsere Geschütze alle außer Gefecht waren. Und was wollen Sie da mit einem Gewehr und mit einem Bajonett noch ausrichten? Aber der Major brüllte immer noch in der Gegend herum – ›Hier ergibt sich keiner!‹ –, obwohl schon die ersten weißen Taschentücher und Fähnchen von uns geschwenkt wurden. Es war sinnlos.« Der Entschluss zum Aufgeben wurde von den Angreifern honoriert, berichtet Johannes Lieberwirth: »Nachdem wir dann aus unseren Löchern und Stellungen hervorgekrochen waren, behandelten uns die Tommys – das waren Frontsoldaten – außerordentlich fair. Wir

Lassen Sie die Glocken läuten. Gefangene jetzt schätzungsweise 20 000, Panzer 350, Geschütze 400, mehrere tausend LKWs. Achte Armee im Vormarsch.

Der Oberbefehlshaber im Nahen Osten, General Sir Harold Alexander, an Winston Churchill, 6. November 1942

Oben: »Hands up!«: Ein deutscher Panzersoldat ergibt sich in der nordafrikanischen Wüste.
Unten: »Es war sinnlos«: Ein Soldat des deutschen Afrikakorps nach seiner Gefangennahme, 1942.

Die Engländer hatten uns eingekreist und uns gefangen genommen. Sie haben uns auf eine größere freie Fläche gebracht, die in mehrere Käfige aufgeteilt war. Wir baten die Engländer um etwas zu trinken. Das wollten sie uns erst geben, wenn wir unsere Einheit preisgeben. Das haben wir nicht gemacht.

Max Wichter, ehemaliger Soldat des Afrikakorps

waren ja schon zwei Tage ohne Wasser oder was zu trinken, das Erste, was sie uns gaben, waren Tee und Whisky aus ihren Feldflaschen, auch gelegentlich etwas zu essen.« Die frisch eingebrachten Gefangenen wurden auf LKWs sofort vom Schlachtfeld gebracht: »Und dann kamen wir in die Etappe! Dort sahen wir dann diese Massenansammlungen von Waffen, die die Engländer hatten. Da ist uns schon ein bisschen mulmig geworden, und wir haben uns gesagt: ›Donnerwetter, gegen die den Krieg zu gewinnen, ist nicht ganz einfach.‹«

Die Briten waren trotz ihrer Materialüberlegenheit nicht fähig, die Deutschen und Italiener entscheidend zu schlagen. Doch sie erreichten, dass sich Rommels Truppen Anfang Dezember langsam nach Westen zurückzogen und die Belagerung von Tobruk aufgaben. Ende des Jahres 1941 stand das Afrikakorps wieder in El Agheila, dem Ausgangspunkt des Afrikafeldzugs. An der ägyptischen Grenze waren die Deutschen gescheitert; dort waren im Verlauf der »Operation Crusader« in der Nähe von Bardia, Sollum und am Halfaya-Pass etliche Verbände eingekesselt worden, die Briten hatten insgesamt rund 10 000 deutsche und italienische Gefangene gemacht; allerdings waren im Verlauf der wechselhaften Kämpfe auch 9000 Briten in Gefangenschaft geraten.

Johannes Lieberwirth standen nach der Gefangennahme Ende 1941 noch harte Wochen bevor. Er und seine Kameraden wurden bei Regenwetter vorerst in einem schlammigen Zwischenlager untergebracht. Für die Männer, die hofften, den Krieg und die Gefahr hinter sich zu haben, war noch längst nicht alles vorbei: »Wir sind in ein provisorisches, von Stacheldraht umzäuntes Lager in der Nähe von Tobruk gekommen – das lag an einer Straßenkreuzung, die ständig unter Beschuss der deutschen Artillerie stand. Da sind noch viele Kameraden gefallen«, berichtet er im ZDF-Interview. Zum Regelwerk der Genfer Konvention gehört, dass die Gefangenen ihre Angehörigen von ihrem Schicksal benachrichtigen können. Die Briten – im Wesentlichen bemüht, diese Bestimmungen einzuhalten – verteilten noch im Auffanglager blaue Postkarten des Internationalen Komitee des Roten Kreuzes (IKRK), auf denen die Männer eine Nachricht nach Hause senden konnten. Das in der Schweiz ansässige IKRK war während des ganzen Krieges bemüht, die Gefangenen aller beteiligten Seiten zu betreuen, für diese den Post- und Paketverkehr zwischen den kriegführenden Nationen zu ermöglichen und die Einhaltung der Regeln der Genfer Konvention zu kontrollieren. Zwar ließen es die Briten nicht am Willen zur Kooperation mit dem IKRK fehlen, doch an den Fronten herrschte oft eher das Chaos – oder auch die Willkür. Der Gefangene Lieberwirth und seine Kameraden wurden anfangs von polnischen Exiltruppen, die mit den Briten verbündet waren, bewacht. »Morgens, beim Wasserempfang – es war entsalztes Meerwasser und schmeckte nicht besonders gut –, mussten wir antreten, und wenn das nicht schnell genug ging, dann schossen die polnischen Wachsoldaten Gefangenen in die Beine. Dabei wurden viele verletzt. Was die uns antaten, war gegen alles Recht und jegliche Vernunft – bis dann irgendwann mal ein britischer Offizier erschien und den Polen befahl, diese Schießerei einzustellen.« Auf rostigen »Seelenverkäufern« wurden die Gefangenen schließlich von Tobruk nach Alexandria verschifft. Unter Deck litten die Männer Höllenqualen – sie waren dort eingeschlossen und fürchteten, von den zahlreichen deutschen U-Booten, die den britischen Haupthafen Tobruk belauerten, versenkt zu werden. Ein Transporter mit 700 verwundeten Gefangenen an Bord wurde tatsächlich torpediert – alle Männer gingen mit dem Schiff unter. In Kairo folgte schließlich eine Inszenierung, die den verantwortlichen britischen Offizieren wenig Ehre machte: »Wir kamen auf dem Bahnhof an – zerrissen, zerlumpt, verhungert –, jämmerliche Gestalten. Und die Briten meinten, sie müssten der ägyptischen Bevölkerung die desolate deutsche Armee von Rommel vorführen. Und da kamen wir also mit ungefähr 1000, 1200 Leuten an, die durch die ganze Stadt marschieren mussten, was uns schon sehr schwer fiel in der Hitze und bei dem Hunger. Und da haben wir er-

Unterwegs hatten wir U-Boot-Alarm, und die britischen Offiziere ließen uns oben auf Deck antreten, damit der deutsche U-Boot-Kapitän sehen konnte, dass da deutsche Kriegsgefangene an Bord waren.

Johannes Lieberwirth, ehemaliger Soldat des Afrikakorps

Auf unserem Schiff wurde eine Meuterei angestiftet. Zwei Offiziere hatten einen Plan ausgearbeitet, das Schiff zu übernehmen und nach Madagaskar zu entführen. Doch die Engländer hatten Horchmänner eingeschleust und wussten deshalb, dass etwas im Gange war. Die verantwortlichen Offiziere wurden noch auf dem Schiff vor ein Kriegsgericht gestellt und sollten wegen Meuterei zum Tode verurteilt werden. Doch das Militärgericht erklärte schließlich, dass jedem Kriegsgefangenen das Recht zur Flucht zugestanden werden müsse. Deshalb kam es nicht zur Todesstrafe.

Johannes Lieberwirth, ehemaliger Soldat des Afrikakorps

Es gibt 1000 Möglichkeiten, in Gefangenschaft zu kommen. Jeder hat seine eigene Art. Den einen schnappten sie in der Wüste, der andere wurde aus dem Ozean gefischt, manche wurden über England angeschossen, die meisten von uns hat die Invasion auf dem Gewissen. Unvergesslich die ersten Stunden in der Gefangenschaft, die ersten Filzungen, die ersten Camps, der erste Hunger und das Rätselraten: Geht's nach USA oder nach Kanada? Welch eine Weltreise: Man wird in Tobruk gefangen, reist über Kairo, durch den Suez-Kanal, das Rote Meer, über Durban und Kapstadt ins südliche Eismeer, kommt in Rio wieder raus, wird umgeladen nach Westafrika, von da über Gibraltar nach England gebracht, um von dort mit der »Queen Elizabeth«, mit der »Ile de France« oder sonst einem der Truppen-Ozeanriesen in die »Neue Welt« verschickt zu werden.
Aus dem »Erinnerungsbuch« des Lagers Medicine Hat (Alberta)

lebt, dass die Ägypter nicht besonders gut auf die Engländer und englischen Offiziere und Soldaten zu sprechen waren. Wir haben beobachten können, dass Steine geworfen wurden – nicht auf uns, sondern auf die Briten!«, erinnert sich Lieberwirth.

In Heluan bei Kairo sowie am Großen Bittersee zwischen Suez und Ismailia hatten die Briten Gefangenenlager eingerichtet. Riesige Stacheldrahtverhaue auf sandigem Untergrund, wiederum durch Stacheldraht in kleinere Abschnitte unterteilt, nahmen tausende Männer auf. Sie hausten bei kärglicher Verpflegung in Zelten, gepiesackt von Insekten, Mäusen und Ratten, die sich über die vom Munde abgesparten persönlichen Vorräte hermachten. Doch für viele Deutsche, die in Afrika in Gefangenschaft gerieten, blieb Ägypten nur eine Zwischenstation. Sie sollten, wie schon die Gefangenen aus England, nach Kanada gebracht werden. Johannes Lieberwirth und seine Kameraden wurden jedoch zunächst nach Südafrika transportiert. Dort erwarteten sie im Frühjahr 1942 primitive Lager und schlechte Verpflegung. Umso größer die Überraschung, als sie von Südafrika schließlich »auf große Fahrt« geschickt wurden: »Eine Freifahrt rund um die Welt! Kurz vor Kapstadt wurden wir dann auf die ›Queen Elizabeth‹ verfrachtet, den Dampfer kennt sicherlich jeder! Nachdem wir das Schiff vor uns sahen – es war ja ein riesiger Koloss, der uns wie eine schwimmende Kathedrale erschien –, hatten wir zunächst mal den Eindruck, das ist eine Unterkunft, in der es uns eigentlich gar nicht schlecht gehen kann«, erzählt der Veteran. Doch die Ernüchterung folgte schnell. In seinen Kriegserinnerungen »*Alter Mann und Corned Beef*«

Oben: »Primitive Stacheldrahtverhaue«: Ein Lager für Soldaten des Afrikakorps in Ägypten.
Unten: »Eine fragwürdige Inszenierung der Briten«: Deutsche Kriegsgefangene werden im Dezember 1941 durch Kairo geführt.

Als ich ins Lager in Alberta kam, wurden wir begrüßt von einem dicken Kölner, der sagte: Sie haben hier eine deutsche Küche und eine deutsche Verwaltung, damit sind Sie gestraft genug. Diese Verwaltung war in den Händen der ersten deutschen Gefangenen. Das waren richtige Nazis, U-Boot-Leute und Stuka-Flieger.

Manfred Seidler, Gefangener in Kanada

schreibt Lieberwirth: »Der Speisesaal, dessen Volants, Wandteppiche und Bilder mit schlichten Sperrholzplatten zugenagelt sind, erinnert kaum noch an seine ursprüngliche Pracht. ... Das was ihnen vorgesetzt wird, erfassen die meisten als Fraß, dessen geringes Volumen überdies in keinem Verhältnis zu ihren Anstrengungen steht, mit denen sie sich durch endlose Gänge und Flure schleppen müssen, um sich an die kärglich gedeckten Tische setzen zu können.« Von Südafrika fuhr die »Queen Elizabeth« – immer auf der Hut vor deutschen U-Booten – über den Südatlantik bis nach Rio de Janeiro; danach ging es durch die Karibik nach New York. Dort wurden die Afrikagefangenen in normale Personenzüge der Canadian Pacific Railway gesetzt. Ihnen dämmerte nun, dass sie die kommenden Jahre hinter Stacheldraht in den Weiten Kanadas verbringen würden.

Deutsche Kriegsgefangene gab es in Kanada seit Anfang 1941 – die ersten POWs waren ehemalige Piloten und Bomberbesatzungen, die in die Luftschlacht um England abgeschossen worden waren; ein großer Teil rekrutierte sich darüber hinaus aus Seeleuten und Marineoffizieren, die ihren Dienst auf versenkten oder aufgebrachten U-Booten und Schiffen geleistet hatten. Der Jagdflieger Ulrich Steinhilper, im Oktober 1940 in Südengland in Gefangenschaft geraten, war im Januar 1941 mit einem ersten Gefangenentransport im kanadischen Halifax eingetroffen. Seine erste Station war das Offizierslager »Camp W – Lake Superior Ontario«. Die deutschen Offiziere waren in England weitgehend gemäß der Genfer Konvention untergebracht gewesen – in Unterkünften, die denen der britischen Soldaten gleichwertig waren. Das neue Lager in Kanada aber entsprach keineswegs diesem Standard. Es gab hier nur Baracken, die mit doppelstöckigen Eisenbetten eingerichtet waren. Tische, Stühle oder Spinde gehörten nicht zur Ausstattung. Die deutschen Offiziere, seit der gemeinsamen Haft in England wohlorganisiert, begannen sofort Verhandlungen mit der Leitung des Camps. Der Ältestenrat, angeführt von Oberstleutnant Hasso von Wedel, gab sich selbstbewusst. Ulrich Steinhilper schreibt in seinem Buch »*Noch zehn Minuten bis Buffalo*« über von Wedels Verhandlungstaktik: »Er erinnerte die Kanadier daran, dass über zwanzigmal so viele britische Gefangene in deutscher Hand waren wie umgekehrt. Er deutete natürlich damit an, wenn die Bedingungen der Genfer Konvention von den Kanadiern nicht eingehalten würden, würde dies unweigerlich zu

Konsequenzen führen – die Deutschen würden britischen Gefangenen Privilegien entziehen. ... Von Wedel glaubte offenbar, die bessere Verhandlungsposition zu haben. Beide Seiten versuchten sich zu einigen, aber sie stolperten immer wieder über eine Grundsatzfrage – es ging um die grundlegende Tatsache, dass wir keine Kriminellen waren, sondern Kriegsgefangene.«

> **Es ist uns sehr gut gegangen in Gefangenschaft, vor allen Dingen in Kanada. Wir hatten unsere Kantinen gehabt, wo wir alles kaufen konnten. Ich hab' Hosen und Pullover, auch eine Lederjacke dort gekauft. Wenn ich an die armen Menschen denke, die in russischer Gefangenschaft waren, dann ist es uns glänzend gegangen, wir hatten nichts zu klagen.**
>
> Karl Kuhn, Gefangener in Kanada

Nachdem der Ältestenrat mit seiner Taktik keinen Erfolg hatte, einigten sich die gefangenen Offiziere darauf, in den Hungerstreik zu treten. Als nach vier Tagen die ersten Streikenden bedenkliche Schwächesymptome zeigten, gaben die Kanadier nach. Das Rote Kreuz und eine Schweizer Delegation sollten innerhalb von acht Tagen die Möglichkeit bekommen, das Lager zu besichtigen. Die Verwaltung der Lager ging auf die Forderungen der Gefangenen ein und verkündete, dass neue Richtlinien für die Ausstattung von Gefangenencamps in ganz Kanada erlassen würden – und zwar gemäß den Regeln der Konvention. Steinhilper berichtet von bemerkenswerten Verbesserungen: Es seien eine Kantine und ein Freizeitraum eingerichtet worden, später trafen Musikinstrumente und Bücher ein. Den Offizieren standen 20 Dollar Sold monatlich zu; sie hätten anfangs die Möglichkeit gehabt, aus Versandhauskatalogen private Anschaffungen zu tätigen; nach und nach seien per Post Liegestühle, Grammofone, Schallplatten und vieles andere im Lager angekommen. »Was war dieses Gefangenendasein für ein wunderbares Leben! In der Bibel ist von einem ›goldenen Käfig‹ die Rede; er war zwar golden, aber er war noch immer ein Käfig – und das war uns sehr bewusst! Wenn wir dafür bezahlen konnten, hatten wir Bier, so viel wir wollten, denn nicht alle schöpften ihre Rationen voll aus; wir hatten Zigaretten – Lucky Strikes, Chesterfields, Camels, Player's Navy Cuts –, Namen, von denen Raucher in Deutschland nur träumen konnten; hier gab es sie billig und im Überfluss«, erinnert sich der ehemalige Oberleutnant.

Aber all das vermochte die Offiziere nicht zu trösten, solange es ein Problem gab: »Wir alle konnten nicht weiter als die 700 Meter gehen, die unser Lagerkomplex umfasste«, schreibt Steinhilper in *»Noch zehn Minuten bis Buffalo«*. Offiziere durften gemäß der Genfer Konvention nicht zu Arbeiten herangezogen werden – das Privileg wurde in der Praxis zum Nachteil, denn die Männer blieben ständig eingesperrt und unterbeschäftigt. So entwickelte man Ersatzaktivitäten: Es habe, so Steinhilper, ein Ausbre-

Meine Motive zur Flucht – sie sind einfach zu erklären. Ich war ein treuer Soldat und wollte helfen, den Krieg zu gewinnen. Und einen Krieg kann man nur gewinnen, wenn man wieder zurückkehrt zu seiner Truppe.

In Kanada wollten mehr Leute fliehen, als die Lagerführung überhaupt für möglich hielt und erlaubt hätte. Wir waren im Lager vielleicht 300 Leute. Davon haben sich zur Flucht etwa 200 angemeldet. Und die Lagerführung hat dann ausgeschieden nach Sprachkenntnis, nach sportlicher Leistung, nach Verwandtschaft in USA. Erst dann wurde es erlaubt, sich vorzubereiten.

Ulrich Steinhilper, Gefangener in Kanada

cherkomitee im Ältestenrat gegeben, das die Aufgabe hatte, Fluchtpläne zu bewerten und zu koordinieren. Diesem Komitee mussten alle Pläne schriftlich unterbreitet werden, dann bewertete es die Stärken und Erfolgschancen dessen, was die Kameraden ausgeheckt hatten. Ausschlaggebend für die Annahme eines Planes waren die Sprachkenntnisse des Fluchtkanditaten, sein körperlicher Zustand und eventuelle Familienkontakte in den 1941 noch neutralen Vereinigten Staaten. Schließlich entschied das Komitee, welche Pläne in welcher Reihenfolge von wem in die Tat umgesetzt werden sollten. Ulrich Steinhilper brachte es nach einigen abgelehnten Plänen auf fünf Fluchtversuche – der erfolgreichste führte ihn fast an die Grenze zu den Vereinigten Staaten: Zehn Minuten trennten ihn noch von der US-Grenzstadt Buffalo, als er auf kanadischer Seite gefasst wurde.

Heute weiß man, dass in Kanada bis 1945 insgesamt 600 Fluchtversuche unternommen wurden. 15 Männer wurden nicht wieder gefasst – sie tauchten im Land unter. Doch nur einer schaffte es, sich während des Krieges bis nach Deutschland durchzuschlagen. Der Jagdflieger Franz von Werra war gemeinsam mit Ulrich Steinhilper und seinen Kameraden im Januar 1941 in Halifax angekommen. Auf der viertägigen Eisenbahnfahrt sprang er in der Provinz Ontario vom Zug. 30 Meilen musste er im winterlichen Kanada überwinden, bis er den Sankt-Lorenz-Strom erreicht hatte; dann ruderte er mit einem »erbeuteten« Boot flussabwärts und erreichte schließlich den US-Bundesstaat New York. In den neutralen USA stellte er sich der Polizei; die Einwanderungsbehörde ließ ihn wegen illegalen Grenzübertritts anklagen. Er durfte den deutschen Konsul in New York City benachrichtigen; dieser arrangierte die Freilassung für eine Kaution von 5000 Dollar und brachte ihn bei sich zu Hause unter, während die amerikanischen, britischen und kanadischen Behörden um die Herausgabe des Gefangenen stritten. Von Werra brach die Kautionsauflagen, floh und reiste unerkannt bis nach El Paso in Texas. Von dort gelangte er nach Mexiko, über Panama, Rio de Janeiro, Barcelona und Rom schlug er sich dann nach Deutschland durch. In Berlin wurde er von Adolf Hitler für sein Husarenstück ausgezeichnet; dann meldete er sich als Luftwaffenpilot

»Einer kam durch«: Franz von Werra schaffte es, aus Kanada nach Deutschland zu fliehen.

zum Einsatz zurück. Am 25. Oktober 1941 stürzte er über der holländischen Nordsee wegen eines technischen Defekts ab. Sein kurzes, abenteuerliches Leben wurde nach dem Krieg verfilmt: In »Einer kam durch« spielte Hardy Krüger die Rolle des Franz von Werra.

Man ließ uns vonseiten der Führung wissen: Wir müssen das Beste aus der Situation machen. Hängt nicht irgendwelchen Wunschträumen nach, die doch nicht erfüllt werden können. Lernt etwas oder bringt anderen etwas bei. Macht etwas, was euch nach dem Kriege nützt. Im Augenblick könnt ihr nämlich gar nichts weiter tun. Ihr werdet im Augenblick gar nicht gebraucht.
Hans Rösner, Gefangener in Kanada

Im Jahre 1942 stieg die Zahl der deutschen Gefangenen in Kanada auf über 12 000 an. Johannes Lieberwirth traf im Mai in einem riesigen Zeltlager am Fuße der Rocky Mountains ein – westlich von Calgary lag das Camp 133 Ozada, das für Mannschaftsdienstgrade und Unteroffiziere vorgesehen war. Lieberwirth beschreibt den Empfang durch die alteingesessenen Gefangenen: »Für die ersten 450 Afrikaner, die in Kanada eintreffen, halten sie eine angenehme Überraschung bereit: In großen Hauszelten servieren sie ein Essen, das den Neuen wie ein Musterfall aus dem Schlaraffenland erscheint – Haferbrei, Brot mit Butter, Marmelade, Ahornsirup, Käse, Milch, Pudding, Eier, Corned Beef. Und sie stopfen in sich hinein, bis sie nicht mehr pusten können.« Rückblickend bilanziert Johannes Lieberwirth im ZDF-Gespräch: »Es begann für uns eine gute Zeit. Das hätte ich meinen Kumpels in Russland auch gewünscht.«

Für die äußere Bewachung der Lager waren die Männer der kanadischen Veterans' Guard zuständig: ältere Reservisten, die schon im Ersten Weltkrieg oder gar im Burenkrieg gedient hatten. Sie brauchten militärisch nicht grundlegend neu ausgebildet zu werden, und ihr Dienst als Gefangenenbewacher ermöglichte den Einsatz jüngerer Soldaten an der Front. Für die oft noch sehr jungen Gefangenen waren die Veteranen eine angenehme Überraschung. »Ich glaube, diese Veterans' Guards hatten ein bisschen väterliche Gefühle für uns entwickelt. Dort begann eine außerordentlich freundliche, menschliche Behandlung, fair in jeder Hinsicht – bis zum Ende der Kriegsgefangenschaft«, erinnert sich Lieberwirth. Doch die reine Idylle herrschte in den Lagern keineswegs. »Man muss wissen, dass die Kanadier die innere Lagerordnung den Deutschen überließen«, erklärt Johannes Lieberwirth: »Ich muss leider sagen, unter den Luftwaffenangehörigen waren viele Nazis. Das waren stramme Burschen, die das Kommando führten und nach deren Pfeife auch getanzt werden musste. Man musste seine Worte schon ein bisschen beobachten, um da nicht anzuecken.« Wer mit NS-kritischen Meinungen oder unerwünschten Verhal-

»Mit deutschem Gruß«: Beisetzung eines Kriegsgefangenen in Kanada – mit den damals üblichen militärischen Ehren.

tensweisen aus der Reihe tanzte, konnte damit rechnen, nachts von einem »Rollkommando« heimgesucht zu werden, das mit Prügel und Drohungen Gehorsam einforderte.

Außerdem herrschte in den Camps für Mannschaften und Unteroffiziere die so genannte »Feldwebeldiktatur« – militärischer Gehorsam und Loyalität gegenüber »Führer und Vaterland« galten auch hier weiterhin als Pflicht eines jeden deutschen Soldaten. Feldwebel waren für die einfachen Soldaten bereits vor der Gefangenschaft keine angenehmen Zeitgenossen gewesen; in Kanada ging ihre Herrschaft weiter. »Im Grunde genommen

Wir hatten keinen direkten Zugang zur Presse, nur die Lagerleitung, die aber alle Nachrichten in ihrem Sinne darstellte. Nach dem 20. Juli 1944 kam ich einmal von der Außenarbeit, brachte von dort eine Zeitung mit und übersetzte sie. Nach 20 Minuten kam die deutsche Lagerleitung und verhörte mich regelrecht. Sie wollten wissen, ob ich Defätist sei. Nachdenkliche wie ich mussten vorsichtig sein, denn es gab auch Lynchjustiz.
Manfred Seidler, Gefangener in Kanada

hatten wir Lagerführer – so wurde immer gesagt –, die guckten morgens nicht in ›*Mein Kampf*‹, sondern erst mal in die Heeresdienstvorschrift. Erst mal wurde militärische Ordnung hergestellt, und dann kam das andere.« Die Masse der Soldaten wusste durchaus mit Vertretern dieses Menschenschlags umzugehen – man lehnte sich nicht auf, sondern war bestrebt, nicht aufzufallen. Johannes Lieberwirth schreibt in seinen Aufzeichnungen: »Scharfe Auseinandersetzungen über Fragen der Weltanschauung finden nicht statt. Zu sehr sind die Gefangenen noch damit beschäftigt, die Widrigkeiten der Witterungsverhältnisse zu verkraften und gleichwohl die bisher ungewohnten Möglichkeiten zu nutzen, die ihnen die Einrichtungen des Lagers bieten: Bücherei, Theater, Musikveranstaltungen, Unterricht, Dusch- und Waschräume sowie, wetterabhängig, Sportbetrieb.«

Die Gefangenen durften in Kanada zunächst nicht arbeiten – sie waren auf lange Sicht zur Tatenlosigkeit verdammt. Sie konnten zwei Briefe und vier Karten pro Monat an die Angehörigen schreiben, doch selbst warteten sie lange auf Nachricht aus der Heimat – die Post über Lissabon brauchte drei bis vier Monate. Zensur wurde sowohl von den kanadischen als auch von den deutschen Behörden geübt. Und die Gefangenen verschwiegen bewusst die seelischen Belastungen, die ihnen Untätigkeit und ein Leben hinter Stacheldraht auferlegten: »Ich glaube, kaum einer hat geschrieben, dass es ihm hundsmiserabel geht. Es war uns eigentlich auch daran gelegen, unsere Leute zu Hause zufrieden zu stellen oder in eine Position zu versetzen, dass die sagten: ›Gott sei Dank, dem geht es gut, dem kann nichts mehr passieren‹«, erinnert sich Johannes Lieberwirth, der nach acht Monaten die erste Post erhielt.

Wegen des Wintereinbruchs wurden die Gefangenen im November 1942 aus dem Zeltlager Ozada in das riesige Lager Lethbridge in der Provinz Alberta verlegt. 12 500 deutsche Gefangene mussten mitten in der baumlosen Prärie zweigeschossige, erdgasbeheizte Baracken beziehen; das Camp hatte einen 800 mal 800 Meter langen Außenzaun, es gab sechs Speisesäle, Kantinen, ein Stadion, ein Hospital und zwei große Unterhaltungshallen, die als Theater und Kino dienten. Später wurde im benachbarten Medicine Hat ein zweites Lager dieser Art erstellt. In den Großlagern richteten sich die Männer auf Dauer ein. Die YMCA (der CVJM) lieferte Musikinstrumente, mit denen zum Beispiel in Lethbridge ein Sinfonieorchester

Wir hatten die Möglichkeit, vier Karten und zwei Briefe pro Monat zu schicken. Wir entwickelten dann im Laufe der Zeit, da der Platz sehr begrenzt war, eine winzige Schrift, die vom Zensor kaum noch erkannt werden konnte.

Johannes Lieberwirth, Gefangener in Kanada

»Kein Baum, kein Strauch«: Das Lager Lethbridge in der kanadischen Prärie.

und sieben Unterhaltungskapellen ausgestattet wurden, dazu zeigten ein Theaterensemble und Akrobatengruppen ihr Können. Die Auftritte im großen Saal waren von einer besonderen Dekoration umrahmt: »Der Raum fasste ungefähr 5000 Menschen. Rechts und links über der Bühne war der deutsche Adler mit dem Hakenkreuz, und links der Bühne stand eine Büste von Hitler. Eine große Büste – eigentlich ziemlich lebensecht –, hergestellt aus Pappmaché, Porridge, also Haferbrei, Lokuspapier und einer Art Gips. Das Ding hielt fünf Jahre und wurde erst im Juni 1945 abmontiert – über einen Monat nach Kriegsende«, berichtet Johannes Lieberwirth aus dem Lager Lethbridge. Im Lagerkino gab es amerikanische Musik- und Tanzfilme, aber auch Western zu sehen, außerdem besorgte das Rote Kreuz unverfängliche deutsche Produktionen wie das Melodram »Geierwally« und die Rühmann-Komödie »Die Feuerzangenbowle«.

Die Eintönigkeit der Umgebung war bedrückend. Das Lager in Lethbridge, 750 mal 750 Meter mit 12 000 Leuten drin, immer die gleiche nichts sagende Umgebung, kein Baum, kein Strauch, es war flach, Prärie. Wenn Sie Jahr für Jahr immer die gleichen Gesichter sehen, immer die gleichen Geschichten hören, dann staute sich natürlich auch Frust auf.

Johannes Lieberwirth, Gefangener in Kanada

Findige Leute hatten ein Radio zusammengebastelt. Die Nazi-Lagerleitung hörte so den Wehrmachtsbericht, und jeden Abend gab es dann in jeder Hütte eine Presseschau. Da lasen sie dann zehn Minuten oder eine Viertelstunde vor, was für hervorragende Leistungen Deutschland vollbringt, was wir für Siege erringen. Von Verlusten war natürlich nie die Rede. Auch Stalingrad wurde verschwiegen.
Johannes Lieberwirth, Gefangener in Kanada

Die Männer suchten beständig nach Ablenkung und Betätigung – sie bastelten, malten und besannen sich auf bis dahin nicht benötigte Fertigkeiten. So wurde mit stillschweigender Duldung der Wachen sogar Schnaps gebrannt – aus Trockenpflaumen, welche die Kanadier in rauen Mengen an die Lagerküchen lieferten. Eher intellektuell stimulierend wirkte die Mitarbeit an der Lagerzeitung, außerdem entwickelte sich ein umfassendes Bildungsangebot: In Lethbridge nahmen 3800 Schüler bei 130 Lehrern die Möglichkeit zur Unterrichtsteilnahme wahr, der Lagersender strahlte sogar Sprachkurse in Englisch, Französisch, Griechisch, Latein, Russisch und Spanisch aus. Und doch blieb die Langeweile: »Die Eintönigkeit der Umgebung war bedrückend. Kein Baum, kein Strauch, es war flach, Prärie. Und wenn Sie Jahr für Jahr immer die gleichen Gesichter sehen, fast immer die gleichen Geschichten hören, die man schon aus dem Effeff kennt, dann staut sich natürlich auch Frust auf.«

Dennoch blieben Fluchtversuche in den großen Mannschaftslagern die Ausnahme. In den Offizierslagern allerdings schwelte auch weiterhin Unruhe. Einerseits hielten hier immer wieder Ausbruchsversuche die Kanadier in Atem, zum anderen sorgte eine diplomatische Krise um die Auslegung der Genfer Konvention für Ärger. Beim misslungenen alliierten Landeunternehmen bei Dieppe im August 1942 hatten die kanadische Soldaten gefangene Deutsche zeitweise gefesselt – einfach weil es ihnen im Chaos des Gefechts praktisch erschien. Dies war jedoch ein klarer Bruch der Genfer Konvention. Hitler empörte sich so sehr darüber, dass er befahl, alle bei Dieppe gefangenen Kanadier ebenfalls zu fesseln. Der Streit eskalierte zum so genannten Fesselungskrieg: 2000 deutsche Armeeoffiziere in kanadischem Gewahrsam sollten im Gegenzug in Fesseln gelegt werden. Im Offizierslager Bowmanville weigerten sich die Insassen, sich fesseln zu lassen. Die Veteranentruppe der Bewacher wurde durch ein aktives Infanteriebataillon ersetzt. Die Soldaten stürmten das Lager und setzten den Fesselungsbefehl durch. In anderen Lagern wurde die »Repressa-

Oben: »Bestens ausgestattet«: Das große Unterhaltungsorchester des Lagers Lethbridge.
Unten: »Zensur durch die deutsche Lagerleitung«: Verlesung von Nachrichten über den Kriegsverlauf.

lie« des Fesselns schließlich als rituelle Handlung durchgeführt: In einem durch Taue abgegrenzten Bereich wurden jeweils 60 Offiziere täglich für vier Stunden – von 10 bis 12 Uhr und von 14 bis 16 Uhr – gefesselt. Auch in den Lagern, in denen alliierte Gefangene in Deutschland gehalten wurden, praktizierte man die Fesselung als symbolische Geste, nicht als Folter. Keiner der Verantwortlichen vor Ort war begeistert über derartige Fesselungsbefehle, alle handelten auf Weisung ihrer politischen Führer. Der absurden Spirale von Aktion und Reaktion wurde schließlich durch die Vermittlung von Schweizer Diplomaten die Spitze genommen.

Die Intervention neutraler Schutzmächte und Organisationen erleichterte immer wieder das Los der Gefangenen beider Seiten. So organisierte das Internationale Rote Kreuz im Herbst 1943 einen ersten Gefangenenaustausch: Kranke, schwer verwundete, verkrüppelte sowie kriegsblinde Männer wurden in das neutrale Portugal transportiert – im Hafen von Lissabon verließen sie die Schiffe ihrer Gewahrsamsmacht und gingen an Bord von Schiffen, die sie in die Heimat beförderten. Ab 1944/1945 gab es dann eine weitere Erleichterung für die Gefangenen in Kanada: Endlich durften Männer, die länger als drei Jahre im Lager waren, sich freiwillig für Arbeitseinsätze melden – sie wurden vom Oberkommando der Wehrmacht ausdrücklich dazu ermuntert: »Das im Abkommen über die Behandlung der Kriegsgefangenen vorgesehene Recht des Gewahrsamsstaates, die gesunden kriegsgefangenen Unteroffiziere und Mannschaften je nach Dienstgrad und Fähigkeit als Arbeiter zu verwenden, stellt gleichzeitig einen Vorteil für die Kriegsgefangenen insofern dar, als sie Gelegenheit haben, die notwendige Ablenkung zu finden, die zur körperlichen und seelischen Gesunderhaltung erforderlich ist.« Das sahen auch viele Gefangene so. Arbeit außerhalb des Lagers wurde zum Privileg: Sie brachte 20 bis 50 Cents die Stunde – Geld, mit dem man in den Kantinen einkaufen konnte. Gerade die Tätigkeit des Holzfällens war beliebt – die technische Ausrüstung war modern und gut, außerdem konnten sich die Männer in den riesigen Wäldern relativ frei bewegen.

Weit entfernt von der Wildnis Kanadas war derweil der Krieg weitergegangen: So hatte bereits im Mai 1943 das gesamte deutsche Afrikakorps in Tunesien die Waffen gestreckt, fast 150 000 deutsche Soldaten waren in Gefangenschaft geraten. Die Briten, die auf dem Kriegsschauplatz Afrika inzwischen gemeinsam mit ihren amerikanischen Verbündeten kämpften, sahen sich nicht imstande, diese Gefangenenmassen zu versorgen und sicher unterzubringen – auch in Kanada waren die organisatorischen Ka-

»Ungeahnte Freiheiten«: Die Arbeit als Holzfäller war unter Gefangenen in Kanada begehrt.

pazitäten erschöpft. Aus diesem Grunde einigte man sich in London und Washington darauf, dass diese Gefangenen von den USA aufgenommen werden sollten. Im Vereinigten Königreich selbst verlor sich noch immer nur eine Hand voll deutscher Kriegsgefangener – dafür strömten Menschen und Material aus den USA nach Großbritannien. Panzer, Flugzeuge und Dutzende amerikanischer Infanteriedivisionen machten – gemeinsam mit kanadischen und britischen Truppen – die Insel zu einem gewaltigen Heerlager. England wurde zum Aufmarschgebiet für die »zweite Front«, die Churchill und Roosevelt ihrem bedrängten Verbündeten im Osten, Josef Stalin, versprochen hatten. Die Alliierten rüsteten sich im Herbst 1943 und im Frühjahr 1944 für die Landung in der Normandie: Am frühen Morgen des 6. Juni 1944, begann der lang erwartete »D-Day«!

Die wenigen deutschen Soldaten, die zwischen Lion-sur-Mer und Ouistreham einige der winzigen normannischen Badeorte verteidigen sollten, wurden von den Ereignissen des 6. Juni im wahrsten Sinne des Wortes überrollt. Sie hatten keine Chance, obwohl sie in gut ausgebauten Stellungen lagen und hinter Bunkermauern Schutz fanden. Seit 5.30 Uhr war ein gewaltiges Stahlgewitter auf sie niedergegangen – die Kreuzer »Dragon«, »Danae« und 13 Zerstörer der Royal Navy belegten zwei Stunden lang den schmalen Küstenstreifen mit schwerstem Feuer. Die Mehrzahl der Deutschen, die sich hier verschanzt hatten, überlebten diesen Artillerieorkan zwar – doch ihre Kampfmoral war schwer erschüttert. Als die Ein-

Am 6. Juni hat es nicht einmal eine Stunde gedauert, bis die ersten Gefangenen kamen und ich sie dann verhört habe.

Henry Platt, Flüchtling aus Österreich und Dolmetscher in der britischen Armee

schläge sich nach hinten, landeinwärts, verlagerten, ahnten die Männer des Infanterieregiments 736, was ihnen nun bevorstand – über ihnen würde die erste Welle der alliierten Landungstruppen zusammenschlagen, und es lag auf der Hand, dass die deutschen Bunker- und Grabenbesatzungen an der vordersten Front der Wucht dieses Ereignisses kaum etwas entgegensetzen konnten. Hier, am Abschnitt »Sword«, lief die Eröffnungsphase des britischen Angriffs fast nach Plan. Um 7.25 Uhr rollten aus den Landungsbooten der ersten Welle zahlreiche Minenräum-Panzer auf den Strand – spezielle Dreschflegel am Bug dieser Fahrzeuge brachten mit rotierenden Stahlketten die Minen, die auf ihrem Weg lagen, zur Explosion. So schlugen sie Breschen durch die gefürchteten Minengürtel und preschten über den schmalen Strand bis zur Küstenstraße vor. Von dort nahmen sie die deutschen Bunker und Stellungen, die hier zumeist nur mit MGs und leichten Geschützen bestückt waren, unter Beschuss. Während die Deutschen so in Deckung gezwungen wurden, landeten britische Infanteriebataillone, gefolgt von »Commando«-Eliteeinheiten. Sie gingen entschlossen gegen die Verteidigungsanlagen vor. Die Bunker und Grabensysteme wurden für die deutschen Soldaten rasch zur Falle: Die Masse der Angreifer erdrückte sie, den Verteidigern fehlte bald jede Rückzugsmöglichkeit. Flammenwerfer machten die Bunker zu Feuerfallen – so zerbrach auch der letzte noch vorhandene Rest an Kampfmoral. Doch wer sich nun ergab, war noch lange nicht gerettet. Wer sich zu lange gewehrt hatte, sah sich unter Umständen sehr wütenden Angreifern gegenüber. Aufgeputscht durch die Hitze des Gefechts, trachteten einige von ihnen danach, die gerade gefallenen Kameraden zu rächen. In Sekundenbruchteilen entschied sich, ob man gefangen genommen oder kurz entschlossen niedergemäht wurde. Im Chaos des Feuergefechts musste jeder für sich abwägen, wann es klug war, die Arme zu heben – Gefangenenerschießungen konnte es an allen Fronten geben; das wusste jeder erfahrene Soldat. Doch hier, an der noch jungen Westfront, blieben diese Exzesse Ausnahmen. Die Deutschen konnten damit rechnen, dass Briten und Amerikaner zumeist die Gesetze des Krieges respektierten – das bestärkte in diesen ersten Stunden der Schlacht an der normannischen Küste etliche Verteidiger in dem Entschluss, die Waffen zu strecken.

Sergeant Peter Masters ging am Morgen des 6. Juni 1944 bei Lion-sur-Mer mit seiner britischen »Commando«-Spezialeinheit an Land. »Wir hatten Befehl, den Strand möglichst rasch zu verlassen; ich erinnere mich

Oben: »Der Wucht des Ansturms hatten wir kaum etwas entgegenzusetzen«: Die ersten deutschen Gefangenen am »D-Day«.
Unten: »Von den Ereignissen überrollt«: Die Kriegsgefangenen werden am Strand in provisorischen Stacheldrahtverhauen untergebracht.

noch heute an die aufgeladene Atmosphäre, an den Brandgeruch«, berichtet er in seinem Buch »*Kommando der Verfolgten*«. Peter Masters war 1922 als Sohn jüdischer Eltern in Wien geboren worden. Er hatte rechtzeitig vor dem Zugriff der Nationalsozialisten fliehen können und sich nun zum Dienst in der britischen Armee verpflichtet. Deutsch war seine Muttersprache, und so hatte man ihm eine Spezialaufgabe zugedacht: Er sollte die ersten Gefangenen befragen, Informationen über die Frontlage beim Gegner einholen. Am Sammelpunkt der »Commandos«, einige hundert Meter landeinwärts, traf Masters auf seinen Brigadekommandeur, Lord Lovat – und er sah die ersten Gefangenen. »Oh, Sie sind der Bursche mit den Sprachen«, begrüßte ihn Lord Lovat, »fragen Sie sie, wo ihre Haubitzen stehen!« Peter Masters sah seinen großen Moment gekommen. »Aber die Deutschen reagierten überhaupt nicht. Als ich mir dann ihre Soldbücher ansah, wurde mir plötzlich klar, dass sie gar keine Deutschen, sondern Polen und Russen waren.«

Überall an den Stränden der Normandie begegneten die Alliierten diesen Osteuropäern in deutschen Uniformen, mit denen die Wehrmacht im fünften Kriegsjahr die immer größer werdenden Verluste ausgleichen musste. Erst viele Stunden später hatte Masters Gelegenheit, seinem Auftrag nachzukommen. In einer Scheune liege eine verwundeter deutscher Offizier, wurde ihm mitgeteilt. In seinem Buch beschreibt er die erste Konfrontation mit einem Deutschen: »Der schwarzhaarige junge Leutnant lag unbewacht, denn obwohl er in relativ guter Verfassung zu sein schien, traute man ihm keinen Fluchtversuch zu. Ich filzte ihn routinemäßig und fand dabei eine Aufstellung der Mannschaftsstärke und Bewaffnung seiner Einheit – und einen merkwürdig aussehenden Bleistift. Da ich noch unerfahren war, wollte ich so vorsichtig und gründlich sein, wie wir es in der Ausbildung gelernt hatten. Ich zerlegte den Drehbleistift vollständig und stellte fest, dass es … ein Drehbleistift war. ›Haben Sie Angst, dass er geladen ist?‹, fragte der Gefangene spöttisch. ›Vorsicht ist der bessere Teil der Tapferkeit‹, sagte ich gelassen. Daraufhin stellte er eine Frage, die ich immer wieder hören sollte: ›Wieso sprechen Sie so perfekt Deutsch?‹ Und ich antwortete, wie ich in Zukunft jedes Mal antworten würde: ›Ich stelle hier die Fragen!‹« Peter Masters wusste, warum er hier in der Normandie an diesem 6. Juni 1944 an vorderster Front sein Leben riskierte: »Ich, den die Nazis schikaniert, eingeschüchtert und zur Ausrottung bestimmt hatten, würde endlich ein-

Vor allem die SS-Leute waren sehr stolz und überheblich. Manche antworteten überhaupt nicht auf meine Fragen, die anderen sagten: »Abwarten, wir gewinnen doch noch.«

Henry Platt, Flüchtling aus Österreich und Dolmetscher in der britischen Armee

»Stolz und überheblich«: Zwei gefangene SS-Männer werden von einem britischen Soldaten abgeführt.

mal zurückschlagen können«, beschreibt er seine Gefühle – als »Commando«-Soldat und Verhörspezialist konnte er nicht nur mit der Waffe, sondern nun auch mit Worten souverän zurückzuschlagen.

Die britischen Angriffsverbände hatten am 6. Juni an den Abschnitten »Sword«, »Juno« und »Gold« erfolgreich Fuß gefasst. Vor ihnen lag nun die Aufgabe, die Stadt Caen zu erobern. Damit fiel ihnen eine entscheidende Rolle zu: Die Durchquerung des relativ flachen und offenen Geländes und die Einnahme des Verkehrsknotenpunkts Caen waren der Schlüssel zum Ausbruch aus dem engen Brückenkopf. Damit wären die motorisierten und gepanzerten alliierten Verbände in der Lage, die Deutschen zu einem Bewegungskrieg zu zwingen, den diese wegen ihrer materiellen Unterlegenheit nur verlieren konnten. Das ahnte auch die Wehrmachtsführung. Um einen Ausbruch zu verhindern, warf sie den Briten vor

Ich wollte fair sein. Die gewöhnlichen Soldaten, diese ganz jungen, 18-, 19-jährigen Burschen, wussten nicht, was wirklich in Deutschland vorging. Sie haben mir Leid getan.

Henry Platt, Flüchtling aus Österreich und Dolmetscher in der britischen Armee

Caen einige ihrer kampfkräftigsten Verbände entgegen: das 1. SS-Panzerkorps, dem die 12. SS-Panzerdivision »Hitlerjugend« und die Panzerlehrdivision unterstellt waren. Wochenlang tobte nun die Schlacht um Caen, immer wieder wurden Panzervorstöße der Briten und Kanadier von den Deutschen zurückgeworfen. Die oft jugendlichen Waffen-SS-Soldaten wehrten sich verbissen, bevor sie sich – wenn überhaupt – ergaben. »Die meisten, die wir gefangen nahmen und befragten, waren sehr jung. Viele von ihnen kämpften bis zum bitteren Ende, sie wollten nicht aufgeben. Andere wurden mit der Belastung der Kämpfe nicht fertig, brachen zusammen und weinten – aber das waren einzelne, seltene Fälle«, erinnert sich der kanadische Offizier Doug Barrie im Interview.

Bei diesen Kämpfen kam es auch zu Exzessen. Doug Barrie: »Ich habe gehört, dass es 156 Kanadier waren, die gefangen genommen und erschossen worden waren. Einige Offiziere bestanden darauf, kanadische Gefangene zu erschießen. Das hatten sie wohl bei den Einsätzen in Russland so verinnerlicht. Sie kommandierten die 12. SS-Panzerdivision ›Hitlerjugend‹ und gaben dieses Denken weiter – Gefangene waren lästig, und es war am besten, sie schnell loszuwerden.« Ähnliche Verbrechen wurden auch auf der anderen Seite verübt – auch hier konnten Gefangene als unerwünschter Ballast für die kämpfende Truppe betrachtet werden. Peter Masters erinnert sich an einen Kameraden in seiner »Commando«-Einheit, der sich bei ihm über seinen Vorgesetzten beklagte. In seinem Buch zitiert er ihn wörtlich: »Ich hasse diesen Schweinehund, weil er mich zu etwas gezwungen hat. Wir hatten drei gefangene SS-Leute im Gefechtsstand, als der Gegenangriff näher gekommen ist. Er hat mir erklärt, er könne niemanden entbehren, um sie bewachen zu lassen, und er wolle nicht riskieren, dass sie flüchteten und die Stellungen unserer Einheit verrieten. Also hat er mir befohlen, sie zu erschießen. ›Los , erschießen Sie sie‹, hat er wiederholt. ›Das ist ein Befehl!‹ Als ich immer noch gezögert habe, hat er seine Pistole gezogen und damit auf meinen Kopf gezielt. ›Sie haben die Maschinenpistole, also tun Sie's schnell. Sonst muss ich Sie erschießen, weil Sie unter Feuer einen Befehl verweigert haben.‹ Also habe ich sie erschossen. Das Schlimmste war, dass ich eine Ladehemmung hatte, als ich den ersten erschossen hatte, so dass ich nachladen musste.«

Als Anfang August im Raum Caen die Briten die deutschen Verteidigungslinien überwanden, gelang auch den Amerikanern weiter westlich bei Avranches der entscheidende Durchbruch. In einer riesigen Zangenbewegung stießen sie von Westen im Rücken der deutschen Verteidiger nach Osten vor, während die Briten von Norden die deutschen Einheiten zurückdrängten. Der Wehrmacht blieb nur eine chaotische Absetzbewegung in Richtung Osten übrig. Doch am 20. August trafen sich zwischen Falaise und Argentan die kanadisch-britischen und amerikanischen Angriffsspitzen – sie hatten die deutsche Heeresgruppe B nahezu eingekesselt. Ein Teil der Deutschen stemmte sich gegen den noch dünnen Umschließungsring – doch bei den Ausbruchsversuchen, die an einigen Stellen gelangen, starben tausende Deutsche im Artilleriefeuer und durch ununterbrochene Angriffe alliierter Jagdbomber. Eine riesige Masse von Wehrmachtssoldaten allerdings dachte nicht mehr an Ausbruch, sondern nur noch daran, zu kapitulieren. Sie wollten lebend dem Kessel von Falaise entkommen, in dem die Felder und Dörfer mit toten Menschen, Pferdekadavern und ausgeglühten Fahrzeugwracks übersät waren. Am 22. August war die deutsche Normandiefront endgültig zusammengebrochen, und schon am 23. August standen alliierte Truppen vor Paris. Seit dem 6. Juni waren 25 von 38 deutschen Divisionen aufgerieben oder vernichtet worden, 240 000 Mann waren gefallen oder wurden verwundet, über 200 000 Mann hatten den Weg in amerikanische und britische Gefangenschaft angetreten.

In langen Kolonnen schleppten sich die demoralisierten, verdreckten, abgerissenen Deutschen, die jetzt in britischem Gewahrsam waren, in Richtung Küste – froh, das nach Verwesung stinkende, vor Schmeißfliegen surrende Schlachtfeld hinter sich zu lassen. In der Sommerhitze zogen die feldgrauen Kolonnen der Gefangenen gewaltige Staubfahnen hinter sich her. An den Stränden der normannischen Calvadosküste füllten sie improvisierte Stacheldrahtverhaue – Tausende lagen hier ohne Schatten im Sand, notdürftig verpflegt und scharf bewacht. Staunend konnten sie beobachten, welch reger Betrieb an den Küstenabschnitten herrschte, um die wenige Wochen zuvor noch so erbittert gekämpft worden war. Dort traf der Nachschub für die kämpfende Truppe ein, da die Alliierten noch immer keinen der größeren Hafen erobert hatten. Und so machten große Transportschiffe für Panzer und LKWs bei ablaufender Tide im flachen Wasser oder an provisorischen Molen fest, aus ihrem Inneren rollten Kolonnen an die Front. Wie riesige Wale mit aufgerissenen Mäulern warteten die leeren Schiffskörper dann auf ihre menschliche Fracht: Über herabgelassene Landungsklappen und durch die Bugöffnungen strömten deutsche Gefangene in den Bauch der Schiffe, in deren Laderäumen sie die

Das Heck des Landungsbootes öffnete sich wie ein Scheunentor und gab den riesigen Laderaum frei, der dicht gefüllt war mit sich drängenden grauen Gestalten. Schon als Junge hatte ich von England gelesen und gewünscht, das Land einmal zu sehen. Nun geschah es kostenlos.

Werner Leichner, Gefangener in Großbritannien

In Dieppe warfen sie mit Steinen nach uns, in Southampton sahen sie durch uns hindurch, als wären wir aus Glas.

Rudolf Halver, Gefangener in Großbritannien

Überfahrt Richtung England antraten – ein Massenschicksal im Sommer und Herbst 1944.

Nach dem »D-Day« änderte sich die Kriegsgefangenenplanung der Briten radikal – die rasch steigende Anzahl der POWs wurde nun in Lagern auf den britischen Inseln untergebracht und nicht mehr, wie bisher, nach Kanada und in andere überseeische Standorte verfrachtet. Noch im März 1944 hatte es in Großbritannien lediglich 2250 Gefangene gegeben – zumeist »interessante« POWs mit Spezialwissen sowie hochrangige Offiziere, die ausführlich verhört werden sollten. Infolge des alliierten Vormarschs in Frankreich kamen nun aber massenhaft Deutsche ins Land: Im September 1944 waren es bereits 90 000 Mann, bis zum Dezember 1944 stieg die Zahl auf 144 450 an. Auf diese Entwicklung hatten sich die Briten eingestellt – in jedem der englischen Wehrbezirke gab es Auffanglager und Durchgangszentren, in denen die Neuankömmlinge festgelegte Prozeduren durchliefen. Der Deutsche Horst Rossberg schildert in der militärgeschichtlichen Zeitschrift *After the Battle* die ersten Stationen seiner Gefangenschaft in England: »Am Kai wurden wir von britischen Soldaten in Empfang genommen und zu einem bereitstehenden Zug geführt – wir trauten unseren Augen nicht, als wir in diesen Zügen auf gepolsterten Sitzen Platz nehmen sollten –, und das in unserem verdreckten Zustand. Soldaten gingen durch die Abteile und verteilten Tee mit Milch und Zucker. Der Zug brachte uns nach London in ein Durchgangslager – es handelte sich um eine alte Pferderennbahn in Kempton Park. Hier konnten wir richtig duschen, unsere Kleidung wurde entlaust und gereinigt. Über Nacht schliefen wir in Zelten auf der Rennbahn, jeweils zehn Mann pro Zelt.« Neben dem Rennparcours Kempton Park, am westlichen Stadtrand von London gelegen, wurden auch Windhundrennbahnen und Fußballstadien als Eingangslager genutzt. Eine Besonderheit der britischen Kriegsgefangenschaft lernten viele Männer hier oder kurz darauf kennen: Sie wurden einem »Screening« unterzogen, einer Befragung, bei der Nazis ausgesiebt werden sollten. Je nach Antwort wurden die Ge-

In Kempton Park, einer alten Pferderennbahn, wurden wir dann richtig durchgefilzt. Alle Taschen wurden durchwühlt, Geld abgenommen, einzelne Armbanduhren verschwanden.

Erwin Grubba, Gefangener in Großbritannien

Oben: »Ich stelle hier die Fragen«: Ein jugendlicher deutscher Soldat wird noch an der Front verhört.

Rechts: »Wie riesige Wale mit aufgerissenen Mäulern«: Gefangene der Westalliierten besteigen ein Panzerlandungsschiff, dass sie nach Großbritannien bringt.

Sie wollten wissen: Waren Sie ein Mitglied der Partei? Waren Sie in der Hitlerjugend? Was halten Sie von Hitler? Na ja, da hat jeder seine Antwort entsprechend gegeben. Wie viele die Wahrheit gesagt haben, das ist eine andere Frage. Ich weiß es nicht.

Erwin Grubba, Gefangener in Großbritannien

fangenen kategorisiert: in vom Nationalsozialismus Unbelastete (A oder »Weiße«), politisch indifferente (B oder »Graue«) und NS-Gläubige (C oder »Schwarze«). Die Fragen erschienen vielen Gefangenen als willkürlich, ihre Antworten wurden ihrer Auffassung nach oft falsch interpretiert – so fanden sich viele in der Kategorie C wieder und fühlten sich zu Unrecht als Nazis abgestempelt; Fallschirmjäger und SS-Männer wurden zumeist pauschal den »Schwarzen« zugeschlagen. Die sich zunehmend erhöhenden Gefangenenzahlen sorgten zudem für eine gewisse Hetze und Nachlässigkeit bei der Einteilung. Den Briten diente das »Screening« anfangs als Entscheidungsgrundlage zur Verschickung der Gefangenen in Lager, die unterschiedliche Sicherheitsstandards boten; von einer Umerziehung der Gefangenen, der »Re-education«, sah man zu diesem Zeitpunkt noch weitgehend ab.

Die wenigen Deutschen, die bis Juni 1944 in England festgehalten worden waren, hatten – wenn sie Offiziere waren – oft in gut bewachbaren Landhäusern, auf beschlagnahmten oder unbewohnten Herrensitzen sowie in isolierten Landhotels gelebt. Die Mannschaften und Unteroffiziere hatten anfangs ihr Dasein zum Teil in leer stehenden Fabrikgebäuden gefristet – ein bekanntes Lager war die umgebaute alte Baumwollspinnerei Glen Mill bei Oldham in Nordengland. Ab dem Sommer 1944 entstanden dann überall in Großbritannien Gefangenenlager – 390 größere Anlagen waren es schließlich, inklusive der Satellitencamps gab es 1500 Standorte für Ge-

Was das Screening-System anbelangt, wissen die POWs, welchen Wert wir wenigstens der Aussage nach auf ihre politische Einstellung legen. Umso ungünstiger ist der Eindruck, den sie von dem unorganisierten Charakter der Methoden haben. Das Interview, das vielleicht über Jahre hinaus das Los des Kriegsgefangenen und nebenbei gesagt auch über dasjenige seiner Familie entscheiden kann, ist eine Sache von nur drei bis fünf Minuten. Wer sind nun die Leute, die aller Wahrscheinlichkeit nach diese verhängnisvolle Prüfung am besten bestehen? Der kecke Lügner, das typische Produkt der Hitler-Erziehung, hat wohl die beste Chance. Der Gewissenhafte oder der Unsichere (und Antinazis sind oft beides) wird wahrscheinlich zögern und schon dadurch Verdacht erregen.

The Spectator, 20. Dezember 1946

Oben: »Statt Viehwagen gab es Personenzüge«: Ankunft der Gefangenen im Durchgangslager Kempton Park bei London.
Unten: »Nach der Filzung kam das erste Verhör«: Im Durchgangslager Kempton Park beginnt die Befragung der Gefangenen.

Was ist ein »Prisoner of War«?

Ein durch Stacheldraht schauender,
auf Gott vertrauender,
sich zählenlassender,
Ladies begaffender,

zehnfach verbuchter,
taschendurchsuchter,
rückenbeschrifteter,
impfstoffvergifteter,

sich selbst verwaltender,
selten Post erhaltender,
nie Mädchen küssender,
stets treu bleiben müssender,

den Mut nie verlierender,
Englisch studierender,
Erde umgrabender,
Stubendienst habender,

Musterbett bauender,
auf Heimfahrt lauernder,
Sportplatz besitzender,
viel zu viel schwitzender,

wild sich gebärdender
scharf bewacht werdender,
in England lebender,
Urlaub entbehrender,

zackig sein sollender,
heimfahren wollender,
Kantinen besuchender,
schimpfender, fluchender,

seine Arbeit machender,
dennoch stets lachender,
Milch trinkender,
in Träume versinkender,

jeden Dreck brauchender,
essender, rauchender,
von Weißbrot verstopfter,
scheinbar beklopfter,

doch immer gewitzter,
von Genf beschützter,
von der Welt abgehangener,
britischer Kriegsgefangener!

Zeitgenössische Spottverse auf die britische Gefangenschaft

fangene. Der Zustrom von POWs war erheblich – etwa 27 000 kamen in der zweiten Jahreshälfte des Jahres 1944 monatlich auf der Insel an. Die Briten konnten auf eine gewisse Infrastruktur zurückgreifen, denn seit Ende 1942 hatten sie über 100 000 italienische Gefangene ins Land geholt, die als Arbeitskräfte eingesetzt worden waren. Nachdem Italien im Sommer 1943 das Bündnis mit Deutschland aufgekündigt und die Seite gewechselt hatte, galten die Italiener als »kooperierende Kräfte« und verließen die bewachten Camps. Diese füllten sich nun mit Deutschen. Doch die Kapazitäten mussten ausgeweitet werden. Nahe liegend war die Wiederverwendung der zahlreichen ungenutzten Armeelager, in denen zehntausende US-Soldaten die Zeit vor dem »D-Day« verbracht hatten. Die GIs, die nun in Frankreich kämpften, waren vielfach in den einfach und billig zu errichtenden Nissenhütten untergebracht gewesen. Nun wurden sie mit deutschen POWs belegt – hier wurde genau das praktiziert, was die Genfer Konvention vorschrieb: nämlich, dass Gefangene annähernd so unterzubringen seien wie eigene Soldaten. Doch der Platz reichte immer noch nicht – und so entstanden »auf der grünen Wiese« die ersten von 50 »Base Camps«, Hauptlagern, die mehrere tausend Deutsche aufnahmen. Auch hier wurden Nissenhütten errichtet, außerdem gab es Fertighaus-Systeme. Billige Schnellbauweise war Trumpf: Gips- und Betonplatten, Wellblech, Sperrholz – im Nu waren solche Lager hingestellt. Kein Lager glich dem anderen, die Größe der Mannschaftsunterkünfte variierte stark, ebenso verhielt es sich mit den Belegungszahlen. In der Regel lebten zwischen 20 und 50 Mann in einer Hütte. Dazu kamen in den Lagern einfache, aber funktionale Sanitäranlagen, Krankenreviere, Speisesäle und Gemeinschaftseinrichtungen wie Bibliotheken, Theater-, Kino- sowie Schulungsräume. Außerdem gab es Sportanlagen – zumeist Fußballplätze. Kontrollkommissionen des Internationalen Roten Kreuzes inspizierten die Lager regelmäßig und stellten der britischen Gewahrsamsmacht zumeist ein gutes Zeugnis aus. Die Lagerwelt in Großbritannien war einfach, funktional, standardisiert – doch es gab zahlreiche interessante Ausnahmen.

Sie wurden, von wenigen Ausnahmen abgesehen, menschlich behandelt und ausreichend, meist sogar recht gut verpflegt und gekleidet. Die sanitären Verhältnisse … waren fast immer zufriedenstellend, infolgedessen kehrte die weitaus überwiegende Mehrheit … gesund und arbeitsfähig zurück.

Aus einem Länderbericht des Deutschen Büros für Friedensfragen, 1949

Sie waren sehr auf ihre körperliche Fitness bedacht, ständig aktiv. Sonntagsmorgens wurde immer Fußball gespielt. Da haben sie uns gezeigt, wie einsatzfreudig man auf dem Kontinent spielt – da hätten wir nicht mithalten können.

Peter Knight, nach dem Krieg Bewacher in einem POW-Camp

Trent Park war ein alter Herrensitz vor den Toren Londons, den die Herzöge von Kent angelegt und ausgebaut hatten. 700 Hektar Wald, unterbrochen von Viehweiden und Äckern umgaben das Gut, eine schnurgerade Lindenallee führte auf das schlossartige Wohngebäude zu. Um das dreigeschossige Gebäude, beschattet von uralten einzelnen Eichen, erstreckten sich gepflegte Rasenflächen. Eingerahmt wurde das Herrenhaus von Wirtschaftsbauten, einer großen Gärtnerei mit Obst- und Gemüsegarten und vielen Gewächshäusern. In dieser geradezu idealtypischen englischen Idylle konnten sich die 30 deutschen Generale, die bis Mitte

»Luxuriöses Gefangenendasein«: Deutsche Generale – unter ihnen General Neuffer (3. von links) treten die Fahrt in das Lager Trent Park an.

1944 in britische Kriegsgefangenschaft geraten waren, durchaus wohl fühlen. Zwar waren die Fenster vergittert und der gepflasterte Schlosshof vor der Südseite des Gebäudes mit einem doppelten Stacheldrahtzaun umgeben, doch an mehreren Tagen durften die Gefangenen in Begleitung eines britischen Offiziers längere Spaziergänge unternehmen – unter Abgabe des Ehrenworts, nicht zu fliehen. Die älteren deutschen Generale hatten Einzelzimmer; alle wurden von deutschen Ordonnanzsoldaten bedient. Die britischen Wachmannschaften waren zackig, höflich und korrekt – alles war ganz nach dem Geschmack alter Militärs. Das Essen wurde in einem gemeinschaftlichen Speisesaal serviert, im Aufenthaltsraum gab es ein Radio. Für die geistige Ertüchtigung hatten die Briten die exzellent bestückte Bibliothek der ehemaligen deutschen Botschaft in London herangeschafft.

Unter den Generalen waren Männer, die bereits 1942/1943 in Nordafrika den Weg in die Gefangenschaft angetreten hatten, aber auch solche, die nach dem »D-Day« 1944 den Briten in die Hände geraten waren. Sie alle hatten unendlich viel Zeit, sich über die eigenen Erlebnisse und das Kriegsgeschehen auszutauschen. Keiner von ihnen ahnte jedoch, dass sie vom britischen Intelligence Service systematisch belauscht wurden. Das Gebäude war flächendeckend »verwanzt«. Deutsch sprechende Offiziere der britischen Armee hörten bei fast jeder Unterhaltung mit. Sobald ihnen Passagen militärisch verwertbar vorkamen, wurden diese über Aufnahmegeräte auf Wachsplatten mitgeschnitten. Fleißige Geheimdienstmitarbeiter verfassten dann Abschriften der Mitschnitte, deren Übersetzung sofort erfolgte. Die Abschriften wurden von einer zentralen Dienststelle zur Befragung und Auswertung von Gefangenenaussagen, dem Combined Services Detailed Interrogation Centre (CSDIC), ausgewertet – man erhoffte sich nicht gerade militärische Geheimnisse, aber doch Informationen über die Stimmung, das Denken und den Wissensstand hoher deutscher Offiziere. Trent Park war nicht das einzige Abhörzentrum, auch in den Offizierslagern Wilton Park und Latimer House, ebenfalls etwas außerhalb Londons gelegen, bespitzelte das CSDIC hochrangige Gefangene. Die Mitschnitte auf Platten sind nicht erhalten, doch im Public Record Office, dem britischen Staatsarchiv, fand ein deutscher Wissenschaftler jetzt die Abschriften der deutschen Generalsgespräche. Sie zeigen, dass es Spannungen unter den Generalen gab – zwischen Hitler-Kritikern und solchen, die nichts auf den »Führer« kommen ließen. Eine Minderheit, angeführt von General Wilhelm Ritter von Thoma, hielt den Krieg für verloren und verurteilte die deutschen Verbrechen in Osteuropa. Diese Offiziere machten kein Hehl daraus, dass sie von dem millionenfachen Mord an den Juden wussten; die Mehrheit, die sich um General Ludwig Crüwell gebildet hatte, sah die Lage Deutschlands nicht als hoffnungslos; sie spielte deutsche Verbrechen herunter oder bezweifelte sie gar. Die Aufzeichnungen der Briten beweisen, dass einige Männer durchaus Klartext redeten. So etwa Generalleutnant Georg Neuffer, zuletzt Kommandeur der 20. Flakdivision in Tunesien. Er äußerte sich am 10. Juli 1943 über Gräueltaten der Deutschen im Osten: »Ich selbst habe einen Zug gesehen in Ludowice, direkt bei Minsk. Ich muss schon sagen, es war scheußlich, ein übler Anblick. Da waren so Lastautos voll Männer, Weiber und Kinder – richtige kleine Kinder. Das ist nämlich ein Schaudern, dieses Bild. Die Weiber, die kleinen Kinder, die natürlich völlig ahnungslos waren. Scheußlich! Ich habe natürlich nicht zugesehen, wie sie dann gemordet wurden. Da stand deutsche Polizei herum mit Maschinenpistolen, und wissen Sie, was sie da hatten? Litauer oder so was ... die machten das. Die deutschen Juden, die kamen doch auch so in die Gegend von Minsk und wurden dann auch so langsam abgeschossen, soweit sie nicht durch sonstige Behandlung draufgingen. ... Also, wenn das mal in die Weltöffentlichkeit kommt!«, wurde im Abhörprotokoll festgehalten. Crüwell, 1942 in Afrika gefangen genommen, hatte zu dem Thema eine völlig konträre Meinung: »Wenn man hier die Herren hört, dann haben wir doch nichts weiter getan wie alle Leute umgelegt. Aber wenn man einen fragt, da sind sie nie dabei gewesen.« Am 20. Dezember 1943 nennt Neuffer Zahlen: »Wir haben das vorgestern Abend mal zusammengestellt und haben geschätzt, dass nach den ganzen Meldungen bis jetzt fünf Millionen Juden erschossen sein müssen, von uns umgebracht worden sind.« Für die Briten waren das keine sensationellen Neuigkeiten, doch durch derartige Aussagen ließen sich andere Geheimdienstinformationen bestätigen.

Auch in den Lagern für Mannschaften und nachgeordnete Offiziere gab es ideologische Auseinandersetzungen. Viele Gefangene betrachteten sich noch immer als Soldaten des »Führers«. Militärischen Gehorsam und Loyalität zur NS-Führung – das verlangten fanatische Nazis auch von jenen Kameraden, die froh waren, den Krieg lebend überstanden zu haben und die auf ein rasches Ende des Regimes hofften. Willkür, Chaos und Nachlässigkeiten bei der Einteilung der Gefangenen in »weiße« Antinazis, »graue« Unpolitische und »schwarze« Nazis hatten dafür gesorgt, dass in den meisten Camps alle drei Kategorien von Gefangenen anzutreffen waren. Zumeist waren die Nazis in der Minderheit, gleichwohl fand diese Minderheit Methoden, um die Mehrheit einzuschüchtern: Man drohte, die Namen der Verräter in die Heimat zu melden, nächtliche Überfälle und Verprügelungen einzelner Opfer waren gang und gäbe, selbst ernannte Femegerichte verkündigten Todesurteile gegen vermeintliche Kollaborateure. Im Lager Comrie in Schottland wurde ein Feldwebel im Dezember 1944 von Mitgefangenen zusammengeschlagen und dann im Duschgebäude aufgehängt – ihm hatte man vorgeworfen, Ausbruchpläne an die Bewacher verraten zu haben. Die Täter konnten ermittelt werden; fünf Mann wurden vor ein britisches Kriegsgericht gestellt und im Oktober 1945 durch Erhängen hingerichtet. Morde unter Gefangenen blieben jedoch Einzelfälle – so weit mussten überzeugte Nazis zumeist nicht gehen, um ein Klima des kritiklosen Gehorsams auch im Gefangenenlager zu erzwingen. Es reichte zumeist die Warnung vor einem Ausschluss aus der

Durch die Graduierung in die Gruppen A, B und C ist der kriegsgefangene Soldat zum politischen Häftling geworden.

Die Aussprache, Lagerzeitung des Lagers Nr. 184, 11. August 1947

Die Verhöroffiziere mussten ja ziemlich viele durchschleusen und konnten meist nur grob über den Daumen peilen. Fanatische Nazis gab es nur noch wenige, die meisten wurden als »Graue« eingestuft.

Erwin Grubba, Gefangener in Großbritannien

Gruppe. Der britische Oberst Henry Faulk war federführend bei der Planung der »Re-education«, jenes offiziellen Programms, mit dem man die Gefangenen zu demokratischem und tolerantem Denken anleiten wollte. In seiner Studie »*Die deutschen Kriegsgefangenen in Großbritannien: Re-education*«, die er nach dem Krieg verfasste, beschrieb er, mit welch einfacher Methode im Offizierslager Carburton bei Nottingham kritische Geister auf Linie gebracht wurden: »Die Entziehung der Gruppenzugehörigkeit war zu viel für sie, und sie waren bereit, auch den Hitlergruß zu verwenden, um nur wieder von der Gruppe anerkannt zu werden.«

Der damals 19-jährige Siegfried Mohring traf Ende April 1945 im Londoner Bahnhof Victoria Station ein. »Nie hatte ich in den Jahren zuvor, als Mitglied der Hitlerjugend und als Schüler eines Gymnasiums, daran gedacht, England jemals als Kriegsgefangener zu betreten. Ich erinnere mich noch gut an den regnerischen Tag, als wir am frühen Morgen zu den LKWs rannten. Auf den Bürgersteigen blieben Zivilisten mit geöffneten Regenschirmen stehen und sahen schweigend zu, wie wir deutsche Kriegsgefangenen verladen wurden. Keiner von ihnen warf einen Stein oder bespuckte, beschimpfte, beleidigte uns, niemand grölte, wie wir dies an den Tagen zuvor erlebt hatten. Irgendetwas musste hier in England anders sein als drüben auf dem Kontinent.« Zu Beginn seiner Gefangenschaft hatte der junge Fallschirmjäger anderes erlebt – hasserfüllte Übergriffe seitens der holländischen und belgischen Zivilbevölkerung gegen die besiegten und gefangenen Deutschen waren an der Tagesordnung. In den provisorischen großen Durchgangslagern bei Arnheim in Holland und Overijsche bei Waterloo in Belgien hatte der »Schüler mit Fronterfahrung« unter Dreck, Nässe, Kälte und Hunger zu leiden. Dort wurden nach zehn Tagen die Fallschirmjäger sowie Waffen-SS-Männer von den restlichen Gefangenen abgesondert und dann in Marsch gesetzt. In seinem Buch »*Freiheit in Gefangenschaft*« schildert er die Erfahrungen dieser Etappe: »Der Abtransport der deutschen Gefangenen musste bei der heimischen Bevölkerung bekannt gewesen sein. In den Ortschaften, durch die wir marschierten, standen überall am Straßenrand grölende Zivilisten, die uns hasserfüllt beschimpften,

Es wurde vereinbart, dass die oberste politische Kriegsführung mit der Re-education deutscher Kriegsgefangener beginnen soll und dass alle notwendigen Schritte unternommen werden sollen, sie bei dieser Arbeit zu unterstützen.

Beschluss des britischen Kabinetts, 18. September 1944

Die englischen Zivilisten haben uns nicht mit Steinen beworfen, so wie in Belgien. Die Engländer standen am Straßenrand und sagten nur: »Hitler's last army!« Kein Stein flog, nur: »Hitler's last army!«

Richard Schlener, Gefangener in Großbritannien

bespuckten und aus bereitgestellten Körben mit Steinen bewarfen.« Der junge Mann war anfangs ratlos: »Wir jungen Menschen waren doch nicht die Schuldigen dieses Krieges, und die Wut der Steinewerfer traf doch die Falschen! ... Doch nachdem wir in der nachfolgenden Zeit erfuhren, wie das Hitlersystem in den besetzten Ländern Europas wütete, die Würde der Menschen missachtete und Menschen wegen ihrer Herkunft, Rasse und Religion tötete, konnte zumindest ich die Erregung jener Menschen verstehen und letztlich auch entschuldigen.« Doch mit der Überfahrt von Ostende nach Großbritannien und der Ankunft in London begann für Siegfried Mohring ein neuer, besserer Abschnitt der Gefangenschaft – sie sollte für ihn, dessen zwanzigster Geburtstag in jenen Tagen kurz bevorstand, eine prägende Phase werden. »Ich konnte nicht ahnen, dass mir beim deutschen Kriegsgegner eine Zeit bevorstehen sollte, die ich als angenehmer empfunden habe als den Dienst fürs Vaterland unter Hitler.«

Doch noch war der Krieg nicht zu Ende – auf den Schlachtfeldern wurde weiter gestorben und gelitten. Und in den Köpfen der zumeist jungen Gefangenen, die in den Lagern wenig Ablenkung fanden, spukte noch immer der Schrecken: »Und dann diese schlaflosen Nächte, wenn die quälenden Erinnerungen an die Panzer, die uns am Rande der Schlacht von Arnheim überrollten, über mich kamen und ich schweißnass erwachte, wenn die Gesichter der Toten erschienen und mich mit erloschenen Augen ansahen. ... In jenem Massenlager, wo man nur herumsaß und nichts anfangen konnte, war man jenen quälenden Erinnerungen besonders schutzlos ausgesetzt. Man war in jenen Nächten ›allein‹«, schreibt Jürgen Moltmann, der als 18-Jähriger in Gefangenschaft geriet, in seinem Buch »*Die Quelle des Lebens*«. Er fand in jenen Jahren zum Glauben, als Doktor der Theologie sollte er später fast 30 Jahre in Tübingen lehren.

Im April und Mai 1945 endete für Millionen deutsche Soldaten der Dienst am Vaterland in britischen Gefangenenlagern. Bei weitem nicht alle wurden nach Großbritannien transportiert – die Masse verbrachte ihre Gefangenschaft auf deutschem Boden. Hitler hatte sich am 30. April in Berlin das Leben genommen; sein Nachfolger und Konkursverwalter Dönitz leitete ab dem 2. Mai eine Serie von Kapitulationssondierungen ein. Er wollte die Waffen strecken, aber nur vor den Westalliierten. An der Ostfront sollte, solange es ging, weitergekämpft werden, um Wehrmachtssoldaten und Flüchtlingen die Flucht vor der Roten Armee zu ermöglichen. Dönitz' Abgesandter, Generaladmiral Hans-Georg von Friedeburg, musste am 3. Mai nicht weit fahren, um einen Gesprächspartner zu treffen. In der Lüneburger Heide, 50 Kilometer südlich von Hamburg, hatte der britische Feldmarschall Bernard L. Montgomery sein Hauptquartier aufgeschlagen. Die Alliierten waren im Begriff, Deutschland vollständig zu besetzen und die verbleibenden Wehrmachtstruppen auf immer kleiner werdende Gebietsteile zurückzudrängen. In Mecklenburg beispielsweise war die Armeegruppe Weichsel, etwa 350 000 Mann stark, in Rückzugsgefechte mit der Roten Armee verwickelt. Am 2. Mai wurden die Deutschen hier in die Zange genommen. Montgomerys 21. britische Armeegruppe tauchte in ihrem Rücken auf, die Briten nahmen Lübeck ein, ihre Spitzen stießen bei Wismar auf die Vorhuten der Roten Arme. Die Armeegruppe Weichsel war nun auf einem 20 bis 30 Kilometer breiten Streifen zusammengepfercht.

Unter dem Eindruck dieser Entwicklung bot Admiral von Friedeburg Montgomery die Kapitulation aller Truppen in Norddeutschland an. Insbesondere wollte er erreichen, dass die deutschen Verbände, die zwischen den Russen und den Briten standen, sich der britischen Armee ergeben durften. Neben der durch Propaganda, aber auch durch bittere Erfahrung geschürten panischen Angst vor den Sowjets wurde dieser Wunsch von der Illusion genährt, dass sich die Westalliierten bald mit den Deutschen zusammentun würden, um gegen die Angreifer aus dem Osten zu kämpfen – eine völlige Fehleinschätzung der alliierten Stimmung nach sechs Jahren Krieg gegen Deutschland. Montgomery wies von Friedeburgs Kapitulationsangebot zurück. Zwischen den Alliierten war vereinbart worden, sich auf keine Teilkapitulation einzulassen. Alle Verbände, die gegen die Rote Armee kämpften, sollten sich auch den Sowjets ergeben. Trotzdem wagte Montgomery einen Alleingang. Hinter der ablehnenden, kalten Haltung des britischen Feldmarschalls regte sich ein gewisses Verständnis für die verzweifelte Situation der Deutschen. Er sagte von Friedeburg, dass er die Übergabe geschlossener Verbände ablehne, dass seine Truppen wohl aber die massenhafte »individuelle Kapitulation« der Deutschen hinnehmen würden. Montgomery forderte als Voraussetzung dafür die bedingungslose Kapitulation aller deutschen Verbände in Nordwestdeutschland, Schleswig-Holstein, den Niederlanden und in Dänemark. Am nächsten Tag, dem 4. Mai, gegen 18.30 Uhr unterzeichnete von Friedeburg in einem Zelt in der Lüneburger Heide die erste partielle Kapitulation der Wehrmacht in Deutschland. Wirksam wurde der Waffenstillstand mit den Briten am 5. Mai um acht Uhr morgens. An der Front zwischen Berlin und Rostock ergab sich durch dieses Abkommen die Möglichkeit, 350 000 deutsche Soldaten vor der Vernichtung oder der Gefangennahme durch die Sowjets zu retten – sie verschwanden hinter den britischen Linien im westlichen Mecklenburg. Dönitz' Strategie der schrittweisen Kapitulation im Westen schien aufzugehen – er gewann einige Tage Zeit. In der ersten Maiwoche des Jahres 1945 gelang es etwa 1,8 Millionen Menschen, darunter die Hälfte der 2,2 Millionen Ostfrontsoldaten, sich hinter die westalliierten Linien in Sicherheit zu bringen.

Aber was erwartete die Wehrmachtssoldaten, die es geschafft hatten, sich bis zu den Westalliierten durchzuschlagen? Wer bei Kriegsende in Norddeutschland in britische Hände geriet, erlebte eine relativ erträgliche Art der Gefangenschaft. Die Briten sammelten fast 1,9 Millionen deutsche Gefangene in vier Internierungsbereichen an der deutschen Nordseeküste. Michael Thomas, britischer Offizier deutscher Herkunft, erlebte in Wilhelmshaven den merkwürdigen Schwebezustand zwischen Kapitulation, der Übergabe geschlossener Verbände und deren Entwaffnung: »Es gibt tausende deutsche Soldaten auf den Straßen; sie sind noch bewaffnet und mitten unter uns. Manche sehen sehr niedergeschlagen aus, die meisten jedoch fröhlich. In zerbrechlichen Pferdekarren oder zu Fuß ziehen sie durch die Straßen. Wilhelmshaven ist gänzlich zerstört. Zwei Marineoffiziere salutieren, ich erwidere, und wir kommen ins Gespräch. Am Ende strecken sie die Hand aus. Ich darf nicht akzeptieren: Wir haben unseren Non-Fraternisierungsbefehl. Es ist ein sehr peinlicher Augenblick für mich, und ich versuche, den Befehl zu erklären.« Die deutschen Einheiten blieben in den Internierungszonen weiterhin unter der Befehlsgewalt ihrer Kommandeure, während die Briten das Nötigste an Nahrungsmitteln anlieferten. Um eine Hungersnot in diesen ohnehin mit Flüchtlingen aus Ostdeutschland überfüllten Gebieten zu vermeiden, wurden die Gefangenen aus den Internierungsräumen ab dem 4. Juni in größerem Umfang entlassen. Dies hatte auch ganz pragmatische Gründe – im Sommer und Herbst musste in Deutschland die Ernte eingebracht, für den Winter in den Bergwerken Kohle gefördert werden. Deshalb waren es Bergarbeiter, Landwirte und Landarbeiter, die zuerst entlassen wurden.

Auch in England stand die Erntezeit bevor – und es herrschte ein eklatanter Mangel an Arbeitskräften. Die Männer waren zum großen Teil in den Streitkräften im Einsatz, deswegen wurden nun immer mehr deutsche Gefangene außerhalb der Lager zur Arbeit herangezogen. Es war das Ende der Untätigkeit und der Isolation – für zehntausende deutsche Gefangene begann die Nachkriegszeit mit durchaus harter Landarbeit auf britischen

Oben: »Einfach, funktional, standardisiert«: Die Nissenhütten eines typischen britischen Gefangenenlagers, gesäumt von Beeten zur Selbstversorgung mit Lebensmitteln.
Unten: »Das gute Gefühl, etwas Produktives zu leisten«: Kriegsgefangene bei der Getreideernte.

Besonders unter den U-Boot-Leuten waren sehr viele fanatische Nazis. Sie weigerten sich, ihr Hakenkreuz-Abzeichen, den »Pleitegeier«, wie wir ihn nannten, abzulegen.

Erwin Grubba, Gefangener in Großbritannien

Farmen. Horst Rossberg erinnert sich, dass er Anfang Mai schon bei Edinburgh auf einer Farm mit anpackte: »Am 8. Mai, es war ein sehr sonniger Tag, kam die Besitzerin im Auto dorthin, wo wir arbeiteten, und erzählte uns, dass Deutschland kapituliert habe und dass alles vorbei sei. Wir umarmten uns und schrien vor Freude. Sie konnte gar nicht verstehen, warum wir so glücklich waren, und fragte: ›Ihr habt den Krieg verloren, wie könnt ihr so fröhlich sein?‹ Wir sagten ihr, dass wir froh seien, dass wenigstens der Krieg nun zu Ende wäre – es würden keine Bomben mehr fallen, und unsere Familien müssten nicht mehr um ihr Leben fürchten.« Nicht alle reagierten so, für viele war die Kapitulation ein Schock. Gerald Heyden, in der Normandie als Angehöriger der SS-Division »Hitlerjugend« in Gefangenschaft geraten, erinnert sich im Interview: »Das war ein Tiefpunkt. Vorher hatten wir noch Hoffnung gehabt. Und nun lag unser Schicksal voll und ganz in der Hand des Feindes.«

Nach Kriegsende mussten einige symbolische Schritte vollzogen werden. »Eines Tages wurden wir aufgefordert, sämtliche Embleme des ›Dritten Reiches‹ von unseren Uniformen abzutrennen. Viele zögerten, sich von dem Adler auf der Brust ihrer Uniformjacken zu trennen. ... Auch wir jüngeren Soldaten waren anfänglich nicht frei von einem gewissen Zögern, den Adler mit dem Hakenkreuz von unseren Feldjacken abzulösen. Doch nachdem wir uns dazu durchgerungen hatten und es geschehen war, fühlten wir uns gleichermaßen auch innerlich von der Bindung an dieses Hakenkreuz und an den einst von uns geleisteten Fahneneid befreit«, schreibt Siegfried Mohring in seinen Erinnerungen *»Freiheit in Gefangenschaft«*. Doch so leicht konnte man das Vergangene nicht hinter sich lassen. Es galt, einige bittere Realitäten zur Kenntnis zu nehmen. Jürgen Moltmann schreibt dazu: »Dann kam für mich das Schlimmste: Im September 1945 wurden wir im Lager 22 in Schottland mit den Bildern von Bergen-Belsen und von Auschwitz konfrontiert. Sie hingen in einer Bara-

Im Rahmen der »Re-education« wurden uns auch die Schreckensbilder der KZ gezeigt. Die meisten sagten: Das ist nicht möglich, das haben wir Deutsche nicht gemacht, das sind die Bilder von den Bombenangriffen auf Dresden. 80 Prozent der Kriegsgefangenen wollten das nicht glauben. Sie hielten es für antideutsche Propaganda.

Erwin Grubba, Gefangener in Großbritannien

Ich führte mit Gefangenen keine Gespräche über Konzentrationslager, über Juden. Ich weiß nicht, warum. Ich hatte keinen Grund, das aufzubringen. Ich konnte nicht annehmen, dass der Mann vor mir ein Schuldiger war. Ich wusste es nicht.

Eric Sanders, Flüchtling aus Österreich und Dolmetscher in der britischen Armee

Franz und ich sind jetzt als Gärtner eingesetzt worden. Spezialität: Tomaten und Chrysanthemen. Man setzt uns an einem bestimmten Ort ab, und wir begeben uns lustig pfeifend zur Arbeit – ohne Begleitung. Unsere Arbeitgeberin hat zwei sehr nette Pudel, die uns mit fröhlichem Bellen empfangen. Das dürfen sie auch, weil Hunde im Fraternisierungsverbot nicht eingeschlossen sind. Manchmal arbeiten wir mit zwei Frauen, die selbstverständlich einfach an uns vorbeisehen. Auch der Vormann, der uns die Arbeit erteilt, würdigt uns mit keinem Wort. Und doch macht uns die Arbeit Spaß.
Schreiben eines Kriegsgefangenen, September 1945

cke ohne Kommentar. Manche hielten das für Propaganda, andere rechneten die Leichenberge, die wir sahen, mit Dresden auf. Aber langsam und unaufhaltsam sickerte die Wahrheit in unser Bewusstsein, und wir sahen uns im Spiegel der Augen der Opfer der Nazis. Hatten wir dafür gekämpft? War meine Generation als letzte in den Tod gejagt worden, damit die KZ-Mörder weiter töten konnten und Hitler ein paar Monate länger leben konnte?«

Belastet mit der Bürde dieser schrecklichen Taten, die im Namen Deutschlands und von Deutschen begangen wurden, durften viele junge deutsche Gefangene im Sommer erstmals die Lager verlassen. Nach Monaten hinter Stacheldraht arbeiteten die POWs nun in der Landwirtschaft, aber auch bei der Beseitigung der Kriegsschäden in den Städten sowie im Straßenbau. Fast 210 000 POWs gab es inzwischen auf den britischen Inseln; außer den Offizieren arbeiteten am Jahresende 1945 fast 80 Prozent der POWs. Die britische Regierung ließ sich von den Arbeitgebern diese Arbeitsleistung bezahlen; die Arbeit war auf 40 Stunden pro Woche beschränkt und ein geringer Teil des Lohns wurde an die Gefangenen ausbezahlt. Auf Druck der Gewerkschaften musste die Regierung darauf achten, dass Gefangene nicht dort eingesetzt wurden, wo britische Arbeitskräfte zur Verfügung standen. Viele POWs betrachteten den Arbeitseinsatz zwar als willkommene Abwechslung, sahen sich aber als ehemalige Soldaten einer geschlagenen Nation ungerechtfertigt zur »Sklavenarbeit« gezwungen. Diese Sichtweise teilte auch eine große Anzahl der Briten: »Bis Anfang 1946 war in Großbritannien die Kriegspsychose weitgehend vorbei, und der traditionelle Sinn für Fairness kam wieder zur Geltung. Das Image der gefährlichen Deutschen war im Allgemeinen verblasst. … Einerseits begann die Bevölkerung, sich aus menschlichen Gründen auf die Seite der Kriegsgefangenen zu stellen, sich wegen der weiteren Gefangenhaltung der Deutschen zu schämen und sich über die Bedingungen ihres Arbeitseinsatzes zu empören«, schreibt Henry Faulk in seinem Standardwerk »*Die deutschen Kriegsgefangenen in Großbritannien: Re-education*«.

Zu Beginn des Jahres 1946 konnte von Entlassung noch keine Rede sein – im Gegenteil, aus den Lagern in den USA und Kanada trafen immer mehr deutsche Kriegsgefangene in Großbritannien ein. Im April gab es bereits fast 300 000 POWs im Land, der Höchststand von 402 200 wurde im September 1946 erreicht. Premierminister Clement Attlee wies darauf hin, dass Kriegsgefangenenarbeit als berechtigte Reparation anzusehen sei. Bei seiner Bevölkerung aber rief diese Politik Entrüstung hervor, während die Gefangenen, die aus Amerika kamen, verbittert feststellen mussten, dass an ihre Repatriierung noch nicht gedacht wurde.

In dieser Stimmungslage begann das, was man heute als »soziale Re-education« bezeichnen kann. Briten und Deutsche begegneten einander, lernten sich zu respektieren und zu schätzen. Siegfried Mohring war im Frühjahr 1946 schon kein Lagerinsasse mehr, sondern »Billettee« – jemand, der als Landarbeiter in der Nähe seines Arbeitsplatzes einquartiert war. Mit zwei Kameraden teilte er sich ein uraltes kleines Wohnhäuschen in dem Dörfchen Warninglid in West-Sussex. »Ab dem Moment unseres Einzuges in diese alte Wohnung fühlten wir uns als freie Menschen und eigentlich nicht mehr als Kriegsgefangene. Wir konnten schließlich tun und lassen was wir wollten, denn wir waren der Organisation eines Kriegsgefangenenlagers und den Weisungen des Lagerleiters völlig enthoben.«

»Diese Männer sind hier, um uns zu helfen, weil wir ihre Hilfe brauchen. Unter diesen Umständen sollten wir – soweit es die Vernunft zulässt, so viel wie möglich tun, um ihnen das Leben verhältnismäßig angenehm zu

Die ersten Leute, die uns aus dem Kriegsgefangenenlager eingeladen haben, waren die Quäker. Wir kamen endlich mal heraus aus dem Stacheldraht! Sie haben uns bewirtet mit Kaffee und Kuchen. Die zweite Gruppe, die uns wieder wie normale Menschen angenommen hat, die uns wirklich gesellschaftsfähig machte, war die »Salvation Army«, die Heilsarmee. Die beiden Gruppen habe ich in bester Erinnerung. Und die haben uns immer wieder eingeladen, haben mit uns gesprochen, an den Straßen gestanden, haben öffentlich bekundet, dass wir genauso Menschen sind wie die anderen auch, wie ihre eigenen Leute, wie die Engländer.
Richard Schlener, Gefangener in Großbritannien

»Tiere waren im Fraternisationsverbot nicht eingeschlossen«: Obwohl die Gefangenen aus den Lagern herauskamen, war bis Ende 1946 die Kontaktaufnahme zur Bevölkerung unerwünscht.

machen«, war der pragmatische Rat des Abgeordneten Paget an die Regierung im Oktober 1946. Es tat sich etwas für die Gefangenen: Ab Dezember 1946 wurde das Fraternisierungsverbot aufgehoben, deshalb waren rein private Kontakte zu Deutschen nicht mehr unter Strafe gestellt. Besonders kirchlich engagierte Bürger, Angehörige der Heilsarmee, Quäker und des CVJM reichten nun den Gefangenen bereitwillig die Hand. Das Engagement der praktizierenden Christen hatte Signalwirkung – nach und nach bemerkte auch der britische Durchschnittsbürger, dass etliche dieser jungen Männer vertrauenswürdige und gesittete Menschen waren. Ende 1946 gab es außerdem eine weitere Überraschung, berichtet Erwin Grubba, der als 20-jähriger Leutnant im Offizierslager Featherstone bei Newcastle untergebracht war: »Der Lagerkommandant teilte mit, dass wir zu Weihnachten eingeladen werden durften. Deutsche Kriegsgefangene konnten, wenn sie wollten sogar

Privatpersonen, die uns einluden, wollten auch mal etwas über Deutschland hören. Nur: Wir waren eine politische Diskussion ja gar nicht gewöhnt. Das konnten wir nicht, wir waren echt überfordert, wenn der einfache Mann uns nach politischen Dingen fragte.

Richard Schlener, Gefangener in Großbritannien

Sie waren ganz normale, nette, freundliche und höfliche Leute, überhaupt nicht aggressiv. Sie wollten einfach nur nach Hause zu ihren Lieben.

Peter Knight, nach dem Krieg Bewacher in einem POW-Camp

Ich kann mir nicht vorstellen, dass das umgekehrt auch geschehen wäre, wenn Hitler den Krieg gewonnen hätte. Dass man den Deutschen erlaubt hätte, englische Kriegsgefangene mit nach Hause zu nehmen. Ich glaube kaum.

Erwin Grubba, Gefangener in Großbritannien

Die deutschen Gefangenen in England hatten ein sehr gutes Ansehen, vor allen Dingen bei den Mädchen und Frauen. Ein großer Teil der Engländer war noch im Einsatz, die waren ja noch zur Besatzung in Deutschland – und da waren manchmal Männer Mangelware.

Johannes Kreye, nach Kriegsende Gefangener in Großbritannien

ein oder zwei Nächte bleiben, um das Weihnachtsfest nicht einsam zu verbringen, sondern in einer Familie, vielleicht sogar mit Kindern.« Es habe ungeheuer viele Einladungen gegeben. »Das war einfach grandios – es war etwas Besonderes, mal wieder unter Zivilisten zu sein. Wir wollten natürlich nicht mit leeren Händen kommen – viele haben Bilder gemalt und gerahmt; wo es Kinder gab, da haben unsere Gefangenen Holzspielzeug gebastelt.«

Ab 1947 durften sich die Gefangenen in einem Umkreis von fünf Meilen um das Lager frei bewegen; die auffälligen Aufnäher, mit denen die britischen Uniformstücke der Gefangenen gekennzeichnet waren, verschwanden; Gefangene durften Bargeld besitzen. Im Juli 1947 schließlich bekamen sie die Erlaubnis, britische Frauen zu heiraten. Gerald Heyden arbeitete Anfang 1948 auf einer Farm bei Newcastle. Er und seine Mitgefangenen waren in einem alten Gutshaus einquartiert – direkt neben einer Unterkunft der »Land Army«. In dieser Organisation konnten junge Frauen ein freiwilliges Landjahr ableisten. »Die kamen zu uns herüber, und wir haben uns aus Darlington einen Tanzlehrer herübergeholt, haben Tanzveranstaltungen abgehalten. Sind mit den Frauen in Pubs gegangen, haben fraternisiert, das war nicht verboten. Da hab' ich Jean kennen gelernt. Die ging erst mit einem anderen aus – aber der hatte ja keine Chance, als Gerald kam.« Jean liebte, genau wie Gerald, das Leben auf dem Land, die beiden kamen sich schnell näher. »Nach vier Monaten haben wir geheiratet, ziemlich schnell, nicht? Jean hat das ihrer Mutter erzählt, und die hat gesagt: ›Wenn du den heiratest, diesen Deutschen, dann brauchst du den gar nicht erst nach Hause bringen, den will ich nicht sehen!‹« Nach sechs Monaten jedoch, berichtet Gerald Heyden in dem Buch *»Doch die Wurzeln liegen in Deutschland«*, sei eine Einladung der Familie erfolgt: »Wir sind also hingefahren – und gleich großartig miteinander ausgekommen. Auf der Stelle.« Gerald und Jean Heyden betrieben noch 47 Jahre lang – bis zu Jeans Tod – gemeinsam eine Farm und genossen die Unabhängigkeit des Landlebens.

Werner Vetter, ein 22-jähriger deutscher Kriegsgefangener, dessen Leidensgeschichte den Weg frei machte, dass deutsche Gefangene die Möglichkeit haben, englische Mädchen zu heiraten, feierte heute seine Hochzeit. Seine englische Braut heißt Olive Reynolds, ebenfalls 22, aus Chingford, Essex. Sie lernten sich kennen, als er auf einer Farm arbeitete. Noch im letzten Juni wurde er zu zwölf Monaten Arrest verurteilt, weil er mit ihr Umgang pflegte.
Daily Express, 28. September 1947

Die Eheschließung mit einem Deutschen konnte anfangs nicht nur auf Widerstand in den Familien stoßen. Auch die Gesetzgebung war bis Ende 1948 wenig liberal. Die Ehefrau verlor bei der Heirat die britische Nationalität. Wenn ihr Mann weiterhin in einem Lager lebte oder unter militärischer Kontrolle stand, hatte sie kein Recht, mit ihm zusammenzuleben. Die Ehe vermochte außerdem nicht zu verhindern, dass der Gefangene nach Deutschland repatriiert wurde. Fast 800 Deutsche heirateten während der Gefangenschaft britische Frauen. Hinzu kamen jene Ehen, die nach 1948 geschlossen wurden. Deren Zahl ist wesentlich höher – immerhin gingen 25 000 Gefangene nach ihrer Entlassung auf das Angebot der britischen Regierung ein, als freie Zivilarbeiter mit befristeten Arbeitsverträgen in Großbritannien zu bleiben.

Die Erfahrungen kriegsgefangener Offiziere unterschieden sich in mancher Hinsicht von denen der Mannschaften und Unteroffiziere, deren Leben von ungezwungenen Kontakten mit der Zivilbevölkerung bei der Arbeit geprägt war. Offiziere durften laut Genfer Konvention in der Gefangenschaft nicht zur Arbeit gezwungen werden. Statt Arbeit und Außenkontakten gab es für die Offiziere viel Langeweile und Isolation. Erwin Grubba erinnert sich genau an den Tag, als sich im Offizierslager Camp 18 Featherstone das Lagerleben für viele der dort eingesperrten 3500 Offiziere veränderte: »Captain Herbert Sulzbach, ein aus Frankfurt stammender Jude, wurde als neuer Dolmetscher benannt. ›Als Jude wird der uns nicht viel helfen wollen‹, nahmen wir an. Doch genau das Gegenteil war der Fall!« Sulzbach hatte im Ersten Weltkrieg als deutscher Offizier gekämpft; 1937 hatte

Wir Offiziere waren nach der Genfer Konvention ja nicht verpflichtet zu arbeiten. Wir mussten noch nicht einmal sauber machen. Es gab in der Nähe noch ein kleines Mannschaftslager, die kamen jeden Morgen und machten bei uns sauber. Wir saßen wie die arbeitslosen Eckensteher daneben.
Erwin Grubba, Gefangener in Großbritannien

Wir haben die Chance unseres Lebens mit der Re-education aller Kriegsgefangenen.

Herbert Sulzbach in einem Brief von September 1945

er Deutschland verlassen; zu Anfang des Krieges war er in das Pioneer Corps der britischen Armee eingetreten – eine unattraktive Bautruppe, die anfangs als eine der wenigen Einheiten deutschen Emigranten offen stand. 1945 bekam der ehemalige deutsche Offizier und EK-1-Träger einen Offiziersrang in der britischen Armee zuerkannt. Er spezialisierte sich darauf, als Dolmetscher und Re-education-Offizier deutsche Kriegsgefangene zu betreuen. Erwin Grubba lobt im Interview die Unvoreingenommenheit Herbert Sulzbachs: »Er hatte sehr große Sympathie für die jungen Leute.« Die Gefangenen in Featherstone waren äußerst bildungshungrig. An Lehrern herrschte im Lager kein Mangel, und so wurde bald eine Lageruniversität gegründet. Der als deutscher Bildungsbürger aufgewachsene Sulzbach eröffnete ihnen neue Möglichkeiten: »Er war sehr daran interessiert, Außenkontakte für uns herzustellen. Er organisierte Gruppen, die in Bussen nach Newcastle fuhren, um dort an Stadtratssitzungen teilzunehmen. Außerdem besorgte er immer wieder Theaterkarten für die Gefangenen und ließ ganze Busladungen nach Newcastle ins Theater fahren«, erzählt Erwin Grubba im Interview: »Das war das praktische Re-education-Programm, das Sulzbach befürwortete: Kontakte, keine Propaganda – und das hat auch gewirkt.« In seinen Erinnerungen schreibt Sulzbach, der nach Gründung der Bundesrepublik der erste Kulturattaché an der neuen deutschen Botschaft in London wurde: »Die POWs gründeten ihre eigene Lagerzeitung *Die Zeit am Tyne*. Dieses Monatsheft hatte einen hervorragenden Ruf. Viele Artikel befassten sich mit der Idee eines ›Vereinten Europa‹. *Die Zeit am Tyne* wurde auch in Deutschland bekannt und erhielt viele anerkennende Briefe – sogar einen vom ehemaligen Minister [Carl] Severing. Meine Gefangenen waren überrascht und beeindruckt von der Tatsache,

Die Screenung, die politische Einstufung, hat der POW nie verdaut. Das politische »A« hatte die baldige Heimkehr zur Folge, das »C« die Versetzung in ein anderes Lager – damit Lohn und Strafe für eine politische Einstellung, die in einem mehr oder weniger kurzen Interview von »Screenern«, die zeitweise ins Lager kamen, festgestellt wurde. »Radfahrer«, »Kampf um den goldenen Lenker«, »Die Kurve kratzen«, das wurden damals stehende Redensarten. Ehrlich oder unehrlich – wer konnte das entscheiden? Die Zukunft wird es lehren.

Die Zeit am Tyne, Lagerzeitung des Lagers Nr. 18, März 1948

Oben: »Diskussion statt Gehirnwäsche«: Mit der Re-education sollten antidemokratische Grundeinstellungen langsam aufgeweicht werden.
Unten: »Praktische Lektion in Sachen Demokratie«: Kriegsgefangene besuchen das britische Unterhaus, August 1947.

Das Wort Wiedererziehung, »Re-education«, hatte ich schon damals nicht gern. Denn ich konnte nicht verstehen, dass ich diese Erwachsenen »erziehen« konnte. Aber was man tun konnte, war, ihnen zu erklären, was für uns die Demokratie war – wie viel Freiheit wir hatten, wie unser Schulsystem arbeitete, dass wir frei sogar über die Monarchie schimpfen können. Eigentlich, dass wir über unsere Regierung sagen können, was wir wollen. Es war eigentlich nicht Erziehung, es war vielleicht Aufklärung.
Eric Sanders, Flüchtling aus Österreich und Dolmetscher in der britischen Armee

dass ich es ablehnte, irgendeinen Artikel zu zensieren – das war nach Jahren der Zensur in Nazi-Deutschland eine neue Erfahrung.«

Das britische Re-education-Programm setzte nicht nur auf die praktische Erziehungsarbeit in den Lagern, sondern pflegte ein ganz besonderes Vorzeigeprojekt: »Das Training Centre Wilton Park bietet etwa 300 bis 500 Kriegsgefangenen, die aufgrund ihres Charakters, ihrer Intelligenz und ihrer potenziellen Bedeutung für Umerziehungsversuche ausgewählt wurden, einen sechswöchigen Kursus. Der Lehrplan bezweckt: a) Verständnis für die demokratische Lebensweise zu vermitteln; b) unparteiische Diskussionen über die soziale und politische Entwicklung während der letzten 80 Jahre in Deutschland zu veranstalten; c) das Verhältnis zwischen dem Einzelnen und dem Staat zu erörtern«, beschrieb 1946 ein Bericht der Umerziehungsabteilung die Zielsetzung des Gefangenen-Colleges Wilton Park bei London. Die Gewahrsamsmacht wollte die Gefangenen keineswegs einer plumpen Indoktrination unterziehen. Wünschenswert war vielmehr, politische Grundhaltungen langsam zu verändern, demokratische Werte wie Toleranz zu vermitteln und die kritische Auseinandersetzung mit dem Nationalsozialismus zu fördern. Die Kursteilnehmer in Wilton Park sollten nach ihrem Aufenthalt in der Lage sein, ihre Erkenntnisse in die Lager zu tragen; außerdem sollten sie als junge, demokratisch beeinflusste Elite nach ihrer Heimkehr auch in Deutschland das Verständnis für die Alliierten

Man kann zwar viele Zeitungsartikel über Demokratie lesen, aber es ist etwas anderes, wenn man Demokratie praktiziert. Je mehr wir Kontakt mit den Zivilisten hatten, je mehr wir in Kontakt mit der englischen Lebensweise kamen, desto mehr haben wir ganz ohne Propaganda umgedacht. Das war das Ziel, und es hat auch gewirkt.

Erwin Grubba, Gefangener in Großbritannien

Es gab auch Diskussionsgruppen im Lager, wo man seine Meinung frei äußern konnte – allerdings nicht über parteipolitische Themen, das war nicht erlaubt.

Eric Sanders, Flüchtling aus Österreich und Dolmetscher der britischen Armee

fördern. Der ehemalige Gefangene Wolf Jobst Siedler, der in der Bundesrepublik zu einem bedeutenden Verleger aufstieg, beschreibt in der Autobiografie »*Ein Leben wird besichtigt*« die Lehrmethoden in Wilton Park. »Die Vorlesungen der Tutoren – es waren wirkliche Vorlesungen und nicht Unterrichtsstunden – fanden in einer legeren Atmosphäre statt, die sich deutlich von dem streng geordneten Stil deutscher Hochschulen unterschied, wie ich ihn ein paar Jahre später erlebte. Es waren fast alles Emigranten, die Vorlesungen auf den verschiedensten Gebieten hielten.« Neben den Vorlesungen wurden zudem Diskussionsrunden veranstaltet, zu deren Gästen auch politische Prominenz zählte: So sprach etwa Kurt Schumacher, der erste Nachkriegsvorsitzende der SPD, zu den Studenten; der Kölner Kardinal Josef Frings besuchte ebenfalls Wilton Park.

Die Idee der Re-education war von großem Idealismus geprägt, muss aber dennoch einer kritischen Betrachtung unterzogen werden. Vor allem viele ältere Offiziere wiesen entrüstet den Gedanken zurück, sich vom ehemaligen Kriegsgegner »umerziehen« zu lassen. Die Masse der gefangenen Mannschaften und Unteroffiziere arbeitete hart und hatte wenig Zeit für geistige Betätigungen, auch aus diesem Grunde blieben die Erfolge der offiziellen Re-education gering. So lautete das Fazit in einem Bericht der Abteilung für das Kriegsgefangenenwesen: »Etwa drei Prozent der Kriegsgefangenen haben sich durch die Umerziehungsversuche eine wirklich neue, positive Lebensphilosophie angeeignet. Etwa 20 Prozent gaben eine politische Umstellung zu, was für fast alle bedeutete, dass sie die Demokratie als politisches System gut fanden. Etwa 30 Prozent rechneten zu dem Erfolg der Umerziehungsversuche, dass sie nun Toleranz und Objektivität als Basis ihrer Gesinnung betrachteten.« Dennoch musste in dem Bericht konstatiert werden, dass die Masse »geistig und politisch apathisch« blieb. Der britische Oberst Henry Faulk, Chef des Umerziehungsprojekts, gab in einer Nachkriegsstudie offen zu: »Ein größerer Teil

Eines Tages war Verhör. Wir wurden gefragt, was wir von den KZ hielten, und danach in »Weiße«, »Graue« und »Schwarze« eingeteilt. Ich sagte, dass ich mir nicht vorstellen könne, das es so etwas gegeben hat, und kam in die Kategorie C – »schwarz«. Viele waren »weiß«, weil sie rechtzeitig umgedacht, hatten, und kamen nach Hause. Nachher war es gut, so musste ich den harten Winter 1946/47 nicht zu Hause mitmachen. Ich kam erst 1947 zurück.

Günter Brunner, Gefangener in Großbritannien

der Kriegsgefangenen schrieb seine Wandlung nur dem Kontakt mit der Zivilbevölkerung zu, was ihnen zur gleichen Zeit erlaubte, dass die ›offiziellen‹ Umerziehungsversuche in Bausch und Bogen verurteilt werden konnten.« In der Tat lernten wohl die meisten im täglichen Umgang mit den Briten, was praktizierte Demokratie und Toleranz bedeuten. Und so ist Siegfried Mohrings Urteil typisch für viele der jungen Gefangenen, wenn er schreibt: »Niemals habe ich den Aufenthalt in England als Kriegsgefangener als eine Strafe ansehen können. ... Ich hatte mich in ein Mädchen verliebt, hatte Freunde fürs Leben gefunden, die mich die Zeit unter Hitler fast völlig vergessen ließen und die mich Toleranz, Fairness und demokratisches Denken und Fühlen gelehrt hatten.« Freundschaften und Ehen ließen viele Gefangene in England Fuß fassen, sie »blieben hängen« und assimilierten sich schnell. Und einer wurde auf der Insel gar zur gefeierten Legende: Bernhard »Bert« Trautmann, der als Torhüter für Manchester City in der britischen Premier League spielte. Beim Pokalfinale 1956 blieb er trotz schwerer Verletzung im Tor und rettete den Sieg für seine Mannschaft.

Das Vereinigte Königreich und seine Streitkräfte hatten das Deutsche Reich und die Wehrmacht vom ersten bis zum letzten Tag des Zweiten Weltkriegs aktiv bekämpft – das unterscheidet Großbritannien von allen anderen alliierten Mächten. Die Kriegsschauplätze erstreckten sich von Europa bis Afrika und über alle Weltmeere, dementsprechend weit gefächert waren auch die Unterbringungsorte der Gefangenen. Deutsche Kriegsgefangene in britischem Gewahrsam gab es in Australien, in Kanada, in den USA, später auch in Frankreich, Belgien, Österreich und Norwegen. Millionenhöhe erreichte die Zahl der deutschen Gefangenen in britischer Hand erst nach den ersten Teilkapitulationen im Mai 1945. Die fast zwei Millionen Wehrmachtssoldaten, die sich im Mai 1945 in den norddeutschen Internierungsräumen versammelten, wurden als SEP, als »Surrendered Enemy Personnel«, das heißt als »übergebenes Feindpersonal«, eingestuft – auf diese Weise kündigten die Briten einseitig die Verpflichtung auf, für diese Gefangenen alle Regeln der Genfer Konvention anwenden zu müssen. Die SEP-Gefangenen waren allerdings meist nur für wenige Monate in Gefangenschaft und gewannen ihre Freiheit zurück, als die Briten begannen, die internierte Restwehrmacht zu demobilisieren. In Italien sammelten sich etwa 150 000 Mann in der Gefangenenenklave Rimini; auch sie bekamen nur den SEP-Status zuerkannt.

Die ungewöhnlichsten Unterbringungsorte für deutsche POWs waren wohl die Lager in Afrika. Lagerstandorte gab es während des Krieges in

»Traut the Kraut«: Der Ex-POW Bert Trautmann machte in England bei Manchester City als Fußballtorwart Karriere.

Tunesien, Algerien und Südafrika – und vor allem in Ägypten. Über 100 000 Mann waren dort noch lange nach Kriegsende eingesperrt; sie fristeten ihr Dasein bei schlechter Verpflegung und unter extremsten Klimabedingungen in Zelten und waren von britischer Seite einer harten militärischen Disziplin unterworfen. Die systematische Re-education wurde eher vernachlässigt; eine »soziale Re-education« durch die Begegnung mit der Zivilbevölkerung wie in England konnte es in der Wüste Ägyptens, in den Lagern bei Heluan und am Großen Bittersee ohnehin nicht geben. Erst die Aufstellung von Arbeitskompanien brachte den Gefangenen eine gewisse Bewegungsfreiheit. Die Gefangenschaft in Ägyp-

»Arbeitskräfte für Bergbau und Landwirtschaft«: In Norddeutschland demobilisieren die Briten im Sommer 1945 die Reste der Wehrmacht.

ten war wohl das härteste Los, das Wehrmachtsangehörige nach Kriegsende in britischem Gewahrsam treffen konnte – ihr Schicksal stand in krassem Gegensatz zu dem der 400 000 Mann, die in Lagern in Großbritannien festgehalten wurden.

Schon im August 1945 hatte das IKRK alle Gewahrsamsmächte aufgefordert, die Gefangenen bald zu entlassen. In Großbritannien stieß es mit dieser Forderung ebenso wenig auf Resonanz wie bei den anderen Siegermächten. Neben dem Wunsch, die Gefangenenarbeit als Reparation zu nutzen, gab es auch ganz praktische Gründe für die zögerliche Entlassungspolitik. So war die Ernährungslage insbesondere in der britischen Besatzungszone in Deutschland äußerst angespannt, außerdem gab es anfangs auf deutschen Boden Millionen Kapitulationsgefangene in den

»Send them home«: Die ersten Kriegsgefangenen aus England treffen in Deutschland ein, Oktober 1946.

Kriegsgefangene sind entlassungsfähig, wenn sie … einer der unten angeführten politischen Stufen angehören. Die Reihenfolge der Entlassung nach politischen Stufen ist folgende:
WEISS (A)
GRAU (B)
GRAU minus (B–)
Angehörige der Stufe SCHWARZ (C) sind noch nicht entlassungsfähig.

Bekanntmachung über das »Punktesystem der Repatriierung«, Mai 1947

Ich habe fast meine ganze Jugend in Gefangenschaft verbracht. Mit 18 Jahren kam ich hin und fast sechs Jahre später, mit 23, wieder zurück.

Karl Kuhn, Gefangener in Großbritannien

Sie waren unser Betreuer in schwerster Zeit, Sie richteten uns wieder auf durch Ihre uns gezeigte Charaktergröße. Von Deutschland selbst am tiefsten heimgesucht, haben Sie jeden deutschen Menschen für unser neues Deutschland gerettet, der Wille zum Guten zeigte.

Brief von Kriegsgefangenen aus dem Lager Comrie an Herbert Sulzbach, 11. Dezember 1945

norddeutschen Internierungsräumen, die zuerst nach Hause gehen sollten. Doch in Großbritannien machte sich schon bald Unmut unter der Zivilbevölkerung breit. Abgeordnete, Leitartikler, aber auch viele einfache Bürger kritisierten den Einsatz der Gefangenen auf der Insel als »Sklavenarbeit«, ihre Forderungen nach einem Politikwechsel fanden Ausdruck in den weit verbreiteten Slogans »Tell them when!« (»Sagt ihnen, wann sie gehen können!«) und »Send them home!« (»Schickt sie heim!«).

Knapp anderthalb Jahre nach Kriegsende, ab dem 26. September 1946, begannen in Großbritannien die Repatriierungen. Zuerst waren es viele politisch unbelastete, als »Weiße« eingestufte Gefangene, die entlassen wurden. Ab Januar 1947 kamen auch »Graue« sowie etliche Kranke hinzu. Doch erst am 12. Juli 1948 bestiegen im Hafen von Harwich die letzten 546 deutschen Kriegsgefangenen unter den Klängen von »Lilli Marleen« ein Schiff und traten die Reise in die Freiheit an – eine Freiheit, die sie mit einem zerstörten und geteilten Deutschland konfrontierte. Viele hatten in Großbritannien gute Erfahrungen gemacht; einige sahen die Re-education als Schlüsselerlebnis, manche wirkten bald als Meinungsführer – in Presse, in der Politik, in der Wirtschaft – aktiv am Aufbau eines demokratischen Deutschland mit. Welche Hoffnungen nach Kriegsende in sie gesetzt wurden, schrieb der Re-education-Offizier Herbert Sulzbach den Offizieren des Lagers Featherstone ins Stammbuch. In der Lagerzeitung *Zeit am Tyne* vom März 1948 gab er den Entlassungskandidaten folgenden Rat mit auf den Weg: »Tragen Sie dazu bei, dass Deutschland wieder das Land der Dichter und Denker werde. Deutschland ist das geografische Herz Europas: Lassen Sie es in Zukunft nicht nur das Herz eines – gebe Gott – vereinten Europa sein, sondern auch das wahre *Herz*, das Güte, Demut, Wahrheit und Menschlichkeit ausstrahlen möge!«

Schlimmer als die Hölle

Endlose Kolonnen erschöpfter Soldaten, die irgendwo am fernen Horizont scheinbar im Nichts verschwinden – die Bilder vom Marsch der Überlebenden von Stalingrad in die Gefangenschaft gerieten nach dem Krieg zu einer filmischen Ikone. Viele der Männer waren da noch nicht heimgekehrt. An Hunderttausende aber, die keine Soldaten waren und doch das gleiche Schicksal erlitten, erinnerten keine Filmaufnahmen. Es waren Zivilisten, deren Leidensweg begann, als der Krieg zu Ende ging. Sie wurden von Stalins Sonderkommandos gefangen genommen und in die Sowjetunion verschleppt. Am helllichten Tage trennten NKWD-Schergen Mütter von ihren Kindern, Jungen und ältere Männer wurden aus Kellern und Ruinen getrieben, Mädchen bei der Feldarbeit aufgegriffen. Nach willkürlichem Verhör, oft ohne Nennung irgendwelcher Gründe, wurden sie abtransportiert, weil sie Deutsche waren – und weil Stalin täglich eine bestimmte Anzahl an Deportierten forderte. In Güterwaggons ging es nach Osten, auf eine oft wochenlange Fahrt. Ziel waren Arbeitslager in der Ukraine, in Stalingrad, im Kaukasus und im Ural, am Kaspischen und am Weißen Meer, in Sibirien, in Kasachstan und Usbekistan. Unter den Verschleppten waren viele junge Frauen und Mädchen, die gleichsam als »lebende Reparationsleistungen« für jene Verbrechen büßen sollten, die von Deutschen und in deutschem Namen in der Sowjetunion begangen worden waren.

Zwecks Zuführung zu Arbeiten in der UdSSR sind alle arbeitsfähigen deutschen Männer zwischen 17 und 45 Jahren und Frauen zwischen 18 und 30 Jahren aus den von der Roten Armee befreiten Gebieten Rumäniens, Jugoslawiens, Ungarns, Bulgariens und der Tschechoslowakei zu mobilisieren und internieren.

Befehl des Staatskomitees für Verteidigung der UdSSR, 16. Dezember 1944

Die Schilderungen der Überlebenden machen betroffen. Lange war wenig über ihr Schicksal bekannt. Jahrzehntelang hatten etliche der damals Verschleppten nicht den Mut oder die Kraft zu sprechen – auch, weil kaum jemand zuhören wollte. Erst heute, sechs Jahrzehnte später, sehen sich manche in der Lage dazu. Für viele ist es schwer, die richtigen Worte zu finden. Es sind Geschichten von Misshandlung, Gefangennahme, Abtransport, unmenschlichen Arbeitsbedingungen, von Hunger, Verzweiflung und Tod – aber auch von Hoffnung, Heimkehr und schließlich Neuanfang.

»Mein starker Wille hat mich gerettet, sonst wäre ich heute nicht hier«, sagt Herry Wegner. Sie war schon immer selbstbewusst und blieb es auch in schlimmster Zeit. Im April 1945 eroberte die Rote Armee ihre Heimatstadt Königsberg. Als Geschäftsführerin zweier Gastwirtschaften wusste sich die 34-Jährige stets zu behaupten – auch im Krieg, trotz mancher Entbehrungen.

Dann aber lernte sie eine Brutalität kennen, von der sie sich bis dahin keine Vorstellung gemacht hatte: »Egal, wo wir uns versteckten, sie haben uns gejagt und gefunden. Tagsüber mussten wir die Trümmer wegräumen, nachts haben sie uns vergewaltigt.« Herry Wegner teilte ihr Schicksal mit hunderttausenden Frauen, die in den sowjetisch besetzten Gebieten Gleiches erlitten.

Wochenlang schlug sie sich mit zwei Gefährtinnen durch. Die Gastwirtin hatte Lebensmittel im Keller versteckt, die allerdings bald aufgebraucht waren. Nach den ersten Exzessen schien sich die Lage jedoch zu beruhigen – bis zu jenem Tag, als Menschen an verschiedenen Plätzen der Stadt zusammengetrieben wurden. Herry Wegner wusste nicht, was kommen würde, als sie sich am Trommelplatz von Sowjetsoldaten umringt in einer Menge verängstigter Menschen wiederfand.

Es folgte eine Szene, die geradezu symbolhaft war für die Irrungen und Wirrungen am Ende des Krieges. »Auf der anderen Seite standen russische Zivilisten, sie hatten bei den Deutschen gearbeitet. Und da stand auch meine Maria«, erinnert sich Herry Wegner. Maria war kurz nach dem Überfall auf die Sowjetunion im Sommer 1941 aus der Ukraine nach Deutschland verschleppt worden, es sollten ihr noch Millionen von Zwangsarbeitern folgen. Sie hatte Glück im Unglück, fand sich nicht in einer von Hitlers Rüstungsfabriken wieder, sondern in Herry Wegners Haushalt. Die beiden Frauen verstanden sich. Jetzt – im Moment der Zeitenwende – standen sie einander gegenüber: »Maria hat mich von weitem erkannt, sie kam rübergelaufen. Sie wusste, dass ich nichts zu essen hatte, da wollte sie mir das Stückchen Speck, das ihr noch geblieben war, geben.« Die Wirklichkeit holte die Frauen ein: »Ein Russe schlug ihr auf die Hand, und der Speck fiel herunter.« Die beiden haben sich nie wieder gesehen.

Zu zwei Mädchen von unserem Hof konnte ich noch sagen: »Die Russen sind da, versteckt euch schnell.« Eine hat es geschafft, die andere nicht mehr.

Gerhard Marchel, 1945 von sowjetischen Truppen inhaftiert

»Wochenlang durchgeschlagen«: An einer Straßensperre der Roten Armee endete für viele die Flucht in den Westen.

Heute befürchtet Herry Wegner, dass es ihrer Maria ähnlich erging wie ihr selbst. Viele sowjetische Zwangsarbeiter wurden von Stalin nach ihrer Rückkehr zu Verrätern und Kollaborateuren gestempelt – hatten sie doch im Reich des Feindes Dienst geleistet. Auf die Gefangenschaft in deutschen Lagern folgte oft die im Gulag. So kam es vor, dass deutsche Zivilverschleppte ihr Schicksal hinter sibirischem Stacheldraht mit »befreiten« Sowjetbürgern teilten.

Durch den von Hitler entfesselten Jahrhundertkrieg waren die Menschen zur bloßen Manövriermasse degradiert worden. Etwa 13 Millionen ausländische Staatsbürger, Frauen, Männer und Kinder, hatten auf dem Boden des Deutschen Reiches jahrelang Zwangsarbeit geleistet. Sie waren angeworben, gefangen genommen oder verschleppt worden. 4,5 Millionen von ihnen waren Kriegsgefangene, unter ihnen knapp zwei Millionen Soldaten und Offiziere der Roten Armee. Von ihnen überlebte weniger als die Hälfte die unmenschlichen Arbeits- und Haftbedingungen in den deutschen Lagern.

Von den knapp 8,5 Millionen Zivilisten stammten etwas weniger als 2,5 Millionen aus der Sowjetunion, vor allem aus der Ukraine und Weißrussland. Die Hälfte waren Frauen und Mädchen. Die Massendeportationen von Zivilisten aus besetzten Ländern nach Deutschland und die Um-

»Menschen als bloße Manövriermasse«: Eine »Ostarbeiterin« aus der Sowjetunion leistet während des Krieges Zwangsarbeit in einem deutschen Betrieb.

stände ihres Arbeitseinsatzes stellten eine massive Verletzung des Völkerrechts dar und waren Anklagepunkte bei den Nürnberger Prozessen. Sie reihten sich in die zahllosen Verbrechen gegen die Menschlichkeit ein, die im Holokaust gipfelten. Vernichtung durch Arbeit gehörte zum System des Massenmords nicht nur an Juden.

»Die Russen sind da!«: Sowjetische Truppen in den Straßen von Königsberg, April 1945.

Von den sowjetischen Zivilgefangenen in Deutschland sah jeder Zehnte die Heimat nicht wieder. Die Überlebenschance für die Deutschen in sowjetischen Lagern aber war weitaus geringer.

Die Königsbergerin Herry Wegner schildert, wie ihre Odyssee begann. Ein Sonderkommando des sowjetischen Geheimdienstes NKWD trieb sie mit anderen Zivilisten, Frauen, alten Männern, Mädchen und Jungen zu einer Sammelstelle, wo man ihre Personalien aufnahm. Wie die meisten anderen wurde auch sie vernommen: »Sie wollten von mir wissen, ob ich Nazi bin. Ich war es nicht, ich war im BDM, aber alles andere nicht. Dann nahm die Befragung einen ungewöhnlichen Verlauf. Herry Wegner trug einen Pelzmantel, weckte damit Begehrlichkeiten. Eine uniformierte Russin wollte ihn ihr nehmen: »›Nee‹, sagte ich zu der, als sie ihn haben wollte, ›das ist meiner!‹«

Die selbstbewusste Frau blieb zwar ihrem Naturell treu, riskierte dafür aber ihr Leben – mehr als einmal: »Ein sowjetischer Soldat kam dann.

Junge Mädchen, Mütter, die ihre Kinder zu Hause lassen mussten, reifere Frauen und auch Ältere, über Sechzigjährige: Die Russen haben erst mal alle mitgenommen, weil sie Auflagen hatten, Arbeitskräfte heranzuschaffen. Dabei war es ihnen egal, wie alt die Verschleppten waren.

Gertrud Kriwitzki, 1945 von sowjetischen Truppen inhaftiert

In einem Privatgarten klauten wir vier Rote Bete. Dann wurden wir festgenommen. Wir konnten uns nicht vorstellen, dass man zwei verhungerte Gestalten wie uns wegen vier Roter Bete bestrafen könnte. Doch plötzlich saßen wir ganz allein im Gefängniskeller. Im Verhör mussten wir dann Angaben zur Person machen. Das war auch schon das ganze Verhör, auf dem die Anklage in der Gerichtsverhandlung beruhte. Das Ende vom Lied war eine Verurteilung zu fünf Jahren Strafarbeit im russischen Arbeitslager. Als meine Mutter und ich das Urteil hörten, haben wir erst mal einen Lachanfall bekommen. Das Urteil kam uns so lächerlich vor. Aber der hat nicht lang gedauert, höchstens zehn Sekunden. Doch wir haben dann schnell kapiert, was los war.

Ruth Buntkirchen, 1945 von sowjetischen Truppen inhaftiert

Ich hatte vorne Goldzähne, und er wollte das Gold haben. Die Zähne waren aber fest, und da sagte ich: ›Das geht nicht!‹ Da nahm er den Gewehrkolben und schlug mir vorne alle Zähne aus.« Das war der Anfang ihres Weges in die »Hölle«.

Herry Wegner ist sich heute bewusst, dass anderswo sofort geschossen wurde. Wovon auch Ursula Goldau aus Ostpreußen zu berichten weiß. Sie war damals 22 Jahre alt und stammt aus Schönwiese bei Guttstadt. Sie gehörte zu den ersten Zivilisten, die auf Reichsgebiet gefangen genommen wurden. Als am 22. Januar 1945 die NS-Gauleitung die Räumungserlaubnis erteilte, hatte die sowjetische Großoffensive in Ostpreußen längst begonnen. Für viele erfolgte das Signal zur Flucht zu spät. Ursula Goldau und ihre Eltern kamen nur bis Mohrungen, dann saßen sie in der Falle, die Sowjettruppen hatten den Weg mit dem Durchbruch ans Haff abgeriegelt. »Wohin nun?«, war die Frage. »Zurück nach Hause!«, lautete die Antwort.

Zehntausende in Ost- und Westpreußen, Danzig, Pommern, Schlesien und Brandenburg blieben so vor Ort und sahen einem ungewissen Schicksal entgegen. »Ich hatte mich in der Nähe meines Elternhauses vor den Russen versteckt«, sagt Ursula Goldau. »Doch bald haben sie mich gefunden und gleich an die Wand gestellt, zum Erschießen.« Wer sich versteckte, war von vornherein verdächtig. Den Besitzer des Gutes hatten die NKWD-Männer bereits liquidiert, dann richteten sie ihre Gewehre auf die junge Frau. Doch plötzlich erschienen zwei sowjetische Offiziere. »Sie geboten Einhalt, und ich war gerettet.« Die Minuten der Todesangst wird sie nie vergessen. Was sie nicht ahnte – sie durfte überleben, um wenig später deportiert zu werden.

Gleiches widerfuhr Waltraud Unrau aus Zandersfelde in Westpreußen. Der 13. März 1945 war ihr Schicksalstag: »Als die Russen unseren Wagen anhielten, hieß es: ›An die Wand!‹ Es war nicht das erste Mal für mich, wir hatten schon so viel durchgemacht. Ich war gar nicht mehr in der Lage zu denken.« Die 17-jährige Waltraud Unrau war wie besinnungslos. Doch auch diesmal kam es nicht zur Erschießung, die Soldaten nahmen die Zivilisten gefangen.

Ob einer verschleppt wurde oder nicht, war meist eine Frage der Willkür. Waltraud Unrau traf es, ihre Schwester blieb verschont. Wie so oft, entschied auch hier der sowjetische Verhöroffizier. Er saß am Tisch, rechts und links flankiert von einem Posten mit aufgepflanztem Bajonett. Noch zwei weitere Wachmänner waren im Raum, sie nahmen Waltraud in die Mitte. Die junge Frau starrte auf die Pistole, die auf dem Tisch lag. In scharfem Ton folgte Frage auf Frage: nach den Personalien, ob sie in der Partei oder im BDM gewesen war, was ihre Eltern gemacht hatten, wie viele Maschinen es auf ihrem Bauernhof gab. Waltraud war vorsichtig, doch mutig genug eine Gegenfrage zu stellen: »Maschinen? Was meinen Sie mit Maschinen?« Eggen und Pflüge, meinten die Russen. Das Mädchen gab sich unwissend, sagte, sie sei immer nur zur Schule gegangen. »Keine Großbauern«, wurde schließlich notiert. Ein Glück für Waltraud und ihre Familie. Sie zählten nicht zu den »gefährlichen« Klassenfeinden. In ihrer Akte wurde nicht die gefürchtete »rote Sechs« vermerkt, wohl ein russisches »b«, das bei vielen Deportierten einem Todesurteil gleichkam.

Die Verhöre galten dem Ziel, die Mitgliedschaft in »faschistischen Organisationen« wie NSDAP, BDM oder HJ nachzuweisen. Außerdem fahndeten die Sowjets nach »Diversanten und Terroristen«, besonders akribisch aber nach Angehörigen des »Werwolfs«. Der war ein Gespenst, denn es gab sie nicht: deutsche Partisanen, die organisiert gegen die Besatzung kämpften.

Wer die Zugehörigkeit zu den Nazi-Organisationen nicht eingestand, lief Gefahr, einer »Sonderbehandlung« unterzogen zu werden. Nicht selten wurden die Aussagen erprügelt. Auch Stalins Schergen hatten hinreichend Erfahrung, aus Unschuldigen Schuldeingeständnisse

Als sie uns vernommen haben, vermerkten sie irgendetwas Belastendes in unseren Papieren. Denn später in Russland wurde es uns immer wieder vorgelesen, und man musste beteuern, dass diese Aussagen stimmen. Denn wenn man sich gewehrt und gesagt hat, die Bemerkungen seien falsch, bekam man gleich noch ein paar Jahre Arbeitslager zusätzlich.

Erna Widdra, 1945 in die Sowjetunion verschleppt

Wir haben zuerst nichts Schlimmes geahnt, sondern haben gedacht: »Wir werden sicherlich zu Arbeiten herangezogen: Es sind Trümmer zu beseitigen, Tote wegzuräumen. Aber am Abend sind wir wieder zu Hause.«

Manfred Peters, 1945 in die Sowjetunion verschleppt

»Wir waren eine glückliche Familie«: Anton Grunwald mit seinen Töchtern Christel (vorn Mitte), Irene (hinten Mitte) und Valeria (ganz rechts).

herauszupressen. So mussten Frauen und Männer bisweilen Protokolle in russischer Sprache unterzeichnen, in denen stand, dass sie aus freiem Willen zur Wiedergutmachung der Verbrechen, die in Hitlers Namen begangen worden waren, in der Sowjetunion arbeiten wollten. Viele Zeitzeugen berichten, man habe ihnen immer wieder einzubläuen versucht, dass »alle Deutschen schuldig waren, alle Deutschen bestraft werden mussten«.

So herrschten fast überall in den sowjetisch besetzten Gebieten Rechtlosigkeit und Willkür. Auch kleinste Gemeinden traf es. Im ostpreußischen 400-Seelen-Dorf Tolnicken wurden nach der Eroberung neun Zivilisten erschossen, 19 verschleppt, darunter vier Angehörige der Familie Anton Grunwald.

»Wir nannten sie die Stalingarde, die Soldaten, die nach der kämpfenden Truppe kamen, um uns mitzunehmen«, erinnert sich Christel Grunwald, damals 15 Jahre alt. Gemeinsam mit dem Vater, den beiden älteren Schwestern Valeria und Irene, sowie zwei Cousinen und weiteren Bewohnern ihres Heimatdorfs wurde sie aufgegriffen und nach Allenstein gebracht. Aus der Ferne sah sie den Hof, wo die Mutter und zwei jüngere

Brüder auf die Rückkehr der Angehörigen warteten. »Wir konnten uns nicht mehr verabschieden. Mutter erfuhr nicht, was mit uns geschah. Mein Vater aber sagte sofort: ›Jetzt geht es nach Sibirien.‹« Er hatte schlimmste Vorahnungen: »Ihr seid jung«, sagte er zu den Mädchen, »ihr werdet das überleben. Ich schaffe das nicht mehr.« Anton Grunwald war bereits im Ersten Weltkrieg in russische Gefangenschaft geraten, irgendwo hinter dem Baikalsee befand sich das Lager. Mit ein paar Kameraden war er von dort geflohen. In den Wirren des russischen Bürgerkriegs hatte er sich zu Fuß auf den Heimweg gemacht.

Nun, fast drei Jahrzehnte später, beschwor er seine älteste Tochter Irene, sich um die Jüngeren zu kümmern und dafür zu sorgen, dass alle zusammenblieben. Im Gefängnis Allenstein wurden die Grunwalds verhört. »Sie fragten, wie viel Vieh wir besessen hatten und wie viele Fremdarbeiter bei uns auf dem Hof waren.« Zum Hof der Familie gehörten 30 Hektar Land, was für ostpreußische Maßstäbe nicht viel war, gab es doch Güter mit einem Zigfachen an Fläche. Dennoch erhielt die älteste der Grunwald-Schwestern – ohne es zu wissen – das gefürchtete Stigma: die »rote Sechs«, was gleichbedeutend war mit langen Jahren Zwangsarbeit in der Sowjetunion. Nach dem Verhör wurden die drei Schwestern vom Vater getrennt. Sie haben ihn nie wieder gesehen, wissen nichts über sein weiteres Schicksal.

Auch Ursula Goldau aus Schönwiese sah im Frühjahr 1945 ihren Vater zum letzten Mal. Wie die Grunwalds wurde sie mit anderen Zivilisten nach Allenstein getrieben. Plötzlich kam eine Gruppe deutscher Kriegsgefangener hinzu. Da sah Ursula einen groß gewachsenen Mann. »Ich habe ihn kaum erkannt, er sah so elend aus. Aber er war es – mein Vater.« Ursula hob den Arm, wollte winken, auf sich aufmerksam machen. Sie dachte nicht an den russischen Posten, der bei jeder sich bietenden Gelegenheit zum Schlag mit dem Gewehrkolben ausholte. Doch ein Mann neben ihr fiel ihr in den Arm und warnte sie.

Wir mussten die Chaussee nach Allenstein gehen, 18 Kilometer. Da konnten wir einmal von weitem unseren Hof sehen. Ich kann gar nicht sagen, was für ein schwerer Abschied das war. Dort wartete doch die Mutter mit den beiden jüngeren Brüdern, dass wir abends heimkommen. Aber keiner, keiner würde kommen, und wir konnten nichts machen, nichts sagen, nichts.
Christel Grunwald, 1945 von sowjetischen Truppen inhaftiert

Die junge Frau fasste den Entschluss, sich Reihe um Reihe dem Vater zu nähern, was ihr, ohne aufzufallen, gelang. Dann blickten Vater und Tochter einander an. »Es war so bewegend«, erinnert sie sich, »aber wir konnten kaum reden. Meine erste Frage war: ›Vater, haben sie dich geschlagen?‹« Er verneinte. »Ich konnte jedoch sehen, was mit ihm geschehen war. Aber er schwieg, er wollte es mir nicht noch schwerer machen.« Es war ihre letzte Begegnung. Jahre später erst erfuhr Ursula Goldau von seinem Schicksal: »Mein Vater wurde bei Stolzenhagen noch einmal verhört. Als er den Raum verließ, ging ihm ein uniformierter Russe nach. Er hat ihm die Augen ausgestochen. Vater hat noch drei Tage gelebt, bis er verblutete.«

Die Sowjets wussten genug, um zu wissen, wen sie auf so bestialische Art ermordeten: Franz-Benedictus Goldau war preußischer Landtagsabgeordneter der Deutschnationalen Volkspartei gewesen. Aus Protest war er im Herbst 1932 freiwillig aus dem Landtag ausgeschieden und nach Hitlers Machtergreifung von den Nazis schikaniert worden. Nun starb er als angeblicher Feind der Arbeiterklasse, ein Opfer hemmungsloser Willkür.

Seine Tochter Ursula hätte die Chance gehabt, der Verschleppung zu entgehen. Die Gelegenheit bot sich, als Frauen mit kleinen Kindern freigelassen werden sollten. »Eine der Frauen hatte Zwillinge, und sie wollte mir gerne helfen und mir einen Zwilling geben, damit ich auch rauskomme.« Für Ursula schien sich die Tür zur Freiheit einen Spalt breit zu öffnen, »doch ich wusste nicht, was hinter der Türe passiert, und dann dachte ich an den Säugling. Ich konnte ihn doch gar nicht ernähren, nicht stillen. Deshalb wollte ich ihn nicht trennen von der leiblichen Mutter. Aber ich war gerührt von ihrer großen Opferbereitschaft in der Not.«

In Allenstein wartete eine Gefängniszelle, die ursprünglich für sechs Insassen vorgesehen war. Dutzende Frauen wurden hier eingepfercht – eine unerträgliche Situation. Ursula bekam Atemnot, wurde ohnmächtig. Viele sollten dort in den kommenden Tagen sterben.

Doch ihre größte Qual stand noch bevor: der Marsch in das 200 Kilometer entfernte Zichenau, das heute Ciechanow heißt. Es war einer der berüchtigten Gewaltmärsche zu den so genannten Sammellagern: »Wer umkippte, wurde erst einmal mit Fußtritten bearbeitet, wenn er trotzdem nicht aufstand, mit dem Gewehrkolben. Manchmal hörten wir einen Schuss – den ›Gnadenschuss‹.« Wie viele auf die-

In einer Einmannzelle, in der sonst eine Person eingesperrt wurde, waren wir mit 25 Mädchen und Frauen. Wie Ölsardinen haben wir an der Wand gehockt.

Gertrud Kriwitzki, 1945 von sowjetischen Truppen inhaftiert

»Wir haben nichts Schlimmes geahnt«: Wie hier in Allenstein mussten sich zahlreiche Zivilisten zum Arbeitseinsatz melden.

sem Weg gestorben sind, weiß niemand. »Die Menschen sind nicht registriert worden, genau wie die Toten im Gefängnis.« Nicht nur die Opfer dieses Todesmarschs blieben ungezählt.

Die Frauen konnten sich von den Strapazen des Tages nicht erholen – im Gegenteil. Die Nacht brachte oft noch schlimmere Torturen: Vergewaltigungen, immer wieder Vergewaltigungen. Davon berichtet auch Waltraud Unrau. Sie wurde mit anderen Verschleppten scheinbar ziellos durch Pommern getrieben, 30, 40 Kilometer am Tag, ohne Essen und Trinken. »Nachts wurden dann die Frauen rausgeholt, und man hörte das Schreien. Es waren Männer dabei, es waren Brüder dabei, es waren Großväter und Väter dabei, die haben den Frauen, soweit das überhaupt möglich war, geholfen. Es sind sicher alle vergewaltigt worden. Wenn eine sagt, sie wurde nicht vergewaltigt – ich würde es nicht glauben. Wir haben uns gewehrt, aber die waren stärker als wir. Es war unerträglich, man musste einfach alles abschalten, es ging nicht anders. Damit wird man sowieso sein Leben lang nicht fertig.«

Anfang April, in den Ostertagen, erreichten Waltraud Unrau und ihre Mitgefangenen Soldau. Als Zwischenstation diente eine Kaserne. Ein kurzer Moment der Ruhe: »Wir hatten eine Pastorin aus Ostpreußen bei uns, die einen Ostergottesdienst gehalten hat.« Das hatte Folgen. »Anschließend mussten alle antreten, der Pastorin nahm man die kleine Bibel und das Gesangbuch ab.« Doch durch eine List erlangte sie wenig später beides wieder zurück – ein kleines Zeichen der Hoffnung, das für bevorstehende Etappen Kraft gab.

Soldau gehörte zu jenen Bahnstationen, von denen aus deutsche Zivilisten in die Sowjetunion verfrachtet wurden. 101 Transporte mit etwa 200 000 Menschen sind belegt. Niemand kann mit Sicherheit sagen, wie viele es wirklich waren.

Auch Manfred Peters erinnert sich an die Ostertage 1945. Er war gerade 16 Jahre alt geworden, als er am Karfreitag in seiner Heimatstadt Danzig mit seinem Vater von sowjetischen Soldaten aufgegriffen wurde. Beide hatten zwar schon von Verschleppungen gehört, aber immer gedacht, es handle sich nur um Goebbelssche Propaganda. Der Vater war Kommunist, im Hause Peters stand man NS-Parolen besonders misstrauisch gegenüber. Der Junge machte sich Hoffnungen, dass die Gesinnung des Vaters die Familie vor Verfolgung und Verschleppung schützte. Er sollte eines Schlechteren belehrt werden.

Es ging zur »Schießstange«, ins Danziger Zuchthaus. Hier wurde Manfred von seinem Vater getrennt. Beim Verhör erwartete ihn das übliche Ritual – die Pistole auf dem Tisch, die Posten mit aufgepflanztem Bajonett: Der vernehmende Offizier fragte den schmächtigen Jungen, ob er bei der Hitlerjugend war. Das wurde in seiner Akte vermerkt, dann konnte Manfred gehen – vorerst. Auf dem Rückweg blickte er in den Innenhof: »Da sah ich meinen Vater in einer Kolonne von Gefangenen stehen. Es war das letzte Mal.« Noch heute kann Manfred Peters nicht fassen, was seinem Vater widerfuhr: »So hatte er sich, der Kommunist war, die Befreiung wirklich nicht vorgestellt.« Der Vater starb Ende 1945 im Danziger Narvik-Lager. Die Mutter hatte mit allen Mitteln versucht, ihm die Haft erträglicher zu machen. Ende Mai 1945 erhielt sie einen Brief von ihrem Mann: »Glaube mir, ich weiß, dass ihr es schwer habt, und doch findest du Zeit und Kraft, mir das Leben in Gefangenschaft zu erleichtern. Wie soll ich dir das einmal vergelten. Ich bin dir so dankbar und freue mich riesig…, aber dass du mir von dem Wenigen, was ihr draußen noch habt, was bringst, macht mich sehr traurig. Komm, so oft du kannst, aber ohne Le-

»Ganz Alte und ganz Junge«: Männer, die im Volkssturm gegen die Rote Armee gekämpft hatten, gehörten oft zu den Ersten, die abtransportiert wurden.

bensmittel. Ich werde mich schon durchschlagen. ... Drücke den Daumen, dass wir auch Fredi bald sehen.« Es waren seine letzten Zeilen.

»Fredi« befand sich zu diesem Zeitpunkt auf einem 100 Kilometer langen Marsch von Danzig nach Graudenz. Auch diese Strapaze stimmte darauf ein, was noch kommen sollte. Was der Junge dabei erlebte, brachte sein Weltbild endgültig ins Wanken: Menschen, die zu schwach waren, wurden vor seinen Augen erschossen. Dass dies schon unzählige Male in diesem Krieg geschehen war, davon hatte er keine Vorstellung. »So kam mir wirklich der Gedanke, aus der Reihe herauszutreten, damit es ein Ende gab. Wofür lohnte es sich noch zu leben?« Er tat den Schritt nicht. »Entweder war ich zu feige, oder es gab doch noch das Fünkchen Hoffnung, das mich nie verlassen hat.« Es war ein Sowjetsoldat, der neue Zuversicht nährte: »Einer unserer Bewacher marschierte jeden Morgen an der Kolonne entlang und suchte nach mir. Dann gab er mir ein Stück Brot. Ich sagte einfach nur ›Danke‹.«

In Graudenz wurde Manfred Peters zum ersten Mal Zeuge, dass auch deutsche Frauen in die Sowjetunion abtransportiert wurden. »Ich sah Mädchen, die so alt waren wie ich, oder auch zum Teil jünger, 14-, 15-Jährige, die Furchtbares hatten durchmachen müssen. Heute sage ich immer

Es gab eine Pontonbrücke über die Weichsel bei Graudenz, die wir überqueren mussten. Wir bekamen den Befehl, uns alle unterzuhaken und über die Brücke zu laufen. Doch einige von uns hatten den Mut der Verzweiflung. Sie rissen sich von ihren Leidensgefährten links und rechts los und stürzten sich über das Brückengeländer in die eiskalte Weichsel hinein. Da wurde mir auch schlagartig klar, warum die Scharfschützen unsere Kolonne begleiteten, denn die gingen sofort in den Anschlag. Sie visierten einen der Schwimmer an, der ja irgendwann auftauchen musste, um Luft zu holen. Tauchte er auf, wurde er erschossen. Man sah die Treffer und wie sich das Wasser um die Opfer herum rot färbte.

Manfred Peters, 1945 von sowjetischen Truppen inhaftiert

wieder, ich kann mich nur glücklich schätzen, dass ich als Junge auf die Welt gekommen bin.«

Die Anzeichen mehrten sich, dass die Deportationen in großem Maßstab erfolgten. Die Menschenverschiebung vollzog sich auf Weisung Stalins. Der Befehl Nr. 7161 vom 16. Dezember 1944 verpflichtete den NKWD, zunächst auf dem Balkan »alle arbeitsfähigen Deutschen – Männer von 17 bis 45, Frauen von 18 bis 30 – für die Arbeit in der UdSSR zu mobilisieren«. Später erweiterte der Befehl Nr. 7467 vom 3. Februar 1945 das Einsatzfeld auf die gesamten deutschen Ostgebiete. Darin hieß es nun, »mit dem Ziel der Verhütung von Versuchen terroristischer Aktionen und der Durchführung von Diversionstätigkeit [das heißt Sabotage] seitens der Deutschen … alle zur physischen Arbeit und zum Waffentragen fähigen deutschen Männer im Alter von 17 bis 50 Jahren … zu mobilisieren und zu internieren«. Von Frauen war im zweiten Befehl nicht die Rede, auch nicht von Kindern. Sie aber sollte das schwerste Schicksal treffen – das vor den Augen der Welt verborgen blieb.

Am 4. Februar 1945 begann die zweite Konferenz der künftigen Sieger, der »Großen Drei«. Der Brite Winston Churchill, US-Präsident Franklin D. Roosevelt und Sowjetdiktator Stalin trafen sich in Jalta auf der Krim. Angesichts der bevorstehenden Niederlage Hiter-Deutschlands herrschte Klärungsbedarf über das weitere Vorgehen in Europa. Schauplatz war der Liwadija-Palast, die einstige Winterresidenz des Zaren. Es gab in Jalta weder eine Vorbereitung einzelner Runden noch eine feste Tagesordnung. Außerdem führte der Zustand des schwer kranken US-Präsidenten zu unzähligen Unterbrechungen, sodass viele Diskussionen zusammenhanglos verliefen. Ein zentrales Thema waren die Reparationen, die das Deutsche Reich künftig leisten sollte. Stalin verhielt sich vorsichtig, schlug die Gründung eines Reparationskomitees mit Sitz in Moskau vor. Er drängte nicht auf eine abschließende Behandlung der Frage der »Verwendung deutscher Arbeitskräfte«, wohl wissend, dass die Massendeportationen von Deutschen längst begonnen hatten. So schuf Stalin Tatsachen, die im August 1945 auf der Potsdamer Konferenz von den anderen Siegermächten hingenommen wurden. Lebende Reparationsleistungen waren für Stalin nicht nur die Vergeltung für die Deportation von Ostarbeitern nach Deutschland. Die deutschen Zwangsarbeiter sollten aufgrund der hohen Kriegsopfer der Sowjetunion – sie beklagte 27 Millionen Tote – einheimische Arbeitskräfte ersetzen und die von deutschen Truppen verwüsteten Gebiete wieder aufbauen.

Verantwortlich für die Durchführung der Verschleppung war der damalige Chef des NKWD, Lawrentij Berija. Er hatte am 6. Februar 1945 den Befehl Nr. 0061 erlassen, der die Durchführung der Deportationen regelte. Darin hieß es unter anderem, dass »bei Nichterscheinen von mobilisier-

»Verwendung deutscher Arbeitskräfte«: Auf der Konferenz von Jalta segneten Churchill und Roosevelt die Massendeportationen ab.

ten Deutschen an den Sammelpunkten die Personen vor ein Kriegsgericht gestellt werden«. Was dies im Klartext bedeutete, lag auf der Hand. Gleichzeitig wurden die NKWD-Frontbevollmächtigten verpflichtet, über den Verlauf der Aktionen regelmäßig zu berichten. Erwartet wurden natürlich Erfolgsmeldungen, möglichst hohe Gefangenenzahlen. Russische Quellen belegen heute über 300 000 Deportierte, andere Quellen sprechen von mehr als einer halben Million Zivilisten, die zur Zwangsarbeit in die Sowjetunion verschleppt wurden. Demnach waren es mindestens rund 130 000 Volksdeutsche in Jugoslawien, Rumänien und Ungarn sowie etwa 400 000 Reichsdeutsche in Ost- und Westpreußen, Danzig, Pommern, Schlesien und Brandenburg, die in den letzten Kriegs- und ersten Friedenstagen in die Sowjetunion deportiert wurden.

Während des Krieges hatte Moskau neben der Gulag-Verwaltung eine neue, zweite Verwaltungsstruktur schaffen lassen, die sich um Kriegsgefangene und Zivilinternierte kümmern sollte. Die GUPVI (»Glavnoje Upravlenie po delam voennoplennych i interniovannych« = Hauptverwaltung für Angelegenheiten der Kriegsgefangenen und Internierten) funktionierte nach dem gleichen Schema wie der »Archipel Gulag«, der seit Solschenizyn als Synonym für die Menschen verachtenden Repressalien des roten Diktators Stalin dient. Jahrelang fehlte jede Spur von den verschleppten Deutschen, die im »Archipel GUPVI« verschwunden waren. Noch heute gelten viele als vermisst.

In Zuchthäusern, Arbeits- und Konzentrationslagern, die kurz zuvor befreit worden waren, pferchte man die Menschen vor dem Abtransport zusammen. Hunderttausende wurden 1944 und 1945 von West nach Ost in Viehwaggons verfrachtet. Noch wenige Jahre zuvor, zu Beginn des »Großen Vaterländischen Krieges«, hatte Stalin ganze Völker innerhalb der Sowjetunion deportieren lassen, Tschetschenen und Krimtataren, Kalmücken und Wolgadeutsche. Sie galten als unzuverlässig und damit als potenzielle Feinde. Nun brachten die Transporte deutsche Zivilisten und Kriegsgefangene nach Osten.

Als wir nach Insterburg hereinkamen, sahen wir einen Zug Frauen ab zum Bahnhof gehen. In Fünfer- oder Sechserreihen liefen da regelrechte Elendsgestalten. Manche, die nicht mehr gehen konnten, blieben am Rand liegen. Diese wurden einfach erschossen.

Christel Grunwald, 1945 von sowjetischen Truppen inhaftiert

Insterburg gehörte zu den Dutzenden von Sammellagern, welche die Sowjets zum Abtransport eingerichtet hatten. In Ostpreußen war es eines der größten. Fast 50 000 Zivilgefangene wurden hierher geschafft, registriert und verhört. Bereits im Februar 1945 – die Kämpfe um Ostpreußen tobten noch – hatten sowjetische Pio-

»Vorhof zur Hölle«: In Gefängnissen wie Insterburg wurden zehntausende Zivilisten zusammengepfercht.

niere die heimische Breitspurtrasse bis hierhin verlegt. Nun rollten insgesamt 22 Transportzüge mit jeweils 2000 bis 3000 deutschen Internierten in die sowjetischen Arbeitslager – in der Ukraine, im Kaukasus, im Ural oder in Sibirien, Kasachstan oder Usbekistan.

Sammellager wie Insterburg erwiesen sich als schiere Vorhöfe zur Hölle. In der Getreidemühle, der Molkerei, dem Gefängnis und anderen großen Gebäuden, die als solche genutzt wurden, herrschten chaotische Zustände. Es gab weder genügend Platz für die Gefangenen noch Wasser und Lebensmittel, um die Menschenmassen zu versorgen. Die völlig unzureichenden hygienischen Verhältnisse führten zum Ausbruch von Krankheiten. Läuse und Wanzen waren in ihrem Element. Die durch Flucht und Vergewaltigungen entkräfteten Frauen starben zuerst, dann viele ältere Männer. Einige setzten ihrem Leben selbst ein Ende.

Als Christel Grunwald aus Tolnicken mit ihren beiden Schwestern Irene und Valeria in das Gefängnis von Insterburg eingeliefert wurde, kam ihnen

»Sie hatten den Auftrag, Arbeitskräfte heranzuschaffen«: Auch Kinder und Jugendliche waren vor der Verschleppung in ein Lager nicht sicher.

eine Kolonne Frauen entgegen. »Es waren Elendsgestalten«, erinnert sich Christel, »manche waren so schwach, dass sie nicht mehr weiterkonnten. Sie blieben im Schnee liegen und wurden erschossen.«

In den völlig überfüllten Zellen gab es keinen Platz zum Liegen. Nachts wurden die Mädchen nochmals vernommen. Draußen im Hof hörten sie die Schüsse der Exekutionskommandos. Am Morgen konnte man sehen, wie angebliche NS-Täter an der roten Backsteinmauer des Gefängnisses verscharrt wurden. An Insterburg erinnert sich Christel Grunwald nur mit Schrecken: »Dass ein Mensch so viel aushalten kann, ist mir heute ein Rätsel. Ich war ja damals noch ein Kind mit 15 Jahren, meine Schwester Valeria 18 und die Älteste, Irene, 21. Wir hatten fürchterliche Angst, getrennt zu werden, und passten immer auf, dass das nicht geschah. Und tatsächlich hatten wir Glück. Wir kamen zusammen in einen Waggon.«

Auch Gertrud Kriwitzki aus Insterburg war damals 15 Jahre alt und im Lager dort interniert. Aufgegriffen wurde sie in der Nähe von Mohrungen. »Der Russe tut uns nichts!«, hatte ihr Vater noch gesagt. Zuerst wurde er verschleppt, dann die Mutter und schließlich Gertrud selbst. Jahrzehnte später erfuhr sie vom Deutschen Roten Kreuz, dass ihr Vater wahrscheinlich auf dem Transport in die Sowjetunion gestorben sei, »noch bevor eine namentliche Registrierung erfolgen konnte«. Die Mutter starb Anfang Mai 1945, eine 34-jährige junge Frau, die bei ihrer Gefangennahme kerngesund war.

Von den Arbeitskommandos kassierten die Russen ab und zu Leute ein. Niemand wusste, wohin sie kamen und was mit ihnen passierte.

Erna Widdra, 1945 von sowjetischen Truppen inhaftiert

Gertrud Kriwitzki wurde in der Getreidemühle, dem zweiten großen Lager von Insterburg, eingesperrt, auch hier herrschte Not. »Einmal am Tag warf jemand von der Tür aus ein hartes, trockenes Brot in den Raum, und dann gab es noch einen großen Kessel mit schwarzem Tee. Ich hatte aber kein Gefäß, um den Tee zu trinken. Wie Tiere hat man uns behandelt.«

Doch die Deutsche erinnert sich auch an eine Begegnung, die ihr Hoffnung machte. Einmal steckte ihr eine Russin in der Wäscherei, in der sie arbeitete, Brot zu. Schon ein Stück zusätzlich war wie Weihnachten. Ein zweites zu nehmen, wagte sie bereits nicht mehr. Auch spielte sie mit dem Gedanken, in ihr nur wenige Straßenzüge von der Wäscherei entferntes Elternhaus zu fliehen. Dann verwarf sie den Gedanken. Zu groß war das Risiko, von den Wachen entdeckt zu werden.

Eva-Maria Stege war damals 16 Jahre alt. Ihre Familie hatte den Versuch unternommen, aus dem ostbrandenburgischen Grochnow zu fliehen. Dann kamen die Sowjets. Das junge Mädchen wurde mehrmals vergewaltigt. »Als ich nach der ersten Nacht in zerrissenen Kleidern zu meinen Eltern zurückkam, wollte ich nicht mehr weiterleben. Ich wusste, mein Vater hatte eine Pistole, und da habe ich ihn gebeten, mich zu erschießen.«

Der Soldat, der ihr Gewalt angetan hatte, ging zurück an die Front, drohte aber, sie auf seinem Rückweg mit in die Sowjetunion zu nehmen. Das Mädchen durchlitt Höllenqualen. Würde er tatsächlich zurückkehren? Mit einigen Dutzend jungen Frauen musste sie in den nächsten Wochen auf einem Flugplatz in der Nähe arbeiten. Sie unternahm einen Fluchtversuch, geriet dabei aber in die Fänge des Geheimdienstes. Wieder Vergewaltigungen, wieder Todesangst. »Es kam vor, dass sie mich zu sich riefen und mir eine deutsche Illustrierte zeigten. Dann fuchtelten sie mit ihren Zigaretten vor meinem Gesicht herum und brannten den Menschen auf den Fotos die Augen aus.«

Der russische Koch an dem Flugplatz hatte Mitleid mit dem Mädchen:

Es war bitterkalt. Aber vor dem Transport hatte mir noch einer der Russen ein Unterbett gegeben und gesagt: »Nimm das, denn in Sibirien ist es kalt.« Ich habe gedacht, er macht Witze. Ich konnte das gar nicht glauben.

Ursula Retschkowski, 1945 in die Sowjetunion verschleppt

Wir wussten: Jetzt geht es nach Sibirien. Und Sibirien bedeutete: Straflager.

Ursula Goldau, 1945 in die Sowjetunion verschleppt

»›Jewa, nje pljatsch‹ – ›Eva, weine nicht‹, sagte er zu mir.« Mit seinen Gesten gab er ihr zu verstehen, dass auch er zu Hause Kinder hatte. »Er hat mir geholfen, indem er mich nachts in den Keller sperrte.« Eines Tages traf die junge Deutsche dort eine ältere Russin. »Sie gab mir einen wichtigen Rat für Sibirien, ich solle die Sprache lernen und alle Arbeiten annehmen, dann würde ich die Strapazen überleben. Das habe ich dann später zu beherzigen versucht.«

Am 20. März 1945 wurde Eva-Maria Stege in das Sammellager Schwiebus eingeliefert. Hier wurde sie nicht mehr von sowjetischen Soldaten behelligt, war deshalb zunächst erleichtert. Doch auch hier herrschten schlimmste Zustände. Zwischen 12 000 und 14 000 Menschen warteten in Schwiebus auf ihren Abtransport – in einem Zeitraum von zweieinhalb Monaten. Der Lazarettarzt war Dr. von Sivers. Später schrieb er in seinen Erinnerungen: »In alle Baracken wurden die Gefangenen in gleicher Weise hineingepfercht. … In eine Nachbarbaracke sind sogar … 170 Mann hineingetrieben worden. Schon nach zwei Nächten wurden … einige Insassen totgetreten, die wegen des Sauerstoffmangels Tobsuchtsanfälle bekamen oder wohl einfach zusammenbrachen. Ich habe den Eindruck gewonnen, dass die Unterbringung der lawinenartig anschwellenden Menge verhafteter Zivilpersonen der russischen Militärverwaltung völlig über den Kopf wuchs, und dass sich ein Teil der unverständlichen Rohheiten und Brutalitäten, die sich hier im Frühjahr '45 abspielten, durch das Fehlen jeglichen Überblicks und den Mangel an Organisation erklären lassen …« Eva-Maria Stege und die anderen Gefangenen waren nicht nur Opfer eines Menschen verachtenden Befehls, sondern auch die Leidtragenden einer chaotischen Planung. Nur das Ziel stand fest: die sowjetischen Lager mit Arbeitssklaven zu füllen. Die Transporte dorthin erwiesen sich als regelrechte Geisterfahrten.

Irgendwann kam der Tag der Deportation. Die 16-jährige Eva-Maria galt trotz schwerer Rheumaanfälle als transportfähig. Ende März 1945 verließ der Güterzug, der sie bis weit hinter den Ural ins tiefste Sibirien bringen sollte, das Sammellager Schwiebus. Wohin es gehen sollte, erfuhr sie nicht. »Auf der Fahrt habe ich zerstörte Dörfer und Städte gesehen, auch Fabriken«, sagt sie. Da dämmerte ihr und manchen anderen, warum sie in der Sowjetunion Sühne leisten sollten. Vier Wochen dauerte die Fahrt, die

Oben: »Willkürlich in die Waggons hineingetrieben«: Frauen und Kinder während eines Transports.
Unten: »Man hat den russischen Soldaten gesagt, dass wir Schwerverbrecher sind«: Deutsche Soldaten und Zivilisten in einem Lager.

Einmal haben sie Leute gesucht, die am Bahnhof Säcke verladen. Dort standen zwei LKWs, die voll bepackt waren mit großen Säcken voller Knäckebrot. Das sollten wir in Eisenbahnwaggons verladen. Ich war mit zwei anderen Männern im Waggon. Wir mussten die Säcke annehmen und ausschütten. Für mich war das gut, weil ich eine lange Jacke anhatte. Ich habe das Futter aufgerissen und ordentlich Brot dort hinein gepackt. Rundherum voll gesteckt habe ich mich damit und bin ziemlich dick da herausgekommen. Niemand hat etwas gesagt. Am nächsten Tag sind wir dann verladen worden, und ich merkte, dass wir tags zuvor unsere eigene Marschverpflegung verladen hatten.
Gerhard Marchel, 1945 von sowjetischen Truppen inhaftiert

vor allem Mädchen und Frauen in das Industriegebiet von Kemerowo bringen sollte, 8000 Kilometer von Berlin entfernt.

In einem Berija-Befehl zur Durchführung der Deportationen stand: »Alle zu mobilisierenden Deutschen sind zu verpflichten, komplette Sätze Sommer- und Winterkleidung, Schuhe, mindestens zwei Garnituren Unterwäsche, einen Satz Bettwäsche (Decke, Laken, Bezüge), Gegenstände des täglichen Bedarfs (Geschirr und Besteck) und einen mindestens 15-tägigen Vorrat an Lebensmitteln mitzubringen« – das klang wie blanker Hohn. Schon die Umstände der Verhaftung ließen das nicht zu. Die einzigen Habseligkeiten, welche die Menschen in den Sammellagern besaßen, waren ihre abgerissene Kleidung sowie vielleicht noch eine Decke oder ein notdürftig wärmender Mantel.

Als die ersten Zivilverschleppten verladen wurden, herrschte tiefer Winter. Viele Transporte erfolgten bei eisiger Kälte. Die Transportzüge waren lang, sie fassten zwischen 1500 und 3500 Menschen. In jeden Vieh- oder Güterwaggon mussten sich zwischen 50 und 150 Frauen und Männer aller Altersschichten zwängen. Die Türen wurden von außen verriegelt, an Flucht war nicht zu denken. Drinnen war es dunkel, eng und stickig. Wer konnte, suchte sich einen Platz in der Nähe der Tür, möglichst weit weg von der Holzrinne, die als Abort diente.

Während des Transports im Zug konnten wir nur über eine Schiene, die nach draußen führte, unsere Notdurft verrichten. Ab und zu bekamen wir eine Wanne mit Wasser hineingereicht. Alle haben sich darauf gestürzt wie die Tiere.

Ursula Retschkowski, 1945 in die Sowjetunion verschleppt

Nach der Familienzugehörigkeit wurde gar nicht gefragt. Willkürlich wurde man in diese Waggons hineingetrieben.

Manfred Peters, 1945 in die Sowjetunion verschleppt

Manche Fahrt endete nicht in den Weiten der Sowjetunion, sondern bereits auf polnischem Boden. Auch für Jutta Thiele. Sie stammte wie Eva-Maria Stege aus Ostbrandenburg und war ebenfalls 16 Jahre alt. Der Güterzug, der sie in die Sowjetunion bringen sollte, verließ das Lager Schwiebus zwei Tage nach Hitlers letztem Geburtstag, am 22. April 1945. Gut 1000 Menschen waren in den Waggons, darunter 160 deutsche Mädchen im Alter von 15 und 16 Jahren. Es ging langsam voran, da der Transportzug oft stundenlang auf Nebengleisen stand, um Militärzüge, die Nachschub an die Front brachten, passieren zu lassen. »Plötzlich begann draußen eine heftige Schießerei.« Jutta Thiele erinnert sich: »Wir standen Todesängste aus. Stunden dauerte es, bis der Zug sich wieder in Bewegung setzte – es ging zurück nach Westen.« Polnische Partisanen hätten den Zug nicht passieren lassen wollen, hieß es später. In Posen-West wurden die Gefangenen wieder ausgeladen und in eine Baracke auf dem Ausstellungsgelände der Posener Messe gesperrt. In diesen Tagen starben viele, an Ruhr, an Hunger, an den Folgen von Misshandlung. Keiner wusste, dass die Tage unter dem sowjetischen Kommando gezählt waren. Alle über 55-Jährigen und die jungen Mädchen sollten noch vor dem nahen Kriegsende dem polnischen Geheimdienst übergeben werden, und zwar mit der Auflage, die Deutschen an die Oder zu bringen. Dort sollten sie dann selbst sehen, wie sie weiterkämen. Die Wirklichkeit sah anders aus. Statt an der Grenze, fanden sich die Gefangenen im an der Warthe zwischen Posen und Landsberg gelegenen Zuchthaus Wronki wieder. In deutscher Sprache teilte man ihnen mit, sie hätten mit ihrer Hände Arbeit Polen wieder aufzubauen. Wie lange dies dauern sollte, wurde ihnen nicht gesagt. Anfang Dezember 1945 wurden die Mädchen erneut in Züge gepfercht und nach Potulice unweit von Bromberg gebracht. Dort, im ehemaligen Westpreußen, hatte die Wehrmacht vormals ein Lager für Kriegsgefangene eingerichtet, mit Stacheldraht und Wachtürmen gesichert. Nun, nach Kriegsende, wurden hier 35 000 Deutsche von den Polen untergebracht, vor allem Frauen und ältere Männer, auch Dutzende Kinder. Die Aufseher waren größtenteils Häftlinge in deutschen Lagern gewesen. Jetzt rächten sich die ehemaligen Opfer, manche wurden zu grausamen Tätern, einige mit dem Rosenkranz in der Hand. Potulice war ein Arbeitslager, in dem zwischen 1945 und 1950 etwa 4000 Deutsche ums Leben kamen – verhungert, an Seuchen gestorben, zu Tode gefoltert oder erschossen.

Auf polnischem Territorium – insbesondere in Schlesien – wurden zehntausende vom sowjetischen NKWD dem polnischen Geheimdienst »Urzad Bezpieczenstwa« übergeben. Augenzeugenberichten zufolge wurden

Das Schreckliche während des Transports im Waggon war, dass die Menschen, die im Sterben lagen, nicht geklagt haben. Die waren einfach tot, lautlos verstorben. Irgendwann hat man dann gemerkt: »Ach, da ist schon wieder einer gestorben. Er rührt sich nicht mehr.«

Gertrud Kriwitzki, 1945 in die Sowjetunion verschleppt

Im Waggon war es kalt, und es starben viele. Jeden Morgen wurde die Tür aufgerissen und gerufen: »Frau kaputt?« Wenn eine tot war, wurde sie rausgeholt.

Irene Grunwald, 1945 in die Sowjetunion verschleppt

selbst 13-, 14-Jährige in Polizeigefängnissen und Lagern mitunter zu Tode geprügelt, wie zum Beispiel in Gronowo bei Lissa, Swietochlowice-Zgoda bei Gleiwitz, Sikawa bei Lodz. In ihren Methoden, so die Erinnerung eines Überlebenden, standen manche der polnischen Rächer den Nazi-Folterknechten in nichts nach, wenn man davon absieht, dass sie in der Regel gute Katholiken waren, die morgens und abends inbrünstig beteten. Die Namen polnischer Internierungs- und Arbeitslager – wie Potulice, Lamsdorf, Zimnawoda – wurden für die dort in der Nachkriegszeit internierten etwa 100 000 Deutschen zu Synonymen des Schreckens.

Die meisten Deportationszüge aber durchquerten Polen, fuhren weiter in die Sowjetunion. Oft wochenlang waren die Transporte unterwegs, die Insassen litten unter Hunger und Durst. Die Rationen, die ihnen in die Waggons geworfen wurden, reichten nicht aus, einen Menschen auch nur notdürftig zu ernähren. Wer selbst keine Verpflegung mehr bei sich hatte – und das war bei den meisten der Fall –, musste mit ein, zwei Scheiben Brot am Tag auskommen. Es gab hartes Kommissbrot, dazu manchmal noch ein paar Scheiben salzigen Käse oder getrockneten Fisch. So war der Durst fast schlimmer als der Hunger. Jeden Tag gab es Tote, jeder Zehnte überlebte schon den Transport ins Lager nicht. Die Leichen wurden auf dem Tender, manchmal auch in einem Spezialwaggon mitgeführt oder aber einfach beim nächsten Halt neben die Gleise gekippt. Die Namen der Toten registrierte niemand.

Als sei es gestern gewesen, erinnert sich Gertrud Kriwitzki an die schlimmste Fahrt ihres Lebens: »Wenn der Zug hielt, durften wir aus Gräben Wasser schöpfen. Dadurch sind ja furchtbar viele gestorben. Seuchen brachen aus. Die Toten wurden in zwei Waggons am Ende des Zuges gestapelt. Das war ein riesenlanger Zug, und es war ja Winter. Die Leichen waren in der Kälte erstarrt und blieben es.« Lautlos seien die Menschen gestorben, niemand habe geklagt, der Waggon sei immer leerer geworden.

Es war um den 20. Februar 1945, als Ursula Goldau in Zichenau verladen wurde. Glücklicherweise wusste sie nichts vom Schicksal ihres Vaters, auch nicht, dass sie als »Großgrundbesitzerin« eingestuft worden war, was jahrelange Zwangsarbeit bedeuten konnte. Es war ein fensterloser Güterwaggon, in den sie sich hineinzwängen musste. Rechts und links ein Zwischenboden, in der Mitte ein Kanonenofen, für den es kein Heizmaterial gab. Daneben das berühmt-berüchtigte Loch: für die Notdurft. Mit im Waggon waren Polinnen, auch sie Gefangene der Sowjets. 1939 war Stalin gemeinsam mit Hitler in Polen einmarschiert, auch jetzt waren die Bürger des Landes, dessen »Westverschiebung« der Kreml plante, vor Willkür nicht sicher.

Ursula Goldau berichtet von Spannungen mit den polnischen Frauen. Vielleicht hatten sie unter der deutschen Besatzung leiden müssen. Doch die Stimmung in dem Waggon änderte sich schlagartig, als »in all den Wirren ein Kind geboren wurde«. Mutter und Kind waren wohlauf. »Es war voll ausgetragen. Schwangere Frauen waren ja beim Transport ohne weiteres mitgenommen worden.«

Nun hieß es improvisieren. Keine der Frauen hatte Reservekleidung dabei, nur das, was sie am Leibe trugen. Und dann war plötzlich das Kind da, in dieser Welt, in der Erwachsene kaum überleben konnten. »Da hat wirklich jede noch ein Hemd ausgezogen oder 'ne Jacke oder etwas gegeben, damit diese Frau das Kind wickeln, warm halten konnte. Wie sie's ernährt hat – ich weiß es nicht. Vielleicht hat sie es auch ein wenig stillen können, wir kriegten ja nur ganz wenig Wasser.«

Nur vereinzelt kamen auf solchen Transporten Kinder zur Welt. Die meisten starben, doch es gab auch Fälle, in denen die Säuglinge bei einem Halt aus dem Waggon gereicht wurden, mit einem Zettelchen, auf dem der Name des Kindes stand. Manche von ihnen suchen als Erwachsene noch heute ihre Eltern.

»Mich hat diese Geburt erschüttert«, sagt Ursula Goldau, »die Mutter war so optimistisch und hatte die Hoffnung, mit dem Kind einmal nach Hause zu kommen. Da habe ich mich wegen meiner Resignation geschämt. Ich dachte: ›Wenn sie das schaffen will, muss ich es, die ja nur für mich selbst sorgen muss, ja wohl auch können.‹«

Kurz nach der Ankunft im Lager starb der Säugling – und mit ihm ein Stück Hoffnung für alle, die bei der Geburt dabei waren. Ob die Mutter jemals in die Heimat zurückkehrte, weiß Ursula Goldau nicht.

Ein Kind, das gemeinsam mit seiner Mutter gefangen genommen und in die Sowjetunion deportiert wurde, war die siebenjährige Christel Krause aus einem Dorf bei Gumbinnen in Ostpreußen. Christel ließ sich nicht von der Mutter trennen, klammerte sich mit aller Kraft an das Wertvolls-

LAGER FÜR DEUTSCHE ZIVILVERSCHLEPPTE IN DER
Franz-Josef-Land
Sewernaja Semlja
Spitzbergen
Barentssee
Nowaja
Semlja
Karasee
Norilsk
Jenissei
NORWEGEN
SCHWEDEN
FINN-
LAND
Murmansk
Workuta
Inta/Abes
Salechard
Petschora
Belomorsk
Archangelsk
Uchta
Medweshjegorsk
Petrosawodsk
Pukssoosero
Kargopol
Ust-Wym
Kotlass
Solikamsk
Iwdel
SOWJE
Ob
Leningrad
Reval
Kirow
Krassnoturinsk
Werchoturje
Schtscherbakow
Suchobeswodnoje
Riga
Wilna
Nishnij
Tagil
Tawda
Omsk
Wladimir
MOSKAU
Nowosibi
Königsbg.
Berlin
Minsk
Potma
Kuibyschew
Werchne-
Uralsk
Ural
Wolga
Karaganda
Ekibastus
Ugol
Dolinskoje
OSTSEE
POLEN
TSCHECHOSLOWAKEI
Kiew
Dscheskasgan
ÖSTERREICH
UNGARN
Kischinew
RUMÄNIEN
Nowotscherkask
JUGO-
SLAWIEN
ITALIEN
BULGARIEN
Tiflis
Taschkent
Yerewan
ALBANIEN
Baku
TÜRKEI
GRIECHEN-
LAND
Malta
Mittelmeer
Zypern
SYRIEN
IRAK
LIBANON
Israel
AFGHANISTAN
IRAN
JORDANIEN
Kuwait
Libyen
Bahrain
Katar
ÄGYPTEN
SAUDI-
ARABIEN
Oman
ANGLO-
ÄGYPTISCHER
SUDAN
Aden
INDISCHE
Dschibuti
ÄTHIOPIEN
Schwerpunkte der Lag

WJETUNION
aptewsee
Neusibirische In.
Ostsibirische See
Bulun
Lena
Nördlicher Polarkreis
Kolyma
Tschuktschen
Kamtschatka
Jakutsk
Magadan
TUNION
Ochotskisches Meer
Bodaibo
Sachalin
Reschjoty
Tajschet
Aleksandrowsk
Tschita
Irkutsk
Ulan-Ude
Amur
Komsomolsk
Chabarowsk
MONGOLEI
Wladiwostok
Nord-Korea
Süd-Korea
JAPAN
PAZIFISCHER OZEAN
CHINA
Tibet
NEPAL
Bhutan
RITISCH-NDIEN
TAIWAN
Laos
VIETNAM
THAI-LAND
KAMBO-DSCHA
OZEAN
Philippinen

te, was sie hatte. Und dann geschah, was in Tausenden anderer Fälle unmöglich war: Christel durfte bei ihr bleiben. »Einer der Russen war nett. Er hat sogar gesagt, Mutti soll mich ganz warm anziehen. Wir haben uns noch gewundert, warum. Man hatte uns doch versprochen, am Abend wieder zu Hause zu sein.« Wenn Christel Krause heute an die tagelangen Märsche zurückdenkt, wundert sie sich über sich selbst: »Es ist erstaunlich, in der ganzen Zeit habe ich – wie meine Mutter sagt – nicht ein einziges Mal geweint, nicht ein einziges Mal gejammert. Nur einmal hätte ich gesagt: ›Mama, ich habe ja solch einen Hunger.‹« War es Schock oder Instinkt, dass das kleine Mädchen nicht auffallen wollte? Ahnte es, was es tun musste, um bei der Mutter bleiben zu können und das Wichtigste in seinem Kinderleben nicht zu verlieren? Christel und ihre Mutter wurden nicht getrennt.

Beim Abtransport war Christel das einzige Kind in dem Viehwaggon. Die Szenen, die sich während der Fahrt in den Osten abspielten, haben sich tief in ihr Gedächtnis eingeprägt: die Enge, die wilden Gesten von irre gewordenen Frauen, die vielen Toten. Der Durst aber war für das Mädchen das Schlimmste. Die Rettung war eine leere Konservenbüchse, in der die Mutter Eisstücke schmelzen ließ.

Nach zwei, drei oder auch vier Wochen Fahrt war es so weit: Die Verschleppten fielen eher aus den Zügen, als dass sie ausstiegen. Dann wurden sie in die Lager gebracht. Für Ursula Goldau endete die Fahrt nach 18 Tagen. Wohin sie führte, konnten die Frauen zunächst nicht erkennen. Was sie sahen, war ein Sowjetstern am Lagertor, Wachtürme, Stacheldraht, ein Bretterzaun und dahinter Baracken. Dann der Schock: »Die Unterbringung war schlimmer als die eines Tieres, ich kann es nicht anders sagen.« Die Tochter eines Gutsbesitzers überkommt heute noch eine gewisse Scham, wenn sie schildert, unter welchen Bedingungen sie damals im Lager hausten. »Da gab es Pritschen, teilweise zwei-, teilweise dreistöckig. Kein Stroh, kein Laken, kein Tisch, kein Stuhl, ja, keine Waschgelegenheit. Wir hatten keine Toilette, nur eine Latrine, und die konnten Sie kaum betreten, weil alle Ruhr hatten und die Exkremente überall herumschwammen. Mit einem Wort: Es waren menschenunwürdige Zustände.« Fast besinnungslos, geradezu mechanisch schleppte sich Ursula in den ersten Tagen zur »Prowerka«, zum Antreten,

Als wir aus dem Zug ausstiegen, war ich schon so geschwächt, dass ich nicht mehr stehen konnte. Ich fühlte keinen Boden mehr unter meinen Füßen. Doch die anderen Mädchen haben mich herausgezerrt und ein Stück mitgeschleift, bis ich wieder einigermaßen gehen konnte.

Erna Widdra, 1945 in die Sowjetunion verschleppt

das in ihrem Lager mitten in der Nacht stattfand und Stunden dauerte, weil sich die Russen immer wieder verzählten oder die Zahlen wegen der vielen Toten nicht stimmten. »Die Sterbeziffer lag in der ersten Zeit bei 30 Toten pro Tag.«

4000 Kilometer östlich vom Verladeort Graudenz wurde Erika Elbe aus dem Zug getrieben, »wie ein Stück Vieh«, schildert sie die Szene. Dann ging es weiter in das Lager Kopejsk-Potanino. »Das war genau am 20. April. Und da sagte jemand: ›Jetzt kriegen wir ein Schnitzel, weil Hitlers Geburtstag ist.‹ Makaber, nicht?« Das Lager, in das Erika Elbe kam, bestand nur aus einfachen Erdbaracken, halb unterirdisch, nur notdürftig mit Holz und Lehm bedeckt. »Wie Strohmieten zu Hause, wo Kartoffeln und Getreide gelagert wurden.« Ursprünglich hatten diese »Semljankis« als Lagerstätte für strafgefangene Russen gedient, die vielleicht ebenso willkürlich in den Gulag deportiert worden waren. Ab Ende August 1941, wenige Wochen nach dem Überfall Hitler-Deutschlands auf die Sowjetunion, wurden hier Russlanddeutsche einquartiert. Sie kamen aus der Ukraine, von der Krim, aus den Gebieten an der Wolga oder dem Kaukasus und waren Geiseln des Regimes.

Als wir im Lager ankamen, dachten wir, wir kommen ins Paradies. Man muss sich unsere Perspektive vor Augen halten: Wir kamen aus einem eiskalten Güterwaggon in das Lager hinein – in eine Baracke, wo der Ofen glühte, wo alles warm war, wo man sich auf den nackten Pritschen immerhin einmal ausstrecken konnte.

Ruth Buntkirchen, Zivilverschleppte in der Sowjetunion

Je 200 Frauen belegten eine Baracke. In der Mitte führte ein schmaler Gang durch die zweistöckigen Pritschen. Das waren kahle Bretter. Wir hatten nichts zum Zudecken, nicht einmal einen Strohsack, auch keine Decke.

Christel Grunwald, Zivilverschleppte in der Sowjetunion

Erika Elbe und die anderen Verschleppten konnten nur erahnen, wie viele Menschen hier hinter Stacheldraht schon ihr Leben verloren hatten. Und es ging so weiter. Im Ural war es Ende April 1945 noch bitterkalt. »Gleich in den ersten Wochen starben die Mädchen und Frauen wie die Fliegen«, sagt sie.

Irgendwo an der Wolga hielt der Zug, und die Aufseher sagten uns, wir müssten uns waschen. Aber schon bei dem bloßen Anblick des eisigen Tümpels fingen wir an zu zittern und zu frieren. Gegenüber auf der anderen Seite standen Russen. Jeder von ihnen hielt einen Laib Brot im Arm, brach sich davon ab, kaute und schluckte. Wir hatten einen fürchterlichen Hunger. Doch als sie uns einige Brocken herüberwarfen, haben wir es nicht genommen, vor Stolz. Da beschimpften sie uns fürchterlich.

Erna Widdra, 1945 in die Sowjetunion verschleppt

An allen Ecken standen die Posten mit aufgepflanzten Gewehren. Wer zu nah an den Stacheldrahtzaun kam, wurde erschossen.

Christel Grunwald, Zivilverschleppte in der Sowjetunion

Unterschiedliche Seuchen suchten das Lager heim. Die grassierten in einer Weise, wie wir sie aus der Literatur über das Mittelalter kannten. Im ersten Dreivierteljahr starben im Lager täglich so viele Menschen, dass es uns alle in größte Unruhe versetzte. Jeder fragte sich nur: »Wann bist du dran?«

Manfred Peters, Zivilverschleppter in der Sowjetunion

Die junge Frau erhielt einen »grausigen Auftrag«. Mit anderen sollte sie die nackten Toten zum Massengrab bringen. »Es war so furchtbar, mit meinen gerade mal 17 Jahren. Es waren riesige Gruben, die ausgeschaufelt wurden. Jeden Tag haben wir die hart gefrorenen Leichen aus der Leichenkammer auf Pritschenwagen verladen, sie angefasst, draufgeschmissen. Und so ging das praktisch die ganze Zeit.« Erika Elbe entwickelte ihre eigene Überlebensstrategie. Sie schaltete erst den Verstand aus, dann das Gefühl: »Nur so konnten wir überleben, ein Minimum an Denken, ein Minimum an Verstehen, ein Minimum an Emotion.«

Ende April 1945 erreichte auch Waltraud Unraus Transport seinen Bestimmungsort: Korkino, eine kleine Stadt im südlichen Teil des Kohlebeckens von Tscheljabinsk, nicht weit von Kopejsk-Potanino. 1945 befand sich Korkino erst im Aufbau. »Es gab noch keine befestigten Straßen«, erinnert sich die Überlebende, »unser Lager war noch nicht fertig. Wir drückten mit unseren Füßen noch den Zement ein, so nass war der.«

Dann der Arbeitsappell. Denn dafür hatte man sie ja hierher gezwungen: um »Sühne zu leisten und Schuld zu tilgen«. Die Lagerinsassen bauten Häuser und Straßen, schütteten mit einfachsten Mitteln Bahndämme auf. »Wir hatten nur Holztragen mit Griffen dran, eine Person schleppte

Das Lager war ganz neu. Alles roch noch nach frisch gesägtem Holz. In den Baracken standen Bettgestelle, aber es gab weder Tische noch Stühle und kein Geschirr. In den nächsten Tagen wurde eine Fuhre leerer Konservendosen und Glasscherben angeliefert. Mit diesen Scherben haben wir dann Bretter geschabt und mussten uns Tische und Sitzbänke bauen. Es kamen auch Leute, die uns zeigten, wie wir Schüsseln und Trinkbecher fertigen sollten: In die Konservendosen stopften wir Zeitungsstreifen zum Abdichten. Das war unser Essgeschirr. Zu essen gab es aber nicht viel. Wir bekamen dünne Suppe, abgebrühte Zuckerrübenschnitzel, Kohlblätter und 400 oder 500 Gramm Brot pro Tag.

Gerhard Marchel, Zivilverschleppter in der Sowjetunion

»Wir sollten nur drei Tage arbeiten«: Für viele war die Kommandierung zu Arbeitseinsätzen eine Reise ohne Wiederkehr.

vorne, eine hinten. Auf die Tragen wurde Erde geschaufelt, wenn wir Schaufeln hatten. Wenn keine da waren, mussten wir das mit der Hand machen. Anschließend trugen wir die Erde auf den Bahndamm rauf, so wuchs er allmählich.« Später mussten die Frauen Bahnschwellen und Schienen schleppen. »Wir waren in der Hauptsache junge Mädchen, aber es waren auch ältere Frauen um die 60 Jahre dabei. Alles Zivilisten, Wehrmachtsangehörige gab es da keine.« Trotz der schweren körperlichen Arbeit wurden die Frauen miserabel verpflegt. Das Brot war so nass, dass Waltraud Unrau es nicht essen konnte, sie hatte akute Magenbeschwerden. »Ich habe dann versucht, es am Fenster zu trocknen. Da kam die Olga rein und sagte: ›Wem gehört das Brot? Ab morgen kriegst du kein Brot mehr. Wenn du das da hinlegst, dann brauchst du es nicht.‹ Olga war

Unser Essen war ohne Fett, ohne Öl, ohne Fleisch. Nur Wasser, und wenn man Glück hatte, mit ein paar Kohlblättchen darin. Manchmal schwammen da Erbsen mit Maden, Fischaugen und Gräten. Die Männer im Lager waren so ausgehungert, dass sie die Gräten, die wir aussortiert hatten, noch aufgepickt und gegessen haben.

Gertrud Kriwitzki, Zivilverschleppte in der Sowjetunion

Es gab auch Fälle von Wahnsinn. Auf diese Weise sind auch einige von uns umgekommen. Sie konnten die psychische Last nicht mehr ertragen.

Manfred Peters, Zivilverschleppter in der Sowjetunion

eine von vielen Russinnen, die in Deutschland Zwangsarbeit hatten leisten müssen und nun in der Heimat ins Lager geschickt wurden. Frauen wie sie fungierten mitunter als Aufseherinnen und Dolmetscherinnen bei den deutschen Gefangenen – mal waren sie mehr, mal weniger feindselig, manche auch freundlich, je nachdem, welche Erfahrungen sie im Hitler-Reich gemacht hatten. »Ich habe das Brot dann trotzdem gegessen, denn irgendetwas musste man ja essen«, sagt Waltraud Unrau. Nach kurzer Zeit im Lager war die 17-Jährige am Ende ihrer Kräfte – ausgemergelt, geplagt von Atemnot und Herzbeschwerden. Ihre Pritsche stand am Eingang der Baracke, daneben lag ein kleiner Raum, in dem man die Frauen einsperrte, die anfingen durchzudrehen: »Es waren junge Mütter, die ihre Kinder zu Hause oder auf der Straße stehen lassen mussten und die nun nicht wussten, wie es ihnen erging. Die haben Tag und Nacht geschrien, so lange, bis eine nach der anderen gestorben war. Die haben das alle nicht überlebt.« Waltraud nahm alle Kräfte zusammen, damit es ihr nicht genauso erging.

Die Männer unter den Deportierten waren meist sehr jung oder alt – solche, die nicht mehr an die Front geschickt oder nur kurze Zeit im »Volkssturm« eingesetzt worden waren, weil die Heimat förmlich überrollt wurde. Der Zug, in dem der 16-jährige Manfred Peters sich befand, rollte mehr als zwei Wochen, bis er in Kasachstan zum Stehen kam. Es war ein weites Land, von dem der Junge sich bis dahin keine Vorstellung gemacht hatte. »Wir fuhren durch die Vorgebirgslandschaft des Südural. Wir fuhren Tage um Tage, ohne auch nur eine Menschenseele zu sehen, überall war Steppe.« Eine solche Gegend war für ihn völlig fremd: »Wir stammten aus einem dicht besiedelten Gebiet, einer Stadt mit Geschichte und Kultur. Diese Landschaft aber war für uns absolut trostlos.« Das Ziel des Transportes war Kimpersai, ein kleiner Ort in der kasachischen Steppe, nordöstlich von Aktjubinsk, der heute auf keiner Karte mehr eingezeichnet ist. Am 6. Mai 1945, knapp sechs Wochen nach seiner Gefangennahme in Danzig, fand sich Manfred Peters in einer Baracke des Lagers mit der Nr. 1902 wieder. Das Lager war für 2400 Menschen, 1500 Männer sowie 900 Frauen und Kinder, viel zu klein. Dass binnen kürzester Zeit ein Großteil der Internierten sterben würde, war vorhersehbar. Schließlich hatte der NKWD Jahrzehnte lang Erfahrungen mit der Unterbringung von Millionen Häftlingen im Gulag gesammelt. »Am Ende waren wir nur noch 500 Überlebende von 2400. Und für diese 500 war das Lager gerade groß genug«, so Peters.

Der 8. Mai, an dem der Krieg endete, war für die Verschleppten kein Tag der Befreiung. An diesem 8. Mai fand der erste Lagerappell in Kimpersai statt. Alle mussten auf dem Appellplatz antreten, Männer und Frauen getrennt. Der Lagerkommandant sprach zu den Gefangenen: »Der Krieg ist zu Ende, und ihr seid hier in der Sowjetunion, um das wieder gutzumachen, was die Hitler-Faschisten in unserem Land angerichtet haben.« – »Das schien mir damals logisch«, sagt Manfred Peters. »Ich hatte in Danzig gesehen, wie die sowjetischen Kriegsgefangenen bei den Nazis behandelt wurden. Das war furchtbar. Ich wusste von den Konzentrationslagern, ich wusste von den Deportierten, den Ostarbeitern, wie man sie nannte. Bei meinem Vater auf der Werft hatte ich ja selber welche gesehen. Und ich dachte: So ist das im Leben. Damals waren die dran, und jetzt sind wir dran. Wir haben den Krieg verloren, und das ist die bittere Konsequenz.«

Wie bitter, sollten die Häftlinge bald zu spüren bekommen. Nur ein Fünftel der Ankömmlinge war nach den erlittenen Strapazen überhaupt arbeitsfähig. Der Tod war allgegenwärtig. Besonders in den ersten Monaten fielen die Menschen reihenweise Seuchen, Hunger und Entkräftung zum Opfer.

Häufig starben die ganz jungen und die ganz alten, mehr Männer als Frauen. Und das, obwohl die Frauen meist Männerarbeiten verrichten mussten, in Bergwerken, im Tagebau, an den Bahntrassen – oder in einer Ziegelbrennerei wie Christel Grunwald. Schon als sie dort anfing, war sie völlig ausgemergelt. Statt der geforderten sechs bis acht Ziegelsteine konnte Christel Grunwald nur zwei, höchstens vier Steine gleichzeitig schleppen. Die mangelhafte Verpflegung – dreimal täglich ein Dreivier-

Die Leichen befanden sich im Kellerraum eines kleineren Gebäudes, das zugleich als Lebensmittelmagazin diente. Oberhalb des Gebäudes wurden Lebensmittel gelagert, unterhalb befand sich der fensterlose Leichenkeller. Wenn man zum abendlichen Leichenkommando gehörte, musste man sich in diesem stockdunklen Keller die Leichen regelrecht zusammensuchen. Der Posten wusste, wie viele Tote dort lagen. Er nannte uns die Zahl, und wir tasteten uns in diesem Keller so lange herum, bis wir auch die letzte Leiche herausgeholt und die schmale Treppe hinaufgeschleppt hatten. Dort mussten wir die Toten auf den Leichenwagen legen. Mit dem gleichen Wagen wurde tagsüber Brot transportiert.

Manfred Peters, Zivilverschleppter in der Sowjetunion

Oben: »Diese Arbeit war eine Strafe«: Das körperliche Leistungsvermögen der deutschen Frauen wurde häufig überfordert.
Unten: »Untertage wie in einer Kiste eingesperrt«: Auch in Bergwerken mussten verschleppte Frauen schuften.

»Schwere körperliche Belastung«: Zivilverschleppte schuften in einer Ziegelbrennerei.

»Völlig ausgemergelt«: Christel Grunwald im Lager. Für Fotografien versuchten die Verschleppten meist, ihre Hungerkrankheiten zu verbergen.

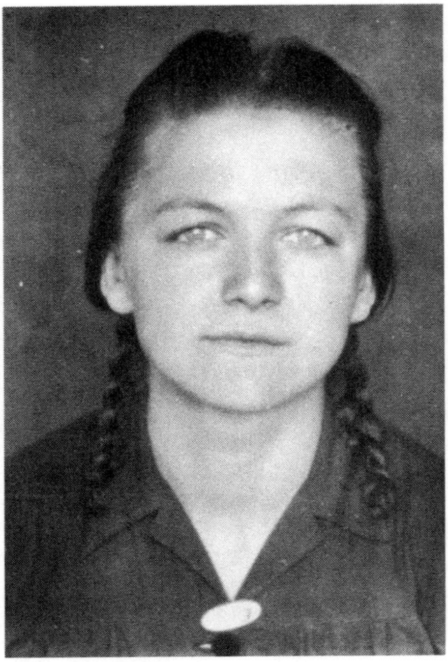

telliter Sauerkrautsuppe, morgens zwei Esslöffel »Kascha« (ein Brei aus Hirse oder ungeschältem Hafer) sowie 600 Gramm nasses Brot – reichte für eine körperlich schwere Arbeit nicht aus.

Christels Leidensgenossin Ursula Goldau war dem Waldkommando zugeteilt. Jeden Morgen ging es im Dunkeln hinaus zur Arbeit und im Dunkeln abends wieder zurück. Nur selten war der Posten freundlich und ließ die Frauen Reisig zusammentragen, um ein Feuer anzuzünden. Zu essen oder zu trinken gab es erst abends, und wenn jemand die Norm nicht erfüllt hatte, wurde sogar an der Wassersuppe noch gekürzt. Ursula und ihre Kameradinnen mussten Bäume schleppen: aus dem Wald bis zur Verladestelle. Vier Stangen wurden unter den Stamm geschoben, acht Frauen quälten sich, um den Baum anzuheben und durch den Schnee fortzubewegen. Es war Frühjahr, unter dem Schnee stand Wasser. Oft brach man schon nach wenigen Schritten bis zu den Hüften ein, dann fingen die Posten an zu brüllen, sie trieben die Frauen weiter an. »In diesen Momenten hatte ich immer ein Bild vor Augen«, sagt Ursula

Die erste Zeit mussten wir jeden Tag arbeiten. Wir wussten nicht, ob Sonntag oder Alltag ist.

Christel Grunwald, Zivilverschleppte in der Sowjetunion

Im Lager haben sie eine Tafel aufgestellt, auf der alle Arbeiter vermerkt wurden, die ihre Norm nicht erfüllt hatten. Meistens war es aber sehr schwer, die Norm zu schaffen.

Erna Widdra, Zivilverschleppte in der Sowjetunion

Goldau, »eines von Franz Marc, ›Das gestürzte Pferd‹. Das Pferd, das am Boden liegt und nicht mehr kann. Ich habe das Bild so deutlich gesehen, es war immer da.«

Völlige Ungewissheit, totale Erschöpfung, ein Gefühl von Sinnlosigkeit, Elend – noch heute kommen die vielen, die es erlitten haben, nicht davon los: die Goldaus, Wegners, Peters, Unraus. Waltraud Unrau erlebte in einem Lager bei Kopejsk den Abgrund der Menschlichkeit. Dort gab es ein großes Lazarett: »Als wir vor dem Lagertor standen, ging der russische Arzt durch unsere Reihen und sagte zu mir: ›Du gehst da arbeiten!‹« Waltraud wollte nicht, schließlich hatte sie keine Ahnung von Krankenpflege, hatte nur mal an einem Rot-Kreuz-Kurs teilgenommen. Sie setzte sich vergeblich gegen die Anordnung zur Wehr. Jetzt hoffte sie, im Lazarett wenigstens Medikamente gegen ihre Herzattacken zu bekommen. Dass sich dort ein Typhuskranker an den anderen reihte, hatte der Arzt ihr nicht gesagt. Ihr wurde am ersten Tag ein Bett im Sanitätszimmer zugewiesen, und es hieß, sie solle sich erst mal ausschlafen. Am nächsten Morgen waren der Arzt und das gesamte Personal verschwunden – »und ich stand als 17-Jährige völlig alleine da. Was sollte ich nur machen? Zuerst öffnete ich die Tür zur Krankenstation.« Was war das für ein Anblick – »das Erste, was mir entgegenkam, das war der Inhalt von Toiletteneimern, das waren große Holzzuber, die im Laufe der Nacht übergelaufen waren. Ich hab' dann versucht, in die Zimmer zu gehen und zu schauen, wie es den Menschen geht. Die Leute schrien alle, sie hatten Hunger, sie wollten Hilfe …« In der Lazarettbaracke gab es 14 Räume mit jeweils etwa 20 Personen, fast 300 Patienten also. Das Mädchen war mit der Situation völlig überfordert, deshalb holte es sich Unterstützung. Zwei andere Frauen aus dem Lager waren bereit. Als sie dann gemeinsam durch das Lazarett gingen, fanden sie 18 Tote. Im Laufe des Vormittags kam ein russischer Arzt in Begleitung eines Offiziers zur Kontrolle. Waltraud stellten sie nur eine Frage: »Wie viel Tote?« – »18!« Darauf die Gegenfrage des Offiziers: »Warum nicht mehr?«

Wohin war die junge Waltraud Unrau da geraten? Im ganzen Lager Kopejsk gab es keine Seife, paradiesische Zustände also für Läuse und Wanzen, die den ohnehin schon geschwächten Kör-

Es gab zwei Baracken, die extra mit Stacheldraht eingezäunt worden waren als Quarantänebaracken, damit sich die übrigen Gefangen nicht anstecken mit Typhus und anderen Seuchen.

Gerhard Marchel, Zivilverschleppter in der Sowjetunion

Sie haben uns die Köpfe kahl geschoren. Wir hatten keine Haare mehr auf dem Kopf, wegen der Läuse. Die Läuse hatten wir seit dem Transport in diesen russischen Waggons.

Gertrud Kriwitzki, Zivilverschleppte in der Sowjetunion

pern zusetzten. Wie sehr, stellte sich heraus, als eine neu eingetroffene Patientin gewaschen werden sollte: »Wir zogen der Frau das Kopftuch runter, und da fiel der Läusekot auf die Schultern und über den ganzen Körper, die Läuse steckten mit den Köpfen in der Kopfhaut, den Hintern hoch. Da waren keine Haaransätze mehr zu sehen, das waren nur noch Läuse.« Die Frau starb am nächsten Tag. »Da sind wohl zu viele Sekrete in ihr Blut gekommen, dass sie das nicht überstanden hat.« Wieder ein Leichnam, der abgeholt wurde.

»Die Namen der Leute, die dort gestorben sind, sind nie aufgeschrieben worden«, sagt Waltraud Unrau. »Nie werden die Angehörigen erfahren, was mit ihnen geschah. Die Leichen wurden von den Pritschen gezogen und in den Totenkeller geworfen, einfach die Treppe herunter, und wie sie da aufschlugen, so blieben sie liegen, sie hatten nichts an. Im Winter dann wurden sie auseinander gehackt, weil sie zusammengefroren waren. Stückweise wurden sie auf den Wagen geworfen und weggebracht.«

Christel Krause, die erst sieben Jahre alt war und sich immer an ihre Mutter geklammert hatte, erlebte in einem Lager bei Swerdlowsk Ähnliches: »Ich hatte alles gesehen, Erschlagene, Erschossene, Erfrorene – all das war mir nicht fremd.« Doch auch für sie wurde die Typhusbaracke zum Synonym für die Hölle. »Das war so schrecklich, dass die Verhungerten, diese Skelette, sich an den Pritschen festgekrallt hatten in ihrem Wahn. Und da kam eine auf mich zu, mit verzerrtem Gesicht und schrie, dass sie nach Hause wolle. Ich habe mich so erschrocken, dass ich nur noch raus wollte. Das war das Schlimmste, diese verzerrte Grimasse dort.«

Eines Abends sah Christel dicht beim Lagertor ein großes Feuer. Mit den anderen Kindern rannte sie in eine Baracke, um die Erwachsenen zu alarmieren. Doch niemand interessierte das, alle wollten nur schlafen, Kräfte sammeln für den kommenden Arbeitstag. »Am Morgen stellte sich heraus, dass es die Typhusbaracke war, die brannte. Man hatte die einfach abgefackelt, weil man sich wohl keinen Rat wusste, aus Angst, dass der Typhus sich über das ganze Lager ausbreitet.« Die Fenster waren zuvor mit Brettern zugenagelt, Benzin darüber gegossen und dann das Ganze angezündet worden. »All das machte mich damals unheimlich hart«, sagt sie. Christel Krause war um ihre Kindheit gebracht worden.

Es gab zu dieser Zeit nicht viele Stimmen, die das Los der Verschleppten öffentlich erwähnten, geschweige denn die Willkür anprangerten. Am 23. Oktober 1945 veröffentlichte die *Times* einen Brief des englischen

Philosophen und Mathematikers Bertrand Russel an ihren Herausgeber, in dem es hieß: »In Osteuropa werden jetzt Massendeportationen von unseren Alliierten durchgeführt in einem beispiellosen Rahmen, und ein offensichtlich vorsätzlicher Versuch wird unternommen, viele Millionen Deutsche auszurotten, nicht durch Gas, sondern indem man ihnen ihre Häuser und Nahrung wegnimmt, um sie einen langsamen, quälenden Hungertod sterben zu lassen. ... Sind Massendeportationen Verbrechen, wenn sie während des Krieges von unseren Feinden begangen werden, und gerechtfertigte Maßnahmen sozialer Regulierung, wenn sie durch unsere Alliierten in Friedenszeiten durchgeführt werden? Ist es humaner, alte Frauen und Kinder herauszuholen und in der Ferne sterben zu lassen, als Juden in Gaskammern zu ersticken?« Es war ein Aufschrei, der vorerst ohne Folgen blieb.

Viele der Verschleppten fühlten sich als Verlassene, als Vergessene. Wer sollte von ihrem Schicksal wissen? Manfred Peters versuchte nicht die Hoffnung zu verlieren – trotz seiner Sisyphusarbeit. Er musste in der Steppe Gleise verlegen, transportierte und vernagelte die Holzschwellen. Später wurde er abkommandiert, um Kohle zu schlagen in einem der großen Tagebaubecken der Gegend, stets angetrieben von dem Gedanken, die Norm schaffen zu müssen, damit die ohnedies knappe Verpflegung nicht noch gekürzt wurde. Es klang für ihn nur wie Hohn, wenn Lagerleitung und Wachmannschaften den Geschundenen immer wieder »Skoro domoj« zuriefen – »Bald geht es nach Hause!« Niemand glaubte daran. Manfred war oft der Verzweiflung nahe. Dann bedauerte er es, dass er auf dem Todesmarsch von Danzig nach Graudenz nicht den Schritt aus der Reihe tat, um sofort getötet zu werden. Viele seiner Leidensgenossen zogen ihre Kraft aus dem Glauben an Gott, aus den Gebeten, die sie gen Himmel richteten. Doch dieser Halt blieb Manfred verwehrt, er war aus kommunistischem Haus und nicht religiös erzogen worden. Vielmehr sah er sich angesichts der Tragödien, die sich um ihn abspielten, eher noch bestärkt. Denn es starben alle, die Gläubigen und die Ungläubigen. »Aus die-

In Barnikowa, einer Gärtnereikolchose, hausten wir in einer Erdbaracke. Es war ein schöner Abend, wir hatten frei und saßen vor der Baracke. Da fing eine an zu singen: »Hast du da oben vergessen auch mich, es sehnt doch mein Herz nach Liebe sich, schick doch Engel...«. Alles heulte. Das war ein richtiger emotionaler Tiefpunkt.
Wanda Schultz, Zivilverschleppte in der Sowjetunion

Oben: »Mit der Zeit wurden die Verhältnisse besser«: Gefangene beim Ballspiel im Lager.
Unten: »Es war alles so primitiv«: Mit einem Ziehbrunnen wurde die Wasserversorgung des Lagers gesichert.

Oben: »Der russische Winter war eine Qual«: Auch bei Schnee und Eis sowie Temperaturen weit unter dem Gefrierpunkt musste gearbeitet werden.
Unten: »Wie im Mittelalter«: Täglich wurde die »Parascha« (Toilettenkübel) ausgeleert.

ser Überzeugung heraus reifte bei mir die Erkenntnis, in dieser Situation kannst du nicht vertrauen auf irgendeinen Gott.« Als der schmächtige, ausgehungerte Junge selbst an Ruhr erkrankte, wehrte er sich erfolgreich gegen seine Verlegung in die Krankenbaracke, die doch in Wirklichkeit nur eine Sterbebaracke war.

Der Junge merkte, er hatte Überlebenswillen. Und das hieß unter den gegebenen Umständen auch Einfallsreichtum entwickeln. Sicher – man konnte die Gefangenschaft nicht abschütteln, aber es gab Nischen, in denen man sich einrichten konnte. Manfred Peters erinnert sich, dass er Freigänge, die nach gewisser Zeit erlaubt wurden, zum »Organisieren« von Nahrung nutzte. »Einige von uns brachen sogar in Lebensmittelmagazine ein und holten heraus, was nicht niet- und nagelfest war. Andere griffen sich Jungtiere aus den umliegenden Ställen, und ich hatte mir eine besondere Methode ausgedacht.« Ein wenig peinlich ist es dem ehemaligen Lehrer schon, das zu schildern: »Ein Freund hatte eine ziemlich gut erhaltene Wattejacke. Und so sind wir abends losgezogen und haben an den Türen der Häuser geklopft, wurden hereingelassen. Während mein Freund die Jacke scheinbar zum Verkauf anbot und die Leute ablenkte, habe ich mich im Vorraum zu schaffen gemacht. Dort wurden im Allgemeinen die Kartoffeln aufbewahrt.«

Ohne die selbst organisierte Zusatzverpflegung hätte der junge Deutsche vielleicht nicht überlebt, denn in den Jahren 1945 und 1946 herrschten auch im kasachischen Kimpersai katastrophale Bedingungen. Seuchen brachen aus: Typhus, Ruhr und Gesichtsrose. Im August 1945 erreichte die Todesrate ihren Höhepunkt: 20, 30 und mehr Menschen starben täglich. An manchen Tagen fuhr der Leichenwagen, der von einem Kamel gezogen wurde, zweimal zu den Massengräbern in der Steppe. Die Toten wurden auf demselben Wagen transportiert wie das Brot.

Doch nicht nur in den Lagern, fast überall in der Sowjetunion wurde 1945 gehungert. Allerdings wusste das Manfred Peters damals nicht. Die Strafen für den Diebstahl von Lebensmitteln waren drakonisch. Viele Deutsche wurden für den »Mundraub« – und seien es nur ein paar Mohrrüben oder Getreidehalme – zu 25 Jahren Zwangsarbeit im Inneren der Sowjetunion verurteilt. Sie kamen in besondere Lager, wo sie gemeinsam mit gewöhnlichen sowjetischen Verbrechern oder politisch Verfolgten des Regimes ihre Strafe verbüßten.

Die russische Bevölkerung war beinahe genauso schlecht dran wie wir. Sie waren so arm und haben ebenfalls gehungert. Aber uns waren sie freundlich gesinnt. Selbst die Offiziere im Lager haben uns ganz human behandelt.

Erna Widdra, Zivilverschleppte in der Sowjetunion

Private Begegnungen zwischen Russen und Deutschen gab es in den ersten Monaten nur selten. Zahlreiche Zivilgefangene hatten überhaupt keinen Kontakt mit Einheimischen, andere durften, vor allem in den späteren Jahren, in die umliegenden Dörfer gehen. Dort lebten auch Angehörige des Lagerpersonals, ehemalige Insassen des Lagers, mitunter Verbannte. Da die meisten deutschen Mädchen gut nähen konnten, erarbeiteten sie sich damit ein paar Kartoffel- und Brotrationen. Mancherorts wiederum durften die Lagerkinder in den Ortschaften bei Russen um Lebensmittel betteln, wie Christel Krause: »Wir mussten durch die Wache, und da sagte ein 14-jähriger Junge zu mir: ›Komm, Christel, wir gehen nicht mit der ganzen Gruppe, da bekommen wir nichts. Wir zwei gehen zusammen, und ich sage, du bist meine kleine Schwester.‹« Die Kinder klopften an die Türen der Bauernhäuser. Meist wurden sie hinein gelassen, bekamen Kartoffeln, Rüben, Kohl oder auch Quark, wenn die Leute eine Kuh hatten. »Die waren selber arm«, sagt Christel Krause, »aber sie haben uns immer etwas zu essen gegeben. Deshalb mag ich das russische Volk bis zum heutigen Tag.«

Die Russen selbst, die Bevölkerung, war uns gegenüber freundlich gesonnen. Die haben uns bedauert und oft zu uns gesagt: »Mädchen, ihr kommt bestimmt bald nach Hause.«

Gertrud Kriwitzki, Zivilverschleppte in der Sowjetunion

Im Clubraum fanden immer die so genannten Antifa-Veranstaltungen statt. Eigentlich wollten wir damit gar nichts zu tun haben. Dort wurde alles immer geschönt dargestellt. Dabei wussten wir doch, in welchen schlechten Verhältnissen wir lebten.

Wanda Schultz, Zivilverschleppte in der Sowjetunion

Sympathie entstand, so erlebte es eine andere Christel, Christel Grunwald, auch dadurch, dass ihrer Schwester geholfen wurde. Irene Grunwald hatte sich beim Schieben einer Lore in der Ziegelei das rechte Bein verletzt; sie erinnert sich: »Eine Russin sah das. Sie kam zu mir und erkundigte sich. Sie konnte kein Deutsch, da habe ich ihr das Bein gezeigt. Und dann ließ sie mich zu sich in ihre Wohnung. Sie sagte, sie brauche jemand zum Saubermachen, zum Helfen.« Sie hatte gute Kontakte, ihr Mann war der neue Lagerkommandant. »Sie rief die Wachhabenden am Tor an, und dann brachte man mich in ihre Wohnung. Es war Herbst, und es gab Kartoffeln, die lagen im Wohnzimmer in einer Ecke. Einen Keller hatten sie nicht. Ich brauchte dann die Wohnung doch nicht putzen. Im Gegenteil, sie hat mir Kartoffelflinsen gebacken.«

Die Grunwald-Töchter hatten den Wechsel in der Lagerleitung der Tatsache zu verdanken, dass nicht mehr jede Willkür geduldet wurde. Lebens-

Wahrscheinlich hat man den Russen gesagt, dass wir Schwerverbrecher sind. Angeblich wussten sie nicht, dass wir verschleppte Zivilisten waren.

Gertrud Kriwitzki, Zivilverschleppte in der Sowjetunion

mittel, die für die Gefangenen bestimmt waren, waren vom früheren Kommandanten heimlich verkauft worden. In der Umgebung blühte der Schwarzhandel, die Lagerbediensteten und ihre Familien lebten davon. Flog ein solcher Schwindel auf wie im Lager Potanino, so wurde die Leitung meistens entlassen.

Überhaupt gestalteten sich die Verhältnisse im Laufe des Jahres 1946 etwas geordneter. Häftlinge bekamen Funktionen, es gab Ansätze von Selbstverwaltung. Da nahm es nicht wunder, dass Herry Wegner, die forsche Gastwirtin aus Königsberg, alle sich bietenden Spielräume auszunutzen gedachte. Auch sie war ins Lager Kopejsk bei Tscheljabinsk deportiert worden, allerdings nicht mit dem Zug, sondern mit einem Lastwagen. Im Lager lernte Herry schnell Russisch, die ersten Worte waren ihr bereits von ihrer ukrainischen Hausgehilfin Maria beigebracht worden. Bald konnte sie kyrillische Buchstaben lesen und damit auch Vorschriften. Sie fand heraus, dass den Gefangenen auch »mjasso«, Fleisch, zustand. »Ach«, dachte sie, »wir sollen auch Fleisch kriegen – das gab es ja noch nie!« Am nächsten Tag ging sie kurz entschlossen mit einigen anderen Frauen zur Lagerleitung, um sich zu beschweren – auf ihre Art. »Ich war natürlich ein bisschen zu energisch.« Das hatte Folgen: »Die Strafe habe ich prompt gekriegt – meine Vertretung und ich, wir kamen gleich in den ›padwal‹, in den Keller.« Doch waren sie nicht überall geächtet. Dem Wachposten taten die beiden couragierten Frauen Leid. Er brachte ihnen Brei in seinem Kochgeschirr, den sie mit bloßen Händen aßen, einen Löffel hatte auch er nicht.

Nach dem Protest wurde Herry in ein anderes Lager strafversetzt, zur Waldarbeit. Auch hier bot sie Paroli. »Mein starker Wille, der hat mich immer wieder aufgerichtet«, sagt sie heute, »und ich habe auch anderen geholfen. Ich habe viel Witze erzählt, und trotz der Not haben wir manchmal gelacht. Dann dachten die Russen wohl: ›Ach, wenn die noch lachen

Das Schlimmste war die so genannte »Fleischbeschau«. Da mussten wir Frauen antreten und uns splitternackt ausziehen. Hinter einem Tisch saß jeweils ein Offizier und eine Ärztin, die untersuchten uns. Die zupften an uns herum, an der Brust und am Po. Es sollte festgestellt werden, ob wir noch genügend Muskeln hatten, um arbeiten zu können. Ich kam immer in Gruppe drei, weil ich ziemlich runtergekommen war. Ich brauchte nie die schwerste Arbeit machen.

Eva-Maria Stege, Zivilverschleppte in der Sowjetunion

können, dann können die auch noch mehr arbeiten!‹ Und dann kriegten wir noch schwerere Arbeit.« Nach wenigen Monaten im Lager hatte Herry die Funktion einer Lagerältesten. Ihre Aufgabe war, zwischen den Deutschen und Russen zu vermitteln, »weil ich mich gut verständigen konnte, und weil ich keine Angst hatte«. Das stellte sie auf geradezu eklatante Art unter Beweis. »Einmal, da wollte mich einer schlagen, da habe ich den Spaten genommen, ihn hochgehoben und gesagt: ›Mnje wsjo rawno! Ty umer ilijal‹ – ›Ist egal! Sie kaputt oder ich!‹ Da ist der zur Räson gekommen und hat gesagt: ›Ty, Herry, glasa kak‹ – ›Teufel‹, ich hätte Augen wie ein Teufel.«

Wir wussten, wir können nicht offen sprechen. Es gab Mitgefangene, die sich einen Schlag Suppe mehr verdienten, indem sie uns bespitzelten. Wir sprachen dann nur noch wenig – über die Arbeit, doch nichts Persönliches mehr. Das musste man abhaken, anders ging es nicht.

Irene Grunwald, Zivilverschleppte in der Sowjetunion

Herry Wegner lief Gefahr, ihre Gefangenschaft in der Sowjetunion zu verlängern. Aber was machte das schon, wurde das nicht ohnehin woanders entschieden, in Moskau? Viele verdrängten die Hoffnung auf eine baldige Rückkehr, versuchten sich abzufinden mit ihrer Lage, um nicht zu verzweifeln. Hin und wieder wagte es doch der eine oder andere Gefangene zu fragen, wann es denn nach Deutschland ginge. Die lapidare Antwort: Nur Kranke und Mütter mit Kindern kämen nach Hause, die anderen müssten noch einige Jahre arbeiten. So waren es oft die Ärzte, die über Wohl und Wehe entschieden. Ein erster Transport mit Kranken aus verschiedenen Lagern hatte Kopejsk im Spätsommer 1945 verlassen.

Doch Herry Wegner, Waltraud Unrau, die Schwestern Grunwald, Manfred Peters und Gertrud Kriwitzki blieben wie die meisten Deportierten weiter in sowjetischer Gefangenschaft, verlebten dort auch das erste Weihnachtsfest.

War es Schikane oder Zufall? Viele der Internierten berichten davon, dass sie ausgerechnet Weihnachten 1945 das Lager wechseln mussten. Und die Verlegung geschah – wie üblich – in der Dunkelheit. »Und wir kamen nun in der Tat in so etwas, das wie ein Strohstall aussah«, sagt Christel Grunwald – noch heute ringt sie mit der Fassung. »Das war zu viel, das war wirklich zu viel. Als wir in diese neue Behausung kamen, gab's noch nicht mal Licht. Da hörte man nur noch Schluchzen – und das war der erste Heiligabend. Wir durften kein Weihnachtslied singen, nichts, das war verboten. Das war schwer, so schwer.«

Auch Waltraud Unrau kam zu Weihnachten »auf Transport«. Ende 1945 hieß es in Kopejsk: das Lager räumen! Sie und die übrigen 90 Frauen –

mehr hatten nicht überlebt – wurden mit einer Kleinbahn nach Karabasch transportiert. Als die Bahn anhielt, war kein Lager zu sehen: »Die Lok fuhr weg, die Posten gingen weg, und wir standen da. Das war unser Weihnachten.« Erst zwei Tage später tauchten die Wachen wieder auf, um die Frauen ins Lager zu bringen. Sie waren so schwach, dass sie kaum wieder auf die Beine kamen.

»Wir waren in einem Erdbunkerlager untergebracht«, erinnert sich die damalige Gefangene Wanda Schultz an Weihnachten, »da gab es keinen grünen Zweig, nichts, gar nichts. Wir gingen zur Arbeit wie sonst auch. Wir haben nur unter Tage leise Weihnachtslieder gesungen.« So entstanden einige Zeilen, die sie heute noch auswendig kann:

Die Heil'ge Nacht sinkt leise nieder,
Die Erde deckt das Winterkleid,
Es klingen alte Weihnachtslieder,
Doch nicht wie sonst voll Lust und Freud.
Wir hören keine Glocken klingen,
An diesem Heiligabend heut,
Mir ist das Herz schwer, zum Zerspringen
In Russlands weißer Einsamkeit.
Wo ist mein Vater, meine Mutter,
Ob sie noch leben? Wenn ich's wüsst,
Oh, lieber Gott, lass mich vergessen,
Dass heute Heiligabend ist!
Was hilft's, wenn heiße Tränen rinnen?
Doch niemand fragt nach unserm Leid,
Grau wird ein neuer Tag beginnen,
In Russlands weißer Einsamkeit.
Doch niemals wollen wir vergessen,
Dass droben noch ein Vater ist,
Der seine Kinder, die ihn lieben,
Doch ganz gewiss niemals vergisst.
Er wird uns Kraft und Stärke geben,
Zu tragen diese schwere Zeit,
Und wird uns einmal auch erlösen,
Aus Russlands weißer Einsamkeit.

Das erste Weihnachten nach dem Weltkrieg – für die Verschleppten war es alles andere als ein Fest des Friedens. Doch sie versuchten, einander Trost

Eine Begebenheit auf der Kolchose war sehr, sehr traurig: Die Russen wussten ganz genau, wann wir Heiligabend feierten. Weihnachtslieder zu singen, war verboten. Als Schikane ließen sie uns genau an diesem Abend von unserem Strohstall in einen anderen umziehen. Dort gab es kein Licht, Das war zu viel: Man hörte es nur noch schluchzen. Das war der erste Heiligabend in Russland.
Christel Grunwald, Zivilverschleppte in der Sowjetunion

zu spenden und neue Hoffnung zu schöpfen. Auch gab es Momente der Besinnung. Die junge Insterburgerin Gertrud Kriwitzki dachte über vieles nach und schaute über den Lagerrand hinaus. »Wir aus dem Westen waren ja irgendwie fortschrittlicher. Wenn man das alles so gesehen hat, wie primitiv die Leute in der Gegend gehaust haben. Im Winter nahmen sie ihre Ziegen mit in die Blockhütten. Dann hatten sie Weihnachten so ein winziges Tannenbäumchen mit Wattebäuschchen am Fenster stehen. Und wir haben geträumt, wie schön das war, die bunten Teller und der im Licht erstrahlende Weihnachtsbaum, und es duftete nach allen möglichen Kuchen. Da habe ich gesehen, wie arm die waren. Ich konnte denen auch nie böse sein. Die haben mir nichts getan. Die Sowjets, die mich verschleppt haben, das waren meine Feinde. Und jene, die meine Eltern umbrachten.«

Auch das hat keiner der Überlebenden vergessen: die ungeheure Kälte damals. Der russische Winter war für die Häftlinge eine Qual. Wer seinen Wintermantel bis hierher gerettet hatte, fühlte sich trotzdem nackt, wenn der Wind hindurchfegte. Auch in den Baracken wurde es nicht warm, obwohl die großen Öfen bis unter die Decke reichten. Im Lazarett fror das Wasser in den Waschschüsseln. »Wir haben am Ofen gestanden und haben eher ihn gewärmt als er uns, denn bis die Ziegel warm wurden, war das bisschen Holz, das wir uns organisiert hatten, schon längst verbraucht«, so Waltraud Unrau.

Bei einer Temperatur von minus 40 Grad, manchmal sogar minus 60 Grad – die Kriegsgefangenen durften bei solchen Kälteeinbrüchen im Lager bleiben –, hatten die Verschleppten weiterzuschuften. Wieder mussten die jungen Ostpreußinnen ins Waldkommando. Trotz der Kälte schwitzten die Frauen und Mädchen in ihren

Den Winter über war ich zur Arbeit in der Kolchose. Mit dem Hammer mussten wir die Kartoffeln aus der gefrorenen Erde klopfen. Dann wurde es so kalt, dass alle immer aufpassten, ob jemand einen weißen Flecken im Gesicht hatte, denn das waren Erfrierungen. Sofort riefen alle: »Schnell mit Schnee abreiben, damit die Haut wieder durchblutet wird!«
Christel Grunwald, Zivilverschleppte in der Sowjetunion

Am schwersten war die Waldarbeit. Frühmorgens wurden wir geweckt. Es gab einen Blechbecher heißen Tee und 200 Gramm Brot. Dann ging's ab in die Gerätebaracke, wo jeder sein Werkzeug bekam. Der Posten führte uns in den Wald und hat uns die tägliche Arbeit zugeteilt: welche Bäume gefällt werden mussten. Dann haben wir uns abgemüht. Oben auf den Baumkronen lag der dicke Schnee, und wir haben mit den stumpfen Äxten versucht, die Bäume anzuhacken. Es waren dicke Baumstämme, deshalb ging das nicht so ohne weiteres. Während man anfing, mit der stumpfen Baumsäge zu sägen, fiel einem der Schnee immer wieder in den Nacken, und allmählich wurde der gesamte Rücken nass. Dann fiel er endlich und versank im tiefen Schnee. Wir mussten ihn freischaufeln, um auch noch die Äste abzusägen. Ein Baum am Tag, mehr haben wir nicht geschafft.
Gertrud Kriwitzki, Zivilverschleppte in der Sowjetunion

Wattejacken und -hosen. Völlig durchnässt mühten sie sich, dicke Bäume zu fällen, in ein Meter lange Stücke zu zersägen und aufzuschichten. Sägen und Äxte waren stumpf, das erschwerte die Arbeit. Zwei Kubikmeter Holz pro Arbeiterin und Schicht, lautete die Norm, eine Vorgabe, die auch Gertrud Kriwitzki nie schaffte. »Der gefällte Baum versank im tiefen Schnee, und so mussten wir ihn erst einmal freischaufeln, bis wir ihn zersägen konnten. Das war eine Arbeit für erwachsene, kräftige Männer, nicht für uns, die wir halb verhungert waren.«

Was Ursula Goldau nicht ahnen konnte: Die Tage im Lager waren für sie gezählt. Im Frühjahr 1946 kam es zu einem Unfall – mit Folgen. Beim nächtlichen Gang zur Latrine fiel sie in eine Grube, in die Asche und Glut aus den Öfen geschüttet worden war. Dabei erlitt sie schwere Verbrennungen. Da es keine Medikamente gab, fing die Wunde an zu eitern, Wanzen setzten sich darin fest. »Als ich dann das Ungeziefer an dem eiternden Bein sah, da habe ich nicht mehr ans Heimkommen geglaubt.« In ihrer Apathie bemerkte die Deutsche noch, dass mehrere Offiziere an ihrer Pritsche standen. »Ich weiß nicht, was sie sprachen, eins verstand ich aber dann doch: ›Dawai na amputazii‹ – das versteht jeder –, ›ab zur Amputation!‹ Doch Amputationen konnten in diesem Lager nicht durchgeführt werden. Die russischen Ärzte hatten nichts vor Ort, keine Medikamente und nicht genügend Verband. Sie waren völlig überfordert, weil es so viele Tote gab. Und ich werde nie vergessen, wie Doktor Kutschina immer sagte: ›Warum seid ihr Deutsche nur so zarte Frauen?‹ Er war immer verwundert, dass so viele starben, und dass wir so schnell starben.«

Oben: »Man musste sich einrichten«: In Baracken wie dieser im Lager Suchobeswodnoje waren die Verschleppten untergebracht.
Unten: »Einsatz am Ende der Welt«: Von Strafgefangenen errichtetes Stahlwerk in Norilsk, 1956.

Zur Amputation wurde Ursula Goldau Mitte Juni 1946 mit dem Zug in ein Lager für deutsche Kriegsgefangene geschickt. Dort hatte man ein Lazarett mit deutschen Ärzten eingerichtet. Es gab einen Chirurgen, einen Internisten, einen Allgemeinmediziner und auch einen Zahnarzt. Was nur sehr eingeschränkt zur Verfügung stand, waren Medikamente. Weil er nicht amputieren wollte, behandelte Dr. Seiring Ursulas eiternde Wunden zuerst mit Kochsalzlösung. Dann gab es einen Medikamenten-Mix – bezeichnenderweise Beutegut aus deutschen Apotheken: »Da stand dann noch drauf, ›dreimal täglich 10 Tropfen für Frau Müller‹ und so weiter«, Ursula Goldau muss lächeln. »In einer Medikamentenlieferung war dann Lebertransalbe dabei, genau das richtige für mein Bein.« Die Heilung machte rasche Fortschritte, und nicht nur das: Dr. Seiring, der Chirurg, und Ursula Goldau, die Patientin, verliebten sich ineinander.

Und dann geschah das fast Unglaubliche: Mitte September 1946 wurde ein Transport mit Kranken zusammengestellt, Fahrtziel: Frankfurt an der Oder. Ursula Goldau wurde auf die Liste gesetzt. Die Heimreise schien nun nicht mehr fern. Doch machte sie vorher noch einen Besuch beim Schuster, nicht etwa um das Schuhwerk zu verbessern. Es wurden Totenlisten eingenäht und Briefe an den Vater von Doktor Seiring. Dann hieß es Abschied zu nehmen vom Geliebten und auf ein Wiedersehen in der Heimat zu hoffen.

Nach einigen Tagen Fahrt erreichte der Zug Brest-Litowsk, die letzte Station vor der polnischen Grenze. Viele mögen in diesem Augenblick Hoffnung geschöpft haben. Aber plötzlich ging es nicht mehr weiter – und schlimmer noch: Alle Türen wurden verriegelt, der Zug fuhr wieder nach Osten. »Wie weit wir gefahren sind, weiß ich nicht, vielleicht waren das nur ein paar Kilometer. Es war so grausam«, erinnert sich Ursula Goldau, »keiner von uns glaubte mehr an die Rückkehr. Wir waren uns einig: Das ist das Ende.« Dann hielt der Zug auf freier Strecke. Die Frauen sollten aussteigen. »Langsam sprach sich herum, was passiert war. Die Transportliste stimmte nicht mit den vorhandenen Personen überein, weil es ein oder zwei Tote gegeben hatte und die Polen den Transport nun nicht durchließen.« Die Erleichterung war groß, als es endlich hieß: Es geht weiter!

Am 6. Oktober 1946 lief der Zug im Bahnhof von Frankfurt an der Oder ein. Dort herrschte eine beklemmende Ruhe. Kaum ein Mensch war auf den einst so belebten Bahnsteigen zu sehen, nur ein russischer Offizier, dessen Schritte durch das ganze Bahnhofsgebäude hallten. »Dann kam ein Bahnmann und fragte: ›Von wo kommt ihr denn?‹ – Die Antwort: ›Wir

»Wir haben doch hier auch nichts zu essen«: Verschleppte Frauen nach ihrer Ankunft in Deutschland, August 1947.

kommen aus Russland, aus dem Straflager.‹« Was sie dann zu hören bekamen, verschlug Ursula Goldau die Sprache: »›Wieso kommt ihr denn, wir haben doch hier auch nichts zu essen!‹« Nach all dem, was zurücklag, nun das. Die Antwort ließ nicht lange auf sich warten: »›Wir kommen doch nicht wegen des Essens!‹ Wir wollten frei sein und bei unseren Familien. So hatten wir uns die Begrüßung wirklich nicht vorgestellt.«

Nach eineinhalb Jahren durften wir das erste Mal nach Deutschland schreiben. Wir erhielten vorgedruckte Karten und durften 25 Worte schreiben. Man gab uns eine Adresse vom Roten Kreuz und eine vom Suchdienst. Aber sie sagten uns sofort, dass zu Hause in Ostpreußen wohl niemand mehr sein werde.

Christel Grunwald, Zivilverschleppte in der Sowjetunion

Die Verschleppten kehrten in einer Zeit heim, da allenthalben noch Not herrschte, Nahrung und Wohnraum knapp waren. Wer wusste schon von ihrem Schicksal außerhalb der betroffenen Familien und karitativen Stellen? Für die Politik gab es andere zentrale Themen. In der sowjetisch besetzten Zone war es ohnedies ein Tabuthema. Während die Kriegsgefangenen bereits in den ersten Jahren Karten an ihre Angehörigen schicken durften, erlaubte man dies den Zivilinternierten erst sehr viel später. Auch beschäftigte das Los der gefangenen Soldaten die Öffentlichkeit weitaus mehr. Es war vor allem im Westen ein Politikum.

So waren mancherorts Irritationen unvermeidbar, als wie aus dem Nichts plötzlich Zivilisten aus den Lagern der Sowjets auftauchten. Offiziellen russischen Quellen zufolge wurden von den in der Sowjetunion registrierten 302 840 Internierten bis zum Februar 1946 bereits 61 581 Personen repatriiert, davon 26 580 Polen. Die Zahl der Todesfälle wird mit 61 664 angegeben. So jedenfalls lauten die Daten, die seinerzeit nach Moskau gemeldet wurden. Eine andere Jahresbilanz der GUPVI für das Jahr 1946 verzeichnet am 15. Januar 1947 die Zahl von 344 671 Registrierungen. Zwei Bilanzen, zwei verschiedene Angaben, die wiederum im krassen Gegensatz zu denen des Roten Kreuzes stehen – hier geht man von 800 000 Zivildeportierten aus. Es war damals schwierig, auch nur halbwegs genaue Statistiken zu erstellen. Wer etwa über das Durchgangslager Friedland heimkehrte, wurde bei seiner Ankunft in Westdeutschland ausführlich nach Vermissten befragt, nach Männern und Frauen, die auf demselben Transport, im selben Lager gewesen waren. Diese Zeugenaussagen gaben erstmals Auskunft über das Schicksal Hunderttausender Deportierter. Bis dahin wusste man im Westen nur wenig über die Lebens- und Arbeitsbedingungen in den Lagern hinter dem Eisernen Vorhang.

Zurzeit sind noch nicht alle sowjetischen Quellen zugänglich, doch selbst wenn sie einmal ausgewertet werden können, werden wir wohl nie erfahren, wie viele Opfer die Verschleppung tatsächlich forderte. Die Registrierung war allenthalben lückenhaft, nicht nur hinsichtlich der Lebenden, sondern auch bezüglich der Toten.

Am schlimmsten war, dass ich nicht wusste, wo mein Kind geblieben ist. Sonst wäre alles leichter gewesen.

Ursula Retschkowski, Zivilverschleppte in der Sowjetunion

Nachdem Ursula Goldau auf abenteuerlichem Weg in den Westen gelangt war, übergab sie die in ihren Schuh eingenähte Liste dem Roten Kreuz und fügte so den Angaben anderer ein Mosaikstückchen hinzu.

Ein paar Tage hielt sich die Rückkehrerin in Frankfurt/Oder auf. Da sie nicht wusste, ob und wo ihre Angehörigen aus Schönwiese lebten, schickte sie nur eine einzige Karte »Heimkehrerpost, gebührenfrei« an entfernte Verwandte in Berlin. Dann nahm sie das Angebot eines älteren Herrn an, von seiner Wohnung aus Telefongespräche zu führen. Sie ließ sich mit Doktor Deger verbinden, der ein Kollege von Dr. Seiring, ihrem Verlobten, war. »Ich stellte mich vor und sagte, dass ich von ihm Grüße übermitteln wolle, er sei noch im Lager in Russland.« – »Der Seiring lebt?«, tönte es am anderen Ende der Leitung – »Ja!«, sagte Ursula Goldau. »Wann haben Sie ihn denn gesehen?«, fragte der Arzt weiter. Sie antwortete: »Noch vor drei Wochen.« Dann war Doktor Deger ein Weilchen still und sagte: »Sie wissen, dass Herr Seiring verheiratet ist?« Die Verlobte erwiderte: »Verheiratet war, seine Frau und seine beiden Kinder sind in Dresden beim Bombenangriff umgekommen.« – »Nein, nein, er hat wieder geheiratet, seine Frau ist Krankenschwester«, entgegnete Deger.

»Das habe ich schon gar nicht mehr hören wollen. Deger wollte mich zwar treffen, doch ich habe ›Nein‹ gesagt. Das war alles ein bisschen viel: Kein Zuhause, keine Angehörigen, kein Beruf, kein Zeugnis, kein Ausweis – und jetzt ist der Mann, auf den ich gebaut hatte, verheiratet.« Sofort machte sie sich auf die Suche nach ihrer Familie.

Kurz vor Weihnachten 1946 fand sie ihre Mutter im sauerländischen Kierspe.

Ihren Mann hatte sie verloren, umso größer war die Freude über die Rückkehr der Tochter. Was aber wurde aus der Liebesgeschichte? Auf erstaunliche Weise ergab sich doch ein Happy End. Denn Dr. Seiring war nicht wieder verheiratet. Eine Arzthelferin, die bei ihm gearbeitet hatte, ging davon aus, dass ihr Chef tot war. Sie war Bessarabien-Deutsche und hoffte, sich als »seine Frau« ein Bleiberecht und die entsprechende Versorgung zu sichern. Der Schwindel flog auf.

Nun ließ sich Ursula Goldau selber zur Arzthelferin ausbilden, schließlich wollte sie ihren künftigen Mann unterstützen, wenn er aus Russland heimkehren würde. Am 2. Adventssonntag 1948 war es endlich so weit: Ursula Goldau erhielt ein Telegramm aus Frankfurt/Oder, das Hellmuth Seirings Rückkehr ankündigte. Ein knappes halbes Jahr später heirateten die beiden ehemaligen Lagerinsassen in Köln. Glück nach dem Unglück, auch, wenn es nicht allzu lange währte. Am siebten Hochzeitstag starb Hellmuth Seiring – kurz nach der Geburt des zweiten Kindes.

Als Ursula Goldau heiratete, fristeten noch zigtausende Deutsche in der Sowjetunion ein Sklavendasein. Oft kam es vor, dass Lager aufgelöst wurden und die Überlebenden in ein anderes wechseln mussten. So geschah es, dass Waltraud Unrau zusammen mit 90 Frauen aus dem Kopejsker Lager nach Karabasch verlegt wurde. Dort gab es ein Lager für deutsche Kriegsgefangene. Nun kamen weibliche Insassen hinzu. Die Männer sahen dem zunächst mit gemischten Gefühlen entgegen. Sie hatten Angst, für sie mitarbeiten zu müssen in den Erz-, Kupfer- und Kohleschächten der Stadt. Da hatten sie sich allerdings getäuscht, denn die Frauen, die bis hierhin durchgehalten hatten, standen selbst ihren Mann. »Wir waren auch gekleidet wie die Männer, wir arbeiteten wie die Männer und sahen aus wie Männer.«

Trotz der schlechten Luft, trotz der schweren körperlichen Arbeit im Kupferschmelzwerk oder in den Kupferschächten, erwies sich Karabasch für die Frauen als ein Glücksfall. Es war ein geordnetes, funktionierendes Lager, und die 90 Frauen durften sich bald von etwa 1800 Männern umschwärmen lassen. Für alle galten die gleichen Verpflegungsnormen. Und es herrschte weniger Willkür, denn die deutsche Lageraufsicht verstand es, die Rechte der Gefangenen durchzusetzen. Es war – wenn auch auf unterster Ebene – für alles Lebensnotwendige gesorgt, das Massensterben fand ein Ende. Auch das Lazarett war wesentlich besser ausgestattet als das in Kopejsk. Gleich nach ihrer Ankunft wurde Waltraud zur russischen Chefärztin zitiert: »Sie gab mir den Befehl, dass ich das Lazarett übernehmen sollte. Wir haben dort ein recht geregeltes Leben geführt, es gab sogar Fieberthermometer. Unsere besten Medikamente waren die Bankis, das sind Schröpfköpfe, die bei Lungenentzündungen, bei Erkältungen, bei Ischias und bei allen Sachen zur Förderung der Durchblutung eingesetzt wurden, das brachte gute Erfolge.«

Gleich am ersten Tag kam es zu einer erfreulichen Begegnung. Berthold Heschel, der bereits 1941 vor Leningrad in russische Gefangenschaft geraten war, fand sich im Lazarett ein. Er schaute sich um und fragte Wal-

Als ich hinunter in den Bergwerkschacht kam, fühlte ich mich wie in eine Kiste eingesperrt. Ich bekam keine Luft und bin mehrfach zusammengebrochen. Der Offizier hatte wohl Mitleid mit mir und schickte mich hinauf ins Lager. Vier Wochen brauchte ich nicht zu arbeiten. Das ist sonst nie passiert.
Erna Widdra, Zivilverschleppte in der Sowjetunion

traud, ob er ihr irgendwie helfen könne. »Als ich bemerkte, dass er Russisch konnte, sagte ich zu ihm, ich wolle ein bisschen Russisch lernen. Ja, hat er gesagt, das wolle er mir beibringen.«

Berthold Heschel war Lagerältester und hatte als so genannter Altgefangener einige Privilegien, zum Beispiel ein eigenes Zimmer, in dem er sich bald mit Waltraud traf. Die beiden wurden ein Paar. Man sprach auch über die Zukunft – und vom Heiraten. Als die Russen merkten, dass die Kontakte zwischen den weiblichen und männlichen Häftlingen immer intensiver wurden, ließen sie kurz vor Weihnachten 1946 alle Frauen auf Schwangerschaft hin untersuchen. Noch war nichts passiert, doch vorsorglich erfolgte der Befehl, die weiblichen Häftlinge nicht mehr in die Männer- und die Männer nicht in die Frauenquartiere zu lassen. »Da ist mein zukünftiger Mann zum Kommissar gegangen und hat gesagt: ›Was soll ich jetzt machen?‹«, erzählt Waltraud Unrau. »Und der hat gesagt: ›Mach doch einfach die Tür zu!‹ Und so konnten wir uns immer noch sehen, und bald war ich schwanger.«

Ein Kind im Lager? Für die russische Leitung unvorstellbar, und so bot sie Waltraud an, eine Abtreibung im Krankenhaus von Karabasch vornehmen zu lassen – für sowjetische Frauen war das damals ohnedies die übliche Form der Empfängnisverhütung. »Aber ich wollte das nicht, ich hab' das abgelehnt. Berthold, mein künftiger Mann, hat mir das damals freigestellt. Er hat gesagt: ›Wie du auch entscheidest, es ist in Ordnung.‹ Und er hat sich sehr um mich bemüht und mir geholfen, wo er konnte.«

Das ganze Lager nahm Anteil an Waltrauds Schwangerschaft. Wenn die Bergleute aus dem Schacht kamen, war die erste Frage: »Ist das Kind schon da?« Doch das ließ auf sich warten. Bis kurz vor der Geburt arbeitete Waltraud im Lazarett. Ihre Tochter Karin kam am 3. Oktober 1947 frühmorgens zur Welt. Weder die russische Ärztin noch die Hebamme war im Dienst. »Nur unser Doktor Miller war da, und das war dann meine Rettung, nur zu dem hatte ich Vertrauen.«

Als das Kind geboren war, ging die Nachricht wie ein Lauffeuer durchs Lager. »Wir waren beide gesund, und dann kam eine Frau nach der anderen, die eine brachte ein kleines Taschentuch, die andere hatte ein Höschen gestrickt, die dritte ein Hemdchen genäht. Eine hatte ein Stück von ihrem Badetuch abgeschnitten und gab mir das – es war wirklich rührend. Und ich konnte Gott sei Dank das Kind auch stillen, Karin hat sich gut entwickelt.« Doch wie sollte es weitergehen? Noch etwa ein Jahr würden Mutter und Tochter im Lager bleiben müssen.

»Ist das Kind schon da?«: Berthold Heschel und Waltraud Unrau mit ihrer Tochter Karin.

Für die unerschütterliche Königsbergerin Herry Wegner hingegen schienen sich alle Hoffnungen auf Rückkehr zu zerschlagen. Trotz ihrer robusten Natur bekam sie lebensbedrohlichen Typhus. Sie nahm alles nur noch wie in Trance wahr, im Delirium erzählte sie von ihren Geschwistern und der Zeit in Königsberg. »Das hat mir die Sina, die Ärztin, später gesagt; ich kann mich an nichts erinnern, ich war dem Tode näher als dem Lebendigen. Um mich herum starben fast alle. Viele konnten das nicht durchhalten, die kamen nicht aus Ostpreußen, waren nicht so abgehärtet wie ich.« Herry hatte Glück. Sie durfte eine Zeit lang bei der Frau des Lagerleiters arbeiten. »Das war herrlich, sie hat mir zu essen gegeben, da bin ich körperlich wieder munter geworden.«

In dieser Zeit lernte Herry Vitalij kennen. Der war Russe, hatte jedoch einen deutschen Vater, der nach dem Ersten Weltkrieg dageblieben war und eine Russin geheiratet hatte. Vitalij hatte ein Herz für die Gefangene. »Er hat sich irgendwie in mich verliebt. Jedenfalls wollten wir irgendwann heiraten und nach Berlin gehen.«

Vitalij wusste, wie gerne Herry nach Hause wollte, und auch ihn zog es nach Deutschland. Deshalb schmiedete er, der von Beruf Fernfahrer war, einen Plan für die Flucht der Geliebten. Der Plan war einfach, aber auch riskant. Zunächst wollte er Herry nicht allzu weit vom Lager entfernt in einem verfallenen Gebäude verstecken, versorgt mit Wasser und Lebensmitteln. Binnen drei Wochen – so die Überlegung – würde Gras über die Sache wachsen, das heißt, die Aufregung über das Verschwinden der Deutschen verklingen. Dann sollte die eigentliche Flucht beginnen.

So geschah es. Eines Tages war Herry nicht mehr im Lager. Es gibt keine Zeugen für den Aufruhr, den ihr Verschwinden ausgelöst haben mag. Jedenfalls verbrachte die Ausbrecherin Tage bangen Wartens in ihrem Versteck. »Ich war dem Irrsinn nahe. Ich konnte nicht mehr, schon mindestens 14 Tage waren vorüber, vielleicht auch schon drei Wochen – da kam Vitalij endlich.« Er hatte russische Kleider mitgebracht, und eine große Kanne mit Wasser. Damit konnte sie sich den Schorf vom Kopf waschen, denn sie hatte noch immer Läuse. Dann ging es los, zu Fuß, ein, zwei Kilometer hinter Vitalij her, auf Schleichwegen bis zu seinem LKW.

Es folgte die nächste Strapaze. Als Herry auf den Beifahrersitz steigen wollte, hieß es: »Njet!« – sie musste mit einer präparierten Kiste vorlieb nehmen. »Die Kiste ist doch viel zu klein«, protestierte sie, »ich bin doch kein Wurm.« Dann aber kroch sie mühsam in das gerade mal 120 mal 80 Zentimeter große Gefängnis, mit dem sie in die Freiheit gelangen sollte. Tagelang ging es über Stock und Stein. Das eintönige Gerumpel wurde immer wieder unterbrochen – durch sowjetische Straßenposten. »Bei der ersten Kontrolle dachte ich: ›Jetzt bist du am Ende, jetzt werden sie dich finden und erschießen.‹« Doch Vitalij bewahrte die Nerven, sprang jedes Mal aus der Fahrerkabine und zeigte die Transportpapiere. Danach wuchtete er zuerst die Kiste herunter, in der sich Herry befand, und stellte gleich eine zweite darauf. »Dann haben sie die anderen kontrolliert, drei, vier Kisten aufgemacht und geguckt.« Die entscheidende Kiste aber blieb zu.

In der Nähe der polnischen Grenze hielt Vitalij schließlich an. Der Moment des Abschieds war gekommen. Nun musste sich Herry Wegner allein durchschlagen – immer nach Westen, dort würde sie bald auf eine Bahnstrecke stoßen. »Da habe ich natürlich erst mal geheult«, gibt sie, die immer stark sein will, zu.

»Ich konnte schon ganz gut Russisch, und mit meinen Russenklamotten war ich nicht als Deutsche zu erkennen.« Herry marschierte vor allem in der Dunkelheit, kam schließlich in die Nähe der Bahnlinie. Unterwegs traf sie zwei Russen. Sie steckte die Hände in die Taschen und stiefelte mit schwerem Männerschritt weiter. »Da kommen die an mir vorbei. ›Nu‹, sagt der eine zu mir: ›Kamerad‹, also auf Russisch natürlich, ich soll mich beeilen, denn der Transport muss heute noch beladen werden. ›Nu, ladno!‹ Ich weiß Bescheid! sagte ich.« Herry folgte den Männern – und hörte plötzlich deutsche Stimmen. Einige hundert Personen warteten darauf, auf LKWs verladen zu werden, vielleicht waren es Zwangsarbeiter, womöglich Vertriebene. Herry stellte sich dazu und beeilte sich, auf einen der Transporter zu kommen. »Dann wurde gezählt – ›ras, dwa, tri, tschetyrje‹ und so weiter, und da blieb immer eine übrig. Das ging so sechs, sieben Mal. Dann hieß es wieder: Runter vom Auto! Als Letzte aber blieb eine Frau stehen, die Johanna, Hannchen, hieß. Ich dachte schon: ›Mein Gott, die bleibt da, und du bist hier! ... Was machst du jetzt? Willst du der helfen oder nicht?‹ Und da haben sie die Frau am Ende doch gepackt, an Händen und Füßen, und auf den Wagen geschleudert.«

Mit dem Lastwagen ging es weiter zu einer Bahnlinie. Dort wartete ein Zug. An einem großen Tisch saßen mehrere Uniformierte, welche die Papiere überprüften. Einen Entlassungsschein hatte Herry Wegner nicht, nur den kleinen russischen Ausweis, den sie bei der Registrierung in Königsberg erhalten hatte. Den aber wollte niemand akzeptieren. »Da war ich so wütend. Da habe ich mit der Faust auf den Tisch geschlagen und auf Russisch gebrüllt: ›Jetzt reicht's mir! Ihr Russen habt mir das doch ausgestellt!‹ Dann sagte einer: ›Nu, ladno, iditje!‹ – ich solle abhauen –, und dann hat man mir so mit dem Kolben ins Kreuz geschlagen, dass ich dachte, ich sacke zusammen.« Aber Herry Wegner ging erhobenen Hauptes weiter, zum Zug nach Westen, und stieg ein. Sie hatte die Lagerwelt endgültig hinter sich gelassen.

In Deutschland angekommen, verschlug es sie nach Suhl. Königsberg war verwüstet, dort gab es nur noch einige zehntausend Deutsche, die Hunger leiden mussten. Das war keine Heimat mehr, in die man zurückkehren konnte.

Herry Wegner fand Arbeit in einer Garnspinnerei. Lange Zeit wusste sie nicht, ob noch Angehörige von ihr lebten. Wenn sie jetzt nach mehr als 50 Jahren das Wiedersehen mit Bruder und Mutter beschreibt, muss die alte Frau weinen: »Schon auf der Straße fielen wir uns um den Hals, sogar der Nachbar, der Bauer, der mich gebracht hat, weinte. Und ich hörte immer nur, wie mein Bruder rief: ›Mama, Mama, lass! Das Schwesterchen hat doch Hunger!‹« Waldemar brachte seine Schwester ins Haus, es war eine alte, verfallene Kate.

Mutter und Bruder lebten unter ärmlichsten Verhältnissen. Die Türen hatten keine Klinke. Es gab keinen Schrank, nur ein Bett, das fast auseinander fiel. Durch das Dach regnete es herein, und der Herd funktionierte nicht. Das spornte die frühere Gastwirtin an: »Da bin ich am nächsten Morgen aufgestanden und gleich wieder nach Grimmen gegangen, sechs Kilometer.« Dort wandte sich Herry an den Landrat mit der Bitte, Mutter und Bruder zu helfen. »Ich bekam gleich zwei, drei Scheine, Kleider für die Mutti und für den Waldemar, ein bisschen Kochgeschirr, ein paar Teller, zwei Kopfkissen und vier Decken.« Am nächsten Tag wurde alles gebracht.

Sie hatte drei Jahre in sowjetischen Lagern überlebt, was sollte jetzt noch geschehen? Dass sie all das Grauen überstand, führt Herry Schröder auf ihr Naturell zurück und auf ihren festen Willen: »Ich wollte nicht sterben, ich war doch noch so jung und wollte was von der Welt sehen. Ich bin lebenslustig. Viele ließen den Kopf hängen und waren verzweifelt und haben dauernd geheult, ich sagte: ›Mensch, heul nicht immer, das hilft doch nichts! Immer Kopf hoch, wenn der Hals auch schwach ist.‹« Außerdem wollte sie Vitalij heiraten: »Wir wollten uns in Berlin treffen. Mein ganzes Streben war, nach Berlin zu kommen. Ich wollte diesen Mann heiraten, er war so ein großer, forscher Typ und so lieb zu mir, sehr, sehr lieb.« Herry hat Vitalij nie wieder gesehen, sie weiß nichts über sein weiteres Schicksal. Doch sie sieht sich als Stehaufmännchen. »Da bin ich auf der einen Seite ganz tief unten, da geht's auf der anderen Seite wieder bergauf.«

Es gibt kaum Berichte von geglückten Fluchten bei den Zivilverschleppten. Es bedurfte ungeheuren Mutes und physischer Kräfte, die viele Häftlinge nicht mehr aufbringen konnten. Und ohne Helfer hätte es auch Herry Wegner nicht geschafft. Die anderen mussten warten oder darauf hoffen, dass vielleicht der Arzt den Rückfahrschein ausstellte.

Manfred Peters befand sich im Frühjahr 1947 im Lager Kimpersai, als dieses von einer Ärztekommission aufgesucht wurde. Inzwischen hatten sich die Verhältnisse dort halbwegs normalisiert, die Sterberate war stark gesunken. Der Junge aus Danzig galt als einer der schwächsten in seiner Arbeitsgruppe. Wenig später verlas der Lagerkommandant bei einem Morgenappell die Namen derjenigen, die nach Hause fahren durften, »Fredi« war dabei. Doch er wagte gar nicht, sich zu freuen, schließlich hatte er schon so oft gehört: »Ihr kommt nach Hause!« Dann aber schöpfte er Hoffnung, denn an die Auserwählten wurde frische Kleidung verteilt:

Das Schlimmste während des Rücktransports war die Nachricht, dass Ostpreußen abgetrennt ist von Deutschland und wir nicht mehr zurück können in unsere Heimat.

Ursula Retschkowski, Zivilverschleppte in der Sowjetunion

Unterhemd und Unterhose, Arbeitsschuhe, Wattejacke und Wattehose. »Ich unterschrieb dann noch, dass ich dem sowjetischen Staat 1900 Rubel schulde, für Verpflegung und Unterkunft.« Anfang Juni 1947 verließ Manfred Peters den Ort der Zwangsarbeit. Wieder stieg er in einen Viehwaggon, diesmal standen die Türen aber offen. Nach einigen Tagen Fahrt kam es zu einer kuriosen Szene. Ein russischer Offizier, der den Transport begleitete, ging durch die Waggons und forderte die ehemaligen Gefangenen auf, eine Stellungnahme über das gute Leben als Internierter im ruhmreichen Sowjetstaat zu schreiben. »Wozu diese Stellungnahmen wohl später verwendet wurden?«, fragt sich Manfred Peters heute. Dazu gehört nicht viel Fantasie: um im Fall einer eventuellen Klage das begangene Unrecht zu leugnen. Die meisten Rückkehrer aber wollten kein Risiko mehr eingehen und entsprachen dem Ansinnen. »Was dort von unsereinem niedergeschrieben wurde, war das Papier nicht wert, auf das wir kritzelten.«

Einen Wermutstropfen gab es. Die Rückkehr nach Danzig oder in ein anderes sowjetisch oder polnisch besetztes Gebiet jenseits von Oder und Neiße wurde nicht gestattet. »Wir durften nicht nach Hause. Doch schlimmer war für mich, dass ich keine Ahnung hatte, wo sich meine Mutter befand.« Es dauerte noch Monate, bis Manfred Peters sie und seinen kleinen Bruder in Weißenfels traf.

Auch Christel Grunwald verdankt ihre Heimkehr einem Arzt – dem Wolgadeutschen Dr. Schiller. »Der kam und sagte: ›Wen ich aufschreibe, der kommt nach Hause.‹ Bei mir kullerten schon die Tränen, weil meine Schwester nicht dabei war, und ich wollte doch nicht allein fahren.« Der Arzt setzte nur Christel auf die Transportliste. Über Moskau und Brest-Litowsk ging es auch diesmal nach Frankfurt an der Oder. Dort versuchte man, die Heimkehrer noch zum Kommunismus zu bekehren und zum Bleiben in der sowjetisch besetzten Zone zu bewegen. »Wir aber hatten genug vom Kommunismus, den hatten wir ja gerade zur Genüge kennen gelernt.«

Christel wollte zu ihrer Mutter in den Westen. »Durch das Niemandsland zwischen der sowjetisch besetzten Zone und Westdeutschland sind wir zu Fuß gegangen.« Dann der Empfang: »Mit einem Mal spielte Musik, da standen saubere Omnibusse, alles war so sauber. … Rot-Kreuz-Schwestern in weißen Schürzen begrüßten uns – ›jetzt habt ihr's geschafft‹ und ›herzlich willkommen‹. Und eh wir uns versahen, hatten wir einen großen

Oben: »Herzlich willkommen in Deutschland«: Spätheimkehrer-Ehepaare aus Russland am Grenzbahnhof Herleshausen, Dezember 1953.
Unten: »Wann und wo zuletzt gesehen?«: Eltern-Kind-Suchplakate aus den Jahren 1946/47.

Ich war so eingeschüchtert in meiner Lumpenkleidung und habe mich furchtbar geschämt. Im Zug nachher sprachen mich die Mitreisenden an. Sie konnten es gar nicht glauben, dass ich aus Russland kam, aus Sibirien. Eine Frau sagte: »Ich habe ja nicht viel«, aber sie schrieb sich meine Anschrift auf – und siehe da: Etwas später bekam ich ein Paket mit Wäsche von ihrer Tochter. Ein Herr in Lippstadt ist am Bahnhof für mich zum Schalter gegangen, hat mir eine Fahrkarte gelöst und genau beschrieben, wie ich fahren musste. Dann hat er mich noch zum Zug gebracht. Die Hilfe, die einem entgegenkam, war überwältigend.
Christel Grunwald, Zivilverschleppte in der Sowjetunion

Becher Kakao in der Hand und belegte Brote. Wir wussten gar nicht, wie uns geschah. Wir haben geweint vor Freude, wir haben uns umarmt: ›Jetzt sind wir zu Hause, jetzt sind wir zu Hause.‹ Wir haben ja überhaupt nicht mit so einem Empfang gerechnet.«

Bevor sie zu ihrer Mutter ins Sauerland weiterreiste, erfolgte die Registrierung im Durchgangslager Friedland. »Ich kann mich erinnern, die ganzen Wände dort waren voller Suchanzeigen.«

Es waren viele Eltern, die zu dieser Zeit auf ein Lebenszeichen ihrer verschleppten Kinder warteten, auch die Unraus. Anfang 1947 konnte Waltraud endlich die ersten Rot-Kreuz-Karten nach Deutschland schicken. Bis dahin wussten Vater und Mutter nichts vom Schicksal ihrer Tochter. Auf einer der nächsten Karten beglückwünschte sie ihr künftiger Schwiegersohn Berthold Heschel zur Geburt ihres Enkelkindes Karin. Das war ein Schock für Waltrauds Eltern – unehelicher Nachwuchs! »Mein Vater hatte eine Antwortkarte geschrieben: Ich könne bleiben, wo ich bin. Diese Karte hat er an meine Schwester geschickt, doch meine Schwester hat sie zerrissen und eine neue Karte besorgt. Dann hat sie für ihn geschrieben, und das klang schon anders.«

Doch noch war das Paar nicht in Deutschland. Waltraud Unrau und Berthold Heschel machten sich inzwischen Sorgen um ihren Nachwuchs. Als der für Verpflegung zuständige Offizier Orgonzow ins Lager Karabasch kam und verlangte, die kleine Karin solle bei den sowjetischen Behörden angemeldet werden, lehnte Waltraud das ab aus Angst, das Kind vielleicht nicht mit nach Hause nehmen zu können, wenn es so weit sein sollte. Fast ein Jahr lang wuchs die kleine Karin in Karabasch auf, von allen im Lager umhätschelt und verwöhnt. Die Russen bewunderten den rosa gestrichenen Kinderwagen, den Vater Berthold in der Tischlerei hatte bauen lassen.

Der Tag, an dem man ihr den Wagen nehmen würde, aber sollte ein Glückstag sein. Ende 1948 durfte sich die Frau mit ihrem Kind auf den Weg ins Heimkehrerlager Tscheljabinsk machen. Während sie darauf wartete, dass ihr Name verlesen wurde, bauten ihr Männer dort in Windeseile einen neuen Wagen, nicht so schön wie der erste, aber genauso praktisch. Bevor Mutter und Kind die Fahrt nach Deutschland antreten durften, wurde Waltraud noch einmal verhört. Sie sollte erzählen, was sie über ihren Berthold wusste, offenbar suchten die Russen nach Vorwänden, ihren Mann noch möglichst lange in der Sowjetunion zurückzubehalten. Sie gab sich unwissend. Dann ging es von Tscheljabinsk nach Frankfurt/Oder. Waltraud Unrau und ihre kleine Tochter kamen wohlbehalten in Deutschland an. Aus dem Entlassungslager Frankfurt-Gronenfelde schickte Waltraud ein Telegramm an ihre Eltern, um ihre Heimkehr anzukündigen.

Die Unraus lebten als Flüchtlinge in Schleswig Holstein, wo sie auf einem größeren Hof Arbeit und Wohnung gefunden hatten. Nach Übernachtungen in Erfurt und Heiligenstadt ging es für Waltraud und ihre Tochter zu Fuß über die Grenze in den Westen. Wie Tausende andere auch, wurden sie dort vom Roten Kreuz empfangen – mit Kakao und Brötchen und vielen, vielen Fragen nach den Bedingungen in den Lagern, vor allem aber nach Vermissten. Nach der Einkleidung wurde die Fahrt dann endlich zu den Eltern nach Nortorf fortgesetzt. »In der Bahnhofsgaststätte stellte man mir eine Tasse Kaffee hin und ließ mich telefonieren. Dann kam mein Vater mit dem Milchwagen, um uns abzuholen. Wir standen da, mit Tränen in den Augen – keiner sagte ein Wort –, und dann sind wir einander in die Arme gefallen.« Um der Tochter etwas zu essen anbieten zu können, hatte Vater Unrau vorher noch schnell einen Sack Kartoffeln verkauft. Waltrauds Eltern hatten aus ihrer alten Heimat in Westpreußen nichts retten können. Nun bewohnten sie nur ein einziges Zimmer. Die kleine Karin durfte bei den Großeltern schlafen, Waltraud schlief auf dem Dachboden, gekocht wurde im Keller und in der Waschküche.

Waltraud war ohne Ausbildung – sie war noch zur Schule gegangen, als die Familie flüchten musste. Doch sie wollte nicht auf Staatskosten leben und zog nach Bremerhaven, wo sie eine Stelle in einer Bar fand. Später heiratete sie Berthold.

»Die Zeit der Gefangenschaft«, sagt sie, »hat mich ganz schön durcheinander gebracht, noch heute geht es mir so.« Immer noch plagen sie

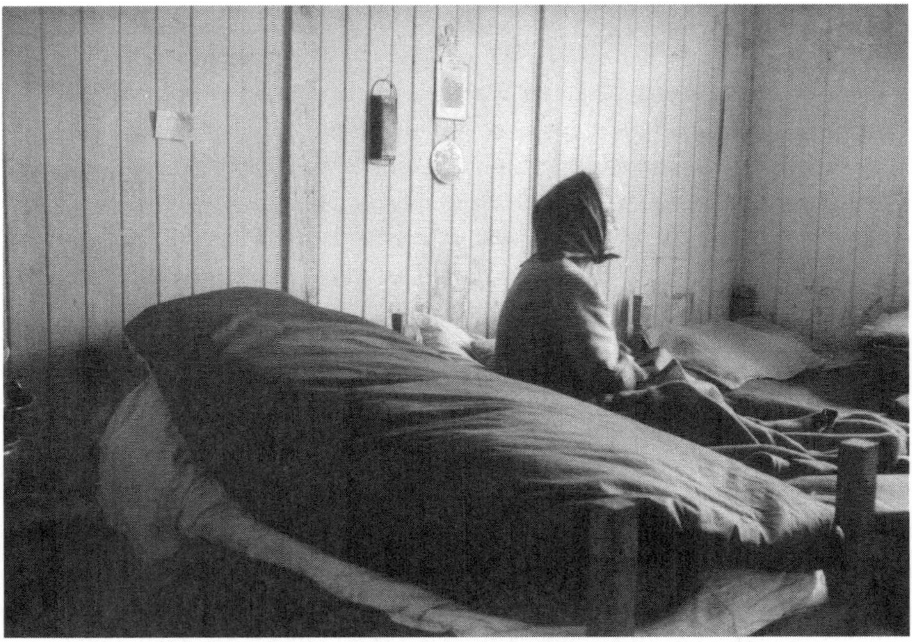

Oben: »Ich wusste nicht, wie es weitergehen sollte«: Viele Verschleppte blieben nach ihrer Heimkehr mit ihren Erinnerungen allein.
Unten: »Ich bin so froh, dass du noch lebst!«: Wiedersehen von Mutter und Kind in Dresden, 1947.

Albträume: »Dann höre ich Geräusche, Stimmen und Schreie aus dem Lager und schrecke hoch.« Nach ihrer Heimkehr aus der Sowjetunion wurde Waltraud nur einmal gebeten zu erzählen, was sie in den dreieinhalb Jahren erlebt hatte. Als sie merkte, wie ungläubig ihr die Leute zuhörten, brach sie ihre Erzählung ab, »und damit war für mich bis in die Achtzigerjahre das letzte Wort über Russland gefallen«.

Bei ihrem Besuch in Karabasch im Sommer 2000 machte sich Waltraud auf die Suche nach den Russen, mit denen sie im Lager zu tun gehabt hatte. Doch die meisten waren tot oder in eine andere Stadt gezogen. Getroffen hat Waltraud nur deren Kinder und Enkel: »Schade, dass ich vergessen habe zu fragen, ob jemand in einem rosa Kinderwagen groß geworden ist, den ich dort 1948 zurückgelassen hatte.«

Im August 1949 wurden mit dem »Genfer Abkommen über den Schutz der Zivilpersonen in Kriegszeiten« die Rechte der Zivilinternierten klar geregelt. Zu den Unterzeichnerstaaten der insgesamt vier Genfer Abkommen von 1949 gehörte auch die Sowjetunion. Nun dauerte es nur noch wenige Monate, bis die Mehrzahl der deutschen Zivilisten und Kriegsgefangenen aus den Lagern entlassen und zurück nach Deutschland transportiert wurden.

Bis Ende 1949 durften auch Gertrud Kriwitzki, Irene Grunwald und Eva-Maria Stege nach Hause. Gertrud wäre im Westen beinahe nicht angekommen. Als der Zug auf freier Strecke hielt, kletterte sie heraus, um ihre Notdurft zu verrichten. Da rollte der Zug an. »Jetzt bist du verloren, dachte ich. Und dann sah ich am nächsten Waggon so ein Rangiertrittbrett und eine Haltestange. Da habe ich sofort zugegriffen und mich hochgezogen.« Gertrud klammerte sich auf dem Trittbrett fest, sah Gleise und Eisenbahnschwellen unter sich vorbeifliegen und versuchte die Streckenwärter auf ihre Lage aufmerksam zu machen. Doch die winkten nur zurück, mit ihren gelben Fähnchen. »Ich hatte keine Angst, sondern nur einen unheimlichen Überlebenswillen so kurz vor dem Ziel.« Nach zwei, drei Stunden machte der Zug wieder Halt. Erschöpft und zitternd vor Kälte kletterte sie zurück in den Waggon, wo ihre Kameradinnen sie schon vermisst hatten. Was wäre geschehen, wenn sie nicht auf den Waggon hätte springen können? Wäre Sie je nach Hause gekommen?

Nun aber gelangte sie über Frankfurt/Oder in das Lager Friedland und von da nach Hamburg. Dort fand Gertrud Kriwitzki Aufnahme bei einer Tante. Mutter und Vater waren vermisst. In den ersten Wochen lebte sie in den Tag hinein, hatte keine Pläne, machte sich keine Gedanken über die

Als ich in Hamburg ankam, da fühlte ich mich wie ein neuer Mensch. Doch dann kamen die Erinnerungen, und ich war wie in Trance. Ich hatte keine Pläne. Ich hatte keine Zukunftsgedanken. Ich lebte in den Tag hinein.

Gertrud Kriwitzki, Zivilverschleppte in der Sowjetunion

Zukunft. Sie wusste nur eins: »Ich bin nicht mehr eingesperrt, werde nicht mehr drangsaliert.«

Beim Arbeitsamt hieß es später: »Was haben Sie gelernt?« Doch Gertrud Kriwitzki hatte nichts gelernt, sie war ja noch als Schülerin verschleppt worden, und so gab es keine Arbeit für sie. Da die Tante sie nicht ernähren konnte, half sie in Privathaushalten, absolvierte Schreibmaschinenkurse und arbeitete sich langsam, aber stetig nach oben. Bis 1993 sprach sie nie über Flucht und Zwangsarbeit in Russland. Dann entschloss sich Gertrud Kriwitzki-Böttcher, ihre Erinnerungen aufzuschreiben, um sich dem Erlebten noch einmal zu stellen und damit fertig zu werden.

Als die inzwischen 20-jährige Eva-Maria Stege Ende 1949 aus dem tiefsten Sibirien zurückkehrte, bestand sie »nur noch aus Haut und Knochen. Die Menschen waren dermaßen abgemagert, teilweise auch geistig nicht mehr ganz beieinander, dass man sie kaum wiedererkannte. Das hat sich dann erst mit der Zeit gegeben, als sie wieder normal essen und leben konnten.« Eva-Maria Stege blieb in der DDR, ihre Eltern und Geschwister lebten dort. »Als ich kam, haben sich meine Eltern gefreut, dass ich da bin – aber so eine Herzlichkeit habe ich nicht gespürt, die fehlte mir. Da war ich sehr enttäuscht. Ich hatte in allen Briefen geschrieben, ›ich warte auf euch‹, und ›ich werde euch bald wiedersehen‹, und ›ich bitte Gott, dass er euch das Leben erhält‹. Und ich habe immer wieder so etwas formuliert. Ich habe ein Gedicht gemacht und ein Lied gemacht, für meine Familie. Und das, was dann kam, war schon bitter.«

Sie ging bald darauf nach Berlin, fand dort Arbeit, aber keine Heimat.

Wieder in Deutschland, in der sowjetischen Besatzungszone, angekommen, musste ich mich bei der Behörde melden, um zu erfahren, ob ich irgendwo ein Zimmer oder eine kleine Wohnung bekommen könnte. Der Mann auf dem Amt fragte mich: »Wo kommen Sie denn her?« Ich sagte ihm, dass ich aus dem Lager in Russland käme. Da lachte er los und glaubte, ich wollte mir mit ihm einen Scherz erlauben. Wie ich denn dorthin gekommen sei? »Ich bin verschleppt worden«, antwortete ich ihm. »Das ist doch alles gelogen«, erwiderte er.

Ursula Retschkowski, Zivilverschleppte in der Sowjetunion

Oben: »Lang entbehrte Genüsse«: Von ihrem ersten deutschen Geld haben sich diese Frauen im Lager Hof-Moschendorf Seife und Parfüm gekauft, November 1949.
Unten: »Endlich in Sicherheit«: Heimgekehrte Zivilinternierte im Lager Friedland, April 1951.

Auch Frau Stege sprach über ihre Zeit in der Sowjetunion, aber keiner verstand sie wirklich. Noch heute leidet sie unter dem Trauma jener Jahre.

Die kleine Christel Krause und ihre Mutter hatten die Sowjetunion bereits Ende 1946 verlassen dürfen. Auch ihre Familie fand eine neue Heimat in der DDR. »Bis heute habe ich vieles noch nicht verarbeitet«, sagt Christel Krause-Schack, »denn in der DDR durfte man bis zur Wende nicht darüber sprechen, dass man beim Russen war. Unschuldige kamen nicht nach Sibirien, so hieß es damals, also mussten wir wohl etwas auf dem Kerbholz haben.«

Die Zeit heile alle Wunden, sagt man – doch wohl nur solche, die fachmännisch versorgt werden. »Je älter ich werde«, sagt die heute 65-Jährige, »desto öfter muss ich an die beiden schrecklichen Jahre in Sibirien zurückdenken. Ich war doch erst sieben. Ich will jetzt nicht sagen, ich wäre über Leichen gegangen, aber ich war völlig verhärtet. Und was ich von mir verlangt habe, das habe ich auch von anderen verlangt. Die Zeit im Lager hat mich kaputtgemacht. Das hat meine Seele zerstört, es hat mich überhaupt zerstört. Ich war später nicht in der Lage, irgendwas selbstständig zu machen. Ich konnte auch nicht über mich reden, es ging einfach nicht. Es war so schlimm manchmal, dass ich überhaupt nichts mehr wusste, es war einfach eine Leere da.«

Bis zum heutigen Tag wird in den Nachfolgestaaten der Sowjetunion – von einigen wenigen regionalen Initiativen abgesehen – nur wenig über das Schicksal der zivilverschleppten Deutschen gesprochen. Noch immer sind viele vermisst. Manche wurden anonym bei irgendeinem Lager in den Weiten der Sowjetunion verscharrt, andere fanden schon als kleines Kind Aufnahme in einer russischen Familie und vergaßen ihre Herkunft. Manch anderem wurde nach Jahren in der Sowjetunion die deutsche Staatsangehörigkeit aberkannt – dann wurde aus Käthe Katharina, aus Paul Pawel, aus Liesabeth Maria. Ihre Akten sind auch heute noch weithin unter Verschluss. Meist wird das Thema verdrängt – oft aus Angst, das schwere Schicksal der sowjetischen Zwangsarbeiter, die in Hitlers Reich verschleppt worden waren, könnte relativiert werden. Doch es geht den Überlebenden nicht um Aufrechnung von Schuld. Wenn die ehemaligen deutschen Zwangsarbeiter über die eigene Vergangenheit, über die eigenen traumatischen Erlebnisse sprechen, dann ist es für sie vielmehr ein erster Schritt zur Bewältigung dieser schweren

Die Zeit nach dem Lager war eine ganz schlimme Zeit. Man lebte wie im Traum. Man konnte das psychisch gar nicht verarbeiten, was mit einem passiert war.

Ursula Retschkowski, Zivilverschleppte in der Sowjetunion

»Es gab Momente der Verlegenheit«: Eine heimgekehrte Mutter und ihr Sohn müssen sich erst wieder kennen lernen.

Zeit – einer Zeit, welche die Frauen in ihren Träumen auch heute noch heimsucht. Nur wenige von ihnen haben jemals psychologische Hilfe in Anspruch genommen. Ihr Schicksal stand im Schatten der Geschichte von Krieg und Nachkrieg. Es wurde von Konrad Adenauer bei seinen Verhandlungen in Moskau nicht erwähnt, von der Öffentlichkeit beider deutscher Staaten kaum wahrgenommen, auch später der Opfer nicht gedacht. Es ist Zeit, dass sie sprechen.

Willkommen im Camp

> **Die Gefangenschaft hat mir dreieinhalb Jahre meines Lebens genommen. Gegeben hat sie mir, dass ich Länder, speziell die USA und England, aus einer anderen Perspektive sah als der, die man hier immer vorgesetzt kriegte.**
>
> Herbert Gödecke, Gefangener in den USA und England

Arnold Krammer, ein Geschichtsprofessor der University of Texas, erhielt im Frühjahr 1984 einen mysteriösen nächtlichen Telefonanruf. Ein gewisser Dennis Whiles wollte sich mit ihm über sein kürzlich erschienenes Buch über deutsche Kriegsgefangene in den USA unterhalten. Nach langem Zögern behauptete der Gesprächspartner schließlich: »Ich bin der letzte deutsche Kriegsgefangene!« Der Anrufer war Georg Gärtner – ehemals Feldwebel in Rommels Afrikakorps. Im September 1945 war er aus einem Gefangenenlager in New Mexico geflohen, weil er nicht in seine von den Sowjets besetzte Heimatstadt in Schlesien zurückgebracht werden wollte. In einer hellen Vollmondnacht gelang es ihm, unter dem Stacheldrahtzaun des Camps hindurchzukriechen, auf einen vorbeifahrenden Zug zu springen und im kalifornischen San Pedro unterzutauchen, sich mit Gelegenheitsjobs durchzuschlagen und schließlich eine bürgerliche Existenz aufzubauen. Das FBI hatte Gärtner zwei Jahre lang verzweifelt in New Mexico gesucht – die Möglichkeit, dass der Flüchtige den pünktlich um 22.00 Uhr am Lager vorbeifahrenden Zug hatte zweckentfremden können, war sträflicherweise nicht in Betracht gezogen worden. Die Bundespolizei ließ daher den deutschen Gefangenen lange genug unbehelligt, bis er die amerikanischen Lebensgewohnheiten annehmen und den örtlichen Akzent lernen konnte. Als man die Suche endlich auf die gesamten Vereinigten Staaten ausdehnte, fiel Gärtner nicht mehr auf und war von einem »normalen US-Bürger« kaum noch zu unterscheiden. Das FBI fahndete bis 1963 vergeblich nach ihm, dann gab man die Hoffnung auf und erklärte Gärtner für tot. Unter dem Namen George Dennis hatte er zunächst in Kalifornien gelebt, später nahm er den Namen Dennis Whiles an und heiratete in den Sechzigerjahren eine Amerikanerin. Gärtner stellte sich im September 1985 den Behörden. Sein Fall zog die ganze

»Der letzte Gefangene«: Georg Gärtner alias Dennis Whiles und seine Frau Jeannie am 12. September 1985 im US-Fernsehen.

Aufmerksamkeit der amerikanischen und deutschen Öffentlichkeit auf sich, es gab Fernsehauftritte, Zeitungen berichteten über ihn, ein Buch wurde geschrieben. Es war eine unglaubliche Geschichte, die Gärtner erzählen konnte. Die USA wurden daran erinnert, dass während des Zweiten Weltkriegs 370 000 deutsche Kriegsgefangene bis zu drei Jahre lang im Land der unbegrenzten Möglichkeiten gelebt hatten. Ein vergessenes Kapitel der amerikanischen Geschichte wurde über Nacht mit dem »Fall Gärtner« ans Tageslicht zurückgeholt.

Seit dem 11. Dezember 1941 befanden sich die Vereinigten Staaten offiziell im Krieg mit dem Deutschen Reich. Während im Pazifik heftige Kämpfe tobten und das Land infolge des japanischen Überfalls auf Pearl Harbor ein vom Rassismus geprägtes Feindbild aufbaute, stand der Kampf gegen Deutschland im öffentlichen Bewusstsein zunächst nur im zweiten Glied. Gewiss, seit Januar 1942 operierten deutsche U-Boote vor der US-

Oben: »Aus dem Atlantik gefischt«: Die ersten Gefangenen in den USA waren deutsche U-Boot-Männer.
Unten: »Nur das nackte Leben gerettet«: Deutscher U-Boot-Mann an Bord eines US-Schiffs – er hat einen Satz »Überlebenden-Bekleidung« erhalten und übergestreift.

Ostküste und versenkten hier ein Schiff nach dem anderen. Doch nach einem halben Jahr hatten sich die »grauen Wölfe« wieder verzogen und jagten in den Weiten des Mittelatlantiks alliierte Handelsschiffe. Alles in allem bekam Amerika von dem Krieg in Europa nicht viel mit. Da US-Bodentruppen zunächst nur gegen die Japaner kämpften, gab es vorerst auch keine deutschen Kriegsgefangenen in den Vereinigten Staaten. Die ersten deutschen Soldaten, die amerikanischen Boden betraten, waren die Überlebenden von U 352, das am 9. Mai 1942 vor der Küste North Carolinas versenkt worden war. U-Boot-Fahrer waren nicht nur die ersten Gefangenen amerikanischer Streitkräfte, sondern sie waren auch eine besonders wertvolle Beute. Sie wurden in spezielle Verhörlager gesteckt, wo man versuchte, ihnen militärische Geheimnisse, etwa über den Funkverkehr oder neuartige Torpedos, zu entlocken. Ähnlich wie die Briten schafften es auch die Amerikaner, mithilfe von raffinierten Verhörmethoden, Wanzen und Spitzeln, hier eine reichlich sprudelnde Informationsquelle anzuzapfen. Etliche Gefangene drängten sich ihren Bewachern überdies regelrecht auf, um ihnen alles zu erzählen, was sie wussten. So nahmen die deutschen U-Boot-Fahrer immer eine Sonderrolle ein.

Mit der Landung der Alliierten in Nordafrika am 8. November 1942 griffen die USA fast ein Jahr nach Kriegseintritt auch mit Bodentruppen in die Kämpfe gegen Deutschland ein. 100 000 GIs landeten in Marokko und Algerien. Wenige Wochen später kam es in Tunesien zu heftigen Gefechten mit deutschen Truppen, die für die kampfungewohnten Amerikaner nicht so verliefen, wie sie sich das vorgestellt hatten: Im Februar 1943 gerieten allein am Kasserine-Pass über 4000 Amerikaner in deutsche Gefangenschaft!

Doch das Ende der Heeresgruppe Afrika war gleichwohl nur noch eine Frage der Zeit, die Überlegenheit der Alliierten zu Lande und in der Luft war zu erdrückend. Hitler befahl, jeden Fußbreit Boden in Tunesien zu verteidigen, und verweigerte die Erlaubnis zur Räumung des zunehmend schrumpfenden Brückenkopfes. Somit besiegelte er das Schicksal der deutschen Afrikakämpfer. Am 13. Mai 1943 erlosch der letzte Widerstand, 110 000 deutsche und 40 000 italienische Soldaten gingen in Gefangenschaft. Die amerikanischen Truppen hatten im Kampf gegen Deutschland ihren ersten großen Sieg errungen.

Der Endkampf der deutschen und italienischen Afrikaverbände hat heute sein ehrenvolles Ende gefunden. Die letzten in der Umgebung von Tunis fechtenden Widerstandsgruppen, seit Tagen ohne Wasser und Munition, mussten nach Verschuss ihrer gesamten Munition den Kampf einstellen.

OKW-Meldung, 13. Mai 1943

Washington hatte sich in Absprache mit Lon-

»Unter einer erbarmungslosen Sonne«: US-Auffanglager für deutsche Kriegsgefangene in Tunesien, Mai 1943.

don dazu verpflichtet, alle deutschen Soldaten, die man in Tunesien gefangen nahm, aufzunehmen, da die Kapazität der britischen Lager in Kanada und im Nahen Osten bereits erschöpft war. Noch nie zuvor hatten die Vereinigten Staaten eine so große Anzahl von Gefangenen im eigenen Land unterbringen müssen. Im Ersten Weltkrieg waren die wenigen von den amerikanischen Divisionen 1918 aufgegriffenen deutschen Soldaten auf dem Kontinent in Lager gesteckt worden.

Der Moment der Gefangennahme war für die deutschen Landser meist ein traumatisches Erlebnis. Gezeichnet von den heftigen Kämpfen in der Wüste und wochenlangen Entbehrungen, wurden sie plötzlich aus ihrer Welt herausgerissen. Gewiss, man konnte froh sein, den Krieg überlebt zu haben, doch nun erwartete die Soldaten eine ungewisse Zukunft. Wie würde man sie behandeln, wie verpflegen? Und vor allem: Wohin würde man sie bringen? Nach England, nach Marokko oder vielleicht doch nach

Das ist das Schlimmste, was einem passieren kann: während der Nacht in Gefangenschaft zu kommen. Man weiß überhaupt nicht, was hinten und vorne ist, und jeden Moment rechnet man damit, dass man abgeschlachtet wird.

Johannes Kreye, Gefangener in den USA

Als es nach der Gefangennahme hieß, dass wir nach Amerika kommen würden, war das für uns eine gute Nachricht.

Paul Pfeiffer, Gefangener in den USA

Amerika? Latrinenparolen machten die Runde, überall wucherten wilde Spekulationen. Die Männer wurden zunächst entwaffnet und gründlich durchsucht. Dabei mussten sie sich freilich nicht nur von ihren Waffen trennen. Abzeichen, Orden und Uhren waren bei den amerikanischen GIs so beliebt, dass unter den Gefangenen U.S.A bald für »Uhren sammelnde Armee« stand. »Die amerikanischen Bewachungsmannschaften hatten wahrscheinlich noch kein Pulver gerochen«, erinnert sich Reinhold Pabel. »Sie hatten überhaupt keinen Respekt vor uns. Mit geschäftsmäßiger Routine plünderten sie unsere Taschen und bereicherten sich an unserem persönlichen Eigentum.« Die Gier nach Souvenirs von »Nazi-Soldaten« war schier unstillbar und wuchs mit zunehmender Entfernung von der Front. Da die Masse der amerikanischen Soldaten niemals unmittelbar an der Hauptkampflinie eingesetzt war, mussten die Kriegsgefangenen oftmals als einzige »Bezugsquelle« von beweiskräftigen Kriegserinnerungen herhalten.

Nach den ersten Durchsuchungen schleppten sich die geschlagenen Landser in langen Kolonnen aus der Kampfzone und wurden dann in LKWs in die Sammel- und Auffanglager gebracht. Das erste provisorische Camp war ein riesiges, stacheldrahtumzäuntes sandiges Stück algerische Wüste, berichtet Fritz Arnold. »In flimmernder Sonne lag es da. In einer Ecke unter niedrigen Zelten dösten wir, einige hundert Kriegsgefangene.« Bald ging es weiter zu größeren Camps. In Casablanca, Oran und Marrakesch waren die Hauptlager für die Gefangenen aus dem Mittelmeerraum

Der Moment der Gefangennahme war für uns »Afrikaner« gleich: Wir hatten keine Verpflegung mehr, wir hatten keinen Sprit mehr. Wir hatten keine Munition mehr. Uns stand eine unheimliche Streitmacht von Leuten – Engländer, Amerikaner, Franzosen – gegenüber, die voll ausgerüstet und mit allen Mitteln versehen waren. Für die war das natürlich dann nachher nur noch ein »Einsammeln«, denn wir hatten keine Möglichkeit mehr, auch nur… irgendwie einen Widerstand zu leisten.

Elert Bade, ehemaliger Soldat des Afrikakorps

Oben: »Die dachten, wir würden aus einer Rasierklinge einen Panzer bauen«: Bei der Ankunft in den USA wurden die Gefangenen streng gefilzt.
Unten: »Drecksjobs machten oft die Schwarzen«: Ein Entlausungskommando der US-Armee erwartet die Gefangenen.

Wir waren Teil eines Geleitzuges – eines gewaltigen Geleitzuges. Also, mein mangelhaftes Zählvermögen hat so 60 bis 80 Schiffe gezählt, darunter ein Flugzeugträger, dann hatten sie Zerstörer. Der Geleitzug setzte sich dann, nach einigem Warten auf dem Atlantik vor der Küste von Gibraltar, in Richtung Vereinigte Staaten in Bewegung.
Rüdiger von Wechmar, ehemaliger Soldat des Afrikakorps

eingerichtet worden. Hier wurden die meisten von ihnen registriert, mit einer Nummer versehen und einer ärztlichen Routinekontrolle unterzogen. Dann ging es per Schiff in die USA. Etliche tausend Mann hatten das Glück, diese Reise auf einem der großen Passagierschiffe zu unternehmen. Sie schliefen in luxuriösen Kabinen, bekamen ausgezeichnetes Essen und konnten zum Zeitvertreib Sport treiben. Auf dem Passagierdampfer »George Washington« speisten die deutschen Offiziere sogar in einer eigenen Messe und wurden von Stewards bedient.

Die Masse der in die Vereinigten Staaten verschifften deutschen Kriegsgefangenen wurde jedoch mit »Liberty«-Schiffen, den amerikanischen Einheitsfrachtern, befördert, die für den Transport von Personen behelfsmäßig hergerichtet worden waren. Hier herrschte eine zum Teil qualvolle Enge, es gab zu wenig sanitäre Einrichtungen für die von der Seekrankheit geplagten Männer. 500, später sogar bis zu 1000 Gefangene wurden in die tiefen, dunklen Laderäume der Frachter gezwängt.

Während der Überfahrt blieb bei vielen Gefangenen die Ungewissheit über ihr Reiseziel. »Parole Nummer eins war immer noch, wir kämen nach Afrika zum Arbeitseinsatz, was umso wahrscheinlicher wurde als am dritten Tag plötzlich das Schlingern und Stampfen der Turbinen aufhörte und eine große Stille eintrat. Das konnte nur bedeuten, dass wir einen Hafen angelaufen hatten. Durch den Wachposten erfuhren wir, wo das Schiff vor Anker ging: in Philippeville, Algerien. Es kam also doch, wie man prophezeite, und die Stimmung im Mannschaftsraum fiel sofort auf den Nullpunkt. Ausgerechnet auch noch zu den Franzosen. Es vergingen Stunden, und nichts geschah. Bei der Nachmittagsfütterung dachte man an so eine Art Henkersmahlzeit. Als aber die Maschinen ihr stampfendes Geräusch plötzlich wieder von sich gaben und das ständige Auf und Ab zu verspüren war, konnten wir fast sicher sein: Wir werden doch nicht ausgeladen. Also doch Amerika! Sofort kehrte die gute Laune wieder ein, und jeder machte sich seine Gedanken, denn so eine Fahrt in die so genannte Neue Welt – und das noch zum Nulltarif – war zu dieser Zeit schon etwas Außergewöhnliches.«

Wir haben ja von Amerika unsere eigenen Vorstellungen gehabt. Wer von unserer Generation hatte nicht Karl May gelesen? Man hatte also die Vorstellung von großer Weite. Auf den Fahrten mit dem Zug durch das Land hat man diese ungeheure Weite erst begriffen.

Herbert Gödecke, Gefangener in den USA

Die deutschen Gefangenen waren nunmehr auf dem Weg in ein Land, das kaum einer von ihnen zuvor gesehen hatte und von dem sie meist nur eine diffuse Vorstellung besaßen. Für die meisten war Amerika eine Mischung aus Karl May und der Goebbelsschen Propaganda von einem »kulturlosen Land«. Natürlich waren die Männer über die Vereinigten Staaten durchaus unterschiedlicher Meinung. Aber ohne Rücksicht auf die grundsätzliche Einstellung fieberten die meisten dem Moment entgegen, in dem sie das Land nun persönlich kennen lernten, und viele träumten von dem Gefangenenparadies, das ihnen ihre Wachen verheißen hatten. Ein Offizier brachte es auf den Punkt: »Gespannte Erwartung erfüllte uns, ein kribbeliges Gefühl der Neugier und der Unsicherheit, wie es wohl werden wird, was wir alles erleben werden. Wir haben für Stunden den Krieg vergessen und denken nur eines: Wie wird es sein in Amerika?«

Dabei war die Überfahrt in den engen Frachträumen der »Liberty«-Schiffe alles andere als eine Kreuzfahrt. »Als wir die Meerenge von Gibraltar durchfahren hatten, und in den offenen Atlantik steuerten«, berichtet Wilhelm Ludwig, »wurde das Meer stürmisch. Hohe Wellen begannen den klobigen Kasten hin und her zu schaukeln. Wer sich in seiner Hängematte nicht festhielt, landete am Boden oder gelegentlich auch in irgendeiner Ecke des Schiffes. Die Seekranken waren in der Überzahl. Sie verzichteten gerne auf das Essen, das ausschließlich aus Konservendosen bestand, deren Inhalt sich aus Bohnen mit Rindfleisch, Bohnen mit Schweinefleisch, und klein geschnittenen Kartoffeln mit Erbsen zusammensetzte.«

Es war eine ziemlich schlimme Fahrt, weil sie drei Wochen dauerte, und zwar deshalb, weil deutsche U-Boote im Atlantik kreuzten, die ja nicht wissen konnten, dass da deutsche Kriegsgefangene an Bord waren. Wegen der U-Boot-Gefahr sind die Schiffe immer im Zickzackkurs gefahren.

Hillmar Hoffmann, Gefangener in den USA

Viele Gefangene blickten nun sorgenvoll auf das Meer und die stampfenden Schiffe in den Konvois. Ihnen saß die Angst vor Angriffen deutscher U-Boote im Nacken. In der Tat sind seit 1940 immer wieder Transporter mit italienischen Kriegsgefangenen an Bord von U-Booten versenkt worden. Hunderte der Verbündeten kamen dabei ums Leben. Karl Hans Hackbarth erlebte auf der Überfahrt ständig neue Alarme. »Wir hatten alle unsere Schwimmwesten angelegt. Ich dachte bei mir: Wäre das nicht schrecklich, wenn ich den Krieg so lange überstanden hätte, nur um jetzt von einem eigenen U-Boot versenkt zu werden?« Die Männer hatten jedoch Glück im Unglück: Sie wurden in einer Phase über den Atlantik befördert, als von den »grauen Wölfen« kaum mehr eine Gefahr ausging. Nicht ein Gefangenenschiff wurde bei seiner Atlantiküberquerung torpediert.

Nach einer quälend langweiligen Überfahrt, so Fritz Arnold, tauchte plötzlich am Horizont eine Silhouette auf. »Allmählich wurde sie höher, wie ein Stab, und allmählich stiegen weitere Stäbe neben ihm hoch. Da rief einer: ›New York!‹ Wir liefen an die Spitze und starrten in den Dunst. Dann rief einer: ›Die Freiheitsstatue!‹ Und nach einer Pause sagte ein anderer, leise wie zu sich selbst: ›Die Freiheitsstatue.‹«

Die Gefangenen wurden in den großen Häfen der Ostküste, in Boston, New York oder Norfolk, ausgeladen und sammelten bei ihrer Registrierung und Entlausung erste Eindrücke von der Neuen Welt. Ein Kriegsgefangener berichtet von seiner Ankunft in Norfolk im August 1943: »Wir hatten mit Sack und Pack das Schiff verlassen, und es ging zunächst zur Registratur. An den Tischen saßen weibliche Angehörige der US-Streitkräfte in todschicken Uniformen, toll frisiert und geschminkt, umgeben von einer Duftaura aus Parfüm und natürlich roten Fingernägeln! So was hatten die Landser noch nicht gesehen, und die Augen fielen ihnen bald aus dem Kopf.« Es folgte die Entlausung, die Kleidung wurde desinfiziert, die Männer mussten sich entkleiden, duschen und wurden dann mit DDT-Pulver eingesprüht. Derart gesäubert, ging es gut bewacht zum nächsten Bahnhof – und hier erlebten die Gefangenen die nächste Überraschung: »An der Bahnsteigkante stand ein langer Pullman-Reisezug – Durchgangswagen mit komfortabler Polsterung. Wir warteten, dass der Zug den

Nach der Ankunft in New York wurden wir aufgeteilt. Wir waren etwa 30, 35 Leute, die ein Stück durch New York geführt wurden, zur Pennsylvania Station. Der Verkehr stockte, die hielten auch die Straßen frei, und die Amerikaner guckten dann natürlich. Wir hatten ja noch unsere Uniformen an – das hatten sie wahrscheinlich auch noch nicht gesehen, dass hier deutsche Wehrmacht durch New York marschierte. Die staunten und betrachteten das – freundlich ist übertrieben, aber wohlwollend. Ich hatte nicht den Eindruck, dass sie nun ausnehmend böse auf uns waren.
Herbert Gödecke, Gefangener in den USA

Oben: »Wie wird es sein in Amerika?«: Deutsche Kriegsgefangene warten in Frankreich auf ihren Abtransport in die USA.
Unten: »Und dann hatten wir einen neuen Kontinent unter den Füßen«:
Ankunft eines Gefangenentransports in Hampton Roads (Virginia), September 1942.

Ich bin am 8. September in Gefangenschaft gekommen, und am 10. Oktober wurden wir registriert. Das war für uns schon ein Glückstreffer, denn in den ersten fünf Wochen, wenn man nicht registriert ist, kann viel passieren. Wer da nachts weggestorben ist – darüber weiß dann kein Mensch Bescheid.

Johannes Kreye, Gefangener in den USA

Bahnhof verließ und zu unserem Weitertransport ein Güterzug hereingeschoben würde. Nach einer Stunde etwa hieß es: einsteigen! Wir sahen uns an und trauten uns kaum, den Zug zu besteigen.« Jahrelang waren sie nur in Güter- oder Viehwaggons quer durch Europa transportiert worden, und nun – in der Gefangenschaft, im Gewahrsam des Feindes – nahmen sie auf komfortablen Sitzen Platz. »Diese modernen, gepolsterten Wagen, ähnlich denen unserer zweiten Klasse, nur ohne abgetrennte Abteile, waren eine angenehme Überraschung für uns alle. Und als nun gar noch ein schwarzer Kellner mit Kaffee und belegten Brötchen durchkam und uns den Segen mit freundlichem Zureden anbot, als ob wir wirklich menschliche Wesen und keine Kriegsgefangenen wären – da vergaßen die meisten von uns ihre angestaute Wut gegen die Amerikaner, die sich während der afrikanischen Phase unseres POW-Daseins aufgrund der vielerlei unerfreulichen Erlebnisse angesammelt hatte.« Nun waren die Männer wirklich in einer anderen Welt, einer Welt weitab vom Sterben und Leiden der Schlachtfelder Europas.

In tagelangen Eisenbahnfahrten durchquerte man nun die USA auf dem Weg in die Gefangenenlager, meist in den Süden. Voller Neugier versuchte jeder, einen Fensterplatz zu ergattern, um sich ein erstes Bild von dem Land zu machen. Die unendlichen Weiten beeindruckten zutiefst, aber auch die taghell erleuchteten Städte mit ihrer farbenprächtigen Leuchtreklame. Hier gab es keine Verdunkelung und keine Angst vor Fliegerangriffen, offenbar nur ein Leben im Überfluss. Auffallend waren auch die Massen von Autos. Kriegsgefangene berichteten von großen, dicht gefüllten Parkplätzen in Industrieanlagen, sodass sie anfangs glaubten, an Autofabriken vorbeizukommen. Als sie selbst in den ländlichen Bezirken zahllose Autos und LKWs erblickten, mussten sie verwundert erkennen, dass in den USA offenbar sehr viele das Geld hatten, sich ein Privatfahrzeug zu leisten. Welch ein Unterschied zu Deutschland mit seinen damals noch recht leeren Autobahnen. Die deutschen Kriegsgefangenen waren gewiss von ihrem neuen »Gastland« beeindruckt, sie registrierten aber ebenfalls genau die Kehr-

Der erste große Halt war dann in Ohio, in Cincinnati. Nachts, auf dem Bahnhof, ein Riesentrubel, tausende Menschen, wie bei uns in Berlin zu Friedenszeiten Eisbuden, Würstchenbuden, Zeitungsstände. Und wir – meistens Glatze, kahl geschoren wie die Verbrecher – guckten raus, und die Leute haben nur mit dem Kopf geschüttelt.

Johannes Kreye

»Ungewohnter Komfort«: In Pullman-Reisezügen ging es in die POW-Camps.

seite des unübersehbaren Wohlstands: Nahe den großen Städten gab es viel Schmutz, Müll und Unordnung, ganz offensichtlich waren Reichtum und Überfluss ungleichmäßig verteilt, und auch die strikte scharfe Rassentrennung machte sich deutlich bemerkbar. Bereits in Nordafrika war aufgefallen, dass schwarze Soldaten bei den Amerikanern fast ausschließlich in den Nachschubeinheiten Dienst taten. Bei der Ankunft in den Häfen waren sie es, welche die Gefangenen desinfizierten und die – so der erste flüchtige Eindruck – meist zu niederen Arbeiten herangezogen wurden.

Wie jede Nation hatten auch die USA nach ihrem Kriegseintritt zunächst nicht die Unterbringung von Kriegsgefangenen eingeplant. Erst im Vorfeld der Landung in Nordafrika, im Herbst 1942 ging man daran, Platz für die zu erwartenden Kriegsgefangenen zu schaffen. Hierfür boten sich zunächst die leeren Barackenlager des Civilian Conservation Corps an, die während der Weltwirtschaftskrise Anfang der Dreißigerjahre gebaut ent-

LAGER FÜR DEUTSCHE KRIEGSGEFANGENE IN DEN USA
KANADA
Washington
Oregon
Idaho
Montana
North Dakota
South Dakota
Wyoming
Nebraska
Nevada
Utah
Colorado
California
Arizona
New Mexico
PAZIFISCHER OZEAN
MEXIKO
Hauptlager
Nebenlager

nesota
Wisconsin
Michigan
Pennsylvania
New Hampshire
Vermont
New York
Maine
Massachusetts
Rhode Island
Connecticut
New Jersey
Delaware
Maryland
Iowa
Illinois
Indiana
Ohio
West-
Virginia
Virginia
Missouri
Kentucky
North Carolina
Arkansas
Tennessee
Alabama
Mississippi
South
Carolina
Georgia
Louisiana
Florida
Golf von Mexiko
ATLANTISCHER OZEAN
K U B A
JAMAIKA

standen waren, um den Heerscharen arbeitsloser junger Männer eine Arbeitsmöglichkeit auf dem Land zu verschaffen. Die Kriegsgefangenen konnten hier effektiv eingesetzt werden: Die Landwirtschaft im dünn besiedelten Süden und Südwesten brauchte dringend Arbeitskräfte, da Millionen Männer eingezogen worden oder in der Rüstungsindustrie beschäftigt waren. Zudem gab es eine ganze Reihe von Militärstandorten, die noch über Unterbringungsmöglichkeiten verfügten und in denen man ebenfalls einige tausend Gefangene unterbringen konnte. Für den Sofortbedarf hatte man also genügend Kapazität. Da die Militärs im Verlauf des Feldzugs in Nordafrika mit weit über 100 000 Gefangenen rechneten, kamen sie nicht umhin, neue Lager errichten zu lassen. Ab Anfang 1943 entstanden daher zahlreiche Standardgefangenenlager für jeweils 2000 bis 4000 Personen. Im Juli 1944 gab es bereits 98 von diesen Hauptlagern, im Mai 1945 waren es sogar 155. Es handelte sich dabei um einfache Barackenkomplexe, die mit einem Lazarett, einer Kirche, Anlagen zur Strom- und Wasserversorgung und einer Küche nebst Lagerhäusern ausgestattet waren. Ein großes Areal jenseits der Lagergebäude diente als Appell- und Sportplatz. Das ganze Camp war von zwei jeweils drei Meter hohen Maschendrahtzäunen umgeben. Weitere Zäune unterteilten die Unterkunftsbereiche in mehrere überschaubarere Einheiten. Die obligatorischen Wachtürme durften natürlich nicht fehlen. Das Wachpersonal schlief in großenteils ähnlichen Unterkünften – ganz so, wie es die Genfer Konvention von 1929 vorschrieb, die in den USA überaus ernst genommen und dort wohl am penibelsten beachtet wurde.

Das Hauptaugenmerk galt natürlich der sicheren Verwahrung Tausender »gefährlicher Nazi-Soldaten«. So manchem braven Amerikaner war überhaupt nicht wohl beim Gedanken an die Massen gut ausgebildeter Elitesoldaten aus dem »Reich des Bösen«, die nun in seiner Nachbarschaft untergebracht werden sollten, und dem War Department – dem Heeresministerium – graute vor der Vision ausgebrochener Deutscher, die marodierend und sabotierend durch die Lande zogen. Neben einer guten Bewachung sorgte man daher dafür, dass die Gefangenenlager sich nicht in der Nähe kriegswichtiger Rüstungsbetriebe, der großen Werften oder anderer bedeutender Anlagen befanden. Zwei Drittel aller Lager baute man im landwirtschaftlich geprägten Süden und Südwesten in besonders abgelegenen Gebieten. Sollte den »Nazi-Soldaten« hier die Flucht gelingen, so könnten sie nicht viel Schaden anrichten.

In den amerikanischen Kleinstädten war die Ankunft Tausender deutscher Soldaten ein Aufsehen erregendes Ereignis, das oftmals die halbe Einwohnerschaft mobilisierte. Und dann kamen sie: »Die meisten der Deutschen«, berichtete ein Beobachter des *American Magazine*, »entstammen Rommels ehemals so gefürchtetem Afrikakorps. Es sind Flieger, Fallschirmjäger, Artilleristen und Panzersoldaten. Einige von ihnen tragen die einst prächtigen, jetzt verblichenen und verknitterten Uniformen hoher Offiziere. Viele sind noch tief braun von der afrikanischen Sonne, manche, in den Tiefen des Ozeans kreuzend, bis Wasserbomben sie nach oben zwangen, sind fahl und bleich.« Von den kleinen Provinzbahnhöfen marschierten die Männer in Reih und Glied in die Camps, die für die nächsten Jahre ihr neues Zuhause sein sollten.

Wir waren natürlich sehr überrascht über die Straßennamen im Lager: Adolf-Hitler-Straße, Hermann-Göring-Straße, auch Rommel-Straße wegen des Afrikakorps. Es gab auch einen deutschen Lagerkommandanten. Das war ein Ritterkreuzträger, ein Oberfeldwebel, der in Kreta gekämpft hatte. Wenn der sagte: Morgen wird gestreikt, dann wurde gestreikt. Das hat er allerdings nicht oft gemacht, weil eigentlich nie ein Anlass dazu da war.

Hillmar Hoffmann, Gefangener in den USA

Die Behandlung der neu angekommenen Gefangenen war völkerrechtlich klar geregelt. Die Offiziere genossen nach den Bestimmungen der Genfer Konvention etliche Privilegien. Sie mussten nicht arbeiten, erhielten weiterhin ihren Wehrsold und verfügten über bessere Unterkünfte. Je nach Rang bekamen sie einen Burschen oder einen Adjutanten zugeteilt. Unteroffiziere durften nur zu Aufsichtsaufgaben herangezogen werden. Meist wurden Offiziere und Mannschaften in unterschiedlichen Lagern untergebracht. Zur Aufrechterhaltung der Disziplin hatte es sich aber als sinnvoll erwiesen, die militärischen Hierarchien beizubehalten. In vielen Gefangenenlagern gab es daher auch eine geringe Anzahl Offiziere, die zwar in einer gesonderten Abteilung untergebracht waren, aber Zugang zu den Unteroffizieren und Mannschaften hatten. Die deutschen Gefangenen organisierten somit den sozialen Frieden des Lagers selbst.

Die privilegierteste Behandlung erfuhren die 33 deutschen Generale und Admirale, die einen Teil ihrer Gefangenschaft in den Vereinigten Staaten verbrachten. Man erachtete sie auf amerikanischer Seite als Vertreter einer gesellschaftlichen Elite, die es positiv für Amerika einzunehmen galt. Denn irgendwann würden sie nach Deutschland zurückkehren und dort – so glaubte man – wieder mit hohen Funktionen in Staat und Militär betraut werden. Also galt es die Gelegenheit zu nutzen, über sie prägend auf die deutsche Nachkriegsgesellschaft einzuwirken.

Das Essen war so reichlich, wenn das Fleisch nicht aufgegessen wurde, hieß es: Ihr müsst essen, sonst reduzieren wir die Rationen. Die Verpflegung war besser als bei den eigenen Eltern.
Paul Pfeiffer, Gefangener in den USA

Nach wenigen Tagen ihres Lagerdaseins merkten die Gefangenen, dass sie im Vergleich zu ihren Kameraden, die sich in französischem oder gar sowjetischem Gewahrsam befanden, das große Los gezogen hatten: Die Behandlung war korrekt, und die Lebensbedingungen waren für einen Kriegsgefangenen außergewöhnlich gut: Dies spürten die Männer vor allem an der Verpflegung. Die Genfer Konvention schrieb vor, die Gefangenen auf dem gleichen Standard wie das Wachpersonal zu versorgen. Dementsprechend reichhaltig war das Essen. Die an Entbehrungen und die kärgliche Kriegskost gewöhnten Landser konnten sich wie im Schlaraffenland fühlen, wenn sie morgens Corn Flakes aßen, mittags Schweinebraten und abends Hackbraten. Man ging sogar auf die besonderen Geschmacksrichtungen der Männer ein: Viele Gefangene beklagten sich nämlich darüber, das ihnen das erfreulich opulente Essen nicht schmeckte. Und dies war sozusagen ein internationales Phänomen: Auch den Mägen der italienischen und japanischen Gefangenen bekamen die amerikanischen Gerichte oft nicht, sodass gewaltige Mengen Lebensmittel in den Abfall wanderten, weil sie nicht gegessen wurden. Um diese Verschwendung zu unterbinden, ordnete das War Department am 1. Juli 1944 an, die Mahlzeiten in den Lagern entsprechend den nationalen Essgewohnheiten zu ändern. Wenige Wochen später konnten sich die deutschen Gefangenen auf eine variantenreiche Verpflegung freuen, wie sie für Vorkriegsdeutschland typisch gewesen war. Sie bestand zu einem erheblichen Teil aus Schweinefleisch, Schweinshaxen, Wurst und Fischsuppen. Die Änderungen freuten übrigens auch die 53 000 in den USA gefangen gehaltenen Italiener, die nun Spaghetti und eine mit Paprika, Zwiebeln und Öl gewürzte Kost erhielten.

Neben der kalorienreichen Lagerverpflegung, die manchen Gefangenen Speck ansetzen ließ, bestand des Weiteren die Möglichkeit, in der von

Frühstück: Porridge, Honig, Brot und Butter, Kaffee mit Milch und Zucker, kalte Milch, Äpfel.
Mittagessen: Schweinskotelett, Kartoffeln, Kraut, Brot, Äpfel, schwarzer Kaffee mit Zucker.
Abendessen: Frankfurter Würstchen, junge Erbsen, Kraut, Kakao, Äpfel.
Aus dem Speisezettel des Lagers Breckenridge, 28. April 1944

Die Kantine wird recht gut beliefert. Seit der Neureglung können die Gefangenen dort keine Eiscreme und keine Luxusartikel mehr besorgen, dagegen finden sie verschiedene Getränke, und es stehen ihnen pro Mann und Tag zwei Flaschen Bier zu.
Aus einem Bericht des Internationalen Roten Kreuzes über das Lager Fort Meade (Maryland), 27. September 1944

den Landsern selbst betriebenen Kantine zusätzliche Nahrungsmittel wie Süßigkeiten, Eiscreme und alkoholfreie Getränke zu erwerben. In manchen Lagern gab es sogar Bier zu kaufen. Ein Gefangener schrieb über seine ersten Eindrücke im Kriegsgefangenenlager: »Als Soldat ist es mir noch niemals so gut gegangen wie hier; wir werden sehr anständig behandelt – viel besser als von unseren eigenen Offizieren. ... Die Holzbaracken haben alle elektrisches Licht und Einzelbetten mit Steppdecken. Waschraum und Duschen können ständig benutzt werden. Die Verpflegung ist ausgezeichnet und reichlich. ... Nach allem, was wir erlebt haben, ist das hier wie ein Erholungsurlaub.« Reinhold Pabel bemerkte über die Verpflegung im Lager Grant Illinois: »In unserem ganzen militärischen Dasein hatte man uns bisher kein solches Essen serviert.«

Die Lebensbedingungen in den zahlreichen Camps waren natürlich überaus unterschiedlich, ebenso wie die Reaktionen der Gefangenen auf ihr neues »Zuhause«. Im Großen und Ganzen ging es den deutschen Soldaten im amerikanischen Gewahrsam von allen Gefangenen des Zweiten Weltkriegs gewiss am besten. Dieser Umstand lässt sich auch an der Anzahl der Todesfälle verdeutlichen. Von den 370 000 deutschen Gefangenen in den Vereinigten Staaten sind nur 477 verstorben – eine verschwindend geringe Zahl.

Das amerikanische War Department hatte bereits am 10. Januar 1943 entschieden, dass die aus Nordafrika zu erwartenden Heerscharen deutscher Gefangener zum Arbeitseinsatz herangezogen werden sollten: Während Offiziere nicht arbeiten durften – sei denn, sie wünschten dies ausdrücklich, was freilich nur rund sieben Prozent taten –, konnten die Mannschaften für Tätigkeiten verwendet werden, die nicht in unmittelbarem Zusammenhang mit den Kampfhandlungen standen. Unteroffiziere durften, wie erwähnt, nur zu Aufsichtszwecken eingesetzt werden, 45 Prozent von ihnen arbeiteten allerdings freiwillig. Da es nicht erlaubt war, Kriegsgefangene in der Rüstungsindustrie zu beschäftigen, wies man ihnen zu-

Oben: »Gründlich, ordentlich, wohl organisiert«: Die Amerikaner nutzen deutsche Tugenden bei der Organisation des Lagerlebens – Abfalltrennung im Lager Breckenridge, Kentucky.
Unten: »Nach wie vor Soldaten«: Ein amerikanischer Colonel kontrolliert den Gefangenen-Schlafsaal.

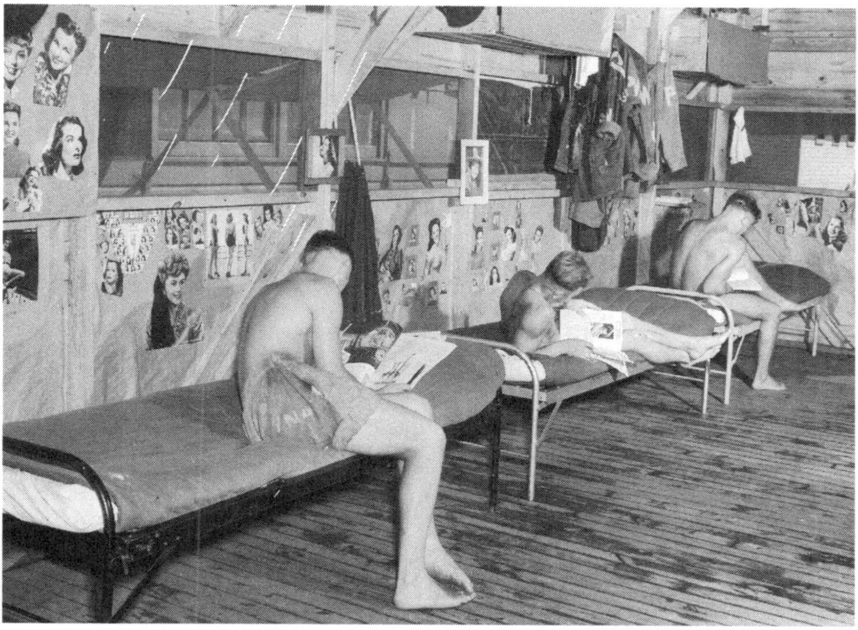

Oben: »In der Hitze des Südens«: Unterkunft deutscher Gefangener in Camp Blanding, Florida.
Unten: »Ein Stückchen Heimat in der Fremde«: Sonntägliche Idylle In einem POW-Camp in Kentucky.

Jede Arbeit außerhalb der Kampfzonen, die nicht in direkter Beziehung zu Kriegsoperationen steht und nicht die Herstellung oder den Transport von Waffen oder Munition oder den Transport von irgendwelchem eindeutig für Kampfeinheiten bestimmten Material einschließt, und die nicht ungesund, gefährlich, demütigend ist, und die körperlichen Fähigkeiten des betreffenden Kriegsgefangenen übersteigt, ist zulässig und erwünscht.

Richtlinien des Oberkommandierenden der US-Militärpolizei für die Behandlung von Kriegsgefangenen, 10. Januar 1943

nächst eine ganze Reihe von Hilfsaufgaben in den Lagern oder den angeschlossenen Militärstützpunkten der amerikanischen Streitkräfte zu. Ob Schreiber oder Klempner, Zimmermann oder Wagenwäscher, Bäcker oder technischer Zeichner – die Männer hatten rasch zahllose Verwaltungs- und Hilfsdienste für den amerikanischen Militärapparat übernommen. Viele GIs wunderten sich bald, dass ein deutscher Kriegsgefangener hinter dem Schalter saß und ihnen ihre Urlaubspapiere aushändigte! Wenngleich dies ein etwas ungewohnter Anblick gewesen sein dürfte – auf diese Weise wurden unzählige GIs für den Fronteinsatz freigestellt.

Das klassische Arbeitsfeld für Kriegsgefangene war indes die Landwirtschaft. In Kriegszeiten fehlten gerade hier die eingezogenen Männer zur Verrichtung schwerer körperlicher Arbeit – Kriegsgefangene hatten sie seit dem Ersten Weltkrieg in fast allen Ländern teilweise ersetzt. Auch die Vereinigten Staaten litten im zweiten Kriegsjahr unter einem großen Mangel an Landarbeitern, der sich auch durch Anwerbungen in Jamaika und Mexiko nicht ausgleichen ließ. Im April 1943 gab das War Department grünes Licht für den Arbeitseinsatz deutscher Kriegsgefangener. Allerdings sollten noch einige Monate vergehen, bevor die Bürokraten alle Verwaltungs- und Verfahrensfragen gelöst hatten und die Farmer endlich die heiß ersehnte Unterstützung bekamen. Die Gefangenen erhielten einen Lohn von bis zu 80 Cent pro Tag. Da Bargeld zur Erschwe-

Die Farmer kamen von 200 Kilometer Entfernung an und haben uns auf ihre Äcker gefahren, wo wir dann entweder Bohnen pflücken mussten oder Kartoffeln ausbuddeln, Mais ernten oder abgeräumte Kornfelder abbrennen.

Hillmar Hoffmann, Gefangener in den USA

Die Kriegsgefangenen sind mit Arbeit in den Zuckerrohrfeldern beschäftigt. Der Lagerkommandant sagte mir, dass sie dort hervorragende Arbeit leisten und dass die Farmer ihre Arbeit sehr schätzen. Die Farmer erklärten dem Offizier, dass sie ohne die Hilfe der Gefangenen ihre Arbeit nicht hätten schaffen können.

Aus einem Bericht des YMCA über das Lager Saint Martinville (Louisiana), 10. Oktober 1945

rung der Flucht nicht an die Männer ausgegeben werden durfte, wurden ihnen die Beträge in Form von Kantinengutscheinen ausbezahlt. Die Farmer mussten für ihre neuen Arbeiter sogar den ortsüblichen Lohn bezahlen – die Differenz strich das Finanzministerium ein, sodass die Gefangenen einen Teil ihrer Unterbringungskosten selbst aufbrachten. Ab Herbst 1943 halfen Tausende von ihnen bei der Ernte – und zwar überall im Land: In Illinois stachen sie Spargel, in Mississippi pflückten sie Baumwolle, in Texas Feigen, in Maine ernteten sie Kartoffeln, in Maryland Obst, Mais und Getreide. Die Männer mit den großen Buchstaben »POW« (Prisoner of War) auf ihren dunklen Arbeitseinzügen gehörten bald zum gewohnten Bild auf jeder größeren Farm. Ende November 1944 waren 74 000 deutsche Kriegsgefangene in der Landwirtschaft beschäftigt – erstmals mehr als auf den militärischen Stützpunkten. Weitere 22 000 waren von der Forstwirtschaft tätig, 4000 in Gießereien eingesetzt, wenige hundert in Steinbrüchen. Um den Arbeitseinsatz möglichst effizient zu gestalten, musste das Lagersystem modifiziert werden. Kleinere Nebenlager – insgesamt 511 – von nur wenigen hundert Insassen entstanden, um die Männer möglichst nahe an ihren Arbeitsstätten unterzubringen.

Die amerikanischen Farmer waren heilfroh, mit den deutschen Soldaten fleißige Hilfskräfte für die Feldarbeit zu erhalten. Die meisten Landser wollten arbeiten, um dem eintönigen Lageralltag zu entkommen und sich nebenbei etwas Geld zu verdienen. Das Verhältnis der Farmer zu den deutschen Gefangenen war daher ausgesprochen gut. Sie wurden als »gut erzogen«, »intelligent« und »gutartig« charakterisiert. Ähnlich positiv sprachen die Gefangenen von ihren »Arbeitgebern«. Sehr bald erkannte man, dass das eigentliche Problem nicht darin bestand, die Bevölkerung vor den Internierten zu beschützen, sondern ein allzu freundschaftliches Verhältnis der Einheimischen zu den deutschen Soldaten zu verhindern. Trotz eines strikten »Fraternisierungsverbots« passierte es immer wieder, dass Gefangene bei der Familie mit am Mittagstisch saßen oder mit zusätzlicher Verpflegung versorgt wurden. In Lake Arthur in Louisiana bewirtete ein Farmer unter Anwesenheit von zwei Wachen sogar zehn Gefangene in einem Lokal mit Bier und Fisch, wobei diese fröhlich deutsche Lieder sangen. Wenngleich offizielle

Fraternisierung war nicht zugelassen und von uns auch nicht gewünscht. Wir waren froh, wenn wir abends nach dieser Knochenarbeit unsere müden Glieder aufs Bett legen konnten, um uns wieder zu stabilisieren für den nächsten Tag.

Hillmar Hoffmann, Gefangener in den USA

Wir wollen überhaupt keine von den Kriegsgefangenen. ... Wenn es absolut notwendig wäre und sie hier arbeiten müssten, ich wollte nicht, dass meine Leute dabei wären.

Erklärung eines Gewerkschaftssprechers aus Buffalo, März 1944

Diese Hitze! Wir hatten blaue Jeansjacken als Arbeitsjacken, in zehn Zoll Größe war in weißer Ölfarbe »PW« darauf gemalt. Wenn wir abends nach Hause kamen, dann konnte man mit einem Messer von diesen Jacken das Salz vom getrockneten Schweiß abkratzen. So haben wir geschwitzt. Es war uns in Amerika strengstens verboten, bei der Arbeit die Jacken auszuziehen. Die Amerikaner hatten Angst, dass wir sonst einen Sonnenbrand kriegen und als Arbeiter ausscheiden. So wurde das ausgelegt, das war Arbeitssabotage. Wenn wir geschnappt wurden auf dem Baumwollfeld und hatten die Oberbekleidung abgelegt, wurden wir bestraft.
Johannes Kreye, Gefangener in den USA

Stellen immer wieder versuchten, derart enge Kontakte zu unterbinden – es gelang ihnen zu keiner Zeit, das »Problem« aus der Welt zu schaffen. Schließlich kam es auch immer wieder zu Verbindungen von Frauen mit den Deutschen, in zwei Fällen entstanden aus diesen Liebesbeziehungen nach dem Krieg sogar Ehen.

Bei den Arbeitseinsätzen gab es indes auch allzu nahe liegende und kaum zu umgehende Schwierigkeiten: Auf dem Land sprach nahezu niemand ein Wort Deutsch. Und Englisch war damals unter den deutschen Soldaten nicht so verbreitet wie heutzutage. Man schätzte, dass nur etwa 15 Prozent der Gefangenen diese Sprache ausreichend gut beherrschten, um sich einigermaßen verständigen zu können. Zudem fehlte es den Männern oft an der notwendigen Qualifikation: Im Süden beschwerten sich die Bauern darüber, dass die Deutschen bei der Baumwollernte weniger effizient seien als die örtlichen Arbeitskräfte – eine Klage, die nicht weiter verwundern kann, schließlich hatten die Gefangenen noch nie zuvor eine Baumwollpflanze gesehen. Bei weniger spezifischen Landarbeiten – etwa bei der Ernte von Kartoffeln oder Getreide – wurden allerdings kaum Beschwerden laut. Schließlich kamen viele der Deutschen selbst vom Land und wussten, wie man anpackt – wenngleich sie aus nachvollziehbaren Gründen auch nicht wie die Akkordarbeiter schufteten.

Interessanterweise hatte das Oberkommando der Wehrmacht (OKW) die deutschen Kriegsgefangenen in den USA über das Internationale Rote Kreuz sogar aufgefordert, dem amerikanischen Arbeitsprogramm Folge zu leisten. Das OKW fürchtete nämlich, dass die amerikanischen Kriegsgefangenen in Deutschland eine Verweigerungshaltung einnehmen könnten, falls die deutschen Landser in den Vereinigten Staaten die Arbeit boykottierten. Dies war nur ein Beispiel dafür, dass mit der Kriegsgefangenenpolitik immer eine enge Wechselwirkung verbunden war, schließlich hatte jeder Soldaten des Feindes in seinem Gewahrsam, jeder verfügte somit über ein Faustpfand. Die Aufforderung Berlins konnte freilich in den USA gelegentliche Streiks, Sitzblockaden und Bummeleien nicht verhindern. Die Lagerkommandanten reagierten auf die Arbeitsverweigerung häufig mit einer sehr effizienten Strafe: keine Arbeit, kein Essen. Mehrere Tage bei Wasser und Brot führten dann meist sehr schnell dazu, die erhitzten Gemüter abzukühlen. Indes wurden auch Mittel und Wege gefunden, die Bestrafungen erträglicher zu gestalten. Karl Hans Hackbarth wurde wegen Arbeitsverweigerung zu einer Woche Arrest verdonnert. Der Lagerarzt untersuchte ihn nach einer Woche und meinte, er könne noch eine weitere Woche bei Wasser und Weißbrot aushalten. Der Lagerkoch, ein Mitgefangener, meinte zu Hackbarth, dass er sich keine Sorgen machen solle. »Gegen zwei Uhr morgens kratzte Fritz, unserer Lagerhund, an meiner Zeltwand. Der Posten schlief halb. An Fritz' Halsband hing ein Beutel mit zwei Schweinekoteletts und etwas Leberwurst. Ich aß alles auf und wusste nur nicht, was ich mit den Knochen machen sollte. Schließlich vergrub ich sie in einem Loch unter den Bettpfosten. Das wiederholte sich jede Nacht. Am dritten Tag wog mich der Lagerarzt und stellte zu seiner Verblüffung fest, dass ich ein halbes Pfund zugenommen hatte. Er sagte zu mir: ›Das ist keine Bestrafung. Ich werde Hauptmann Palmer raten, Sie zu entlassen.‹«

Das unproblematische Verhältnis zu den Gefangenen führte rasch dazu, dass sich bei der Landbevölkerung wie beim Militär die Befürchtungen hinsichtlich Banden ausgebrochener »Nazi-Soldaten«, welche die ländlichen Gebiete unsicher machten, verflüchtigten. Bald wurde die Bewachung deutlich nachgiebiger – und dies selbst auf den Militärstützpunkten. Symptomatisch hierfür ist ein Erlebnis von Alfred Klein. »Ich weiß noch«, berichtet er, »als ich in Fort Rucker, Alabama, zur Arbeit eingesetzt war, dass mich mein Wachposten bei mehreren Gelegenheiten bat, sein Gewehr zu halten, bis er auf den oder vom Lastwagen geklettert war. Und eigentlich so fast nebenbei bat er mich einige Minuten später, ihm die Waffe wieder zu geben.«

Der Kontakt mit der Bevölkerung war nicht schlecht, besonders mit den Farbigen. Die sagten: »Wir sind Sklaven, und ihr seid auch Sklaven – wir sind also Brüder.«

Herbert Gödecke, Gefangener in den USA

Beim Arbeitseinsatz sahen wir Bänke »Only for white« und »Only for colored«. Wir hatten ein gutes Verhältnis zu den Schwarzen. Die waren arme Schweine, ganze Familien mussten auf dem Feld arbeiten für ein paar Bosse, Baumwolle pflücken.

Günter Brunner, Gefangener in den USA

Anfangs stellte die Armee einen Wachposten pro zehn Mann ab, später war es keine Seltenheit, dass 90 Gefangene von einem GI beaufsichtigt wurden. Gelegentlich wurden kleinere Gruppen auch ganz ohne Bewachung einem Farmer zur Verfügung gestellt. Es kam sogar vor, dass Gefangene unbewacht ein Wochenende in New Orleans verbringen durften.

Die Wachposten hatten bald erkannt, dass kaum Fluchtgefahr bestand – dementsprechend »entspannt« versahen sie ihren Dienst. Wohin sollten sich die Gefangenen auch absetzen? In Europa hatte man zumindest eine gewisse Chance, wieder das Heimatland zu erreichen – aber hier? Die Vereinigten Staaten waren zu groß, Europa war zu entfernt, der Weg über ein neutrales Land zu schwierig, als dass auch nur eine kleine Hoffnung bestanden hätte, sich nach Deutschland durchzuschlagen. Zudem: Was hätte man damit erreicht? Man wäre nur zurückgekehrt in einen Krieg, dem man gerade noch einmal lebend entkommen war. Nein – das Leben in den USA war zu angenehm, als dass die deutschen Gefangenen versucht hätten, »vorzeitig« ihre Lagerzeit zu beenden. Nichtsdestotrotz gab es auch in dieser Hinsicht einige spektakuläre Ausnahmen, wie etwa den Major Tilman Kiwe. Das gut organisierte Ausbruchskomitee seines Lagers besorgte ihm eine original amerikanische Uniform, die bei einer der Wachen gegen militärische Auszeichnungen eingetauscht worden war. Ein fließend Englisch sprechender Kamerad half Kiwe, seinen amerikanischen Slang zu verbessern, 100 Dollar wurden für ihn gesammelt, damit er die ersten Tage unauffällig in der Freiheit zurechtkommen konnte. Schließlich stolzierte er in der Uniform eines amerikanischen Leutnants selbstbewusst in Richtung Tor. Er gab der Wache ein kurzes Handzeichen, grüßte flüchtig – und das Unglaubliche geschah: Ihm wurde das Tor geöffnet. Die List gelang, Kiwe war in Freiheit, wurde aber schon nach wenigen Tagen wieder gefasst. Ähnlich wie die Flucht von Kiwe verlief eine ganze Reihe von Ausbruchsversuchen. Von November 1942 bis Juni 1946 gelang es 2222 Deutschen, 604 Italienern und einem Japaner, aus der amerikanischen Gefangenschaft zu flüchten. Mehr als die Hälfte wurde bereits nach höchstens einem Tag wieder aufgegriffen, nur gut zehn Prozent schafften es, zwei Wochen und länger in Freiheit zu bleiben. 1947 waren noch 17 deutsche Kriegsgefangene auf freiem Fuß – angesichts von 370 000 Soldaten in amerikanischem Gewahrsam eine verschwindend geringe Zahl und eine Quote, die weit niedriger war als bei normalen Strafgefangenen.

Warum kamen die Männer überhaupt auf den Gedanken zu fliehen, wenn das Leben hinter Stacheldraht doch nicht übermäßig hart war? Zudem war ein solches Unterfangen niemals ganz risikolos – 56 Gefangene wurden bei Fluchtversuchen erschossen. Aber dennoch: Gemäß der Genfer Konvention gehörte es zu den offiziellen »Pflichten« jedes Kriegsgefangenen, alle Möglichkeiten zur Flucht auszunutzen – das Ausbüxen war somit vom Völkerrecht gedeckt. Wurde man erwischt, so drohte die Standardstrafe von 30 Tagen Arrest bei Wasser und Brot – eine Maßregelung, die nicht unbedingt abschreckend wirkte. Außerdem: Es war nicht sonderlich schwer, sich aus den Camps abzusetzen. Die immer nachlässiger werdende Bewachung war zuweilen nur noch symbolisch, vor allem bei den Arbeitseinsätzen in der Landwirtschaft. Und selbst ein regulär bewachtes Kriegsgefangenenlager war – etwas Einfallsreichtum vorausgesetzt – alles andere als ausbruchssicher. Die Gefangenen durchtrennten die Lagerzäune, schmuggelten sich in Mülltonnen und auf LKWs durch das Tor oder sprangen aus Lazarettfenstern. Zwei Drittel aller Ausbrüche erfolgten aus den Lagern, nur ein Drittel bei den Einsätzen außerhalb. Wenngleich hier die Bewachung wesentlich schlechter war, vermochten die Gefangenen bei den Erntearbeiten kaum ausreichend Fluchtgepäck, wie organisierte Zivilkleider und Verpflegung, mitzunehmen. Entschlossen sie sich vom Lager aus zur Flucht, konnten sie mit allerlei brauchbaren Dingen versorgt werden, die heimlich hergestellt worden waren. Uniformen und Anzüge wurden geschneidert, Dokumente gefälscht und Geld besorgt. Neben dem rein praktischen Zweck, die Fluchtversuche zu koordinieren, erfüllten die umfangreichen Vorbereitungsarbeiten eine wichtige soziale Funktion: Sie schweißten die Gruppe zusammen, sie gaben den Männern eine ganz eigene Aufgabe und trugen vor allem bei den nicht arbeitenden Offizieren dazu bei, die »Lagerpsychose« zu bekämpfen.

Ich bin auch einmal abgehauen – ich wollte einfach mal sehen, was auf der anderen Seite des Stacheldrahts war. Wir haben uns Zivilkleidung besorgt, sind unter dem Zaun durchgekrochen und wollten per Anhalter weiter. Doch schon im ersten Auto, das anhielt, zog der Fahrer gleich die Pistole und hat uns im nächsten Ort dem Sheriff übergeben.

Paul Messer, Gefangener in den USA

Am Tage unseres Besuchs befanden sich vier Leute im Arrest wegen eines Fluchtversuchs. Diese vier Männer müssen dort 30 Tage bleiben. Während 14 Tagen erhalten sie nur Wasser und Brot. An den anderen Tagen ist ihre Verpflegung die normale.

Aus einem Bericht des Internationalen Roten Kreuzes über das Lager Fort Bliss (Texas), 12. April 1945

Eine der spektakulärsten Fluchtaktionen ereignete sich am 24. Dezember 1944 im Lager Papago Park unweit von Phoenix, Arizona. Fünf junge U-Boot-Kommandanten hatten seit Monaten einen Massenausbruch vorbereitet: Fritz Guggenberger, August Maus, Jürgen Quaet-Faslem, Hans Werner Kraus und Jürgen Wattenberg. Sie alle kannten sich seit vielen Jahren und waren hier in der Gefangenschaft wieder aufeinander getroffen. Sie waren zur gleichen Zeit in die Marine eingetreten, gehörten alle der »Crew '34« an, hatten also gemeinsam die Marineschule in Flensburg-Mürwik besucht. Und sie alle wollten sich nicht tatenlos mit ihrer Gefangenschaft abfinden. Irgendwie musste es gelingen, den Stacheldrahtzaun des Lagers zu überwinden. Bis zur mexikanischen Grenze waren es 200 Kilometer durch ein trockenes, heißes und menschenleeres Terrain mit Sandwüsten, Landschaftsschutzgebieten und Indianerreservaten. Sie waren bei guten Kräften, rechneten sich aus, die Strecke in vier bis fünf Nachtmärschen bewältigen zu können. Selbst wenn sie zu Umwegen gezwungen wären oder sich verstecken müssten, könnten sie in zehn Tagen in Mexiko sein. Damit wären sie zwar noch nicht in Sicherheit, denn Mexiko hatte den »Achsenmächten« am 13. Mai 1942 den Krieg erklärt. Aber hier war die Überwachung nicht so streng wie in den Vereinigten Staaten. Mit einigem Glück konnten sie darauf hoffen, Einheimische zu finden, die ihnen weiterhelfen würden. Guggenberger, einer der prominenten Kommandanten von Dönitz' U-Boot-Flotte, wollte sich zur mexikanischen Westküste durchschlagen und sich auf ein Schiff ins neutrale Chile schmuggeln. Von hier aus sollte es dann nach Deutschland weitergehen. Stundenlang standen die Männer am Stacheldrahtzaun und grübelten nach. »Entweder fliegst du oben rüber, gehst mittendurch oder gräbst dich darunter hindurch«, sagten sie sich immer wieder. Um mit möglichst vielen Kameraden zu entweichen, war es kaum möglich, einfach unter dem Zaun hindurchzukriechen. Sie griffen daher zu der klassischen Methode aller Ausbruchsthriller: In monatelanger Arbeit wurde ein 55 Meter langer Tunnel gegraben.

Im August 1944 gingen sie ans Werk, jeweils in drei Schichten zu drei Mann wühlten sie sich durch das Erdreich, wurden alle anderthalb Stunden abgelöst. Der Einstieg zu dem in 1,80 Meter Tiefe gelegenen Schacht befand sich, den Blicken der Wachen entzogen, gleich hinter einer großen Kohlenkiste unmittelbar neben der Wasch- und Duschbaracke. Das größte Problem war der Erdaushub. Der Tunnel hatte zwar nur einen Durchmesser von 60 Zentimetern, bei 55 Meter Länge ergab dies aber rund 35 Kubikmeter Sand und Geröll. Auf den Blumenbeeten des Camps konnten diese riesige Masse nicht untergebracht werden. Daher baten die fünf U-Boot-Offiziere den amerikanischen Kommandanten William A. Holden, einen neuen Faustballplatz anlegen zu dürfen. Dieser stimmte ohne zu zögern zu, gab den Männern sogar noch zwei Schaufeln und zwei Harken. Auf dem Gelände des künftigen Sportplatzes ließ sich das Erdreich dann problemlos verteilen. Während die Männer in dem stickigen Tunnel schufteten, kümmerten sich andere um die Fluchtausrüstung. Ausweise wurden mit primitiven Mitteln gefälscht, Kleidungsstücke geschneidert, Nahrungsmittel organisiert.

Vier Monate nach dem ersten Spatenstich war der »Faustballtunnel« fertig, es konnte losgehen. Die Ausbrecher hofften darauf, dass es die Wachen an den Weihnachtstagen mit den Zählappellen nicht so genau nahmen. In der Nacht zum Heiligen Abend würde man es wagen. Zwei der Männer, die bei der Planung und Vorbereitung maßgeblich beteiligt waren, mussten allerdings zurückbleiben: Mirbach war erkrankt, und Maus hatte sich einen Leistenbruch zugezogen. 25 Mann stiegen schließlich in den Tunnel und robbten in Richtung Freiheit. Der Coup schien zu gelingen, der Ausbruch wurde zunächst nicht bemerkt. Die Männer trennten sich und versuchten einzeln oder in kleinen Gruppen die mexikanische Grenze zu erreichen. Doch noch am Heiligabend bemerkten die Wachen, dass die 25 Gefangenen fehlten. Sofort wurde eine Großfahndung der örtlichen Polizei eingeleitet. Fünf der Ausreißer saßen schon am Abend des 24. Dezember wieder hinter Stacheldraht. Vier Tage später veröffentlichten alle Zeitungen Arizonas die Fotos der Flüchtigen, auf deren Ergreifung 25 Dollar Belohnung pro Mann ausgesetzt wurden. Eine der größten Menschenjagden Arizonas begann. Nacheinander wurden alle Ausbrecher gefasst. Guggenberger und Quaet-Faslem waren am 6. Januar 1945 immerhin bis auf sechs Kilometer an die mexikanische Grenze herangekommen. Mit etwas Glück konnten sie am nächsten Tag in Mexiko sein, dachten sie. Doch dann wurden auch sie von einem Sheriff aufgegriffen, der sich an ihre Fährte geheftet hatte. Der letzte Mann auf freiem Fuß war Jürgen Wattenberg, Kommandant von U 162. Ihn erwischte man am 28. Januar 1945 in Phoenix.

Das größte Problem der Ausbrecher war zweifellos, dass sie nicht mit der Unterstützung durch die amerikanische Bevölkerung rechnen konnten und schon aufgrund ihrer mangelnden Sprachkenntnisse sofort als Deutsche erkannt wurden. Sie alle hatten bei ihren Plänen natürlich den von der NS-Propaganda gefeierten Franz von Werra vor Augen. Der Jagdflieger Werra war 1940 über England abgeschossen worden, floh aus einem kanadischen Gefangenenlager in die damals noch neutrale USA und schaffte es, über Spanien nach Deutschland zurückzukehren. Ein solches Husarenstück gelang jedoch niemandem mehr. An der Ostküste der Vereinigten Staaten gab es überhaupt nur zwei Häfen – New York und Phila-

»Genau geplante Flucht«: Reinhold Pabel gelang es, jahrelang in Amerika unterzutauchen.

»Oben drüber oder unten durch?«: U-Boot-Kommandant Fritz Guggenberger gehörte zu den Ausbrechern von Papago Park.

delphia –, von denen neutrale Schiffe nach Europa ausliefen. Die Kontrollen waren hier entsprechend scharf. Keinem Ausbrecher glückte es, sich in diesen Häfen an Bord eines Handelsschiffs zu schmuggeln.

Alle 17 Gefangenen, die 1947 noch auf freiem Fuß waren, hatten von vornherein nicht die Absicht, in absehbarer Zeit nach Deutschland zurückzukehren. Sie wollten im Land untertauchen, dem stacheldrahtumzäunten Camp entkommen und ein freies ziviles Leben führen. Unteroffizier Reinhold Pabel gelang es am 9. September 1945, sich aus einem kleinen Nebenlager in Illinois abzusetzen. Ausgerüstet mit 15 Dollar, einer Straßenkarte, einem Artikel über die Methoden der amerikanischen Regierung, entflohene Gefangene aufzugreifen, schaffte er es, von der Bildfläche zu verschwinden. Er trampte zunächst 25 Kilometer in den nächsten größeren Ort, Peoria. Dort bestieg er den Bus nach Chicago, wo er unter dem Namen Philipp Brick als Kegeljunge, Geschirrwäscher und schließlich als Verkäufer in einer Buchhandlung arbeitete. Pabel war es binnen kurzem gelungen, die Identität eines unauffälligen holländischen Flüchtlings anzunehmen. Sechs Monate nach seiner Flucht reichte er die erste Einkommensteuererklärung ein und erhielt eine Rück-

Ich habe mich manchmal freiwillig zur Arbeit gemeldet für Außenkommandos, zur Müllabfuhr zum Beispiel. Dabei habe ich einmal ein Magazin gefunden, das hieß Liberty Magazine, *da war ein Artikel drin von Edgar G. Hoover, dem Chef des FBI, wie man entlaufene Kriegsgefangene wieder einfängt. Das war natürlich für mich ein Gottesgeschenk. Er hat gesagt, was man tun darf und was man nicht tun darf – zum Beispiel, dass man möglichst allein fliehen soll und nicht zu zweit. Einmal sind zwei Flüchtlinge entdeckt worden, weil sie im Gleichschritt durch die Stadt gegangen sind. Oder möglichst wenig sprechen. Nur sprechen, wenn es unbedingt notwendig ist. Und dann um Gottes willen nicht gleich ins nächste Warenhaus gehen und um ein Brot betteln oder irgend so etwas. Die meisten sind eben ganz schnell durch diese Kleinigkeiten wieder eingefangen worden. Da habe ich mir gesagt: Das darfst du nicht machen. Und meine Flucht ist mir dann fast programmgemäß gelungen.*
Reinhold Pabel, floh aus amerikanischer Gefangenschaft

zahlung von 72 Dollar. Bald konnte er sogar einen Buchladen eröffnen. Pabel heiratete eine Amerikanerin, das erste Kind wurde im Juni 1952 geboren.

Das Versteckspiel endete im März 1953, als er von einem FBI-Agenten in seiner Buchhandlung verhaftet wurde. Der Fall erregte großes Aufsehen in der Presse. Das Magazin *Time* interviewte Pabel, der sich plötzlich auf den Titelseiten etlicher Zeitschriften wiederfand. Zahllose Zeitgenossen setzten sich für ihn ein, darunter nicht nur seine Freunde, sondern auch ehemalige US-Soldaten, Kunden und sogar ein Senator des Kongresses. Die Rechtslage war verworren: Gewiss, Pabel war ein entlaufener Kriegsgefangener, der sich illegal in den USA aufhielt. Aber er war kein Verbrecher, er war gegen seinen Willen in die Vereinigten Staaten gebracht worden und hatte den offiziellen Auftrag ernst genommen, jede Gelegenheit zur Flucht zu nutzen. Ein Gericht entschied schließlich, ihm die »freiwillige Ausreise« nahe zu legen. Somit war es ihm freigestellt, wieder eine Aufenthaltsgenehmigung zu beantragen. Nach sechs Monaten »Zwangsurlaub« kehrte er im Februar 1954 in die Vereinigten Staaten zurück, wo er noch weitere zehn Jahre verbrachte. Erst dann entschied er sich, wieder nach Deutschland zu gehen und in Hamburg eine kleine Buchhandlung zu eröffnen. Das FBI konnte schließlich alle Ausbrecher fassen – bis auf den

Ich habe mich niemals hundertprozentig loslösen können von meiner Heimat. Ich bin, wie eine Zeitungsüberschrift in der *Chicago Tribune* es zum Ausdruck gebracht hat, »ein Wanderer zwischen beiden Welten«. Und das bin ich eigentlich auch geblieben.
Reinhold Pabel, floh aus amerikanischer Gefangenschaft

Oben: »Perfekt ausgestattet«: Gefangene in der Lagerbäckerei.
Unten: »Arbeitsnormen mussten eingehalten werden«: Gefangene leisteten harte Arbeit unter extremen Klimabedingungen, wurden aber auch entlohnt.

Oben: »Beliebtestes Freizeitvergnügen«: Fußballturniere gab es in allen Camps, in denen Deutsche untergebracht waren.
Unten: »Alles, was das Herz begehrt«: Kantine für deutsche Gefangene.

eingangs erwähnten Georg Gärtner, der unerkannt blieb und sich erst 1985 freiwillig den Behörden stellte.

Die spektakulären Ausbruchsfälle waren indes die große Ausnahme. Viele Fluchtversuche verfolgten lediglich den Zweck, dem Lagerleben einmal für ein paar Stunden oder Tage den Rücken zuzukehren. So beschlossen Manfred Sonntag und sein Freund Teddy eines Tages, aus ihrem kleinen Nebenlager einen Ausflug zum nächstgelegenen Ort zu unternehmen. Und in der Tat gelang es ihnen, sich unbemerkt davonzustehlen und fröhlich die acht Kilometer nach Fairview zu wandern. Sie gingen die Geschäftsstraße des kleinen Ortes entlang und betrachteten interessiert das Leben und Treiben. Offenbar hielt man sie für Landarbeiter und beachtete sie nicht weiter. Bei ihrer Rückkehr ins Lager erklärten sie dem verdutzten Posten, dass sie bunte Steine zur Verzierung der Lagerbaracken gesammelt hätten. Der Kommandant ließ sie ungeschoren und machte ihnen lediglich klar, dass sie das Camp ohne Erlaubnis nicht noch einmal verlassen dürften.

Die letztlich geringe Zahl an Ausbrechern war vor allem auf die erträglichen Bedingungen in den Lagern und bei der Arbeit zurückzuführen. Gewiss war es keine pure Freude, im Bundesstaat Mississippi bei unerträglicher Hitze Baumwolle zu pflücken. Von einigen Härtefällen abgesehen, war die Arbeit gleichwohl ein wichtiger Ausgleich für das oftmals doch abstumpfende Lagerleben. Um eine solche Monotonie in den Camps erst gar nicht aufkommen zu lassen, unterstützten Kriegsministerium und Lagerkommandanten die Entfaltung einer regen Freizeitaktivität der Gefangenen und reduzierten damit auch die Ausbruchsgefahr. Am beliebtesten waren sportliche Betätigungen jeder Art: Bald fanden sich Fußball-, Handball- und Volleyballmannschaften zusammen, deren Turniere sehr ernst genommen wurden. Alfred Klein berichtet aus dem Camp Opelika in Alabama: »Die Lagermeisterschaft war so aufregend, dass sich selbst unsere Wachen von den Türmen aus als Anfeuerungsrufer beteiligten oder an Wochenenden mit ihren Familien schreiend an den Seitenlinien standen. Viele unserer Sportler machten nach ihrer Entlassung in Deutschland tatsächlich Sportkarriere.« Neben den anspruchsvollen Großturnieren gab es natürlich auch genügend andere Abwechslung: Tischtennis war beispielsweise überaus beliebt, ebenso wie Schach und Skat.

Die Gefangenen müssen 100 Pfund Baumwolle am Tag pflücken und erhalten 80 Cents täglich. Wenn sie diese Arbeit nicht schaffen, werden sie bestraft und in Arrest gesperrt.

Aus einem Bericht des Internationalen Roten Kreuzes über das Lager Roswell (New Mexico), 22. November 1944

Manche haben sich vielleicht wie im Urlaub gefühlt. Doch man war immer noch Gefangener.

Gerald Heyden, Gefangener in den USA

Zudem organisierten die Gefangenen im Rahmen ihrer Möglichkeiten ein kulturelles Freizeitangebot. Theatergruppen entstanden und führten ernste Stücke oder auch lustige Sketche auf. Bald gab es in fast jedem Lager ein Orchester, dessen Mitglieder einen Auswahlwettbewerb absolvieren mussten. Die Instrumente wurden aus den Gewinnen der von den Gefangenen betriebenen Lagerkantine erworben oder auch von offiziellen Stellen gestiftet. Kleinere Räume wurden als Werkstätten hergerichtet, in denen alle Arten von handwerklichen Arbeiten durchgeführt werden konnten. So wurden Möbel gezimmert, das Lagertheater und der Speisesaal verschönert sowie kleine Dinge des alltäglichen Gebrauchs gefertigt und auf einem Basar zum Verkauf angeboten. Im Lager Carson in Colorado gab es bald ein detailgetreu kopiertes deutsches Bierlokal, im Lager Hearne in Texas schufen Gefangene Betonmodelle alter deutscher Burgen, in Mexia, Texas, brachte es sogar jemand fertig, aus Schrottteilen eine funktionstüchtige Uhr zu basteln.

Wir haben eigentlich recht sorglos in dem Lager gelebt. Wir hatten einen Sportplatz, wir haben Fußball- und Handballturniere veranstaltet. Die Posten haben immer gewettet, welche Mannschaft gewinnt. Und das Lager selbst hatte eine Kantine, da konnte man alles kaufen – vom Damenschmuck bis sonst wohin –, Apfelsinen, alles.

Herbert Gödecke, Gefangener in den USA

Besonders beliebt waren die Filmvorführungen. Die meisten Lagergemeinschaften konnten sich aus den Erlösen des Kantinengeschäfts einen 16-Millimeter-Filmprojektor besorgen und bekamen dann eine Reihe vom State Department sorgfältig ausgewählter amerikanischer und deutscher Filme zur Verfügung gestellt. Darunter waren natürlich auch Hollywood-Streifen, welche die Gefangenen politisch beeinflussen sollten und die ein entsprechend positives Bild von den USA und der parlamentarischen Demokratie vermittelten. Das Filmprogramm hatte jedoch keinesfalls den Zweck einer reinen politischen Indoktrination. Es gab auch zahlreiche Sport- und Kulturstreifen zu sehen, die ausschließlich der Unterhaltung dienten.

Die herausragendste Errungenschaft amerikanischer Kriegsgefangenenlager waren freilich nicht die Sportturniere, die Theateraufführungen oder die lagereigenen Gemüsegärten. Das Außer-

Im Lager gab es Abiturkurse. Da ich nur ein Notabitur hatte, dachte ich mir, dann mache ich doch so einen Kursus, dann muss ich nicht, wenn ich zurückkomme, noch lange mein Abitur machen, sondern kann dann gleich studieren.

Hillmar Hoffmann, Gefangener in den USA

Alle Kriegsgefangenen, die nicht arbeiten, werden gezwungen, dem Unterricht in amerikanischer Geschichte beizuwohnen. Dieser Unterricht findet zweimal in der Woche statt und dauert jeweils 30 bis 45 Minuten.

Aus einem Bericht des Internationalen Roten Kreuzes über das Lager Indiantown Gap (Pennsylvania), 10./11. Dezember 1945

»Keimzelle demokratischen Denkens«: Die politische Umerziehung deutscher Gefangener wurde von den Amerikanern erst spät eingeleitet.

gewöhnliche war vielmehr die breite Palette an Weiterbildungsmöglichkeiten. Unter den Gefangenen befand sich eine große Anzahl ehemaliger Lehrer, Universitätsdozenten, Juristen, Bankangestellter oder Handwerksmeister. Aus diesem Reservoir konnte bald ein reges Bildungsprogramm in den Camps entwickelt werden. Ein Ausbildungsleiter wurde bestimmt, der für die Organisation der Kurse und die Aufstellung eines Lager-Lehrplans verantwortlich war. Ende 1943 gab es praktisch in jedem Camp Seminare in Fremdsprachen – vor allem in Englisch –, in deutscher Literatur, in Geschichte, Jura, Mathematik, Chemie und Handelslehre. Handwerkskurse wurden angeboten; wer wollte, konnte Stenografie lernen oder das Spielen eines Instruments. Die Lagerinsassen nahmen diese Kurse in gewohnter deutscher Gründlichkeit sehr ernst. Die regelmäßige Teilnahme war Pflicht, es wurde wie in Schule und Universität ein anspruchsvoller Stoff vermittelt, dessen Kenntnis anschließend mittels Prüfungen abgefragt wurde.

Das Reichskulturministerium bot am 19. Mai 1944 die Anerkennung der Lagerlehrgänge durch die Schulen und Universitäten in Deutschland an.

Zur Zeit unseres Besuchs organisierten die Offiziere unter Leitung einiger kriegsgefangener Professoren gerade eine sehr komplette Schule. Sie haben folgendes Programm aufgestellt:

1. verschiedene Studien (für diejenigen, die ihr Wissen vervollständigen wollen, aber keine Examina ablegen werden): Englisch, Französisch, Italienisch, Russisch, Griechisch, Latein, Geschichte, Ackerbau, Waldbau, Psychologie, Physik, Geografie, deutsche Literatur, Kunstgeschichte, Mathematik, Naturwissenschaften, Philosophie, Astronomie.

2. Spezialstudien, aufgeteilt in zwei Gruppen:

a) Höhere Schule:

Deutsche Literatur, Fremdsprachen, Mathematik, Geografie, Geschichte, Biologie, Physik, Chemie, Musik, Zeichnen, Sport.

b) Vorbereitung für die Universität:

Architektur, Ingenieurlehrgänge, Politische Wissenschaften, Chemie, Elektrotechnik, Physik, Geologie, Medizin, Botanik, Ackerbau, Zivilrecht, Strafrecht, Handelsrecht, Verwaltungsrecht und Völkerrecht.

Bald wird es für die Kriegsgefangenen praktische Kurs geben, wie in der Herstellung von Skulpturen.

Aus einem Bericht des Internationalen Roten Kreuzes über das Offizierslager Mexia (Texas), 26. Februar 1944

In einer über das Internationale Rote Kreuz geführten Korrespondenz wurden die Anweisungen für die formalen Richtlinien der Prüfungen und Examen genau festgelegt, die Zusammensetzung der Prüfungskommissionen bestimmt. Amtliche Berichtshefte sind in die USA verschickt worden, in denen das Lehrpersonal den Studienfortschritt bestätigen musste. Die so entstandenen »Lageruniversitäten« entfalteten eine überaus erstaunliche Bildungstätigkeit. Zahllose Soldaten nutzten die Jahre der Gefangenschaft, um beispielsweise ein Jurastudium zu beginnen oder ein angefangenes Germanistikstudium zu beenden. Für viele war der Zwangsaufenthalt in den USA somit keine verlorene Zeit – im Gegenteil, sie kehrten mit einem qualifizierten Examen in die Heimat zurück und konnten hier gleich in das Berufsleben einsteigen. Neben dem Besuch der eigenen »Lageruniversitäten« stand den Gefangenen auch die Teilnahme an Volkshochschul- und Fernunterrichtskursen etlicher amerikanischer Universitäten offen, sodass sich jedermann nach seinen eigenen Bedürfnissen und Neigungen weiterbilden konnte.

Die Kriegsgefangenen erhalten die *New York Times*, den *Christian Science Monitor* und Lokalzeitungen, ebenso 27 Zeitschriften von allgemeinem Interesse.

Aus einem Bericht des Internationalen Roten Kreuzes über das Lager Fort Sam Houston (Texas), 2./3. April 1945

Das reichhaltige kulturelle Leben in den Gefangenenlagern lässt sich auch am großen Interesse für Bücher und Zeitungen ablesen. Lagerbüchereien wurden eingerichtet, die aus den Mitteln der Gefangenen Werke kauften oder ihre Regale mit Buchgeschenken öffentlicher Hilfsorganisationen auffüllen konnten. Im Lager in Dermott, Arkansas, gab es eine Bibliothek mit beachtlichen 9000 Bänden. Auch amerikanische Zeitungen wurden abonniert, meist die *New York Times* und einige Lokalblätter. Das War Department hatte den Gefangenen außerdem gestattet, eigene Zeitungen zu erstellen, und dies ohne Zensurbeschränkungen. Begeistert nahmen die Männer diese Gelegenheiteit zur geistigen Entfaltung wahr. Binnen kurzem hatte jedes Lager sein eigenes Organ. Gedichte wurden abgedruckt, Kurzgeschichten, Rätsel und Fachartikel über allerlei Wissenswertes. Nachrichten aus dem Lagerleben erfreuten sich einer besonderen Beliebtheit. Den Bewachern boten diese Zeitungen eine wertvolle Möglichkeit, herauszufinden, wie es um das Befinden hinter dem Stacheldraht bestellt war. Die Ursache von Missstimmungen, Ärgernissen und Konflikten konnte so rasch ermittelt und wenn möglich beseitigt werden. Damit waren die Zeitungen ein wichtiges Mittel zur Aufrechterhaltung der inneren Ruhe.

Auf amerikanischer Seite wurde das Medium Zeitung freilich auch dazu benutzt, die Gefangenen politisch zu beeinflussen. Seit der Ankunft größerer Kontingente deutscher Soldaten im Frühjahr 1943 war in der Öffentlichkeit und bei den verantwortlichen Stellen ein heftiger Streit darüber ausgebrochen, ob es sinnvoll sei, die Heerscharen von »Nazis« politisch umzupolen. Im War Department wurde der Sinn eines Re-education-Programms lange Zeit bezweifelt, weil man dessen Wirkung infrage stellte. Die Gefangenen würden mit Misstrauen, Feindseligkeit und Widerstand reagieren, wenn man versuche, sie gegen ihren Willen zu belehren. Als die großen Tageszeitungen wiederholt von Fememorden und wilder Nazi-Propaganda in den Camps berichteten, wurde der Druck der öffentlichen Meinung immer größer. Doch erst nachdem es gelang, Präsident Roosevelt für das Vorhaben zu interessieren, wurde das Umschulungsprogramm im Herbst 1944 offiziell gestartet. Die Öffentlichkeit erfuhr hiervon allerdings nichts – um die Re-education nicht von vornherein wirkungslos zu machen, waren die Maßnahmen streng geheim. Das Ziel der Bemühungen wurde folgendermaßen umschrieben:

ZEITUNG DER DEUTSCHEN KRIEGSGEFANGENEN IN USA

Edited and Prepared for German Prisoners of War by German Prisoners of War

DER Ruf

Censored by: ROBERT H. PESTALOZZI 1st Lt. (AC) · CMP CO. [illegible]

Erscheint halbmonatlich • Herausgeber: Die deutschen Kriegsgefangenen in USA • Anschrift: "To the Editor of DER RUF" G.P.O. Box 20 New York, N. Y. • Verantwortlich für den Gesamtinhalt: Arbeitsgemeinschaft DER RUF Gesamtinhalt durch die Zensur genehmigt Alle Rechte vorbehalten • Nur in den Kantinen aller deutschen Kriegsgefangenen-Lager in den Vereinigten Staaten von Amerika zu haben.

RECHT UND VERNUNFT

1. JULI 1945 PREIS 5c Nr. 8

Deutschland im Übergang

Die Militärverwaltung der Alliierten nach dem deutschen Zusammenbruch hatte zunächst nur provisorischen Charakter. Sie war in erster Linie durch rein militärische Sicherungsmassnahmen der in den einzelnen Gebieten liegenden Truppen bestimmt. Darüber hinaus bemühten sich jedoch die Besatzungsmächte schon die Grundlage für die Tätigkeit der zentralen alliierten Kontrollkommission zu schaffen. Die Berliner Viermächteerklärung vom 5. Juni stellte fest, dass Deutschland mit den Grenzen von 1937 von der Kontrollkommission regiert werde. Ihre Aufgabe ist zunächst, für die Erfüllung der Kapitulationsbedingungen zu sorgen. Sie wird jedoch gleichzeitig durch die Militärregierungen den allmählichen Aufbau der deutschen Verwaltung überwachen. Dieser Aufbau soll von unten nach oben erfolgen, wobei eine eigene deutsche Regierung unter alliierter Aufsicht angestrebt wird.

Der heutige Zustand in Deutschland ist ein Übergang. Die praktische Regierungsgewalt liegt bis zur Ablösung durch eine vollständige deutsche Verwaltung in der Hand der Militärregierungen. Zu den ersten Massnahmen der AMG gehörte die Festnahme führender Nationalsozialisten in öffentlichen Stellen. Sie wurden durch demokratisch gesinnte Fachleute ersetzt. Die Säuberungsaktion beschränkte sich jedoch nur auf die Spitzen der Behörden, um ernste Störungen im Zivilleben zu vermeiden. So erklärte sich auch, dass führende Angehörige früherer Parteiorganisationen, z.B. die Kreisbauernführer im Amte bleiben konnten. Ihre Entfernung erfolgt jetzt nach und nach.

Im Hinblick auf die geplante deutsche Selbstverwaltung sind bereits von der AMG eine Reihe von Massnahmen getroffen worden, die über den kommunalen Rahmen hinausgehen. So haben die Amerikaner den 1933 abgesetzten Oberpräsidenten der Rheinprovinz Dr. Fuchs wieder in sein Amt eingesetzt. Massgebend für diese Ernennung war, dass Dr. Fuchs diesen Posten jahrelang innegehabt hat und ausserdem als Mitglied der ehemaligen Zentrumspartei und durch seine ablehnende Haltung zum Nationalsozialismus das Vertrauen der Militärbehörden gewonnen hatte. Die Worte des Oberpräsidenten über die Notwendigkeit der Jugenderziehung im Geist des Christentums haben in Amerika starke Beachtung gefunden.

Eine ähnliche Entwicklung wie im Rheinland ist auch in Bayern zu beobachten. In München haben die Amerikaner den ehemaligen Staatsrat Schaffer zum „provisorischen Ministerpräsidenten" bestimmt, mit dem Auftrag eine Regierung zu bilden. Schaffer gehörte seit 1918 der katholischen Bayrischen Volkspartei an und wurde 1933 pensioniert; im vergangenen Jahr wurde er für einige Wochen in Dachau festgehalten.

Auch die Briten steuern in ihrer Zone auf eine deutsche Verwaltung hin. Überall werden von [illegible]

An die deutschen Kriegsgefangenen

Der Provost Marshal General of the United States Army, Major General A. Lerch, hat dem RUF folgenden Artikel zur Übermittlung an die deutschen Kriegsgefangenen in USA zur Verfügung gestellt:

After the most destructive war in history, all mankind longs for a lasting peace. The ideal of the future is the Four Freedoms — Freedom of Speech, Freedom of Religion, Freedom from Want, Freedom from Fear. They are meant to give the ordinary man in all countries the happiness he wants to have: that is happiness in work, in a secure family life, in freedom of thought, and in freedom of worship. These are not new ideals. They are ideals temporarily darkened by the rise of National Socialism. Nazism is passing away, and the Four Freedoms are freedoms mankind will never willingly let slip.

Germany has reached a turning-point. The unscrupulous policies of German Militarism and National Socialism have brought upon the German people the most catastrophic defeat ever brought upon a great nation. What is worse, the crimes and horrors inflicted upon helpless men and women by National Socialist leaders have lost Germans the respect of the entire world. To regain this respect will take a long time and the devotion and labor of many thousands.

Every German ought now to realize that freedom, justice, law and humanity are not empty words. Germany can be rebuilt in terms of freedom, justice, law, and humanity. Until a sufficient number of Germans understand that these are the real values by which mankind truly lives, the case of Germany is hopeless. Only by cooperating with other nations, only by again becoming civilized can Germany be reborn.

Every German Prisoner of War must therefore face a personal moral crisis. No longer living under the threat of terror, you must deal with your conscience. You must show that you are ready to reeducate yourself. You must prove your determination to work your way back to the true and immovable meaning of words like reason, law, justice, and freedom. Above all, you must understand that peace is better than war.

Many among the German prisoners have already made their decisions. Others are still hesitating. They are afraid, or they do not see the whole truth, or they have not yet overcome the prejudices that National Socialism has taught them.

Germany will need honest and clear-headed citizens. You owe it to your country to become a man, to cease to be the slave of the party that has led your country to destruction. The change in you must be honest and it must be final. Pretense will not do. You must ignore the threats, hidden or avowed, of any who want still to terrorize you. You must begin openly to declare loyalty to the ideals of civilized men.

The American government might send back to Europe those who do not deserve our confidence and who, [illegible] from disaster — drones who eat our bread and do not earn it in the [illegible]. But these men will not go back to Europe as free citizens. They will have no [illegible]. They will be prisoners still, prisoners in their own land, eating less, earning less, and working harder.

Now is your time to think. Do not believe rumors to the effect that you will be badly treated by those who have defeated you. Your situation is hopeful. But your future lies mainly in your hands.

[signature]

Gottesdienst in Camp Custer. Die Wende führte zu religiöser Verinnerlichung. Das entspricht dem Gefühl der Heimat. In der Leipziger Thomas-Kirche wurde um Verzeihen der Blutschuld gebetet.

ÜBER FREIHEIT

In unserer Zeit bewusster Verfälschung der Begriffe sind einfache Dinge kompliziert geworden und bedürfen der Klärung.

Seit Jahrtausenden verstand man unter dem Wort „Freiheit" die Möglichkeit selbständigen und selbstverantwortlichen Denkens und Handelns, frei von angemasster oder erzwungener Bevormundung durch volkseigene oder volksfremde [illegible] „Gemeinschaft" verstand [illegible]

Heute können wir nun eine seltsame Feststellung machen: Millionen Menschen haben das Unterscheidungsvermögen für Freiheit und Knechtschaft verloren. Millionen gibt es, die sich nur einbilden, freie Menschen zu sein. Sie wissen nicht mehr, was „Freiheit" ist. Bevormundung und Gehorchen sind wesentliche Bestandteile ihres Lebens geworden.

Familienväter, gereifte und erfahrene Männer,

Aus dem Inhalt

Über Freiheit .... *Camp Brady*
Ideen zur Nachkriegswelt .. *Redaktionell*
Das neue Gesicht der italienischen Presse .... *Camp Dermott*
Demokratie oder Despotie? . *Redaktionell*
Irrwege der Naturbetrachtung .... *Camp Concordia*
Sozialismus ohne Revolution .... *Camp Fort Niagara*
Thomas Mann .... *Camp Ruston*
Gleichgewicht der Kräfte .. Redaktionell
Demokratie in den Lagern ... Redaktionell
Versöhnung mit einem Hitlerjungen .... *Camp Fort Devens*
Bekenntnisse zur Demokratie .. *Aus verschiedenen Lagern*

Gab es keinen Widerstand?

Es hat auch in Deutschland, wie jeder weiss oder wissen sollte, einen Widerstand gegen den Nationalsozialismus als politische Bewegung gegeben. Der hohe Prozentsatz deutscher Opfer in den Konzentrationslagern beweist es. Das Ausland weiss aber vor allem wenig von einer bestimmten Form dieses Kampfes, der nicht unmittelbar politischen Charakter im engeren Sinne hatte. Es war der ebenso verbissene Kampf gegen die verderbliche Irrlehre der neuen „Weltanschauung". Es war ein gefährlicher, oft zusammenhängender Kampf gegen die in den ersten Jahren noch bewählerisch verfälschende Kulturpolitik, gegen die Rassenlehre, gegen das demoralisierende Antichristentum und gegen die Unterdrückung der akademischen Freiheit. Auch in Deutschland gab es daher einen heimlichen Widerstand der Anständigen aus allen Schichten. Auch dort existierte eine tätige Abwehr der geistigen Verantwortung. Man kann somit neben dem rein politischen Kampf im Untergrund von einem Kampf im „Obergrund" sprechen. Aus diesem Obergrund einige Tatsachen. Sie beziehen sich vor allem auf Erscheinungen des kirchlichen, akademischen und publizistischen Lebens, konnten aber gewiss auch in vielen anderen Kreisen gefunden werden. Es soll nicht übersehen werden, dass viele einzelne aus den verschiedenartigsten Berufsgruppen, Beamte, Angestellte, Bauern und Arbeiter sich erfolgreich zumindest ein persönliches Denken und eine unabhängige Urteilskraft bewahrt haben.

Im Jahre 1935 griff eine grosse deutsche Zeitung einen Aufsatz aus der Feder eines Oberstudiendirektors an, der im Philologenblatt erschienen war. Der Schulmann forderte, die Jugend müsse jetzt amoralisch erzogen werden. Man müsse sie lehren, Werte wie Liebe, Milde, Mitleid als sklavisch zu verachten. Man müsse ihr beibringen, das Töten im Kampf als eine Lust zu empfinden. Die Zeitung warf diesem wahrhaft verkommenen Erzieher vor, sich in den Dienst der Anarchie zu stellen und die Jugend zu verderben. Amtlich war der Artikel unangreifbar. Die Redaktion erhielt hunderte von Dankschreiben von empörten Eltern. Sie entschloss sich, den Angriff fortzusetzen. Der Aufsatz besagten Schulmanns wurde mit dem Zeitungsartikel dem Dichter Ernst Wiechert zugesandt. Er wurde gebeten, auch sein Wort dazu zu sagen.

Einige Tage später traf ein Aufsatz von ihm ein. Folgende Sätze waren zu lesen: „Ja, es kann wohl sein, dass ein Volk aufhört, Recht und Unrecht zu unterscheiden und dass jeder Kampf im recht ist. Aber ein solches Volk steht schon auf einer jäh sich neigenden Ebene, und das Gesetz seines Untergangs ist ihm schon geschrieben. Es kann auch sein, dass es noch einen Gladiatorenruhm gewinnt und im Kämpfen ein Ethos erreicht, das wir einen Boxerethos nennen wollen. Aber die Waage ist schon aufgehoben über ein solches Volk, und an jeder Wand wird die Hand erscheinen, die die Buchstaben von Feuer schreibt." Der Aufsatz wurde sofort veröffentlicht. Im Jahre 1935 Wiechert selbst [illegible]

»Von Gefangenen für Gefangene«: In den US-Lagern erschien die POW-Zeitung *Der Ruf*.

Das War Department sah in der Anwesenheit von 370 000 deutschen Kriegsgefangenen in den USA eine noch nie da gewesene Gelegenheit, unter den Deutschen eine Keimzelle demokratischen Denkens und Respekt für Amerika zu entwickeln.

Aus einer amerikanischen Untersuchung über die Kriegsgefangenenarbeit, 1955

»Den Gefangenen sollen Fakten dargeboten werden, objektiv vorgetragen, aber so ausgesucht und zusammengestellt, dass falsche Unterrichtung und Vorurteile, die noch aus der nazistischen Beeinflussung herrühren, korrigiert werden. Die Tatsachen sollen den Gefangenen nicht aufgezwungen, sondern mithilfe verschiedener Medien wie Literatur, Film, Zeitungen, Musik, Kunst und Weiterbildungskursen zur Verfügung gestellt werden. Zum einen ist es notwendig, den Gefangenen die Undurchführbarkeit und Verwerflichkeit der nationalsozialistischen Ideen klar zu machen und sie mit einer Vielfalt von Tatsachen zu überzeugen. Dann werden die deutschen Gefangenen vielleicht auch die in der westlichen Zivilisation entwickelten historischen und ethischen Wahrheiten erkennen und daran glauben. ... Bei ihrer Rückkehr nach Deutschland werden sie dann möglicherweise die Kerntruppe einer neuen deutschen Denkungsart bilden, die Militarismus und totalitäre Herrschaft ablehnt und sich für ein demokratisches Regierungssystem einsetzt.«

Leiter des Programms war Oberstleutnant Edward Davidson, dessen Aktivitäten zunächst darin bestanden, mittels gezielter Unterstützung der Freizeitaktivitäten, etwa durch bestimmte Filme, indirekt Einfluss auszuüben. Die Buchreihe »Neue Welt« wurde ins Leben gerufen, die ausgewählte deutsche und übersetzte amerikanische Werke umfasste, so etwa Thomas Manns »*Zauberberg*«. Davidson engagierte im Oktober 1944 85 besonders qualifizierte deutsche Kriegsgefangene, die ihn und seinen Führungsstab unterstützen sollten. Dabei handelte es sich um ausgewiesene Gegner des Nationalsozialismus, die vor dem Krieg Professoren, Germa-

Von den Posten bekam ich die Stars and Stripes, *die Armeezeitung. Darin stand dann immer etwas über die Situation an der Invasionsfront. Das habe ich den Kameraden und Freunden dann immer übersetzt. Und die haben gesagt: »Ach, das glauben wir doch nicht, das ist doch eine Ente, das kann doch gar nicht sein!« Wir haben zwar gewusst, dass die Alliierten vordrangen, aber wir waren immer noch der Meinung, dass wir doch irgendwann diese Geschichte zum Stehen kriegen würden und dass es sich dann vielleicht wieder umkehren würde.*

Herbert Gödecke, Gefangener in den USA

nisten und Schriftsteller gewesen waren. Sie übernahmen Übersetzungsarbeiten, werteten die Lagerzeitungen aus und erstellten selber eine Kriegsgefangenenzeitung. *Der Ruf* – so der klangvolle Name – war ein zweimal im Monat erscheinendes Magazin, das besonders aufwendig gestaltet und auf hochwertigem Papier gedruckt war. Die Schriftleitung übernahmen Dr. Gustav René Hocke, ein preisgekrönter deutscher Romanschriftsteller, und Curt Vinz, ein früherer Verleger. *Der Ruf* war eine inhaltlich überaus anspruchsvolle Publikation, die sich an die besonders Gebildeten wendete. Man hoffte durch die Beeinflussung des Führungspersonals auch auf die Masse der Landser einwirken zu können. 11 000 Exemplare der ersten Ausgabe wurden am 6. März 1945 ausgeliefert. Sie kostete fünf Cents und enthielt unter anderem einen ausführlichen Artikel über die menschliche Seele aus der Sicht von Goethe, Schiller und Schopenhauer, Berichte über die alliierten Konferenzen von Teheran und Jalta, aktuelle Frontberichte und eine Diskussion über die alliierten Bombenangriffe. Sorgfältig wertete man die Zuschriften der Gefangenen aus, um sich ein Bild von den Reaktionen machen zu können. Diese waren zunächst noch überaus gemischt. Während man in manchen Lagern begeistert war, wurde das Blatt in anderen als jüdische Propaganda diffamiert. Immerhin war man durch die Analyse dieser Kommentare zu einer besseren Einschätzung der politischen Meinung der Gefangenen in der Lage, mit der man sich bislang immer sehr schwer getan hatte. Nun war es viel leichter, überzeugte Nazis zu identifizieren und diese gegebenenfalls in ein Sonderlager zu verlegen.

Zweck des Magazins war die Förderung des Umerziehungsprogramms, indem es den deutschen Kriegsgefangenen vermittelte: realistische Nachrichten von allen bedeutenden militärischen und politischen Ereignissen, ein klares Verständnis für den »American way of life«, ein wahres Bild der Verhältnisse in Deutschland, Artikel mit Bildungswert und Unterhaltung.

Aus dem »McCracken-Report« über die Umerziehung von Kriegsgefangenen, 1953 (über die Zeitschrift *Der Ruf*)

Die Verkaufszahlen von *Der Ruf* stiegen bald an, im Oktober 1945 waren es schon 73 000 Exemplare – das heißt, jeder fünfte Gefangene gehörte

Die Kriegsgefangenenzeitung Der Ruf, *in den USA veröffentlicht und unter der Ägide des Kriegsministeriums, ist im Lager von den Offizieren zum Zeichen des Protests offen verbrannt worden, denn die erste Ausgabe widersprach ihrer »Weltanschauung«. Infolge dieses Zwischenfalls sind einige Kriegsgefangene verletzt worden.*
Aus einem Bericht des Internationalen Roten Kreuzes über das Offizierslager Trinidad (Colorado), 25. April 1945

»Nationalsozialistisches Weltbild«: Bis Kriegsende war das Hakenkreuz in den Lagern präsent.

bereits zum Käuferkreis. Dieses gesteigerte Interesse war auch ein Indiz dafür, dass sich mit dem Kriegsende gleichfalls die politische Haltung der Gefangenen zu verändern begann. Dies lässt sich überdies an den Lagerzeitungen ablesen. Im März 1945 wurden nur drei als antinazistisch bewertet, sieben waren neutral, eine christlich, rund 25 waren nationalsozialistisch und acht entschieden nazistisch eingestellt. Im Herbst 1945 hatte sich das Bild deutlich verändert: 24 Lagerzeitungen wiesen demokratische Tendenzen auf, 18 waren strikt antinationalsozialistisch, 32 unpolitisch, drei christlich, eine verdeckt nationalsozialistisch, und zwei wurden als »militaristisch« erachtet.

Dieser Stimmungswandel ist teilweise durch den definitiven Zusammenbruch des Deutschen Reiches zu erklären. Kurt Glaser notierte in sein Tagebuch, dass die ersten zwei Jahre der Gefangenschaft durch den Glauben an den Sieg Deutschlands mit einer gewissen Leichtigkeit zu ertragen gewesen seien. Mit dem Kriegsende zerbrach bei vielen die Fixierung auf das Regime und den »Führer«. Hinzu kam – und dies war für die Ausrichtung der Lagerzeitungen ein ganz wesentlicher Faktor –, dass mit der Kapitulation der

An den »Endsieg« hat im Lager eigentlich keiner mehr geglaubt – auch nicht die höheren Offiziere.

Paul Pfeiffer, Gefangener in den USA

Wehrmacht die amerikanischen Behörden das Re-education-Programm verschärften. Vielfach wurden die Redakteure der Kriegsgefangenenzeitungen ausgewechselt und die Gründung neuer Zeitungen mit demokratischer Ausrichtung gefördert. Die Weiterbildungsprogramme wurden stark eingeschränkt und vornehmlich auf Fächer reduziert, die man für die politische Umorientierung der Gefangenen als hilfreich erachtete, wie etwa Geschichte, Staatskunde und Englisch. Nunmehr wurden auch besondere Schulungslager für ausgewählte deutsche Soldaten eingerichtet. Ebenso verschärfte sich die Filmauswahl, eine stark antinationalsozialistische Haltung war nunmehr unübersehbar. Die Vorführung der Schreckensfilme über die Konzentrationslager musste von jedem Gefangenen besucht werden, ihre Reaktionen wurden dabei sorgfältig vermerkt.

Gut 1000 Gefangene absolvierten nach Kriegsende einen Verwaltungslehrgang, der sie dazu qualifizieren sollte, die amerikanischen Besatzungsbehörden zu unterstützen. Ironischerweise zeigte die US-Administration in Deutschland kaum Interesse an diesen Personen – von einigen wenigen prominenten Ausnahmen einmal abgesehen, wie etwa Walter Hallstein, dem späteren ersten Staatssekretär im Auswärtigen Amt. Weitere 23 000 als politisch besonders zuverlässig eingestufte Gefangene durchliefen kurz vor ihrer Repatriierung noch einen sechs Tage dauernden Kurzlehrgang, der die Inhalte der Umerziehung noch einmal zusammenfasste.

In der US-Armee glaubte man fest an den Erfolg der Re-education. Zwei Befragungen von gut 22 000 Kriegsgefangenen vor und nach dem Re-education-Programm ergaben, dass der Anteil der linientreuen Nazis zwar nur von 13 auf zehn Prozent gesunken war, jedoch dass sich die Quote der entschiedenen Gegner des Nationalsozialismus von 13 auf 33 Prozent erhöht hatte. Die ehemals neutral eingestellte große Masse hatte offenbar eine positive Einstellung zur Demokratie und den Vereinigten Staaten bezogen. Zudem konnte darauf verwiesen werden, dass es Gefangene gegeben hatte, die nach Betrachtung der KZ-Filme aus Scham ihre Wehrmachtsuniform verbrannten, die spontan Geld für den Aufbau eines demokra-

Dann wurden diese KZ-Filme gezeigt. Da war natürlich Tumult. Viele gingen nicht hin, die wurden dann mit Gewalt herangebracht: Da kamen sie mit aufgepflanztem Bajonett ins Lager und in die Baracken und haben uns rausgetrieben – wir mussten uns das ansehen.

Johannes Kreye, Gefangener in den USA

Wir mussten uns das alles ansehen, und die sagten: »Nun, was sagt ihr dazu?« Wir antworteten, dass wir nicht wussten, dass es diese KZs gab. Das kann man eigentlich gar nicht glauben, dass ein Volk wie unseres, was doch auf einer relativ hohen kulturellen Stufe steht, solche Dinge macht. Wir waren erschüttert und sehr traurig.

Herbert Gödecke, Gefangener in den USA

»Amerika als Vorbild«: Gefangene werden in amerikanischer Geschichte unterrichtet.

tischen Deutschland sammelten oder öffentlich die Verbrechen des NS-Regimes verdammten. Einige tausend meldeten sich sogar freiwillig, um in der US-Armee gegen die Japaner zu kämpfen. Tatsächlich dachte das Kriegsministerium zeitweise darüber nach, aus diesem Reservoir gut ausgebildeter Soldaten zu schöpfen, schreckte dann aber doch davor zurück, die Deutschen in amerikanische Uniformen zu stecken und ihnen damit alle Rechte eines amerikanischen Bürgers zuzugestehen.

Die überwiegende Masse der Gefangenen scheint vor allem an der Verbesserung der Freizeitgestaltung interessiert gewesen zu sein – und genau dies war ja auch der Sinn und Zweck der Re-education bis Sommer 1945 gewesen. Für politische Inhalte hatten die meisten nur wenig übrig. Den moralischen Zeigefinger konterten viele Männer mit dem Hinweis auf die Rassentrennung – »da sollten die Amerikaner einmal ganz ruhig sein«, lautete ein oft vorgebrachtes Argument. Die Dimension der NS-Verbrechen war ohnehin – so die Erkenntnis der

Die meisten von uns waren politisch indifferent. Aber es waren auch einige Nazis dabei, die natürlich nicht verstehen konnten, dass ich mich mit den Amerikanern anfreundete. Sie haben zwar nie zu mir gesagt: »Du bist ein Verräter.« Aber das lag in der Luft.

Reinhold Pabel, Gefangener in den USA

Lagerverwaltungen – von vielen nicht erkannt worden. So hielten nur 36 Prozent von 20 000 befragten Gefangenen die Gräuelbilder der KZ-Filme für authentisch.

Viele von uns haben gesagt: In diesen Filmen wird übertrieben.
Paul Pfeiffer, Gefangener in den USA

So darf man sich über die Erfolge der Re-education keine Illusionen machen. Die Gefangenen, die sich hierauf einließen, taten dies nicht nur aus Überzeugung, sondern wohl viel häufiger aus Opportunismus und der Hoffnung auf eine schnellere Heimkehr. »Ich bin nicht länger daran interessiert, all diese Vorträge über Demokratie zu hören«, entgegnete ein Gefangener seinem amerikanischen Dozenten. »Die einzige Sache, die mich interessiert, ist, wann ich nach Hause komme und meiner Familie helfen kann.«

Viel prägender als alle Umerziehungsmaßnahmen dürften die persönlichen Eindrücke gewesen sein, welche die Gefangenen in den Vereinigten Staaten von Land und Leuten sammelten. Dass dabei die meisten ein positives Bild gewannen, kann kaum bezweifelt werden – was freilich nicht bedeuten musste, dass sie gleich als überzeugte Demokraten nach Hause zurückkehrten.

Der politischen Beeinflussung der deutschen Soldaten waren durch die festgefügte Lagerstruktur ohnehin klare Grenzen gesetzt. Das Trauma der Gefangennahme und der ersten Tage in feindlichem Gewahrsam hatte sich sehr rasch gelegt. Schon in den Lagern Nordafrikas war die alte militärische Hierarchie wieder hergestellt, sorgten die deutschen Offiziere und Unteroffiziere für die Aufrechterhaltung von Disziplin und Ordnung. Das amerikanische War Department versuchte erst gar nicht, diese Struktur aufzubrechen. Die Hauptsache war, dass die Gefangenen keinen Ärger machten. Folglich gab es keinen Gesinnungswandel, zumal die streng auf die Einhaltung der Genfer Konvention bedachten Amerikaner auch jedwede Form von nationalsozialistischen Symbolen und Ehrenzeichen zuließen. Der »deutsche Gruß« – erst Ende April 1945 verboten – gehörte hier ebenso dazu wie die Hakenkreuzflagge oder das markige »Heil Hitler«. Die in Afrika gefangenen genommenen Soldaten hatten Deutschland 1941 oder spätestens 1942 verlassen. Sie kannten noch ein unzerstörtes Heimatland, das auf der Siegesstraße scheinbar unaufhaltsam vorgestürmt war. Sie glaubten immer noch daran, nicht besiegt, sondern in Tunesien nur im Stich gelassen worden zu sein. So zweifelten die meisten nicht am deutschen Endsieg, Zweifel an der Person Hitlers wurden noch viel weniger laut. In Afrika hatte es keine SS-Einsatzgruppen, keine Massenerschießungen, keine Mordkommandos, keinen Holokaust gegeben. Gewiss hatte sich auch im Afrikakorps manches Gerücht eingenistet, doch dadurch sah sich die Masse nicht zu einem Umdenken veranlasst, denn die tagtäglich erlebte Realität des Krieges war in Afrika eben eine ganz andere als etwa an der Ostfront. So bedauerte Kurt Glaser, dass viele Kameraden angesichts der Niederlagen in Italien nun doch das Vertrauen in die deutsche Führung verloren. Bis zum Schluss hielt er selbst an seinem Glauben an »Führer und Vaterland« fest. »So hoffen wir«, schrieb er in sein Tagebuch, »dass die Macht des Schicksals der gerechten Sache den Sieg verleihen möchte, und das mag wohl niemand bestreiten, das es die unsere ist.«

Im Lagerleben dominierte daher eine nationalsozialistische Haltung, die sicherlich nicht einheitlich ausgeprägt war. Generell scheint unter den »Afrikanern« die Kritik an Hitler und am Krieg jedoch nicht opportun gewesen zu sein. Jedem, der gegen diese herrschende Meinung verstieß, drohte Isolierung und Bestrafung. Die Gruppe erzwang eine Konformität, Abweichler wurden zurück ins Glied gepresst. Jeder, der den vermeintlich bevorstehenden »Endsieg« infrage stellte oder gar offen Kritik am Nationalsozialismus äußerte, musste damit rechnen, unter Druck gesetzt zu werden. So wurden jene bitter enttäuscht, die geglaubt hatten, in der Gefangenschaft endlich frei ihre Meinung über den Krieg, Hitler und den Nationalsozialismus zum Ausdruck bringen zu können. In den Lagerkantinen erhielten sie plötzlich keine Getränke und Süßwaren mehr, die kritische Literatur verschwand aus der Bibliothek, und braune »Kameraden« drohten damit, ihre »Unzuverlässigkeit« mittels ausgetauschter Verwundeter in die Heimat zu melden, sodass sie nach dem Krieg mit Repressalien zu rechnen hätten. In der Tat kamen solche Austauschaktionen zustande. 2181 kranke und verwundete Gefangene wurden in fünf Schüben über Schweden, Spanien und Portugal während des Krieges nach

Das Schlimmste war der politische Terror, der von den Nazis im Lager ausgeführt wurde. Es war nicht ratsam, sich gegen Hitler oder das »Dritte Reich« auszulassen. … Dass der Krieg für die Deutschen einem verlorenen Ende zuging, wollte man absolut nicht wahrhaben. Am schlimmsten und gefährlichsten waren die deutschen Afrikakämpfer; sie waren fanatische Nazis.
Aus einem Bericht eines ehemaligen Insassen des Lagers Lordsburg (New Mexico)

»The American way of life«: Gefangene erfrischen sich mit eiskalter Cola.

Deutschland zurückgeschickt. Im Gegenzug ließen die Deutschen 882 Amerikaner frei. Von einem 1943 repatriierten verwundeten 22-jährigen Obergefreiten der Panzerdivision »Hermann Göring« erfuhr das Oberkommando der Wehrmacht von den politisch motivierten Streitigkeiten in den amerikanischen Gefangenenlagern, insbesondere von der »Unzuverlässigkeit« der Soldaten ehemaliger Bewährungseinheiten. Ob derartige Berichte konkrete Folgen für die Angehörigen hatten, ist indes nicht bekannt.

Einer dieser als »Verräter« diffamierten Soldaten war Ernst Golgowski. Er saß als Kommunist jahrelang im KZ und wurde im Herbst 1942 mit der Bewährungseinheit 999 nach Nordafrika geschickt. In Tunis geriet er im Mai 1943 zunächst in britische, dann in amerikanische Gefangenschaft. »Es gefiel den amerikanischen Obersten«, berichtet er von den Zuständen im Camp Gruber, »wenn wir marschierten, und die Deutschen marschierten zackig mit genagelten Sohlen. Wenn wir dagegen protestierten, indem wir einen falschen Marschschritt einlegten, wurden wir von den deutschen Kompaniechefs zurechtgestutzt, und diese bekamen immer von der Lagerleitung Recht. Politische [Kriegsgefangene] wurden dadurch sanktioniert, dass sie von jeder Lagerfunktion fern gehalten wurden. Die Nazis machten die Vorschläge und besetzten die Posten immer mit ihren Vertrauensleuten. Sie brachten uns, wann immer sie konnten, in Misskredit.«

Den politischen Druck bekamen auch die Männer zu spüren, die erst 1944 in die bereits bestehende Lagergemeinschaft der Afrikakämpfer hineingerieten. Sie hatten den Krieg von einer ganz anderen Seite kennen gelernt, sie hatten die erdrückende Materialüberlegenheit der Alliierten drastisch erlebt und waren von der Aussichtslosigkeit des weiteren Kampfes oftmals überzeugt. Der Gefreite Hein Severloh beschrieb seine Erlebnisse: »Wir waren im Lager McCain in der Nähe von Jackson, Mississippi, angekommen, eine Gruppe von 250 Mann, alle in der Normandie in Gefangenschaft geraten. Also, das Erste, was mir auffiel, war, dass die im Lager alle in Hellgrau, der Uniform des Afrikakorps waren, und wir mitten unter ihnen alle in Graugrün. Das sah seltsam aus. … Wir waren mit unseren Nerven bereits am Ende, aber die dort ließen uns sofort fühlen, dass wir zweitklassig seien, ein Haufen Nullen, ohne Benehmen, ohne Mut, und wenn wir jetzt hier waren, dann nur, weil wir nicht richtig gekämpft hatten. In diesem Lager war einfach alles völlig verwirrend: die Disziplin, die Jungs vom Afrikakorps, die jeden Morgen Siegesmeldungen herausgaben, offizielle deutsche Kommuniqués. Man muss sich mal vorstellen, wie das auf uns wirkte! Wir dachten, wir würden verrückt.«

Helmut Dillner kann diese Sichtweise bestätigen. »Wir vom Afrikakorps«, gesteht er freimütig ein, »wollten nichts mit denen zu tun haben, die nach der Invasion in der Normandie gefangen genommen wurden. Sie waren immer schmutzig, auch wenn sie aus Lagern kamen, in denen sie sich hätten waschen können. Wir mochten nicht, dass so viele Kommunisten darunter waren. Ich habe mich daher immer geweigert, mit einem Gefangenen von der Normandie zusammen zur Arbeit eingeteilt zu werden.«

Nutzten alle subtilen Einschüchterungsversuche bis hin zum öffentlichen Ausbuhen im Speisesaal nichts, so wurden Abweichler auch mit Gewalt gefügig gemacht. Etliche Gefangene wurden aus politischen Gründen verprügelt, in einigen wenigen Fällen sprachen nächtliche Femegerichte sogar Todesurteile aus. In amerikanischen Lagern wurden vier Männer ermordet, drei weitere Fälle von Totschlag lassen sich nachweisen. Die Masse der 72 Selbstmorde dürfte ebenfalls auf politisch motivierte Auseinandersetzungen der Gefange-

In dieser Nacht wurde die Gesamtsituation auf den Höhepunkt gebracht. Ein Hitler-Gegner wurde im Bett von Nazis überfallen und halb totgeschlagen. Wir hörten seine Hilferufe, konnten aber nicht helfen.

Ernst Golgowski, Nazi-Gegner und Gefangener in den USA, Tagebuch, 23. August 1943

nen untereinander zurückzuführen sein. Ein besonders Aufsehen erregender Fall ereignete sich im Lager Papago Park in der Nähe von Phoenix, Arizona. Die Amerikaner hatten sich des deutschen Gefangenen Werner Drechsler als Spitzel bedient, der seine Mitgefangenen in »verwanzten« Räumen in Gespräche verwickelte und so versuchte, ihnen militärische Geheimnisse zu entlocken. In Papago Park wurde der unter falschem Namen agierende Drechsler von der Besatzung von U 615 wiedererkannt und flog auf. Am 12. Mai 1944 überfielen sieben Mann Drechsler und erwürgten ihn. Obgleich sie versuchten, einen Selbstmord durch Erhängen vorzutäuschen, brachte die vom Lagerkommandanten angeordnete Untersuchung bald die Wahrheit ans Licht. Sieben U-Boot-Fahrer wurden vor ein Kriegsgericht gestellt, zum Tode verurteilt und am 25. August 1945 gehängt.

Ein Kamerad hat sich umgebracht – man hat keinen Beweis dafür –, aber offensichtlich deswegen, weil er sich ganz bewusst von den Nationalsozialisten abgewandt hat und das auch in der Gefangenschaft nicht verheimlicht hat.

Reinhold Pabel, Gefangener in den USA

Angesichts von 370 000 Soldaten hinter Stacheldraht erscheint die Zahl derjenigen, die internen Streitigkeiten zum Opfer fielen, nicht sehr hoch. Bei den Gewaltverbrechen handelte es sich jedoch nur um die Spitze eines Eisbergs. Eine amerikanische Untersuchung vom März 1945 zeigte, dass es in fast jedem Lager fünf bis zehn Prozent ausgewiesene Nazis gab, die das Leben im Camp dominierten und Andersdenkende schikanierten. Obgleich die amerikanische Presse die spektakulären Fememorde begierig aufgriff und sich über das Treiben der Nazis in den Lagern empörte, erwiesen sich die US-Behörden als unfähig, die Situation zu entschärfen. Ein wesentliches Problem bestand darin, dass es an qualifiziertem Personal zur Bewachung der Kriegsgefangenen mangelte. Die Wachmannschaften setzten sich aus den Personen zusammen, die anderswo nicht gebraucht wurden. In den allermeisten Fällen stammten die Männer aus wenig gebildeten Schichten, sie sprachen kein Wort Deutsch und vermochten beim besten Willen nicht einzuschätzen, wer überzeugter Nationalsozialist war und wer nicht. In der amerikanischen Öffentlichkeit machte man sich von den ideologischen Feinheiten des »Dritten Reiches« ohnehin nur ein äußerst unscharfes Bild. Nationalsozialismus, das war ein nebulöses Gebräu aus Hakenkreuzen, marschierenden Soldaten, Rassismus, aufpeitschenden Ansprachen Hitlers vor tausenden stramm stehenden Volksgenossen. Den Unterschied zwischen Nationalismus, alt-preußischem Soldatentum und NS-Ideologie vermochte kaum einer zu ziehen. In den Augen der US-Bür-

»Praktische Re-education«: In Camp Carson, Colorado, wurde die Lagerzeitung *Die Woche* produziert.

ger waren zumindest die ersten aus Afrika ankommenden deutschen Soldaten allesamt Nazis. Wenngleich man im War Department die Situation gewiss differenzierter betrachtete – man traf keinerlei Vorkehrungen, das politische Gefüge der Lagergemeinschaft aufzubrechen und vor allem die Regimegegner zu schützen. So versäumte man es auch, die Gefangenen nach Nationalitäten zu trennen. Österreicher, Elsässer, Polen, Volksdeutsche aus Rumänien und andere blieben – von wenigen Ausnahmen abgesehen – zusammen. Das War Department entschied sich am 18. Februar 1943 lediglich, spezielle Lager für »Antinazis« einzurichten. Unglücklicherweise wurde das vollkommen unerfahrene Lagerpersonal mit dem Aussonderungsverfahren betraut, sodass sich eine überaus heterogene Gruppe in den vier Sondercamps wiederfand und sich auch mancher überzeugte Nazi einschleichen konnte.

Die »demokratischen« Lager hatten übrigens einen schlechten Ruf, weil ihre Insassen als unzuverlässig, streitsüchtig und undiszipliniert galten – und dies nicht vollkommen zu Unrecht, da etwa die Streitigkeiten zwischen Sozialdemokraten und Kommunisten hier mit ziemlicher Heftigkeit wieder ausbrachen. Hörte Ernst Golgowski im Camp Gruber von den Nazis noch Sprüche wie: »Komm du erst mal nach Deutschland zurück, da wirst du aufgehängt«, so wurde ihm in dem Anti-Nazi-Lager Fort Devens folgendermaßen gedroht: »Komm du erst mal nach Deutschland zurück, dich werden wir noch kriegen. Du bist ein Verräter an der Arbeiterklasse«. Da die Lagerkommandanten keine Probleme haben wollten, schätzten sie Ordnung und Disziplin in den »Nazilagern« weit mehr als die politische Freiheit der Regimegegner, die »immer gegen alles« seien.

In Illinois wurden SS-Leute ausgesucht und in ein Innenlager innerhalb eines größeren Lagers gesteckt. Dieses Innenlager hatte noch einmal Stacheldrahtumzäunung und Wachtürme – sie waren doppelt eingesperrt.

Gerald Heyden, Gefangener in den USA

Erst im Juli 1943 wurde angeordnet, für alle »Naziführer, Gestapo-Agenten und Extremisten« ein spezielles Camp in Alva, Oklahoma, einzurichten. Wer allerdings ein »Naziführer« und ein »Extremist« war, dies wurde nicht genau definiert. Die Lagerkommandanten hatten also ausreichend Spielraum, um unbotmäßige Gefangene nach Alva befördern zu lassen. Angehörige der Waffen-SS, an ihrer Blutgruppentätowierung am linken Oberarm leicht zu erkennen, wurden automatisch in das »Nazilager« abgeschoben, weil man meinte, dass es sich bei ihnen um besonders fanatische Soldaten handeln müsse. Dass dies nicht immer zutraf, wurde freilich nicht erkannt. Die amerikanischen Streitkräfte kämpften nämlich in Italien wie auch in den ersten Wochen in der Normandie vielfach gegen SS-Einheiten, die 1943 hastig aufgestellt worden waren und mit dem Bild des ideologisierten Elitekämpfers kaum etwas gemein hatten.

Während auf der einen Seite Personen nach Alva geschickt wurden, weil sie die falsche Uniform getragen hatten, wimmelte es in den normalen Gefangenenlagern von Hardlinern. Im September 1944 befanden sich gerade einmal 3392 Unteroffiziere und Mannschaften in Alva. Es lag auf der Hand, dass es unter den anderen 320 000 Gefangenen auch noch genügend fanatische Nazis geben musste. Wenngleich man die Unzulänglichkeit des bis dahin praktizierten Aussonderungssystems erkannte und versuchte, wirkungsvollere Methoden zur Abtrennung der politischen Extremisten zu entwickeln, veränderte dieses Bemühen die Situation in den meisten Gefangenenlagern nicht wesentlich. Viel wirkungsvoller dürfte es gewesen sein, dass seit dem Sommer 1944 über 200 000 neue Gefangene eintrafen, die manches Lager doch mit einem neuen Geist beseelten. Dennoch wurde in etlichen Camps wie selbstverständlich noch am

Der 20. April 1945 – Hitlers Geburtstag – wurde noch groß gefeiert. Als wir morgens aus dem Tor heraus marschierten, hing im amerikanischen Teil des Lagers statt der amerikanischen Flagge die Hakenkreuzfahne, die hatte jemand aus Zuckersäcken zusammengenäht und sie dort heimlich hochgezogen.

Hillmar Hoffmann, Gefangener in den USA

20. April 1945 der Geburtstag Adolf Hitlers mit Flaggenhissung und Ansprachen groß und ausführlich gefeiert. In Camp Brady in Texas hielt der deutsche Lagerführer eine markige Rede. Er appellierte an die Kameraden: »Gedenkt des tapferen Kampfes unseres Volkes und ruft die Schwachen auf, sich an ihnen ein Vorbild zu nehmen. Die Starken aber werden weiter fest im Glauben an das eigene Volk bleiben, in der festen Gewissheit, dass das deutsche Volk am Ende doch siegen werde.«

Die mangelnde Sprachkenntnis der Wachen und ihre Unfähigkeit, echte nationalsozialistische Willensbekundungen von plumpen Streichen zu unterscheiden, führten oft zu kuriosen Zwischenfällen. So marschierte Colonel Payton Winlock, der Kommandant eines Lagers in Kentucky, an einem Sonntagmorgen mit einer Kolonne von einigen hundert Gefangenen höchstpersönlich zur Kirche. Peinlich war nur, dass diese dabei aus voller Kehle das »Horst-Wessel-Lied« schmetterten und Winlock nicht den blassesten Schimmer hatte, was die fröhlichen POWs da zum Besten gaben. Einige Gefangene berichteten später in Briefen über den Vorfall, der dann auch in der Öffentlichkeit bekannt wurde und für erhebliches Aufsehen sorgte.

Ein anderer »Streich« ereignete sich im Lager Foley, Alabama. Alfred Klein schrieb hierüber: »Beim Bau eines Schießplatzes für die U.S. Navy auf einer kleinen Insel im Golf von Pensacola stießen wir auf große Schildkröten, die an Land gekrochen waren. Wir beschlossen, eine dieser Schildkröten politisch zu missbrauchen. Als der Posten nicht hinsah, malten wir ihr mit roter Farbe ein großes Hakenkreuz auf das Rückenschild und schoben sie dann ins Wasser. Nach einiger Zeit kam die Schildkröte wieder an Land, und sobald wir sie sahen, alarmierten wir unseren Wachposten und machten ihn auf dieses politische Phänomen aufmerksam. Seine Bestürzung war gar nicht zu beschreiben, leider nicht sehr lange! Er wurde wütend, schrie uns an, ›ihr Nazis‹, und versprach uns mehrere Tage bei Wasser und Brot, wenn wir ins Lager zurückkämen. Er hatte nicht gelogen. Aber wir hatten unseren Spaß gehabt!«

Die amerikanische Öffentlichkeit stieß seit Anfang 1944 die gute Behandlung der deutschen Kriegsgefangenen auf immer größeren Unmut. Man würde die Männer »verhätscheln« hieß es. Das War Department wies diesen Vorwurf vehement zurück und betonte ebenso nachdrücklich, dass der korrekte Umgang mit den deutschen Gefangenen die beste Gewähr für eine gleichartige Behandlung der 90 000 amerikanischen Soldaten in deutschem Gewahrsam sei. Unter dem öffentlichen Druck begann sich die Haltung der offiziellen Stellen dann aber langsam zu verändern. Neben dem ab Herbst 1944 anlaufenden geheimen Re-education-Programm verringerte man die Bezugsquellen der oft erheblichen Gewinn erwirtschaftenden und von den Gefangenen betriebenen Kantinen. Einkäufe auf dem zivilen Markt waren bald nicht mehr möglich, die Liste der erlaubten Verkaufsgüter wurde zudem eingeschränkt.

Der Massenausbruch der U-Boot-Männer im Lager Papago Park in Arizona am Weihnachtsabend 1944 und insbesondere die Nachrichten von der Erschießung amerikanischer Gefangener am 17. Dezember 1944 bei der Ardennenoffensive verschärften die Kritik an der Regierung noch mehr. Doch auch diesmal reagierte das War Department nur zögerlich und reduzierte lediglich den Verkauf von bestimmten Kantinenartikeln wie Zigaretten, Bier, Erfrischungsgetränken und Süßigkeiten. Der Abverkauf der Lagerbestände war jedoch noch erlaubt, sodass in vielen Camps die Anordnung gar keine spürbaren Folgen hatte. Da die Kantinen ihre Waren über das Versorgungsnetz der US-Armee bezogen, gab es hier noch immer einige Dinge zu kaufen, die für die amerikanische Zivilbevölkerung nicht mehr erhältlich waren – bestimmte Marken von Zigaretten etwa. Diese Besserstellung wurde erst im Februar 1945 abgeschafft. Ebenso erging die Weisung, dass angesichts der sich drastisch verschlechternden Lebensmittelsituation die Gefangenen vor allem mit nichtrationierten Lebensmitteln von geringerer Qualität versorgt werden sollten, etwa mit Innereien. Die Rationen wurden auf höchstens 3400 Kalorien festgesetzt. Wenngleich dies immer noch mehr war, als dem Durchschnittsverbraucher in Großbritannien oder Frankreich zur Verfügung stand – diese Änderung der Versorgungsrichtlinien wirkte wie ein Katalysator zur deutlichen Verschärfung der allgemeinen Lebensbedingungen.

Viele Kommandanten gingen angesichts der Nachrichten über den oftmals erbarmungswürdigen Zustand der befreiten amerikanischen Gefangenen und der Bilder von den KZs, die in der Öffentlichkeit nicht selten mit Gefangenenlagern verwechselt wurden, weit über die eigentlichen

Aufgrund der in der US-Presse veröffentlichten Bilder, nach Einsicht in das Heft »Deutsche Konzentrations- und Gefangenenlager«, erkläre ich hiermit als rangältester deutscher Offizier in den Vereinigten Staaten, dass keiner von den in den hiesigen Lagern befindlichen Generalen und Offizieren von derartigen Verbrechen Kenntnis hatte, geschweige daran beteiligt war.

Erklärung von Generaloberst von Arnim, Juli 1945

In der Küche ist Schmalhans Küchenmeister. Fleisch und Wurst, Milch, Zucker und Eier sind so gut wie gestrichen auf dem Küchenzettel. In regelmäßiger Folge sind Sojabohnen vertreten. Bald hat sich auch ein Name für diese »kräftige« Kost gefunden: »Buchenwaldverpflegung«. In regelmäßiger Folge gibt es Eintopf, Fisch und Nudeln.
Aus dem Tagebuch eines Gefangenen in Camp Grant (Illinois), 26. Mai 1945

Vorschriften hinaus. In dem allgemeinen Meinungsklima schien es ihnen nunmehr geboten, den Gefangenen nur ja nicht zu sehr entgegenzukommen und sie deutlich spüren zu lassen, dass sie den Krieg verloren hatten. Etliche Lagerleitungen verschärften daher aus eigenem Entschluss die Internierungsmaßnahmen, zumal dies bald auch nicht mehr zu Racheaktionen führen konnte, weil mit der Kapitulation der Wehrmacht alle US-Gefangenen befreit worden waren. Sie gaben nun weniger Essen aus, als vom War Department angeordnet, verlängerten die Arbeitszeiten und änderten die Arbeitsbedingungen. Der vormalige Ausnahmestatus der Offiziere und Unteroffiziere fand jetzt immer weniger Beachtung, zuweilen wurden sie mit Gewalt zur Arbeit gezwungen. Ehemalige amerikanische Kriegsgefangene wurden vermehrt in den Camps eingesetzt, was häufig zu einer deutlichen Abkühlung des bislang meist guten Verhältnisses zwischen Wachen und Inhaftierten führte. Ein Gefangener brachte den Wandel in der Behandlung auf den Punkt: »Wir waren nun keine Gäste mehr, sondern die Besiegten.« Dem Internationalen Roten Kreuz, das bis dahin in regelmäßigen Abständen die Zustände in den Lagern kontrolliert hatte, wurde nach der Kapitulation der Wehrmacht der Zugang verwehrt – somit gab es auch keine relevante neutrale Stelle mehr, an die Proteste gerichtet werden konnten.

Sicherlich ist in den amerikanischen Lagern niemand verhungert. Dennoch war die Verschärfung spätestens ab Mai 1945 deutlich zu spüren. Dies führte sogar so weit, dass sich zahlreiche Arbeitgeber über den beklagenswerten körperlichen Zustand ihrer kriegsgefangenen Arbeiter beklagten. Das War Department musste daher dafür sorgen, dass sich die Versorgung mit Lebensmitteln

Als der Krieg zu Ende war, haben wir einmal eine Woche lang nur Hering und Milch bekommen.
Reinhold Pabel, Gefangener in den USA

Davon, dass sich die Verpflegung nach Kriegsende verschlechtert haben soll, habe ich nichts gemerkt.
Paul Pfeiffer, Gefangener in den USA

Es ist ein elendes Hungerlager geworden. Das Essen ist jetzt zu wenig, und man hat dauernd Hunger.
Aus dem Tagebuch eines Gefangenen in Aliceville (Alabama), 1. Mai 1945

Oben: »Zum Hinschauen gezwungen«: Deutschen POWs werden KZ-Filme vorgeführt.
Unten: »Auf Zweifel folgten Entsetzen und Enttäuschung«: Gefangene bei der Vorführung eines KZ-Films.

ab September 1945 wieder verbesserte. Sie erreichte allerdings nicht mehr das alte Niveau.

Mit der drastischen Verschlechterung der Ernährungssituation, der Verschärfung der Arbeitsbedingungen und der Vorführung von Filmen über die Konzentrationslager sollten die Gefangenen am eigenen Leibe spüren, was ihnen die Unterstützung des NS-Regimes eingebrockt hatte. Doch die schweigende Anklage im Sinne einer Kollektivschuld führte oft nicht zum gewünschten Ergebnis. Damit wurde nur den bescheidenen Erfolgen der Re-education die Grundlage entzogen. Im unzerstörten reichen Amerika erschien vielen Männern das Verhalten ihrer Bewacher als reine Willkür, die bewirkte, dass sie sich als Opfer fühlten und eine Reflexion über die eigene Schuld gar nicht erst aufkam.

Die Genfer Konvention legte fest, dass nach dem Ende der Kampfhandlungen die Kriegsgefangenen möglichst rasch repatriiert werden sollten. Keine der Siegermächte hielt sich an diese Regel, sondern versuchte vielmehr, das Potenzial billiger Arbeitskräfte noch möglichst lange auszunutzen. Die Vereinigten Staaten beförderten kurz nach Kriegsende in Europa zunächst 50 000 Gefangene nach Deutschland zurück, die bislang nicht zur Arbeit herangezogen worden waren und daher als »unnütz« galten. Hierunter befanden sich besonders viele Offiziere, Kranke, Verwundete, aber auch etliche Hardliner, die es aus politischen Gründen abgelehnt hatten, für die Amerikaner zu arbeiten. Das Schicksal der anderen gut 310 000 Gefangenen blieb weiterhin offen. Offiziell lautete die Maxime: »Je besser und kooperativer ihr euch verhaltet, desto eher kommt ihr nach Hause.« Anfang September 1945 konnte man dann in der *New York Times* lesen, dass 170 000 Gefangene aus den USA nach Großbritannien und Frankreich gebracht werden würden, um diese Länder wieder aufzubauen. Der Artikel schlug unter den Männern ein wie eine Bombe. Jeder hatte gehofft, bald die Heimat wiederzusehen, und nun sollte man für eine ungewisse Zeit Zwangsarbeit leisten! Und überhaupt, warum sollten sie Frankreich wieder aufbauen? Frankreich sei schließlich nicht von den Deutschen, sondern von der alliierten Luftwaffe zerbombt worden, dachten viele. Es sei »undenkbar…«, empörte sich die Lagerzeitung von Camp Grant/Illinois, »dass ausgerechnet der Staat, der als der

Wir dachten, dass es nach Hause ginge. Wir bekamen neue Kleidung, jeder kaufte sich noch ein oder zwei Stangen Zigaretten in der Kantine. In einer großen Halle im Hafen von New York hielt ein deutscher Offizier noch eine Ansprache. Wir würden jetzt alle nach Hause kommen und alles wieder aufbauen. Wir waren sehr guter Stimmung.

Gerald Heyden, als Gefangner von Amerika zur Arbeit nach England transportiert

freieste der Welt gilt, der einen Bürgerkrieg um die Aufhebung der Sklaverei geführt hat, der überall in der Welt für die Freiheit der Menschen und der Völker eintritt, und der sich alle Mühe gibt, uns zu guten Demokraten zu erziehen, dass uns dieser Staat ein halbes Jahr nach Waffenruhe in ein fremdes Land zu jahrelanger Sklavenarbeit schickt«.

Doch es war vorstellbar, und es war auch schon seit langem beschlossene Sache. Bereits im November 1944 war entschieden worden, den Verbündeten in Europa eine möglichst große Anzahl von deutschen Kriegsgefangenen zur Verfügung zu stellen. Insgesamt wurden aus amerikanischem Gewahrsam 700 000 Soldaten an Frankreich, 130 000 an Großbritannien, 40 000 an Belgien, 10 000 an die Niederlande und 7000 nach Luxemburg zu »Sühnearbeiten« ausgeliefert. Die Masse dieser Männer kam freilich aus den riesigen Auffanglagern im Deutschen Reich. Aus den Camps in den USA wurden rund 178 000 Gefangene nach Großbritannien und Frankreich verschickt, wo sie noch bis zu zwei Jahre Zwangsarbeit leisten mussten. Als die Männer in den Häfen der US-Ostküste die großen Passagierdampfer bestiegen, kannten sie das Ziel ihrer Transporte noch nicht. Sie konnten nur hoffen, zu denjenigen zu gehören, die zurück in die Heimat durften. Es war wieder eine Reise in eine ungewisse Zukunft. Zu ihrem großen Leidwesen konnten sie nicht alles mitnehmen, was sie in den Jahren der Gefangenschaft in den Vereinigten Staaten erworben hatten. Das Gepäck der Mannschaften war auf 13 Kilogramm begrenzt, jenes der Offiziere auf 80 Kilo. So manches lieb gewonnene Buch, zusätzliche Kleidungsstücke mussten zurückgelassen werden. Nach neun Tagen Überfahrt war Europa erreicht, in Häfen wie Southampton oder Le Havre betraten die Männer europäischen Boden – Deutschland schien so nahe. Tiefe Enttäuschung machte sich breit, als es für die meisten nicht in Richtung Heimat ging, sondern in französische oder britische Arbeitslager, wo den Männern meist sofort ihr gesamtes Hab und Gut abgenommen wurde.

Die sechs Jahre Krieg hatten in Frankreich und England deutliche Spu-

Die ersten Heimkehrer verließen am 31. Juli 1945 in den ersten Morgenstunden unser Lager. … Die Heimkehrer sind Bergleute, die die Heimat notwendig braucht, um sich von den Schrecken und Zerstörungen des Krieges zu erholen. Mit der Heimfahrt der ersten PWs aus diesem Lager ist auch unsere Hoffnung hier gestiegen, und vielleicht ist die Zeit nicht mehr fern, wenn auch wir unter den Glücklichen sein werden.
Aus der Lagerzeitung *Die Lupe* des Lagers Fort Farragut (Idaho), 8. August 1945

Der Abschied vom Lager Concordia war herzlich, und wir waren den Amerikanern zu Dank verpflichtet. Ich habe mich gefreut, schließlich war ich acht Jahre nicht zu Hause gewesen.

Paul Pfeiffer, Gefangener in den USA

ren hinterlassen – wie viel anders war es doch in den Vereinigten Staaten gewesen, einem Land ohne Zerstörungen, ohne Bombenangriffe, ohne das Leid monatelanger Kämpfe. Insbesondere in Frankreich waren Bewacher und Bevölkerung auf deutsche Soldaten nicht gut zu sprechen. Die miserablen Lebensbedingungen in den Lagern waren jedoch meist weniger auf eine absichtlich schlechte Behandlung zurückzuführen als auf die allgemein Besorgnis erregende Lage auf dem vom Krieg heimgesuchten Kontinent.

In den Vereinigten Staaten hatte man mittlerweile das Arbeitspotenzial der verbleibenden Kriegsgefangenen so zu schätzen gelernt, dass man es mit ihrer Entlassung zunächst nicht eilig hatte. Erst mit der vermehrten öffentlichen Kritik an einer »modernen Form der Sklaverei« und in Anbetracht des durch die zurückkehrenden US-Soldaten wieder aufgefüllten Arbeitsmarkts ging die Repatriierung ab Mitte 1946 schneller vonstatten. Ende des Jahres war die Zahl der deutschen Kriegsgefangenen schon auf 31 000 geschrumpft, der letzte deutsche Soldat wurde am 30. Juni 1947 entlassen. Die Vereinigten Staaten hatten damit als erste Siegermacht ihre Kriegsgefangenen in deren Heimatländer zurückgebracht – ein einmaliges Kapitel deutsch-amerikanischer Geschichte war beendet.

Zwischen Tod und Liebe

> **Die Kriegsgefangenen … können in eingezäunten Lagern untergebracht werden; dagegen ist ihre Einschließung oder Beschränkung auf einen bestimmten Raum nur statthaft als unerlässliche Sicherungs- oder Gesundheitsmaßnahme und nur vorübergehend während der Dauer der Umstände, welche die Maßnahme nötig machen.**
>
> Artikel 9 der Genfer Konvention vom 27. Juni 1929

»You Ess Ess? You Ess Ess?« Soldat Heinz Heidt fuhr erschrocken herum. Er hatte den Amerikaner hinter sich gar nicht kommen hören. Entsetzt starrte er die martialische Gestalt an, die sich nur wenige Meter von ihm entfernt aufgebaut hatte. Der amerikanische Soldat trug einen Stahlhelm mit Tarnnetz, eine Lederjacke mit Lammfellfutter und eine Tarnhose, die in schweren schwarzen Stiefeln steckte. Quer über seiner Brust hing ein mit Patronen bestückter Munitionsgurt. Sein langes Gewehr hatte er allerdings nicht auf Heidt, sondern auf einen jungen Leutnant in schwarzer Panzeruniform gerichtet, der auf einem Steyr-Wagen saß. Der junge Mann war kreidebleich geworden und brachte vor Angst kein Wort heraus. Um die drohende Katastrophe abzuwenden, trat Heidt einen Schritt vor und radebrechte in seinem Schulenglisch »No SS, armoured Division! Panzertroopers wear black uniforms too!« – »Nein, keine SS, bewaffnete Division, auch Panzertruppen tragen schwarze Uniformen« –, deutete auf den Hoheitsadler über seiner rechten Brusttasche und sagte: »Wir tragen den Adler hier, nicht am Arm wie die SS!« Über das Gesicht des Amerikaners breitete sich ein Grinsen. Er setzte das Gewehr ab, nickte dem jungen Leutnant zu und sagte: »It's o.k., boy.« Dann sicherte er das Gewehr, strich mit dem Finger noch einmal liebevoll über die Kimme und verkündete den Umstehenden: »If I see Ess Ess, I kill them all!« – »Wenn ich SS sehe, bringe ich sie alle um.«

Nachdem dieser kritische Punkt geklärt war, wurde der GI geradezu freundlich. Er erklärte den Deutschen sein Gewehr, bot ihnen Camel-Zigaretten und Kaugummi an. Ein anderer US-Soldat gesellte sich zu den Deutschen, setzte sich ins Gras und machte sich daran, seine Verpflegung zu verzehren. Es entspannen sich freundliche Unterhaltungen, eine

»Zwischen Hoffnung und Furcht«: Gefangenen in amerikanischem Gewahrsam standen im Frühjahr 1945 noch harte Prüfungen bevor.

Gruppe Landser holte eine Gitarre hervor und begann zu singen, die Amerikaner wippten im Takt mit den Füßen. »Das war also die Gefangennahme«, sagt Heinz Heidt. »Niemand musste die Hände hoch heben, und abgesehen von dem Vorfall mit der SS-Verwechslung wurde niemand mit einer Waffe bedroht. Die Amerikaner zeigten sich bei der Übernahme unserer Einheiten korrekt und fair. Es war keine Spur von Feindseligkeit festzustellen, eher zeigten sie Verständnis und zuweilen Mitleid mit uns in unserer augenblicklichen Lage.«

Heinz Heidt war als Fernsprecher in der 116. Panzerdivision im Ruhrkessel im Einsatz gewesen, bis Generalfeldmarschall Walter Model am 15. April 1945 wegen der Hoffnungslosigkeit der Lage die Auflösung der Heeresgruppe B verfügte. Daraufhin hatte sich Heidt mit seiner Einheit bis zu einem Bauernhof bei Iserlohn durchgeschlagen und dort auf die Ankunft der Amerikaner gewartet. Sein positiver Eindruck von der Siegermacht sollte sich bald ändern. Für nicht wenige Soldaten des in Scherben liegenden Hitler-Reichs war schon die erste Begegnung mit den Amerikanern ein bitterer Vorgeschmack auf die Schrecken, die noch folgen sollten.

Gefangenschaft war in den ersten Kriegsjahren ein Schicksal, das für Hitlers Soldaten keine Rolle spielte. Das änderte sich erst mit der Kapitulation von Rommels Afrikakorps in Nordafrika. Am 13. Mai 1943 gerieten etwa 150 000 deutsche Soldaten in westalliierte Hand. Doch auch diese Zahlen waren noch vergleichsweise gering. Zu einem Massenphänomen wurde die Gefangenschaft erst mit der Landung der Alliierten in der Normandie im Juni 1944 und der Rückeroberung Frankreichs. Bis Ende 1944 befanden sich schon 700 000 deutsche Soldaten in britischer und US-amerikanischer Gefangenschaft. Von da an rollten die alliierten Armeen unaufhaltsam Hitlers Divisionen im Westen auf. Als US-Verbände am 7. März 1945 bei Remagen und am 23. März bei Wesel den Rhein überquerten, schnellten die Zahlen nach oben. In diesen Wochen wurden Hunderttausende gefangen genommen, im Ruhrkessel ergaben sich nach der Kapitulation der Heeresgruppe B allein an einem Tag, dem 18. April, 317 000 deutsche Soldaten den Amerikanern. Bei der Kapitulation im Mai 1945 waren 7,5 Millionen Deutsche in westlichem Gewahrsam. Allein sechs Millionen von ihnen waren in den letzten drei Monaten des Krieges hinter Stacheldraht geraten. Auf einmal war Gefangenschaft ein Schicksal, das jeden deutschen Soldaten ereilte.

Ich war als vorgeschobener Beobachter eingesetzt und hatte keinen Kontakt zur Truppe. Wir gruben uns ein im Laub und warteten erst mal ab. Da sahen wir die Amerikaner die Wälder und Felder durchkämmen. In Abständen von 50 Metern kamen sie angelaufen. Sie hatten uns noch nicht gesehen, und wir waren noch voll bewaffnet mit Pistolen, Maschinenpistolen. Was war zu tun? Es war eigentlich die Schnittstelle, wo man sagt: Im Augenblick bin ich noch Soldat, und wenn ich jetzt schieße, ist das nicht unbedingt eine Heldentat, aber es ist auch kein Verbrechen. Und im nächsten Moment kann es sein, dass das Schießen nicht mehr angebracht ist, denn hinter uns erhob sich eine ganze Kompanie Flaksoldaten, die schwenkten weiße Unterhosen im Wind, und die hatten die Amerikaner im Blickfeld. Wenn wir jetzt aus der Deckung heraus geschossen hätten, wäre das ein Massaker geworden. Also haben wir unsere Waffen weggeworfen und sind zähneknirschend aufgestanden.
Alfred Glück, Gefangener im Lager Remagen

Unsere Kapitulation war am 18. September im Handelshafen in Brest, der von allen Seiten eingeschlossen war. Auf einmal standen die Amerikaner vor uns. Wir haben die Hände hoch gehoben, und das war es dann.

Rudolf Leitner, Gefangener in Frankreich

Ihrer Gefangenschaft sahen die Landser mit gemischten Gefühlen entgegen. Auf alle Fälle versuchten sie zu vermeiden, den Sowjets in die Hände zu fallen. Die menschenunwürdige Behandlung der sowjetischen Kriegsgefangenen, die auf freiem Feld elend verhungerten oder unter drakonischen Bedingungen als Zwangsarbeiter im »Reich« Fronarbeit leisten mussten, ließ im Gegenzug Repressalien befürchten. Zudem war die Sowjetunion dem Genfer Abkommen über die Behandlung der Kriegsgefangenen nicht beigetreten. Mehr Milde erhoffte man sich dagegen von den Amerikanern. Bis Kriegsende waren nur 50 000 US-Soldaten in Nordafrika oder beim alliierten Vorstoß auf Westeuropa in deutsche Gefangenschaft geraten und strikt nach der Genfer Konvention behandelt worden. Die Amerikaner hatten also keinen Grund, auf Rache zu sinnen. Deutsche Landser, die 1943 während des Afrikafeldzugs gefangen genommen und in die USA transportiert worden waren, hatten in ihren Briefen begeistert von guter Unterbringung und üppiger Verpflegung berichtet. Letztlich ließen auch die »Passierscheine«, welche die Amerikaner während der Kämpfe über deutschen Stellungen abwarfen, Gutes erhoffen. »Der deutsche Soldat, der diesen Passierschein vorzeigt, benutzt ihn als Zeichen seines ehrlichen Willens, sich zu ergeben«, hieß es darin. »Er ist zu entwaffnen. Er muss gut behandelt werden. Er hat Anspruch auf Verpflegung und, wenn nötig, ärztliche Behandlung.« Unterzeichnet war das Schreiben von General Dwight D. Eisenhower, dem Oberbefehlshaber der alliierten Streitkräfte. Doch es sollte sich erweisen, dass die Propaganda oft weit entfernt war von der Wirklichkeit.

Auch Eberhard Jänecke erinnert sich an ein Flugblatt, das während der Ardennenoffensive vom Himmel fiel und in dem beteuert wurde, nur die »Nazis« würden für ihre Vergehen bestraft, der gute deutsche Soldat aber dürfe mit einer fairen Behandlung rechnen. Er wurde schwer enttäuscht. Jänecke war Kraftfahrer in einem Minenwerferbataillon, das in den Ardennen eingesetzt worden war. Nach verlustreicher Schlacht befanden sich die Reste seiner Einheit Ende April auf dem Rückzug, als sie in einem Dorf in Bayern den Amerikanern in die Hände fielen. »Da stand ein Soldat, das Gewehr auf mich gerichtet, und brüllte mich an. Erst wusste ich gar nicht, was er wollte, aber als er dann in den Türrahmen schoss, genau über meinem Kopf, wusste ich es: ›Hände hoch! Mach schnell, mach schnell!‹« Unter lautem Gebrüll, nervösen Schüssen in die Luft und gele-

»Ruhmloses Ende«: Wehrmachtssoldaten treten den Weg in die Gefangenschaft an.

gentlichen Kolbenhieben in den Rücken wurden Jänecke und seine Kameraden auf Lastwagen verfrachtet. Als sie schon einige Stunden unterwegs waren, hielt der LKW in einem kleinen Ort. Ein alter Mann, der die Rufe der Soldaten nach Wasser gehört hatte, kam mit einer Karaffe heraus, um ihnen zu trinken zu reichen. »Aber der junge Fahrer schlug ihm mit der Faust direkt ins Gesicht, sodass ihm das Blut aus der Nase herausströmte und er auf die Straße fiel, die Wasserkanne zerbrach natürlich«, berichtet Jänecke. »Und der junge Kerl stand da und hat gelacht.« Jänecke befand sich zu diesem Zeitpunkt in der Nähe des Konzentrationslagers Dachau, das die amerikanische Armee am 29. April 1945 befreit hatte. Der Schock der Amerikaner über das Grauen, das sie in den Konzentrationslagern erblickten, ebenso

Die Amerikaner hatten der Masse der Deutschen gegenüber eine Aversion. Man hatte ihnen deutsche KZ-Filme gezeigt.

Horst Pätzold, Gefangener im Lager Sinzig

Die Amerikaner haben sich so verhalten, weil sie schwere Verluste hatten beim Einmarsch in Deutschland und weil sie dabei manchen guten Kameraden verloren haben. Und zweitens lag es an der Entdeckung der Konzentrationslager. Das hat dazu beigetragen, ihre Feindseligkeit zu steigern.

Hans-Julius Oppermann, Gefangener im Lager Andernach

Während eines Halts auf dem Transport näherte sich eine Frau mit einem Schwengel über den Schultern und an beiden Seiten des Schwengels einen Zehn-Liter-Eimer Wasser. Sie wollte uns das Wasser bringen, und es wäre wunderbar gewesen, wenn sie das geschafft hätte, denn es war heiß, und wir hatten Durst. Doch man hat sie daran gehindert. Sie musste unverrichteter Dinge wieder weggehen.
Hans-Julius Oppermann, Gefangener im Lager Andernach

die wachsende Erkenntnis über das Ausmaß der Vernichtungsmaschinerie dürften die Haltung der US-Soldaten gegenüber den deutschen Gefangenen maßgeblich beeinflusst haben. Zumindest in der Anfangszeit waren für viele von ihnen die Deutschen – ungeachtet, ob sie mit den Konzentrationslagern etwas zu tun hatten oder nicht – der Abschaum der Menschheit.

»Auf den Straßen sah man viele der ehemaligen Gefangenen in gestreiften Anzügen, mit hohlen Augenhöhlen, dünn im Gesicht und klapprig am Körper, mit geschorenem Kopf«, erzählt Jänecke. »Wir wurden ausgeladen und standen auf der Straße. Die ehemaligen KZ-Gefangenen standen um uns herum, und unsere Bewacher haben sie dann dazu ermutigt, Steine auf uns zu werfen oder uns ins Gesicht zu spucken oder anderes. – Aber die armen Häftlinge aus dem KZ standen nur da, sprachen kaum und zeigten keinerlei Emotionen.« Jänecke wurde mit seinen Kameraden auf einen Bauernhof gebracht und in einen Schweinemisthaufen gestellt. »›Seht, machen wir das nicht gut mit den Leuten, die euch so schlecht behandelt haben, dass wir denen mal richtig in den Arsch treten?‹«, riefen die Amerikaner laut Jänecke den KZ-Häftlingen zu. Dort blieben sie stehen, und während die Amerikaner Zigaretten rauchten und Bier tranken, verhallte das Flehen der Gefangenen nach Wasser ungehört. »Dann kam der Moment für mich, der den größten Eindruck des ganzen Zweiten Weltkriegs auf mich und auf alle anderen gemacht hat«, erinnert sich Jänecke. »Da kam plötzlich einer von diesen KZ-Leuten, er trug einen Stock über den Schultern, an dem zwei Eimer Wasser hingen. Er kam auf die Amerikaner zu – ich fürchtete, sie würden ihn schlagen, das haben sie aber nicht gemacht –, er ging durch die Gruppe der Amerikaner hindurch und hat uns Wasser gebracht, dreimal, bis wir alle Wasser hatten! Bis heute kann ich kaum die Tränen unterdrücken, wenn ich an diesen Moment denke.«

Neben Verachtung erfuhren die deutschen Soldaten vor allem Überlegenheitsposen und Machtdemonstrationen des Siegers gegenüber dem Verlierer. Zu ihrer bösen Überraschung mussten die Gefangenen erleben, wie amerikanische Soldaten sie nach Auszeichnungen, Schulterklappen, Uhren bis hin zu Eheringen, Tagebüchern und privaten Fotos filzten, um sie als Trophäen mit nach Hause zu nehmen. Manche GIs trugen an beiden Armen bereits mehrere Uhren. Zumindest dies hatten sie mit manchen ihrer Verbündeten von der Sowjetarmee gemeinsam. Darüber hinaus nahm man den Gefangenen auch Mäntel, Decken, Zelte und Essgeschirr weg – Utensilien, die für das Überleben in Gefangenschaft immens wichtig waren, wie sich später herausstellen sollte.

Sie tasteten uns erst mal ab, eigneten sich unsere Armbanduhren an. Sie hatten schon Armbanduhren links und rechts als Trophäen an ihrem Arm. Wir wunderten uns: Es waren mehr Cowboys als Soldaten.

Alfred Glück, Gefangener im Lager Remagen

Die Landser ließen es geschehen. Sie waren müde und erleichtert, überlebt zu haben. Die meisten hatten ihre Familien seit Monaten, mitunter Jahren nicht mehr gesehen. Wie würde es weitergehen? »Das Gefühl, Kriegsgefangener zu sein, stellte sich nicht sofort mit allen daraus erwachsenden Konsequenzen ein. Zu neu waren noch die Eindrücke der letzten Wochen, der Kämpfe auf dem Rückzug, der Verwundeten und Toten, die in dieser letzten Agonie des Krieges noch ihr Leben gaben«, schreibt Horst Pätzold in seinen Erinnerungen. »Es mutete anfangs alles wie ein Traum an, dessen Erwachen in Bälde erfolgen müsse, und dieses Erwachen müsse die Freiheit sein, die nicht mehr lange auf sich warten lassen würde. … Ich war wieder einbezogen in die Masse desillusionierter, lethargischer Landser, die vom Amerikaner eine baldige und humane Lösung ihres Geschickes erwarteten. Wie sehr sollten wir uns getäuscht haben.«

Ich war vorher im Osten und hatte sehr viel Glück, dass ich einen Tag vor der russischen Offensive am 12. Januar noch auf Urlaub fahren konnte. Ich war zunächst froh, dass ich im Westen war, weil wir alle glaubten: Wenn schon Gefangenschaft, dann ist es beim Amerikaner günstiger. Insofern bin ich in die Gefangenschaft gegangen in der Hoffnung, eine humane Behandlung erleben zu dürfen. Ich ahnte nicht, wie sehr ich in den nächsten fünf Monaten enttäuscht werden sollte.

Horst Pätzold, Gefangener im Lager Sinzig

Von den Amerikanern wurde nur geprüft, ob Angehörige der Waffen-SS unter uns waren. Mit erhobenem linkem Unterarm sind wir durch ein Zelt gegangen. In einem zweiten Zelt geschah die Entlausung. Man pustete uns amerikanisches Läusepulver in alle Öffnungen des Körpers hinein, und es war für uns eine Genugtuung, dass wir läusefrei wurden.

Horst Pätzold, Gefangener im Lager Sinzig

Bei Magdeburg wurden wir auf LKWs verladen und zurückbefördert. Wir standen Mann an Mann auf diesem LKW. Einige von den Fahrern sind schon mal so weit rechts gefahren, dass uns die Zweige der Alleebäume ins Gesicht schlugen.

Günter Prätorius, Soldat der Wehrmacht

Anfangs sammelten die Amerikaner ihre Gefangenen, die von Patrouillen in den verschiedenen Orten Deutschlands aufgegriffen worden waren, in provisorischen Auffanglagern, oft Viehkoppeln oder Kasernenhöfen, in denen sie kaum oder gar nicht verpflegt wurden. Hier erfolgte oft das erste »Screening«, die Suche nach Kriegsverbrechern. Die amerikanischen Soldaten hatten Befehl, alle Gefangenen zu überprüfen und Mitglieder der Waffen-SS, die anhand ihrer Blutgruppentätowierung leicht zu identifizieren waren, in gesonderte Lager zu bringen. Dann wurden die Männer, zum Teil unter Knüppelhieben, zu Dutzenden so eng auf Sattelschlepper gepfercht, dass sie kaum atmen konnten. Auf den LKWs saßen GIs mit entsicherten Maschinenpistolen und sorgten dafür, dass keiner entkam. Die meist schwarzen Fahrer machten sich mitunter einen Heidenspaß daraus, in höllischem Tempo loszurasen. »Dann kam die Fliehkraft in den Kurven, und 30 Personen gingen über Bord, die Hälfte davon war tot«, berichtet Heinz Matthias. »Wir mussten immer rufen, wenn die Apfelbäume ihre Äste niedrig hatten. Der vor mir stand, hat zu spät reagiert. Er kriegte mit 60 Stundenkilometern den Apfelbaum vor die Stirn, brach zusammen, rutschte, der konnte nicht umfallen, aber sein Kopf lag zwischen meinen Beinen, und er erbrach Blut. Er hatte einen Schädelbruch, und der war auch erledigt.« Keiner der Gefangenen wusste, wohin die Fahrt ging. Da die meisten jedoch hofften, sofort nach Kriegsende entlassen zu werden, wurden nur wenige Fluchtversuche gewagt, auch wenn sich die Möglichkeit ergab. Viele sollten diese Entscheidung noch bitter bereuen.

»Ende April erreichten wir das Rheintal, da sah ich sie: Gefangene, so weit das Auge reichte. Eine große, feldgraue Masse. Dazwischen leuchteten kleine Lichter von den Feuerstellen, an denen sich die Soldaten etwas warm machten. Über allem hing wie ein Brett eine riesige Rauchschwade, darüber erst war der Himmel mit den Sternen«, beschreibt Hans-Julius Oppermann die Szene, die sich vor ihm auftat. »Gleich hinter dem Lagertor fallen uns vier Tote auf, die, mit Zeltbahnen bedeckt, am Wege aufgereiht sind«, schildert Heinz Heidt sein Entsetzen. »Unter Knüppel-

Oben: »In wilder Fahrt«: Die US-Armee transportiert Gefangene in die Sammellager.
Unten: »Eine desillusionierte Masse«: Deutsche Gefangene in der Nähe von Trier.

Nach meiner Gefangennahme wurde ich verhört. Als ich meine Einheit nannte, winkte der Vernehmer ab, da hatte er schon genug davon. Ich wurde wieder rausgeführt und sah einen schwarzen Soldaten, der grinste mich an. Im gleichen Augenblick hörte ich ein Motorengeräusch hinter mir. Da packte er mich, hob mich hoch und setzte mich vorne auf den Kühler eines Jeeps. Und dann rauschte er mit mir ab durch Badenhausen, wo die halbe Dorfbevölkerung auf der Straße stand und klatschte. Dann ging es durch ein Tor in einen Hof, der schon voller gefangener Soldaten war. Da gab der Fahrer noch mal Gas, um plötzlich eine Vollbremsung hinzulegen. Ich flog wie ein Torpedo vom Kühler in den Misthaufen, der mitten auf dem Hof war. Alles was da ringsum an deutschen Soldaten stand, klatschte. Und zehn Minuten später stand ich auch dabei und johlte, als der Nächste kam. Die Amis haben sich einen Spaß daraus gemacht, die verhassten Deutschen auf diese Art und Weise in die Gefangenschaft zu bringen.

Hans-Julius Oppermann, Gefangener im Lager Andernach

schlägen wurden wir alle vom Lastwagen runtergetrieben, wie Schlachtvieh, das in ein Schlachthaus getrieben wird«, erinnert sich Ekkehard Guhr. »Es war wirklich schlimm, weil jeder sich duckte und wusste nur, er muss vorwärts rennen. Ganz schlimm waren die Amputierten dran, die zum Teil ihre Prothesen verloren und dann mit den Prothesen geprügelt wurden. Dann tut sich ein Tor auf und wird wieder zugemacht. Und wir waren im Lager.« Was diese Zeitzeugen erblickten, sollte für Millionen von Kriegsgefangenen eine der traumatischsten und leidvollsten Erfahrungen in diesem Krieg werden: die berühmt-berüchtigten »Rheinwiesenlager«. Hier sollten viele von ihnen Monate verbringen – und tausende sterben.

Sie haben uns nicht mutwillig verhungern lassen, so schwierig das am Anfang war. Eine andere Frage ist natürlich, dass man sagt: Hätten sie uns denn nicht laufen lassen können, nach Hause, dann hätten sie das Problem nicht gehabt. Aber darüber kann man nicht entscheiden. Das ist eben nach einem verlorenen Krieg nicht anders.

Alfred Glück, Gefangener im Lager Remagen

Wir wurden in das Lager reingetrieben, hinter uns schloss sich das Stacheldrahttor, und dann waren wir uns überlassen. Wir hatten keinen Kontakt mehr zu den Amerikanern. Wir wurden nicht mehr angesprochen.

Hans-Julius Oppermann, Gefangener im Lager Andernach

Eigentlich wollten Amerikaner und Engländer die Gefangenen gleichmäßig unter sich aufteilen. Aber schon im Februar 1945 sträubten sich die Briten, die Hälfte zu übernehmen. Nach der Landung in der Normandie hatten die Amerikaner ihre Gefangenen noch in Frankreich, unweit ihrer

Versorgungshäfen, gesammelt. Als die Gefangenenzahlen nach der Überschreitung des Rheins auf einmal explosionsartig anstiegen, war dies nicht mehr möglich. Sie legten ab März 1945 fast 20 provisorische Lager von Heilbronn und Ludwigshafen im Süden bis Büderich und Rheinberg am Niederrhein im Norden an. Auf freiem Feld wurden meterhohe Stacheldrahtzäune gezogen, unterteilt in »Cages«, Käfige, für je 1000 Mann. Für die Bewacher wurden Wachtürme errichtet; Bauernhöfe, Fabrikhallen oder Zelte dienten als Lagerverwaltung oder Lazarett. Die Gefangenen dagegen erhielten kein Dach über dem Kopf. Die Lager hatten jeweils eine Kapazität von 50 000 bis 100 000 Mann. Einige wie Remagen oder Sinzig waren um zigtausende überbelegt. Insgesamt drängten sich am Kapitulationstag über 900 000 Gefangene in den Rheinwiesenlagern.

Chaos bahnte sich an: Die Amerikaner waren mit den Massen an Kriegsgefangenen, die ihnen vor und besonders nach der Kapitulation zufielen, schlichtweg überfordert. Es fehlte an allem: Lebensmitteln, Trinkwasser, an Geräten, Baumaterial, sanitären Anlagen, medizinischer Versorgung, an Personal, an Erfahrung. »Stündlich kamen Lastwagenkonvois mit 50 bis 75 LKWs an, jeweils mit 50 bis 150 Mann darauf«, berichtet LaVerne Keats aus dem Lager Remagen. »Dies ging Tag und Nacht so weiter. Wir trieben die Männer in das wachsende Lager hinein.« LaVerne Keats war bei der Reservetruppe in England stationiert, bis er im April 1945 einem Infanterieregiment angegliedert und zur Bewachung des Lagers Remagen nach Europa verschifft wurde. Das Regiment verstärkte die 106. Division, die in der Ardennenschlacht starke Verluste erlitten hatte und jetzt die Bewachung der Deutschen übernehmen musste.

»Die amerikanische Armee war nicht darauf vorbereitet, so schnell mit mindestens 500 000 bis einer Million Gefangenen fertig zu werden. Ausdruck dessen ist auch der Einsatz einer so zusammengewürfelten Truppe. Keiner von uns hatte eine Ausbildung für diese Arbeit, kaum einer von uns

> *Das Lager war ein freies, fast leeres Feld, mit eingeschlagenen Zaunpfählen und etwas Stacheldraht. Es waren keine Gebäude oder Zelte zu sehen. Man wurde ausgeladen und war sich zunächst selbst überlassen, und man harrte der Dinge, die da kommen sollten. Das Schlimme war eben doch, dass man nichts hatte, sich zu bedecken, wenn die Nacht kam. Und man wusste ja nicht, dass das mehrere Wochen so weitergehen würde, ohne dass man ein Dach über dem Kopf hatte.*
> Alfred Glück, Gefangener im Lager Remagen

Oben: »Das letzte Aufgebot«: Kindersoldaten auf dem Weg ins Lager.
Unten: »Faire Geste für den Gegner«: Ein US-Offizier hat einen gefangenen General und seinen Dolmetscher zum Kaffee gebeten.

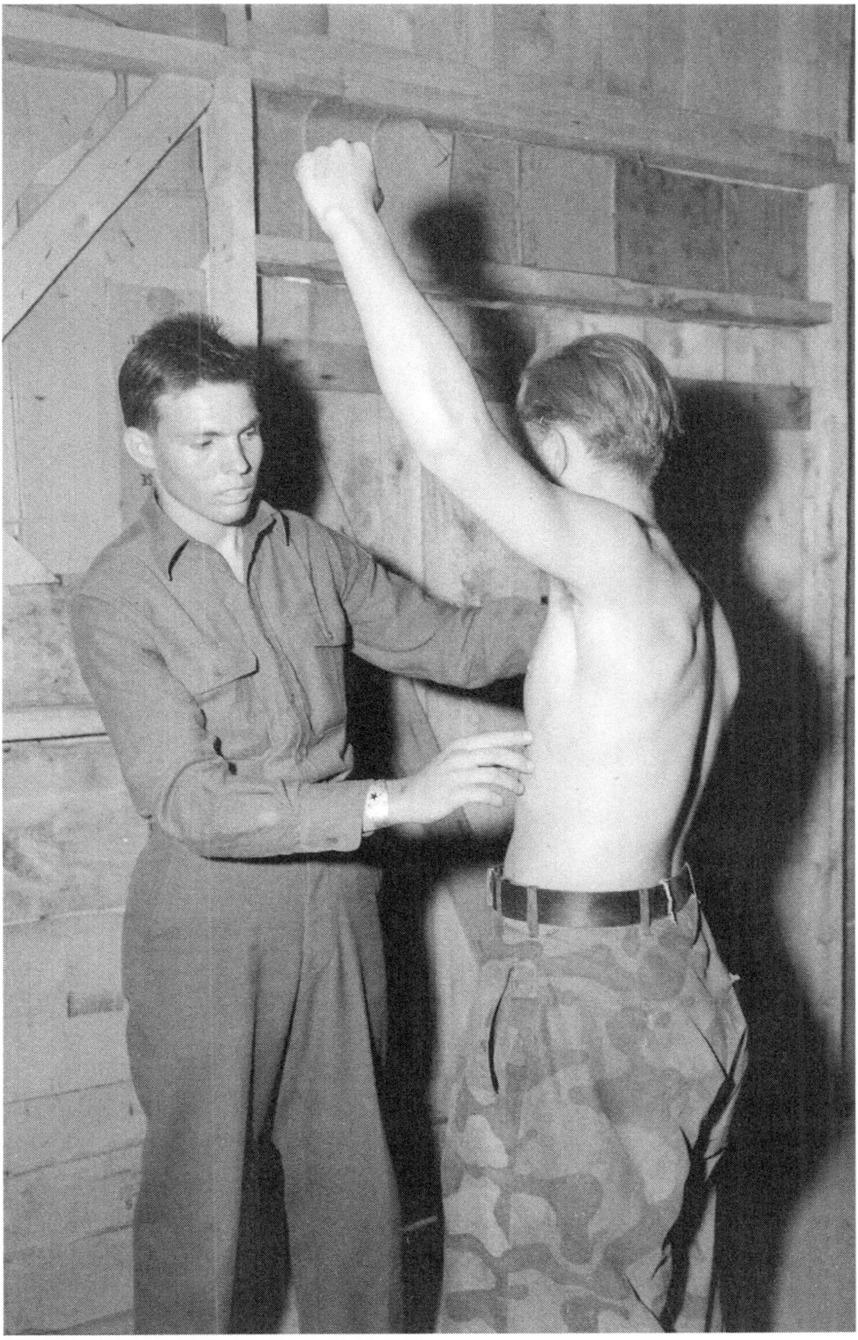

Unten: »Verräterische Tätowierung«: Überall wurde nach unerkannten SS-Leuten, die ihre Blutgruppe eintätowiert hatten, gefahndet.

In dieser ganzen Zeit von ungefähr vier, fünf Wochen hatte man in Remagen überhaupt keinen Kontakt zu amerikanischem Militärpersonal, außer dass man die Posten draußen marschieren sah. Erst später in einem weiteren Lager fand dann überhaupt eine Registrierung statt.

Alfred Glück, Gefangener im Lager Remagen

Ich war vom 18. April bis zum 6. Juni 1945 in Gefangenschaft. Während dieser Zeit habe ich fast ausschließlich im Freien gelegen. Es gab kaum Zelte, unsere Ruheplätze waren mit Stacheldraht umzäunte Ackerflächen.

Günter Prätorius, Gefangener im Lager Rheinberg

sprach Deutsch, ich selbst sprach nur ein paar Brocken, da ich der schlechteste Schüler in meiner Klasse gewesen war«, erinnert sich der damals 23-jährige Keats. Es war eine fatale Situation: auf der einen Seite eilends zusammengestelltes Wachpersonal, das in den Wirren der letzten Kriegswochen von heute auf morgen Gefangenenlager improvisieren musste, auf der anderen Seite die Reste von Hitlers geschlagener Wehrmacht. Viele von ihnen waren das »letzte Aufgebot« des Tyrannen, die ganz Jungen und die ganz Alten – demoralisiert, geschwächt, zum Teil krank oder verwundet.

»Wir haben auf dem Feld gesessen. Dann fingen sie mit Bohrmaschinen an, Löcher in die Erde zu bohren, da wurden Pfähle rein gesteckt und mit Stacheldraht verknüpft«, berichtet Eberhard Jänecke von der Entstehung seines Lagers. »Ein paar Stunden, und das war nun unser Gefangenenlager. Auf dieses bloße Stück Erde bin ich im Mai gesetzt worden für ungefähr vier Monate, ohne Dach über dem Kopf. Wenn es regnete, dann regnete es, wenn es kalt war, war es kalt. Die Ältesten in unserem Lager waren schon weit über 60. Die sind natürlich am schnellsten gestorben, weil sie einfach nicht den Widerstand hatten, so etwas zu überleben. Die Jüngsten waren ungefähr 14, 15. Die waren noch nicht einmal Soldaten, die hatten sie irgendwo aus einer Schule rausgeholt.« Offenbar hatten die Amerikaner anfangs wahllos alle gefangen genommen, die in einer Uniform steckten, und alle Jugendlichen, die sie verdächtigten, dem legendären »Werwolf«, einem Phantom der letzten Tage, anzugehören. So kam es, dass sich nicht nur Soldaten, sondern auch Rot-Kreuz-Schwestern, Nachrichtenhelferinnen, Straßenbahnschaffner, alte Männer in Zivil, die zum Volkssturm einberufen worden waren, Angehörige der »Organisation Todt« in ihren erdbraunen Uniformen, Kriegsversehrte, jugendliche Flakhelfer und Zivilisten in den Lagern wiederfanden.

»Wir kriegten auch die nächsten Tage nichts zu essen und zu trinken. Wir leckten den Tau von Pflanzen ab«, berichtet Horst Pätzold vom Rheinwiesenlager Sinzig. »Zunächst hatten wir, so vorhanden, von unseren individuellen Vorräten gelebt, dann aßen wir rohe Futterrüben, die wir in der Rübenmiete auf unserem Gelände fanden, das war für unser Magensystem nicht sehr günstig. Wir haben gehungert und gedurstet. Der Durst war schlimmer. Obwohl wir nur wenige Meter vom Rhein entfernt lagen, waren keine Vorbereitungen zu einer Wasseraufbereitung von den Amerikanern getroffen worden. Ich sah, wie verzweifelte Landser ihren Urin tranken und halb wahnsinnig wurden. Als nach einigen Tagen unter starker Bewachung Wassersäcke an Dreiböcken aufgehängt wurden, aus denen wir mit Kochgeschirren oder Bechern das kostbare Nass schöpfen sollten, brach eine Art Panik aus, da sich viele, dem Verdursten nahe Landser auf diese Wassersäcke stürzten, dabei andere Gefangene zu Boden rissen und die Dreiböcke umstießen – das Wasser war verloren, es versickerte im Boden, und nur einige leckten die Tropfen auf.«

Vom Hunger gepeinigt aßen die Gefangenen alles, was ihnen in die Finger geriet. »Als wir auf unserer Wiese ankamen, sprangen dort Frösche umher, und es gab auch Schnecken«, berichtet Ekkehard Guhr vom Lager Siershahn im Westerwald. »Wir fingen sie, rösteten sie mit Streichhölzern an und aßen sie mit unreifem Getreide und mit ausgebuddelten, daumengroßen Kartoffeln. Doch bald gab es auch keine Frösche mehr.« Verzweifelt begannen die Hungernden, sich Wurzeln, Gräser und Unkraut einzuverleiben. »Ich habe noch genau in Erinnerung, wie 1942/44 russische Kriegsgefangene als Untermenschen dargestellt wurden, die bereit waren, Ratten zu essen. Diese Situation unterschied sich von unserer überhaupt gar nicht. Wir haben Gras gegessen«, schildert Heinz Matthias die Situation im Lager Rheinberg. Bald war auch das Gras aufgegessen oder von tausenden Füßen in den Schlamm getreten. Nur um ein Völlegefühl zu bekommen, spielten manche mit ihrem Leben. »Unser Lager war am Rand eines Keramikwerks. Einige Gefangene haben sich ein mehlähnliches chemisches Bindemittel beschafft, das dort in Tonnen stand, haben es in

Später gab es Lebensmittel aus amerikanischer Herkunft, zunächst nur rohe Weizenkörner und Brot. Das wurde dann so aufgeteilt, bis der letzte Mann sein Stück hatte, am ersten Tag eine halbe Scheibe und am zweiten Tag eine ganze Scheibe und am nächsten Tag noch etwas mehr und ein bisschen Milchpulver dazu. Es war natürlich schwierig, ohne jedes Hilfsmittel aus diesem Milchpulver und Körnern etwas Essbares herbeizuzaubern. Wir haben dann Weizen gekaut, ich wusste nicht, dass, wenn man Weizenkörner lange kaut, so eine Art Kaugummi daraus entsteht, dass man den ganzen Tag darauf herumkauen konnte.
Alfred Glück, Gefangener im Lager Remagen

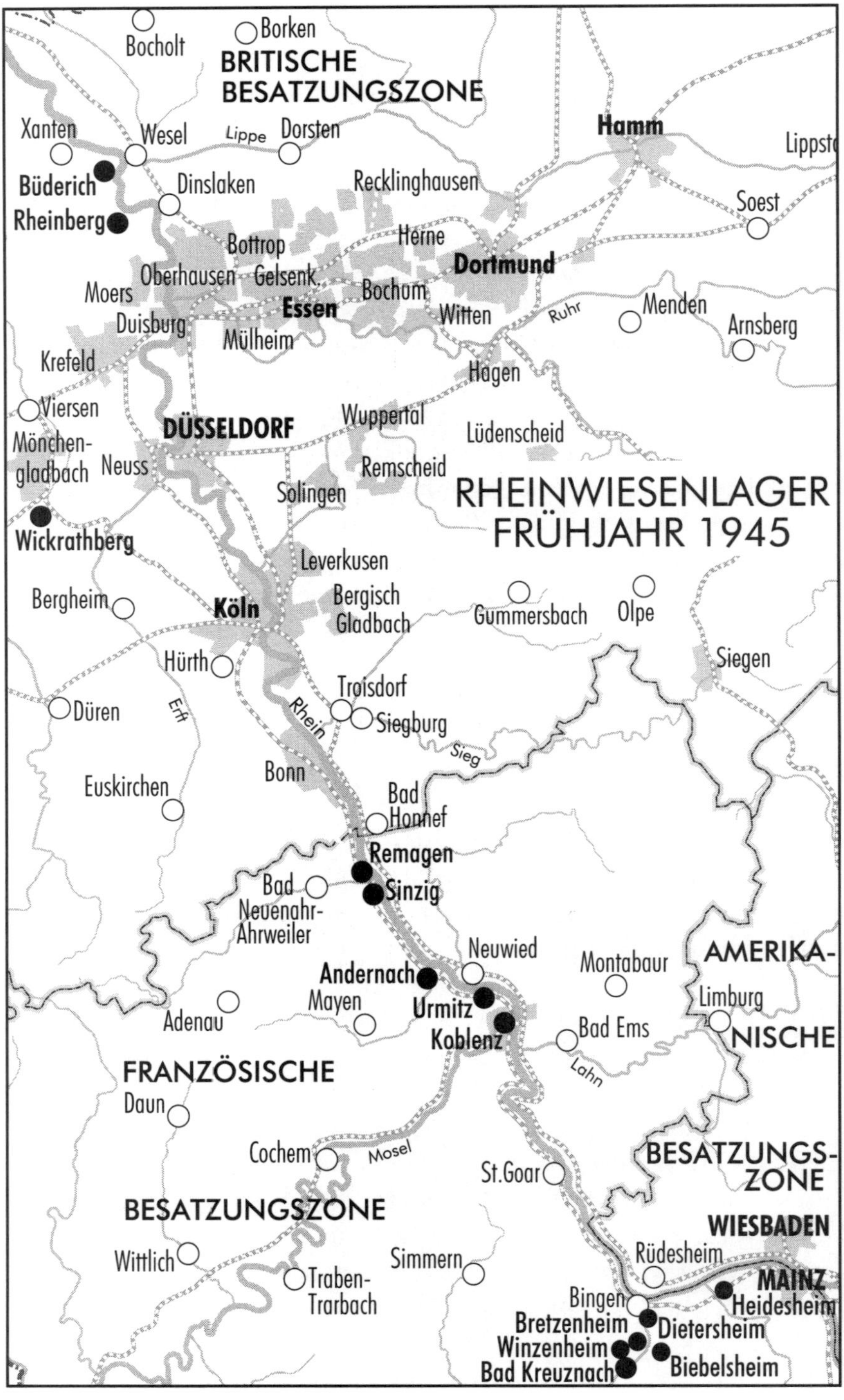

RHEINWIESENLAGER
FRÜHJAHR 1945
BRITISCHE
BESATZUNGSZONE
FRANZÖSISCHE
BESATZUNGSZONE
AMERIKA-
NISCHE
BESATZUNGS-
ZONE
Bocholt
Borken
Xanten
Wesel
Lippe
Dorsten
Hamm
Lippst
Büderich
Rheinberg
Dinslaken
Recklinghausen
Soest
Bottrop
Herne
Dortmund
Oberhausen
Gelsenk.
Moers
Essen
Bochum
Witten
Ruhr
Menden
Arnsberg
Duisburg
Mülheim
Krefeld
Hagen
Viersen
DÜSSELDORF
Wuppertal
Lüdenscheid
Mönchen-
gladbach
Neuss
Remscheid
Solingen
Wickrathberg
Leverkusen
Bergheim
Köln
Bergisch
Gladbach
Gummersbach
Olpe
Siegen
Hürth
Troisdorf
Düren
Erft
Rhein
Siegburg
Sieg
Bonn
Euskirchen
Bad
Honnef
Remagen
Bad
Neuenahr-
Ahrweiler
Sinzig
Neuwied
Montabaur
Andernach
Mayen
Urmitz
Limburg
Adenau
Koblenz
Bad Ems
Lahn
Daun
Cochem
Mosel
St.Goar
Wittlich
Traben-
Trarbach
Simmern
WIESBADEN
Rüdesheim
MAINZ
Bingen
Heidesheim
Bretzenheim
Dietersheim
Winzenheim
Bad Kreuznach
Biebelsheim

Oben: »Schutzlos der Natur ausgeliefert«: Das berüchtigte Rheinwiesenlager Remagen.
Unten: »Wahllos alles gefangen genommen«: Auch Frauen blieben nicht verschont.

Wir wurden nicht als Kriegsgefangene im eigentlichen Sinne behandelt, sondern als »entwaffnete Deutsche«. Dementsprechend war die Versorgung. Ich war fast 40 Stunden in Gefangenschaft, ehe ich zum ersten Mal etwas zu essen bekam.

Günter Prätorius, Gefangener im Lager Rheinberg

Blechdosen mit Wasser gekocht und gegessen. Die sind alle krank geworden; ich weiß nicht, ob sie daran gestorben sind«, erzählt Ekkehard Guhr.

Erst als die Infrastruktur der Lager langsam Gestalt annahm, besserte sich die Lage allmählich. Die Amerikaner legten Leitungen zum Rhein und versetzten das ungereinigte Wasser mit Chlor, um Keime abzutöten. Mancherorts gab es allerdings nur einen Wassertank für das gesamte Lager. »Ich habe mich nachts um halb zwei bis zu den Knöcheln im Schlamm angestellt in einer Schlange, die war kilometerlang. Nach 14 Stunden, am nächsten Nachmittag um halb vier, hatte ich eine Konservendose mit nach Benzin schmeckendem Wasser«, erinnert sich ein Zeitzeuge. Nach einigen Tagen gab es auch etwas zu essen: Kekse, Milchpulver, Marmelade, gepresste Haferflocken aus den Tagesrationen der US-Soldaten oder einfach nur Weizenkörner. Es dauerte noch einige Wochen, bis Lagerküchen installiert wurden.

»Einmal täglich fand die Verpflegungsausgabe statt«, berichtet Horst Pätzold vom Lager Sinzig. »Jede Hundertschaft schickte einige Männer zum Empfang der in großen Kartons verpackten Trockenverpflegung ans Lagertor, die dann im jeweiligen Camp unter den gierigen Augen der Männer unter freiem Himmel auf die Zehnerschaften verteilt wurde. Die Zehnergruppen ihrerseits teilten dann die Rationen auf die Männer auf. Es handelte sich um hochwertige, qualitativ exzellente Nahrungsmittel – um Kekse, selten Brot, Nescafé, Süßigkeiten und Trockengemüse –, jedoch war die Menge pro Person so gering, dass ein Sättigungsgrad nie erreicht werden konnte. Als wir Wasserleitungen bekamen, begann das Kochen der Trockennahrung, wobei der Bau oder die Konstruktion der Kochstellen aus Lehm, später oft mit einem kleinen Schornstein aus Blechbüchsen, den Erfindungsgeist der Landser offenbarte. Das Problem bestand in der Beschaffung von Brennmaterial; in wenigen Tagen waren die schon Laub tragenden Bäume auf unserem Gelände verschwunden, sie wurden ›zerschnitzelt‹, wobei einige wenige Taschenmesser Kostbarkeiten darstellten.« Die Berichte über die Art der Verpflegung variieren von Lager zu Lager. In einem Punkt sind sich jedoch alle einig: Es war zu wenig. Der Hunger blieb. Quälender, stechender Hunger war das überwältigende, alles überlagernde Gefühl, das die Gefangenen mit ihrer Zeit in den Rheinwiesenlagern verbinden.

Essen war das alles beherrschende Thema in den Lagern. Der Hunger trieb eigenartige Blüten. Mancherorts taten sich verschwörerische Gruppen von Männern zusammen, die untereinander gleichsam virtuell Rezepte austauschten: Kuchen, die aus 35 Eiern und einem Kilo Zucker bestanden; Festessen mit Fleisch und Kartoffeln. Nur wer ein neues Rezept besteuern konnte, fand Aufnahme in die Gemeinschaft. Die Rezepte wurden auf Toilettenpapier oder Tüten notiert, und »da gab es welche, die liefen mit ganzen Papiersäcken voller Rezepte unterm Arm umher und verscheuerten die gegen Tausch«, berichtet ein Zeitzeuge aus einem Lager. Als Hans-Julius Oppermann wegen einer Verletzung eine Nacht im Lazarettzelt verbringen durfte, veranlasste ihn die vermeintliche Geborgenheit zum Träumen. »Ich habe in der Nacht Halluzinationen gehabt. Ich stand im Verpflegungskeller meiner Mutter zu Hause, wo das Eingemachte stand und die Kuchen aufbewahrt wurden. Ich lag im Keller und aß die ganze Nacht Erdbeertorte.« An den Umzäunungen entwickelte sich mit den Posten ein reger Tauschhandel. In seiner Verzweiflung trennte sich so mancher von seinem Ehering für ein Stück Brot oder drei Chesterfield-Zigaretten.

Wo der Hunger regiert, ist die Anarchie nicht weit. Soldaten von Einheiten, die gemeinsam in Gefangenschaft gerieten, behielten die militärischen Regeln bei und wahrten damit die Disziplin der Truppe. Die Ranghöchsten organisierten die lebenswichtige Verteilung der Lebensmittel, die Unterkunft und die Versorgung der Kranken. Streit wurde vermieden. Im Gegensatz zu den Engländern, die militärische Verbände auch in der Gefangenschaft bewusst zusammenließen, hatten die Amerikaner Einheiten jedoch meist getrennt. »Man war ein Fremder unter Fremden«, beschreibt Ekkehard Guhr seine trostlosen Gefühle von damals, »man war eine Zählnummer, die Individualität war gelöscht.« Damit waren die Gefangenen auf sich selbst angewiesen, der Zusammenhalt fehlte, und sie waren dem Kampf jeder gegen jeden schutzlos ausgeliefert. Eine Überlebenschance hatte im Grunde nur, wer mit anderen eine Schicksalsgemeinschaft bildete: Sie teilten sich eine Zeltplane, einen Uniformmantel oder eine Decke, rückten bei Kälte und Nässe zusammen, halfen einander beim Organisieren und Zubereiten von Essen, passten aufeinander auf. Einzelgänger lebten nicht lange. Wenn es um Sein oder Nichtsein geht, wird der Mensch recht bald des Menschen Feind. Das fing bei der Verteilung der Lebensmittel an.

Mit Argusaugen beobachteten die Hungernden, wie die Zehnergrup-

Die Kameradschaft war sehr unterschiedlich. Wir waren doch ungefähr zehn Mann unserer Truppe, die sich zusammengefunden hatten und dann wie Pech und Schwefel zusammenhielten, während in den Nachbargruben zusammengewürfelte Gestalten saßen. Die haben, wenn es doch mal eine Kartoffel gab, die so roh in sich hineingeschlungen, während wir sie in der Gemeinschaft zusammen in einen Topf getan haben und auf diese Art und Weise uns dann doch ein bisschen vernünftiger ernähren konnten.
Alfred Glück, Gefangener im Lager Remagen

penführer ein paar Scheiben Brot, ein Stück Butter mit Messern oder selbst gebastelten Schneidewerkzeugen aus Büchsenblech in möglichst zehn gleiche Teile schnitten. Nicht selten versuchten sich die Gefangenen dabei gegenseitig zu übervorteilen. Oppermann berichtet, zwei Männer in seiner Gruppe hätten die Verteilung übernommen: Die Gefangenen, die auf ihre Ration warteten, wurden durchnummeriert. Dann deutete der eine auf ein Stück Brot, während der andere mit dem Rücken zu ihm stand und eine Nummer aufrief. Doch die beiden hatten sich untereinander abgesprochen: »Sie bekamen immer die dicksten Scheiben, und ich habe dreimal hintereinander nur die kleine Brotkante bekommen«, empört sich Hans-Julius Oppermann, der mit 16 Jahren in ein Rheinwiesenlager kam, noch heute über die Ungerechtigkeit. »Beim dritten Mal bekam ich vor Hunger einen Weinkrampf.« Die »Verteiler« sollten ihre Gier bereuen: Sie wurden von den anderen verprügelt.

»Wenn es ums nackte Überleben geht, dann können Sie Benehmen und Anstand vergessen«, resümiert Heinz Heidt, »dann kommt das Raubtier zum Vorschein.« Diebstahl war im Hungerlager an der Tagesordnung. Essensrationen, Kleidung oder Werkzeug wurden den Schlafenden sogar unter dem Kopf weggezogen. Wer sich nicht mit ein paar Kameraden zusammentat, hatte bald nichts mehr. Wer allerdings erwischt wurde, fand sich am Pranger wieder. »Der kriegte ein Schild um den Hals: ›Ich habe meinen Kameraden bestohlen.‹ Der war dann Freiwild, dann konnte jeder auf ihn losknüppeln«, berichtet Oppermann. »Wenn Sie dem Menschen Essen oder Trinken entziehen, dann wird er zum Tier«, bestätigt Heinz Matthias. »Als einmal Suppe ausgegeben wurde, gingen einige von uns diesen Leuten entgegen, schlugen sie mit der Faust ins Gesicht und schoben ihren Kopf in die kochend heiße Suppe rein.« Die Erinnerung an diese Grenzerfahrungen lässt die einstigen Gefangenen noch heute schaudern.

»Mit bloßen Händen Löcher gegraben«: Notdürftig schützen sich die Gefangenen vor Wind und Wetter.

Gerhard Paschold, damals 16 Jahre alt, hatte tagelang für einen kranken Mann, der nicht mehr aufstehen konnte, Essen mitbesorgt. Dafür durfte er in seine Höhle. »Er spuckte immer Blut. Bis er gestorben ist. Und dann habe ich noch zehn Tage bei ihm geschlafen. Was auch nicht gerade schön war. Ich habe immer noch Essen für ihn gefangen. Bis ich es nicht mehr aushalten konnte, dann bin ich da ausgezogen, aus dieser Höhle.«

Um die Disziplin einigermaßen aufrechtzuerhalten, setzten die Amerikaner Gefangene als Hilfskräfte ein – als Lagerführer, Polizisten, Dolmetscher, in der Lagerküche oder für Wachdienste. Diese Art von Auszeichnung, die meist mit besserem Essen verbunden war, führte zu Neid und Missgunst, zumal die privilegierte Position bei einigen die niedrigsten Instinkte freilegte. Vor allem die deutschen Lagerführer und deren Polizei waren verhasst, weil sie ihre Mitgefangenen oft schikanierten. »Diese Deutschen waren Sadis-

Leute, die sich den Amerikanern als Lagerpolizei andienten und dafür auch bessere Verpflegung und Alkohol bekamen, sind nach der Entlassung in Eisenbahnwaggons erschlagen worden.

Sebastian Utz, Gefangener im Lager Bretzenheim

Anfangs waren noch Offiziere im Lager, und es gelang mir einmal, an einer Unterredung teilzunehmen, bei der die deutschen Offiziere die amerikanische Leitung auf die unmöglichen Zustände in diesem Lager hinwiesen. Es war zum Beispiel durchgesickert, dass Nahrungsmittel, die für uns bestimmt waren, entweder vernichtet oder verschoben worden sind. Auch die Bevölkerung durfte uns keine Lebensmittel geben. Die Unterredung endete damit, dass die amerikanischen Offiziere die Deutschen rausschmissen, denn die hatten gesagt: Wenn das so weitergeht, ist nicht auszuschließen, dass sich ein Aufstand dieser Entrechteten entwickelt. Daraufhin haben die Amerikaner kurzen Prozess gemacht. Die Offiziere wurden aus dem Lager gebracht, und wir waren führerlos.
Horst Pätzold, Gefangener im Lager Sinzig

ten, Lumpen und Verbrecher, die heute noch abgeurteilt werden müssten, wenn man damals ihre Namen behalten hätte«, beschwerte sich ein Zeitzeuge vor einer Kommission, die nach dem Krieg die Zustände in den Rheinwiesen untersuchte. Mit Knüppeln bewaffnet, schlugen sie diesen Berichten zufolge ihre Kameraden nieder, übten Selbstjustiz an vermeintlichen Dieben und schafften auf Kosten der Mitgefangenen für sich und ihre Kumpane Verpflegung beiseite.

Die Zustände in den Rheinwiesenlagern waren in jeder Hinsicht die Hölle. Ende April setzte ein Dauerregen ein, die Kälte kroch den angeschlagenen und demoralisierten Soldaten bis ins Mark. Die Lager verwandelten sich in Schlammwüsten, der Lehm matschte und quatschte bei jedem Schritt. Als es wieder wärmer wurde, brannte die Sonne unbarmherzig auf die schutzlosen Menschen nieder. Vielen waren bei der Gefangennahme Mäntel, Zelte, Planen und Decken abgenommen worden. Einen Ersatz gab es dafür nicht. Nun waren sie auf dem nackten Ackerboden der Witterung ausgeliefert. Mit Konservenbüchsen oder bloßen Händen gruben die Gefangenen Löcher in die Erde, um sich darin vor Sonne, Wind, Regen und Kälte zu schützen. Die Lager sahen bald aus wie riesige Gräberfelder. Die Schlafstatt wurde so manchem zum tödlichen Verhängnis: »Ein Mitgefangener, der hatte die Idee, um wirklich trocken zu liegen,

Mit drei, vier Mann haben wir uns mit dem Löffel eine Grube gegraben. Anderes Werkzeug gab es nicht. Mit diesem Löffel musste am nächsten Tag, wenn es geregnet hatte, der Schlamm da rausgekratzt werden. In diese Erdgruben hat man sich Rücken an Rücken oder Bauch an Bauch hineingelegt und sich notdürftig zugedeckt.
Alfred Glück, Gefangener im Lager Remagen

erst senkrecht und dann im rechten Winkel zu graben, damit er ein Dach über dem Kopf hatte, wenn es regnete«, erinnert sich Hans-Julius Oppermann. »Er schuftete die Erde raus, bis er in ganzer Körperlänge drin liegen konnte. Eines Morgens war er weg. Von dem ständigen Regen getränkt, hatte die Erde nachgegeben und das Loch zugeschüttet. Er war erstickt, in seinem eigenen Grab.«

Die hygienischen Verhältnisse waren katastrophal. Waschen konnten sich die Gefangenen gar nicht. »Wie Vieh lagen wir unter freiem Himmel, total verlaust und verdreckt«, erinnert sich ein Zeitzeuge. Als Latrine dienten Gräben, die am Außenzaun der Lager gezogen und mit Chlorkalk bestreut wurden. Breitbeinig mussten sich die Männer über die Grube stellen, selbst Donnerbalken waren Luxus. Für die Gefangenen war es entwürdigend, tagsüber, den Blicken aller ausgesetzt, ihre Notdurft zu verrichten – vor allem für die Frauen. »Die Amerikaner haben gelacht, gehöhnt, gespottet. Das war fürchterlich, grauenvoll«, berichtet Lotte Schütz, die als Luftwaffenhelferin nach Remagen kam, »das war eine menschliche Demütigung, die sie uns Frauen gegenüber antaten.« Nachts war die Notdurft lebensgefährlich. Wer zu nah an den Zaun geriet, dem drohte die Gefahr, von den Wachen erschossen zu werden. Es dauerte nicht lange, und Seuchen wie Typhus und Ruhr grassierten. Wenn die entkräfteten, halb verhungerten Kranken sich zur Latrine schleppten, »dann kam es vor, dass einer einfach vom Balken herabrutschte und in die Jauche fiel. Die schrien kurz auf, dann waren sie im Kot verschwunden. Es kümmerte sich keiner darum«, erzählt Gerhard Paschold heute noch mit Entsetzen.

Um das Übergreifen der Epidemien zu verhindern, sprühten die Amerikaner die Gefangenen zur Entlausung mit DDT ab. Es gab in jedem Lager ein Lazarett, doch auch hier waren die Zustände in der Anfangszeit mangelhaft. »Zwei Feldkrankenhäuser waren dem Lager zugeordnet. Aber die

Es war sehr regnerisch in diesem April. Da rückte alles zusammen in die Mitte. Und jeder hatte das Bestreben, in die Mitte zu kommen, wie in einer Schafherde, die sich zusammenballt. Der Druck in der Mitte war tatsächlich so stark, dass er fast nicht auszuhalten war. Aber man konnte davon ausgehen, dass man nach einer halben Stunde – es entwickelte sich da eine wahnsinnige Wärme – wieder einigermaßen trocken war. Wenn es nicht weiterregnete.
Hans-Julius Oppermann, Gefangener im Lager Andernach

Ich habe Ruhrkranke, Durchfallerkrankungen, Gehbehinderungen, aber keine Todesfälle in Remagen gesehen.

Alfred Glück, Gefangener im Lager Remagen

Situation brachte es mit sich, dass ihre Ausrüstung erst nach zwei Wochen gefunden wurde«, erinnert sich LaVerne Keats. »Sie war auf einem Abstellgleis in Bonn vergessen worden. Als die Ausrüstung da war, wurden Sanitätszelte in einem der Lagerabteile aufgestellt. Feldbetten wurden nicht benutzt, weil es so viele Patienten gab. Die Gefangenen wurden Seite an Seite auf Stroh gelegt, damit die Zeltkapazität vervierfacht werden konnte. Ich habe gehört, dass wir mindestens 30 000 Fälle von Lungenentzündung und Durchfall hatten.« Ständig durchnässte Schuhe führten zu Fußbrand: »Die geringste Berührung jagt Schmerzwellen durch den ganzen Körper«, beschreibt Heinz Heidt dieses Leiden. »Die meisten haben eine ganz neue Gangart erfunden: Um den Schmerzen auszuweichen, kriechen sie auf Händen und Knien mit erhobenen Füssen umher wie Paviane auf einem Affenfelsen – ein wahrhaft makabrer Anblick.« Erschöpft und unterernährt, geschwächt durch die katastrophalen hygienischen Verhältnisse, zogen sich die Gefangenen Erkrankungen der Atemwege, Brechdurchfall, Ruhr und Typhus zu – sie drohten im Dreck buchstäblich elendiglich zu verrecken.

Die Möglichkeiten, diesem Hexenkessel zu entfliehen, waren gering. Wer noch einigermaßen bei Kräften war, versuchte, außerhalb des Lagers in einem Arbeitskommando unterzukommen. Horst Pätzold berichtet, dass er einmal mit zwölf Mann zusammen Zucker von einem Eisenbahnwaggon abladen durfte. »Wir haben nachher den Zucker, der im Waggon lag, aufgeleckt. Wir saßen dann schwer atmend am Bahndamm. Da stieß mich der amerikanische Posten von hinten mit dem Knie an und schob mir eine Packung konzentrierter Nahrung in die Gesäßtasche. Wo man als Einzelner an einen Einzelnen herankam, hatte man die Chance, als Mensch respektiert zu werden – in der Masse nicht.«

An Flucht war kaum zu denken. Die Bewachung war scharf, am Zaun patrouillierten Wachen mit Hunden, mit Maschinengewehren bestückte Schützenpanzer fuhren auf und ab, nachts kreisten Scheinwerfer über den Stacheldraht. Die Amerikaner schossen, wenn sich jemand auf fünf Meter dem Zaun näherte. Dennoch wurden Fluchtversuche gewagt. »Wir sind noch nicht richtig eingeschlafen, als plötzlich zwei Schüsse durch die Nacht peitschen, denen sogleich der markerschütternde Todesschrei eines Mannes folgt«, berichtet Heinz Heidt vom Lager Remagen. »Zitternd schmiegen wir uns noch enger aneinander. An Schlafen ist nicht zu den-

Oben: »Es blieb nur das, was man am Leibe trug«: Soldaten suchen Zuflucht unter ihrer Zeltplane.
Unten: »Vier Monate unter freiem Himmel«: Das Lager Dietersheim bei Bingen im Juni 1945.

ken, denn das Herz schlägt uns bis zum Halse und lässt uns vor Entsetzen nicht zur Ruhe kommen. Den Toten lässt man zur ›Abschreckung‹ bis 17 Uhr am nächsten Tage im Regen liegen. Er stammte aus der Gegend, hatte in Sichtweite auf dem Berge ein Hotel und glaubte, sich im Schutze der Dunkelheit dorthin auf den Weg machen zu können.«

Ein ähnliches Erlebnis hatte Hans-Julius Oppermann. »Zwei junge Soldaten konnten vom Lager aus ihr Elternhaus sehen. Eines Nachts versuchten sie, unter dem Drahtverhau durchzukriechen. Sie wurden entdeckt, und der eine wurde erschossen. Er blieb die ganze Nacht liegen und wurde von einem Scheinwerfer angestrahlt. Am nächsten Tag wurden zwei von uns abkommandiert, den Toten auf einen Schubkarren zu laden. Einen Tag lang mussten wir ihn für alle sichtbar als Warnung auf dem Karren liegen lassen.« Auch LaVerne Keats berichtet von einem solchen Zwischenfall. »Ich erinnere mich an einen jungen rothaarigen Jungen von etwa 18 Jahren, der wohl nur ein paar Meilen entfernt zu Hause war. Er wurde sechs- oder siebenmal am Tor zurückgewiesen. Nach der letzten Zurückweisung hörte ich Geschrei, schaute zum Tor und sah ihn wie eine Antilope den Weg nach Kripp hinunterrennen. Er entkam den Angriffen von verschiedenen Wachen, die ihn aufhalten wollten. Schließlich hat ihn einer von ihnen erschossen. Es war eine Tragödie. Aber die Wachen waren im direkten Blickfeld des Compound Provost Office und mussten schießen, sonst wären sie bestraft worden. Ich danke Gott, dass ich nicht diesen Posten hatte.«

Psychisch waren die Gefangenen bald am Ende. Das lange Warten, die zermürbende Langeweile zehrten an den Nerven. Tagsüber saßen die meisten von ihnen auf der Erde, starrten dumpf vor sich hin, die Zeit stagnierte. Hans-Julius Oppermann berichtet von einem Mann, der sich aus alten Pappkartons eine Standuhr baute – nur um sich zu beschäftigen. »Es war eine Standuhr in normaler Größe, mit vier Zifferblättern, viermal auf allen Seiten, aus allen möglichen Materialien. Da hat er sich reingestellt und alle fünf Minuten den Zeiger weitergedreht. Das hat ihn irgendwie abgelenkt.« Kontakt nach Hause gab es nicht. Die Gefangenen wussten nicht, ob ihre Lieben daheim die Bombenangriffe überlebt hatten, ob Väter und Brüder gefallen waren. Sie ahnten, dass sich ihre Mütter, wenn sie noch lebten, vor Sorge quälten, konnten aber kein Lebenszeichen geben. Verzweifelt versuchten sie, Botschaften nach draußen zu schmuggeln, gaben Entlassenen Grüße mit. Verzweiflung schlug um in Resignation. »Es gibt einen Punkt, an dem man sich fallen lässt und sagt: ›Es hat doch keinen Zweck.‹ Dann gibt man auf«, beschreibt Horst Pätzold dieses Gefühl der Niedergeschlagenheit, »man braucht sehr viel Lebensmut, um durchzukommen.«

Hunger, Krankheit und die Witterung taten ihre Wirkung. Die Gefangenen magerten bis auf die Knochen ab. Männer mit einem Normalgewicht von 80 Kilogramm wogen nun in der Regel unter 50 Kilogramm. Die Männer waren bald so schwach, dass sie sich kaum noch auf den Beinen halten konnten. Kraftlos lagen sie auf der Erde. Vom vielen Liegen bildete sich auf den Hüften Hornhaut. Es war ein Bild des Jammers: ausgemergelte Körper mit vorstehenden Rippen und dünnen Ärmchen, völlig verdreckt, mit struppigen Bärten, inmitten eines Ackers, der einem Gräberfeld glich. Tausende starben. Übereinstimmend berichten die Gefangenen von den Toten: verhungert, in ihren Erdlöchern verschüttet, von Krankheit dahingerafft, auf der Flucht erschossen. »In der Nacht hat sich ein älterer Mitgefangener, der wohl zu den Einsamen im Lager gehört hat, auf dem Erdwall rechts neben unserem Loch zum Schlafen niedergelegt«, erzählt Heinz Heidt. »Aus diesem Schlaf ist er allerdings nicht wieder erwacht und starrt nun mit gebrochenen Augen aus seinem fleckigen, schmutzverschmierten Gesicht in die Morgensonne. Uns dreht sich bei dieser Entdeckung nicht nur der Magen um, die Nähe des Todes lässt uns regelrecht frösteln und jagt uns kühle Schauer über den Rücken.«

Der Tod war allgegenwärtig. »Morgens früh wurden die Toten vom so genannten ›Gräberkommando‹ abgeholt. Das waren etwa 60 Gefangene, gut genährt. Sie wurden auf einen Karren geladen, ans Lagertor gebracht und dann wohl irgendwo verscharrt«, ergänzt Horst Pätzold aus dem Lager Sinzig. »Ob sie registriert wurden, entzieht sich meiner Kenntnis.« Alfons Säckler berichtet, dass die Gefangenen bei der Ankunft im Lager Bretzenheim ihre Erkennungsmarken abgeben mussten und eine weitere Registrierung nicht erfolgt sei.

Wie konnte diese Tragödie in den Rheinwiesenlagern geschehen? Zehntausende deutsche Soldaten hatten alles darangesetzt, von den Amerikanern gefangen genommen zu werden in der Hoffnung auf gute Behandlung – und nun dieses Leid. Die US-Armee galt als die am besten verpflegte und ausgerüstete Truppe der Welt. Dennoch verwahrlosten, hungerten, ja verendeten ihre Gefangenen. Waren die Rheinwiesenlager die Todeslager der Amerikaner? James Bacque glaubt, ja. Der kanadische Romanautor hat 1989 mit dem Bestseller »*Other Losses*« (deutscher Titel: »*Der geplante Tod*«) Aufsehen erregt, weil er darin behauptete, General Eisenhower persönlich und die Armeen der USA und Frankreichs als aus-

»Ich hasse die Deutschen«: Eisenhower besichtigt im April 1945 das KZ Ohrdruf in Thüringen.

führende Organe seien für den Tod von bis zu einer Million Kriegsgefangener in den Rheinwiesenlagern verantwortlich. Eisenhower habe aus Rache und Hass den Gefangenen Lebensmittel und Medikamente vorenthalten, obwohl beides in ausreichender Menge vorhanden war. Diese Toten seien »versteckt« unter »other losses«, »weiteren Verlusten«, in den Registern aufgeführt worden, um das Massensterben zu vertuschen. Bis heute geistert diese These durch die Literatur und die Köpfe der ehemaligen Kriegsgefangenen. Doch weder gab es ein Massensterben, noch existierte ein alliierter Plan, die deutschen Gefangenen bewusst verhungern zu lassen. Bacques Quellen sind unvollständig, seine Zitate oft aus dem Zusammenhang gerissen, Zeitzeugen zum Teil falsch zitiert. Seine Thesen sind von der seriösen Geschichtswissenschaft inzwischen widerlegt.

Eisenhower hasste die Deutschen, zumindest während des Krieges, das ist unbestritten. Nach dem Durchbruch der Alliierten in der Normandie schrieb er im August 1944 an seine Frau: »Die Leiden haben noch kein Ende. Gott, ich hasse die Deutschen.« Als die US-Armee im März 1945 den Rhein überquerte und die Deutschen immer noch erbitterte Gegenwehr leisteten, notierte er: »Ich zähle meine Deutschen erst, wenn sie in unseren Käfigen oder beerdigt sind!« Der Besuch eines Konzentrationslagers erschütterte den General und verstärkte seinen Abscheu: »Ich habe nie gedacht, dass solche Grausamkeit, Bestialität und Barbarei in dieser Welt wirklich existieren könnte! Es war grauenhaft.« Doch zu behaupten, Eisenhower habe einen persönlichen Vernichtungsfeldzug gegen die Gefangenen gestartet, ist absurd. Als Oberbefehlshaber der alliierten Streitkräfte war Eisenhower seinen Vorgesetzten, besonders Präsident Roosevelt, verantwortlich und hatte sich den alliierten Beschlüssen zu beugen.

Gemäß den Bestimmungen des Völkerrechts hatten die Amerikaner eigentlich die Pflicht, Kriegsgefangene zu ernähren wie die eigenen Truppenteile. Bei den Gefangenen, die in die USA verbracht worden waren, hatten sie sich auch strikt daran gehalten. In Europa jedoch sahen die Westalliierten schon 1944 ein enormes Versorgungsproblem auf sich zukommen: Überall war die Wirtschaft aufgrund der Kriegszerstörungen ruiniert, die Lebensmittelversorgung war miserabel, in den meisten Städten lagen die Rationen zwischen 1000 und 1500 Kilokalorien pro Tag, auch in Deutschland. Europa hungerte.

Allein die Amerikaner hatten zu diesem Zeitpunkt etwa 20 Millionen Menschen zu versorgen: neben der eigenen Truppe etwa sechs Millionen »Displaced Persons«, darunter von den Deutschen aus ihrer Heimat Verschleppte und befreite KZ-Häftlinge; außerdem Flüchtlinge, Vertriebene sowie die hungernden Menschen in den befreiten Gebieten. Hinzu kamen die deutsche Zivilbevölkerung, sofern sie sich nicht selbst versorgen konnte, und zu guter Letzt die Millionen deutscher Kriegsgefangener. An unterster Stelle dieser Skala rangierten die Deutschen. Es war den Amerikanern schlichtweg unmöglich, so viele Menschen ausreichend zu ernähren: Das logistische Problem, Lebensmittel aus den USA nach Europa herüberzutransportieren und auf dem Kontinent zu verteilen, war unüberwindbar. Am 25. April 1945 warnte Eisenhower in einem Schreiben an die »Combined Chiefs of Staff«: »Wenn nicht sofort Schritte unternommen werden, um die Lebensmittelversorgung so weit wie möglich auszubauen, damit die Grundbedürfnisse der deutschen Bevölkerung befriedigt werden können, werden Chaos, Hunger und Seuchen in diesem Winter unvermeidlich sein.« So war die Einschätzung vor der Kapitulation. Zu diesem Zeitpunkt rechnete der General noch mit drei Millionen Gefangenen auf dem Kontinent. Tatsächlich waren es schließlich 7,5 Millionen. Die USA waren weder willens noch in der Lage, die Gefangenen

Ich habe durch wenig Nahrungsmittelaufnahme drei Wochen lang praktisch nicht austreten müssen.
Horst Pätzold, Gefangener im Lager Sinzig

zu verpflegen wie die eigenen Soldaten. Um das Völkerrecht zu umgehen, griffen sie zu einer List.

Mit dem Argument, dass es keinen deutschen Staat mehr gebe und daher auch keine deutschen Soldaten, beschlossen die Westalliierten bereits im Sommer 1944, den in ihre Hände geratenen Deutschen nicht den Status von Kriegsgefangenen zuzubilligen. Sie wurden kurzerhand von den USA zu »Disarmed Enemy Forces« (DEF), entwaffneten feindlichen Truppen, erklärt. Die britische Bezeichnung lautete »Surrendered Enemy Personnel«, also »feindliche Personen, die sich ergeben haben«. Ursprünglich sollte dieser Status nur für diejenigen gelten, die nach der Kapitulation gefangen genommen worden waren. Er wurde bald jedoch auf alle Gefangenen in Europa ausgedehnt. Erst im März 1946 galten sie alle wieder als Kriegsgefangene. Die Idee stammte übrigens von Hitler. Nach dem Überfall auf Polen erklärte das Deutsche Reich, der polnische Staat habe aufgehört zu existieren, daher gebe es auch keine polnischen Soldaten mehr. So wurden aus Gefangenen Zwangsarbeiter.

Diese Maßnahme ermöglichte es den Amerikanern, ihre deutschen Gefangenen mit nicht mehr als dem Minimum an Lebensmitteln zu versorgen. Dieses Minimum erhielten sie allerdings auch. Doch wie viele sind gestorben? Manche Gefangene berichten von 15 bis 200 Toten täglich, andere haben von Massengräbern gehört, andere wiederum haben keinen einzigen Toten gesehen. Die von der Bundesregierung einberufene »Wissenschaftliche Kommission für deutsche Kriegsgefangenengeschichte«, nach ihrem Leiter Maschke-Kommission genannt, gelangte nach eingehender Recherche zu folgendem Resultat: »Monatelang vor, besonders aber nach dem Mai 1945 galt es, zu improvisieren, um eine Katastrophe zu verhindern. Die Katastrophe ist, trotz allem Elend, das hinter dem Stacheldraht zu beobachten war, verhindert worden; das befürchtete Massensterben blieb aus.« In sechs der schlimmsten Rheinwiesenlager waren laut Schätzung der Maschke-Kommission von 557 000 Gefangenen bis zu 4500 umgekommen; das wären 0,8 Prozent.

Bis ins letzte Detail sind die Zahlen heute leider nicht mehr feststellbar. Im Chaos dieser Monate waren einige überhaupt nicht registriert worden. Eine größere Anzahl Soldaten wurde im Westen Europas allerdings auch niemals als vermisst gemeldet. Zum Vergleich: Bis 1944 hatten nur 1,05 Millionen von fünf Millionen sowjetischen Gefangenen in deutscher

Hand überlebt, das ergibt eine Sterberate von 80 Prozent. Von den bis zu drei Millionen deutschen Kriegsgefangenen in sowjetischer Hand überlebten nur 50 Prozent. Das Leiden der deutschen Kriegsgefangenen in den Rheinwiesenlagern war eine Tragödie. Doch so fürchterlich die Zustände auch waren und so furchtbar der Tod eines jeden Menschen auch ist: Eine Million Tote gab es hier nicht, die Amerikaner unterhielten keine Massenvernichtungslager.

Unzweifelhaft freilich gab es den Wunsch, »die Deutschen« für ihre Taten zu bestrafen. »Ich finde, dass die Deutschen Hunger und Kälte erleiden sollen, denn ich glaube, diese Art von Leiden ist notwendig, damit sie die Konsequenzen dieses Krieges verstehen, den sie verursacht haben«, sagte Lucius D. Clay, Eisenhowers stellvertretender Militärgouverneur, am 29. Juni 1945 zu John J. McCloy. Er führte jedoch später weiter aus: »Aber zwischen Hunger und Kälte, die für diesen Zweck notwendig sind, und Hunger und Kälte, die menschliches Leiden verursachen, liegt eine große Bandbreite. Wir werden vielleicht nicht dazu in der Lage sein, Letzteres zu vermeiden, aber es ist unsere Pflicht, es zu versuchen.«

Schikanen waren in den Rheinwiesenlagern an der Tagesordnung. Hans-Julius Oppermann erzählt, dass Gefangene, die sich im Lager etwas hatten zuschulden kommen lassen, in einen Drahtkäfig gesperrt wurden. »Wir beobachteten einmal zwei Amerikaner, die den Hungernden von außen Tomaten in den Käfig warfen, um zuzusehen, wie die beiden sich vor Hunger und Gier schier zerfleischten.« Gerhard Paschold berichtet, im Lager Rheinberg hätten Amerikaner Salzheringe verteilt, nur um sich anschließend daran freuen zu können, wie sich die Gefangenen vor Durst wanden. »Dann gab's natürlich diese sadistischen Zwischenfälle, wo die GIs sich einen Spaß gemacht haben, Essen vor dem Stacheldraht auf einen Haufen zu legen – alles Zeug, das sie nicht wollten, Brot oder sonstiges Essen; und dann haben sie uns angeguckt, und wir haben auch geguckt in der Hoffnung, dass die das vielleicht durch den Stacheldraht reichen würden«, berichtet Eberhard Jänecke. »Dann haben sie aber Benzin darüber gegossen und es angezündet.«

Mindestens einmal täglich war Zählappell. Stundenlang mussten die entkräfteten Gefangenen die Prozedur stehend über sich ergehen lassen, viele sanken ohnmächtig in sich zusammen. »Es kam vor, dass manche nicht mehr aufgestanden sind, weil sie während der Nacht gestorben sind, besonders, wenn sie die Amöbenruhr hatten und angefangen haben, Blut zu scheißen. Dann ging es sehr schnell zu Ende«, erinnert sich Eberhard Jänecke. Hans-Julius Oppermann berichtet, dass sie Wasser von einem Tankwagen außerhalb des Lagers auf einem Berg holen mussten, einen Becher pro Mann. Der Weg dorthin wurde von amerikanischen Wachen gesäumt. »Sie trieben uns an mit Rufen wie ›let's go, let's go‹ und schlugen uns mit Knüppeln oder Stöcken. Nicht fest, aber sie wollten zeigen, dass wir für sie wie Vieh sind.«

Der Wunsch nach Bestrafung liegt auch dem Dekret zugrunde, das der Bevölkerung in den ersten Monaten strikt untersagte, den Gefangenen zu helfen. Frauen oder Bauern, die sich den Stacheldrähten näherten, wurden durch Schüsse vertrieben. Für die US-Soldaten galt seit dem September 1944 überdies ein strenges Fraternisierungsverbot. Dieses einzuhalten war allerdings kaum möglich. Im Juni schrieb Eisenhower an George C. Marshall, es sei albern, Soldaten zu verbieten, Kindern Süßigkeiten und Kaugummis zu schenken. Sie wurden daraufhin vom Fraternisierungsverbot ausgenommen, mit der Zeit wurde es ganz fallen gelassen. Auch Hilfeleistungen der Zivilbevölkerung wurden nach und nach in manchen Lagern gestattet. Im Umkreis der Lager Andernach und Siershahn zum Beispiel begannen die Gemeinden, Lebensmittel, Kleidung und Literatur für die Gefangenen zu sammeln. Die Lieferungen wurden gesammelt bei der Lagerleitung abgegeben. Angesichts der Massen an Gefangenen war diese Hilfe allerdings ein Tropfen auf dem heißen Stein.

Bis zur Kapitulation am 8. Mai 1945 konnten viele GIs Konzentrationslager persönlich in Augenschein nehmen. Das Entsetzen und der Abscheu über das Gesehene beeinflussten auch das Verhalten der Wachmannschaften – nicht nur, wenn ihre Angehörigen jüdischer Herkunft waren. »Die Amerikaner verteilten große Mengen Fotografien von den Konzentrationslagern, wo die Leichen aufeinander gestapelt waren, in unserem Lager – als Rechtfertigung für unsere Behandlung«, mutmaßt Eberhard Jänecke. »Artikel in der GI-Zeitung *Stars and Stripes* stellten die deutschen KZs heraus, mit Fotos der ausgehungerten Körper; das verstärkte unsere selbstgerechte Grausamkeit«, erklärt Martin Brech, mit 19 Jahren Bewacher in Andernach. Die Reaktion der Gefangenen reichte von Ungläubigkeit bis hin zu Scham. »Als man uns die Filme zeigte, hat es einen Tumult gegeben, weil jeder gesagt hat: ›Das glaube ich nicht, diese Bilder, diese Knochen, die KZ-Aufnahmen‹«, erinnert sich Alfred Glück an eine Vorführung im Gefangenenlager. »Dann kommt diese psychologische Eigenheit, dass man sagt: ›Ich habe es ja selbst nicht gewusst – ich habe es nicht

Dies ist meine Mütze,
dies ist mein Mantel,
hier mein Rasierzeug
im Beutel aus Leinen.

Konservenbüchse:
Mein Teller, mein Becher
ich hab in das Weißblech
den Namen geritzt.

Geritzt hier mit diesem
kostbaren Nagel,
den vor begehrlichen
Augen ich berge.

Im Brotbeutel sind
ein Paar wollene Socken
und einiges, was ich
niemand verrate,

so dient es als Kissen
nachts meinem Kopf.
Die Pappe hier liegt
zwischen mir und der Erde.

Die Bleistiftmine
lieb ich am meisten:
tags schreibt sie mir Verse,
die nachts ich erdacht.

Dies ist mein Notizbuch,
dies meine Zeltbahn,
dies ist mein Handtuch,
dies ist mein Zwirn.

Günter Eich, »Inventur« (entstanden 1945 in einem US-Kriegsgefangenenlager)

getan, ich war nicht beteiligt.‹ Doch ein Schuldempfinden hat man zu der Zeit nicht gehabt.«

Bei manchen Gefangenen stellten sich jedoch Einsicht und Verständnis für das Verhalten der Amerikaner ein. »Das waren die Sieger, und inzwischen war uns klar, dass wir ja auch einiges auf dem Kerbholz hatten, wir Deutschen«, sagt Hans-Julius Oppermann. Das bösartige Verhalten mancher Amerikaner war auch darauf zurückzuführen, dass es sich bei den Wachen oft um junge, frisch angekommene Rekruten handelte, die nie gegen deutsche Truppen gekämpft hatten. Viele ältere Veteranen bemerkten, dass sich die Neuen, die erst im März oder April 1945 auf dem Kriegsschauplatz eintrafen und über ihren Mangel an Kampferfahrung frustriert waren, Ventile suchten, um zu beweisen, wie »hart« sie seien.

Die katastrophalen Zustände in den Rheinwiesenlagern waren eine Mischung aus Überforderung der US-Truppen im befreiten Europa, schlechter Organisation und dem Wunsch nach Vergeltung. Auch wenn es Zehntausende statt Hunderttausende waren, die in den Rheinwiesen starben – die Toten waren die Folge eines grausamen Krieges, den Hitler entfesselt hatte und der weltweit Millionen Menschen das Leben kostete. Die bitteren Erfahrungen der überlebenden Gefangenen verfolgen sie noch heute in ihren Albträumen. Einige von ihnen fühlen sich noch immer als Opfer und blicken entrüstet und anklagend auf die Sieger von einst. Andere haben ihr Schicksal als Mahnung verstanden und sehen sich in der Verantwortung, dass sich das dunkelste Kapitel der deutschen Geschichte nicht wiederholt. »Die alliierten Gefangenenlager können ebenso wenig verleugnet werden wie Auschwitz, Bergen Belsen oder Treblinka«, schreibt LaVerne Keats. »Sie sind eine Tatsache des Krieges. Krieg ist niemals ruhmvoll, rein und ritterlich. Krieg verursacht immer Leid, die Art und die Wahrnehmung des Leidens hängen vielleicht davon ab, ob man auf der Gewinner- oder Verliererseite steht.«

Am 8. Mai war es so weit: Das Deutsche Reich kapitulierte bedingungslos. Die Deutschen hatten den Krieg verloren. »Eines Abends geraten unsere amerikanischen Posten plötzlich außer Rand und Band, werfen jubelnd ihre Stahlhelme in die Luft und veranstalten einen Riesen-Feuerzauber, indem sie aus Gewehren und Maschinenpistolen Leuchtspurgeschosse in den Himmel ballern«, schildert Heinz Heidt die Szenerie in der Nacht auf den 8. Mai 1945. »Wir werden von diesem Gebaren völlig überrascht und können uns nicht erklären, was die Amis zu einem solchen Höllenspektakel veranlasst haben könnte. Doch dann hören wir sie grölen: ›The war is over, the war is over!‹ Am nächsten Morgen bricht erst recht die Hölle los. Es beginnt mit einem fernen Grollen im Süden, das sich sehr schnell zu einem wahren Orkan auswächst. Dann dröhnen viermotorige Bomber im Tiefflug über den Rhein und unsere Lager hinweg. Es müssen Hunderte, wenn nicht Tausende von Maschinen sein, die hier von ihren Piloten in oft waghalsigen Manövern so tief geflogen werden, dass wir die Besatzungen in den Kanzeln und MG-Ständen, aber auch im Cockpit und an den Fensteröffnungen beobachten können, wie sie lachen und zu uns herunterwinken. – Der Krieg muss also zu Ende sein. Doch löst diese Tatsache bei uns zunächst keine Freude aus. Nur einer mei-

Die Amis flogen mit ihren Bomberverbänden über das Lager. Das sollte uns deprimieren, und das tat es auch.

Heinz Uebe, Gefangener im Rheinwiesenlager

Es gab im Lager noch fanatische Nazis. Bis zum 8. Mai gab es einige, die glaubten, die Wunderwaffe käme noch. Ich weiß, dass der 8. Mai – Bekanntgabe des Sieges und des Ende des Krieges – bei einigen doch Bestürzung hervorrief. Sie wollten es nicht wahrhaben.

Horst Pätzold, Gefangener im Lager Sinzig

Die Entlassung von Kriegsgefangenen nach dem 8. Mai 1945 war mit solcher Schnelligkeit verlaufen, dass von höheren Kommandobehörden am 15. August befohlen wurde, alle künftigen Entlassungen zu stoppen mit Ausnahme von schweren Lazarettfällen, überzähligem geschütztem Personal und Jugendlichen unter 18 Jahren. Diese Aktion wurde veranlasst durch die Sorge, dass bei der Entlassung von zu vielen Kriegsgefangenen die Vereinigten Staaten ihre Verpflichtung, den Franzosen 1 750 000 Gefangene für den Arbeitseinsatz zu liefern, nicht würden erfüllen können.
Aus einem Tätigkeitsbericht des Oberkommandierenden der US-Militärpolizei für den europäischen Kriegsschauplatz, August 1945

ner Kameraden versteht es wieder einmal, das Beste daraus zu machen, und verkündet nun voller Zuversicht: ›Jetzt geht es bald nach Hause!‹« Die Hoffnung, die sich auf einmal unter den ausgemergelten Gestalten am Rhein regte, sollte jedoch wieder einmal bitter enttäuscht werden. Jugendliche und Frauen wurden ab Mai zwar entlassen, dann die älteren Gefangenen sowie Männer, die in den Westzonen beheimatet und als Bauern oder Bergleute für den Wiederaufbau unentbehrlich waren. Die meisten aber mussten noch monatelang in den Rheinwiesen ausharren. Hunderttausende kehrten erst 1948 in die Heimat zurück.

Denn was die Gefangenen nicht wussten: Die Sieger hatten unter sich eine Art »Sklavenhandel« vereinbart. Im Dezember 1944 hatten die USA ihren westlichen Alliierten zugesagt, deutsche Kriegsgefangene für den Wiederaufbau ihrer vom Krieg zerstörten Länder zu überstellen. Großbritannien erhielt 123 000 Gefangene, Belgien 30 000, die Niederlande 14 000 und Luxemburg 5000. Das größte Kontingent ging an Frankreich: Rund 740 000 deutsche Kriegsgefangene aus den westalliierten Lagern in Frankreich und der französischen Besatzungszone in Deutschland wechselten den Besitzer. Gefordert hatte Frankreich 1,7 Millionen. Möglich wurde dieser Handel wiederum durch eine rechtliche Spitzfindigkeit: Das Kriegsvölkerrecht sah vor, dass Kriegsgefangene nicht beim Waffenstillstand, sondern erst nach Inkrafttreten eines Friedensvertrags freigelassen werden mussten. In der Auslegung dieser Regelung war das Deutsche Reich erneut Vorreiter gewesen. Die Franzosen, die 1940 in Gefangenschaft gerieten, wurden nach Abschluss des Waffenstillstands am 22. Juni 1940 nicht freigelassen, sondern zu Zwangsarbeiten eingesetzt.

Ich weiß in der Tat keine bessere Aufgabe, als beim Wiederaufbau Frankreichs zu helfen.
In der *New York Times* vom 20. Oktober 1945 zitierte Aussage eines hohen US-Offiziers

Alle, die in den drei Westzonen lebten, durften Ende Juni 1945 nach Hause. Und wir etwa 35 000 bis 40 000 Mann sind an einem glühend heißen Julitag mehr tot als lebendig zu Fuß von Sinzig nach Andernach überführt und den Franzosen übergeben worden. An diesen Marsch werde ich zeit meines Lebens denken. Es sind viele einfach liegen geblieben.

Horst Pätzold, aus amerikanischer Gefangenschaft an Frankreich übergeben

Da Deutschland bedingungslos kapituliert hatte und kein Friedensvertrag existierte, wurde nun auch die Entlassung der gefangenen deutschen Soldaten verhindert.

In der Konferenz von Jalta im Februar 1945 war beschlossen worden, Deutsche generell für Reparationsarbeiten einzusetzen. Als »Disarmed Enemy Forces« (entwaffnete feindliche Truppen) konnten sie zu Zwangsarbeiten und gefährlichen Einsätzen wie dem Minenräumen abkommandiert werden, die eigentlich der Genfer Konvention widersprachen. Die Übergabebedingungen nahmen jedoch Monate in Anspruch. Während die Details ausgearbeitet wurden, vegetierten die Gefangenen dahin. Anfang Juli war es so weit: Die Franzosen übernahmen die Rheinwiesenlager in ihrer Besatzungszone. Von einem Tag auf den anderen wurden aus den »Prisoners of War« (POW) somit »prisonniers de guerre« (PG). Auch wenn die Gefangenen es nicht für möglich gehalten hätten – sie kamen vorerst vom Regen in die Traufe.

Horst Pätzold, der das Pech hatte, in der neuen Sowjetzone zu wohnen, musste an einem heißen Julitag zusammen mit mehreren tausend Gefangenen zu Fuß von Sinzig in das 20 Kilometer entfernte Lager Andernach überwechseln. »Viele sind liegen geblieben, so waren wir geschwächt. LKWs sammelten die Verletzten und die Toten auf«, erzählt Pätzold. »Der Franzose empfing uns in Andernach. Zunächst waren wir erstaunt, dass wir keine regulären Soldaten vor uns sahen, sondern Jugendliche, etwa 17-Jährige, mit Sandalen, rotem Schal, mit einer MP um den Bauch. Die waren

Als die Franzosen das Lager von den Amerikanern übernahmen, kamen plötzlich andere Soldaten. Und die besetzten plötzlich die Türme, und die bisherigen Wächter zogen ab. Und am ersten Abend ging es gleich mit der Schießerei los. Da waren gleich mehrere Tote. Allgemein, als die Franzosen kamen, wurde es noch schlimmer – sowohl was Verpflegung anbelangt als auch die Behandlung von außen. Die Gefangenen wurden bereits von amerikanischer Seite nicht als Menschen respektiert. Und im Lager setzte sich das bei den Franzosen fort.

Ekkehard Guhr, aus amerikanischer Gefangenschaft an Frankreich übergeben

sehr oft betrunken und schossen nachts wahllos ins Lager. Wir haben uns wieder mit Löffeln und mit Büchsen Löcher gegraben, damit nicht zu viele durch diesen nächtlichen Beschuss zu Tode kamen oder verwundet wurden.«

Die französischen Bewacher der Rheinwiesenlager waren offenbar mancherorts ein ziemlich wilder Haufen und besonders gefürchtet. Die französische Kriegsgefangenenverwaltung hatte große Probleme, geeignetes Wachpersonal zu finden – freiwillig wollte kaum einer diese Aufgabe übernehmen. So kam es, dass anfangs reguläre französische Soldaten, aber auch Truppen aus den nordafrikanischen Kolonien und Partisanen die Dépôts bewachten. Bald wurden diese von ausländischen Hilfswilligen aus Verschlepptenlagern abgelöst. Unkontrollierte Schießereien waren laut Zeitzeugenaussagen an der Tagesordnung.

In den französischen Rheinwiesenlagern waren nunmehr etwa 182 400 Kriegsgefangene registriert. Den meisten ging es noch schlechter als zuvor. Die Franzosen waren noch weniger in der Lage, die Gefangenen zu verpflegen, als die Amerikaner. Ohnehin hatten sie kein Interesse am Erhalt der Lager – sie brauchten arbeitsfähige Männer für den Wiederaufbau in Frankreich. Kranke und Verwundete wurden daher umgehend entlassen, außerdem Bewohner der eigenen Besatzungszone. Was viele einfache Soldaten jedoch besonders wurmte: Auch die Offiziere durften bald nach Hause. Denn nach dem Kriegsvölkerrecht waren Offiziere nicht zur Arbeit verpflichtet, zudem waren sie oft älter. So kam es, dass hunderttausende untere Mannschaftsdienstgrade, oft aus der Sowjetzone, Zwangsarbeit in Frankreich leisten mussten. Die verantwortlichen Dienstgrade kehrten heim.

Doch die Franzosen brauchten nicht nur Arbeitskräfte, sondern sie spekulierten überdies mit den militärischen Erfahrungen der Landser. »Sie haben uns an den ersten Tagen auf einen Platz gerufen, dort waren Tische aufgestellt, gedeckt mit allem, was der Mensch sich zu essen wünscht – einschließlich Rotwein«, erinnert sich Horst Pätzold. »Da waren ein französischer Offizier, zwei Schreiber, und wer sich dort zur Fremdenlegion meldete, durfte sich an den Tisch setzen und sich vor unseren Augen satt essen. Das haben viele getan.« Die französische Fremdenlegion war in den letzten Jahren stark dezimiert worden, und nun nutzten die Behörden die Schwäche der Gefangenen aus, um Kämpfer für ihre Kolonialkriege anzuwerben. Es waren nicht zuletzt SS-Leute, darunter wohl auch Kriegsverbrecher, die sich meldeten, um ihrer gerechten Bestrafung zu entgehen.

FRANZÖSISCHE LAGER FÜR DEUTSCHE KRIEGSGEFANGENE
SOWJETUNION
DÄNEMARK
GROSS-BRITANNIEN
IRLAND
NIEDER-LANDE
DEUTSCH-LAND
POLEN
BELGIEN
LUX
TSCHECHOSLOWAKEI
FRANK-REICH
SCHWEIZ
ÖSTERREICH
UNGARN
RUMÄNIEN
ITALIEN
JUGO-SLAWIEN
BULGARIEN
ANDORRA
MONACO
SAN MARINO
PORTUGAL
SPANIEN
ALBANIEN
GRIECHEN-LAND
TÜRKEI
Mittelmeer
Malta
Tunesien
Zypern
SYRIEN
IRAK
IRAN
LIBANON
Israel
JORDANIEN
Kuwait
Marokko
Algerien
Libyen
ÄGYPTEN
Bahrain
Katar
SAUDI-ARABIEN
FRANZÖSISCH-WESTAFRIKA
Dakar
Gambia
Koulikoro
Bamako
Guinea-Bissau
Guinea
Sierra Leone
LIBERIA
Ghana
Nigeria
FRANZ.-ÄQUATORIALAFRIKA
ANGLO-ÄGYPTISCHER SUDAN
ADEN
Dschibuti
ÄTHIOPIEN
Somalia
Äquat.-Guinea
Sao Tomé u. Principe
Uganda
Kenia
BELGISCH-KONGO
RUANDA
BURUNDI
ATLANTISCHER
OZEAN
Cabinda (zu Angola)
TANGANJIKA
Seychellen
Komoren
Malawi
Angola
NORD-RHODESIEN
Mosambik
Madagaskar
Ste. Marie
Tananarive
SÜD-RHODESIEN
SÜD-WEST-AFRIKA
BOTSUANA
Swasiland
SÜDAFRIKANISCHE UNION
Orte mit Lagern
Gebiete mit Lagern

Offiziell war die Rekrutierung von deutschen Soldaten der Waffen-SS allerdings unerwünscht. Geschlossene »SS-Einheiten«, die es notorischen Gerüchten zufolge in der Legion gegeben haben soll, sind ein Produkt der Fantasie. Die Fremdenlegion hatte kein Interesse, ihre Truppe, die französischen Interessen dienen sollte, mit NS-Ideologie unterwandern zu lassen. Stattdessen meldeten sich zahlreiche junge, unerfahrene Soldaten, die ein »kriegerisches Abenteuer« mehr reizte als die Ungewissheit der Gefangenschaft. Zu Hause hatten viele keine Bindungen mehr, oder ihre Heimat – etwa Schlesien oder Ostpreußen – hatte aufgehört zu existieren. Insgesamt dürften bis Ende 1946 rund 5000 Kriegsgefangene in die Fremdenlegion eingetreten sein. Nach dem Grauen des Zweiten Weltkriegs ließen auf diese Weise noch einige ehemalige deutsche Kriegsgefangene für Frankreich im Indochinakrieg ihr Leben.

65 Kriegsgefangene werden das Lager bald verlassen und sich der Fremdenlegion anschließen.
Bericht des Internationalen Roten Kreuzes über das Dêpot Nantes/Chantenay-sur-Loire, 24. November 1945

Die übrigen Gefangenen wurden nun nach Frankreich verfrachtet: Bis zum Oktober 1945 hatten sich die Rheinwiesenlager weitgehend geleert. Die meisten Deutschen merkten erst bei ihrer Ankunft, dass sie verschleppt worden waren. Horst Pätzold war von 72 auf 45 Kilogramm abgemagert, beim Aufstehen wurde ihm schwindlig. Als er Anfang September 1945 zusammen mit 40 Mann in einen Waggon gepfercht wurde, vernahm er die Parole: »Ihr kommt zu Aufräumarbeiten nach Stuttgart, Weihnachten seid ihr wieder zu Hause.« Doch als es nach Westen ging, wusste er, dass er wieder betrogen worden war. Zwei Tage und zwei Nächte war Horst Pätzold unterwegs, ohne Pause. Die Marschverpflegung: fünf rohe Kartoffeln. »Da wir schon lange nichts zu essen bekommen hatten, war nicht viel da, um sich in die Hose zu scheißen«, erzählt auch Eberhard Jänecke. »Pinkelei wurde meistens in unser Kochgeschirr gemacht, und jemand, der

Eines Tages wurde man in einen Eisenbahnwaggon verladen, und es ging nach dem Lager Bolbec. Das war ein amerikanisches Gefangenenlager, wo Registrierung und Selektierung stattfanden. Nach vielleicht 14 Tagen wurden wir dort wieder in einen Zug gesetzt und merkten plötzlich, dass die Bewachung wechselte, dass plötzlich französische Soldaten da waren. Da merkten wir, dass wir den Besitzer gewechselt hatten – freilich nicht durch irgendwelche offiziellen Bekanntmachungen.
Alfred Glück, aus amerikanischer Gefangenschaft an Frankreich übergeben

Anfang September 1945 wurden wir in Waggons geladen. Man sagte uns: Ihr kommt zu Aufräumungsarbeiten nach Stuttgart, und Weihnachten seid ihr zu Hause. Als wir losfuhren, merkten wir bald: Das geht doch nicht gegen Süden, und abends waren wir in Aachen. Da wussten wir: Sie haben uns wieder betrogen, wir fahren Richtung Belgien.

Horst Pätzold, aus amerikanischer Gefangenschaft an Frankreich übergeben

an der Wagenwand saß, musste das dann ausschütten; das wurde dann vom Wind ergriffen und gleichmäßig auf die Leute dahinter verteilt.« Jänecke gelang es auf seinem Transport, auf einem Zettel eine Mitteilung an seine Mutter aus dem Waggon zu werfen: »Ich bin am Leben!« Die Mutter erhielt die Nachricht – das erste Lebenszeichen von ihrem Sohn.

In Frankreich hielt Jäneckes Zug an einem kleinen Bahnhof. Er saß in einem offenen Waggon, der oben mit Stacheldraht gesichert war, um Fluchtversuche zu unterbinden. »Wo wir standen, ging eine Brücke über die Schienen, ein Weg für Fußgänger. Auf dieser Brücke stand französische Zivilbevölkerung, Frauen und auch junge Kinder. Die haben dann Backsteine auf unsere Köpfe heruntergeworfen in die offene Lore. Wir haben zwei Tote im Wagen gehabt und viele Verwundete. So saßen wir da in Blut, Exkrementen und Pisse – das war die eindrucksvollste Art, Dantes Inferno zu erleben.«

Hass, Wut und der Wunsch nach Vergeltung schlugen den Gefangenen auch bei der Ankunft entgegen. Hitler hatte Frankreich in einem Blitzkrieg überfallen und vier Jahre lang, von 1940 bis 1944, von seiner Wehrmacht besetzen lassen. Zwar hatten viele Franzosen mit den Deutschen kollaboriert. Das Vichy-Regime unter Marschall Pétain war bis zur Befreiung im August 1944 bemüht, den Deutschen entgegenzukommen. Die französische Polizei hatte ihren traurigen Beitrag zu der Deportation von mehr als 70 000 Juden aus Frankreich geleistet. Mit den Jahren der Besatzung erhielt die Résistance, der französische Widerstand, jedoch wachsenden Zulauf. Die Deutschen antworteten mit Repression. Widerständler wurden von der Gestapo verfolgt, gefoltert, ermordet. Als Rache für Anschläge der Résistance wurden Zivilisten als Geiseln erschossen. Als es mit Beginn der alliierten Landung in der Normandie am 6. Juni 1944 überall im Land zu Aufstandsversuchen kam, antworteten deutsche Truppen mit grausamen

Uns kamen Franzosen entgegen, hoben die Hand und riefen »Hitler kaputt!« und »Kopf ab!« und Ähnliches. Ich tippte an meine Stirn und rief: »Ihr seid doch bekloppt!« Da wollten sie mich aus dem Gefangenentransport rausholen, doch die Amerikaner haben uns geschützt, und uns ist nichts passiert.

Rudolf Leitner, Gefangener in Frankreich

Ich habe damals das Frankreich kennen gelernt, was ich nur aus Büchern kannte: der Feind Nummer eins zu sein, an dem in diesen Zeiten jeder sein Mütchen kühlen wollte.

Bruno Gemeinhardt, Gefangener in Frankreich

»Wunsch nach Vergeltung«: Deutsche Gefangene müssen in Frankreich ein Spießrutenlaufen über sich ergehen lassen.

Vergeltungsschlägen. Höhepunkt des Rachefeldzugs war die Ermordung von 642 Bewohnern der Ortschaft Oradour-sur-Glane durch Soldaten der SS-Division »Das Reich«. Kriegsgefangenen, die in dieser Gegend zum Einsatz kamen, durften verständlicherweise keinen freundlichen Empfang erwarten. Hinzu kam, dass über eine Million französische Kriegsgefangene und Zivilisten in Deutschland Zwangsarbeit für die Kriegswirtschaft hatten leisten müssen. Tausende Franzosen waren im Krieg gefallen oder in Gefangenschaft gestorben. Nach Kriegsende kochte die Wut nun hoch und entlud sich über den Gefangenen.

In Nantes erwartete uns vor dem Güterbahnhof eine riesige Menschenmenge. Als wir in Marschkolonne unter amerikanischer Bewachung da herausmarschierten, griff die amerikanische Wachmannschaft nicht ein und ließ den Pöbel dort toben. Die schlugen auf uns ein mit Fäusten und Ochsenziemern. Ich hatte Glück, weil ich mich in die Mitte der Marschkolonne gedrückt hatte und dadurch nichts abbekam.
Alfred Müller, Gefangener in Frankreich

»Irreguläre Kräfte als Bewacher«: Lager für deutsche Gefangene bei Mülhausen, Ende 1944.

»Die Türen wurden von französischen Soldaten aufgemacht. Das heißt, sie waren halb in Uniform, halb in Zivil, so wie die Résistance, mit Rollkragenpullovern und Militärmütze«, beschreibt Eberhard Jänecke den Moment seiner Ankunft. »Als wir nach der Entladung vor dem Zug herumstanden, war da eine hysterische Frau, die dem einen Soldaten sagte: ›Gib mir deine Knarre, dass ich diese Schweine umlegen kann.‹ Der Mann hat ihr seine Knarre gegeben. In dem Moment, als sie auf uns zielte und schießen wollte, hat er aber den Gewehrlauf nach oben verschoben, sodass der Schuss in die Luft ging. – Sie haben sich natürlich alle furchtbar darüber amüsiert.«

Bruno Gemeinhardt traf es noch härter. Er wurde in Thonon am Genfer See von »Maquis«, Widerstandskämpfern, gefangen genommen und in einem alten Polizeigefängnis untergebracht. »Uns wurden die Haare geschnitten, dann die Stiefel abgenommen, und wir mussten barfuß in Thonon die Straßen fegen. Dabei wurden wir bespuckt, getreten und beschimpft.

Man fühlte sich nicht mehr sicher in seiner Haut, und man fragte sich, wieso es überhaupt so weit kommen konnte.

Bruno Gemeinhardt, Gefangener in Frankreich

Im Polizeigefängnis von Thonon waren wir in Kellern untergebracht, wo man vorher Kohlen lagerte. Jede Nacht wurde der ganze Verein aus den Kellern herausgeprügelt, geschlagen, getreten, angespuckt von der Bewachungsmannschaft, und am Schluss dieser Prozedur ging es wieder hinunter. Man musste in einen Gang gehen, an dessen Ende eine starke Lampe angebracht war, sodass man geblendet war. Dann bekam man einen Schlag mit einem Ochsenziemer, und man brauchte gar nicht mehr die Treppe runterzugehen, sondern man fiel einfach hinunter.
Bruno Gemeinhardt, Gefangener in Frankreich

Jede Nacht wurden wir aus den Kellern herausgeprügelt und von der Wachmannschaft geschlagen, getreten, angespuckt. Dann bekam man einen Schlag mit dem Ochsenziemer und fiel die Treppe wieder runter.« Gemeinhardt musste erleben, wie zwei Männer erschossen wurden. »Und dann sollten 20 von uns erschossen werden, die Jüngsten, ich war auch dabei. Wir mussten uns aufstellen, vor uns die Maquis mit ihren Maschinenpistolen. Dann gab einer das Kommando ›Feuer‹. Da ging es ›klack‹, es gab nur einen Knall, sie hatten Platzpatronen drin – wir konnten wieder durchatmen.«

Doch es gab auch menschliche Reaktionen. Dünkirchen hatten die Deutschen bis zum Kriegsende gehalten und die Bewohner in dieser Zeit korrekt behandelt. Als nun die Gefangenen, unter ihnen Horst Pätzold, in Achterkolonnen durch die Straßen der zerstörten Stadt zogen, untergehakt, um die Schwächsten zu stützen, »stand die Bevölkerung schweigend am Rand. Dann hörte man die Männer fluchen und die Frauen fingen an zu weinen«, erinnert sich Pätzold gerührt. »Neben mir her marschierte eine ältere Frau, die hatte einen Aluminiumtopf mit weißen, dicken Bohnen und löffelte mir während des Gehens ständig die Bohnen in den Mund.«

Jeden Tag gab es drei Zählappelle: einen morgens, einen mittags und einen abends. Man könnte rückwirkend sagen: Das war reine Schikane, denn es konnte ja niemand fliehen. Einmal waren wir total entkräftet, und wo hätten wir auch hin gesollt?
Rudolf Leitner, Gefangener in Frankreich

Zufrieden waren die Franzosen mit ihrer Ausbeute nicht: Die Gefangenen aus den Rheinwiesenlagern konnten sich kaum noch auf den Beinen halten. Den rund 380 000 Insassen der US-Lager in Frankreich ging es nicht viel besser. Im Zuge der Landung an der normannischen Küste hatten die Amerikaner riesige Sammellager hinter der Front errichtet: in Rennes, Chartres, Cherbourg,

Als wir zum Gefangenenlager marschieren mussten, kamen Frauen auf uns zu, 70, 80, 85 Jahre alt, und haben uns ins Gesicht gespuckt.

Rudolf Leitner, Gefangener in Frankreich

Le Mans, Compiègne und Saint-Thégonnec, um nur die größten zu nennen. Insgesamt waren es etwa 24 Massenlager. In diesen Zelt- und Barackenstädten herrschten zwar nicht so schlimme Zustände wie in den Rheinwiesenlagern, doch auch hier gehörten Hunger und Seuchen zum Alltag. Wie sollten diese entkräfteten Männer Frankreich wieder aufbauen? Um Abhilfe zu schaffen, sagten die Amerikaner den Franzosen daher die Überstellung eines Teils der deutschen Heimkehrer aus den USA zu. Für die Gefangenen, die in den Lagern der USA eine ausgezeichnete Versorgung erfahren hatten, war dies eine besonders böse Überraschung. Noch größer war das Entsetzen, als die wohlgenährten »Amerikaner« die ausgemergelten Gestalten in den französischen Lagern erblickten.

Die Franzosen waren noch weniger in der Lage, diese Massen an Kriegsgefangenen zu versorgen, als die Amerikaner. Da die Gefangenen bereits in einem körperlich erbärmlichen Zustand übergeben worden waren, bahnte sich eine Katastrophe an. Henri Sicot arbeitete damals als Krankenpfleger in einem Lazarett unweit des Gefangenenlagers in Rennes. Er ist heute noch schockiert über das, was er dort sah. »Sie kamen von den Lagern, die uns die Amerikaner gerade überlassen hatten, und waren sehr krank. Darunter waren Jungen, keine 18 Jahre alt, völlig deprimiert. Manche waren so erschreckend mager, dass die Schenkel nicht dicker waren als die Handgelenke. Viele waren vom Durchfall geschwächt, umso leichter breiteten sich Epidemien aus. Bei der Hitze im Sommer 1945 starben viele. Ich habe ein Totenzelt gesehen, in dem die zum Skelett abgemagerten Leichen der Gefangenen gestapelt und mit Kalk bestreut wurden, ehe

Im Lager herrschten katastrophale Verhältnisse. Man hatte nichts zu essen, wir bekamen jeden Tag nur ein kleines Stückchen trockenes Brot, und ich kann mich noch sehr gut entsinnen, dass ich sehr oft auf der Erde gelegen habe und versucht habe, mich mit Gras zu ernähren, weil einfach der Hunger unerträglich war – obwohl ich wusste, dass das natürlich nicht helfen würde. Wir hatten auch sehr viele ältere Deutsche dabei, die haben natürlich die Gefangenschaft nicht mehr überlebt, die haben wir reihenweise zu Grabe getragen. Es wurden riesige Gruben ausgehoben, und ich nehme etwa an, dass so von den 3000 Deutschen im Lager etwa 1500 verhungert sind.

Siegfried Niemann, Gefangener in Frankreich

»Vertauschte Rollen«: Deutsche Gefangene in einem französischen Camp auf deutschen Boden.

man sie abtransportierte. Sie wurden hier in Rennes begraben.« Auch Joseph Rovan, der damals als Mitarbeiter des Armeeministers den Auftrag erhielt, sich um die Neuankömmlinge zu kümmern, fand die Verhältnisse erschreckend. »Im ersten Jahr ihrer Gefangenschaft starben etwa 35 000 der deutschen Gefangenen, das sind bis zu vier Prozent«, resümiert Rovan.

Ich lernte im Lager einen Mann aus Dortmund kennen, der von 1935 bis 1942 als Kommunist im KZ gesessen hatte und danach zum Bewährungsbataillon 999 eingezogen worden war. Ich fragte ihn, ob zwischen dem KZ und unserem Lager ein Unterschied bestünde. »Nein«, sagte er, »da gibt es keinen.«

Alfred Müller, Gefangener in Frankreich

Die Meinung der Franzosen war zwiespältig. Die einen vertraten die Ansicht, die Deutschen hätten es nicht anders verdient, nach dem Motto »Auge um Auge, Zahn um Zahn«. Doch auch Proteste wurden laut. Im September schrieb der französische Priester Le Meur in der Zeitung *Messages*,

> **Die Franzosen haben von uns verlangt, dass wir möglichst viel schafften, doch das war bei der schlechten Verpflegung überhaupt nicht möglich.**
>
> Fritz Heidorn, Gefangener in Frankreich

nachdem er einige Lager inspiziert hatte: »Die Unterernährung, unter der die Kriegsgefangenen leiden, ist an dem Punkt angekommen, dass der Tod durch Verhungern häufiger ist als der Tod durch Krankheit.« Für die Gefangenen kam erschwerend hinzu, dass manche Lagerkommandanten äußerste Härte zeigten und ihren Rachegefühlen freien Lauf ließen. Ein Teil der Nahrungsmittel für die Gefangenen wurde von den Wachmannschaften unterschlagen. »An den Misshandlungen – ausgelöst durch den Wunsch nach Vergeltung oder auch das Verlangen, wehrlose Menschen ungestraft demütigen zu können – waren Angehörige der Wachmannschaften in den, wie alles andere auch, hastig improvisierten Lagern ebenso beteiligt wie Zivilisten«, vermerkt auch Joseph Rovan in seinen Erinnerungen.

In den Zeitungen entbrannte eine heftige Diskussion: »Tun wir es Ihnen nicht gleich!«, mahnte *Le Figaro* am 22. September 1945. »Wir dürfen die Deutschen in ihrer Unmenschlichkeit nicht nachahmen. Ein Gefangener, selbst wenn er Deutscher ist, bleibt immer noch ein Mensch«, konstatierte *Le Monde*. Ein französischer General verglich den Zustand der Gefangenen mit den Häftlingen aus Buchenwald und Dachau. Nun verlangte auch General de Gaulle, »die grundsätzlichen Menschenrechte zu beachten«, schon wegen »des internationalen Rufes und der Ehre Frankreichs«. Ganz uneigennützig waren seine Einwände nicht: »Dazu kommt noch, dass eine schlechte Versorgung der Kriegsgefangenen auch zu Effizienzverlusten bei der Arbeit führt.« Das Internationale Rote Kreuz schaltete sich wiederholt ein und beschwerte sich bei den Amerikanern, die faktisch weiterhin die Verantwortung für die Gefangenen trugen. Sie nahmen diese daraufhin zurück in ihren Gewahrsam, brachten die Kranken in Lazarette, entließen die Schwächsten oder päppelten ihre »Schützlinge« auf, um sie dann wieder zurückzugeben. Der Transfer deutscher Kriegsgefangener nach Frankreich wurde im Oktober 1945 sogar ganz eingestellt. Die Franzosen erhöhten die offiziellen Tagesrationen für die Gefangenen von 1600 Kalorien im August 1945 auf 1835 im Oktober. Allerdings lagen die Tagesrationen der Bevölkerung zu diesem Zeitpunkt nicht höher. Die französische Landwirtschaft produzierte nicht einmal die Hälfte ihrer Vorkriegsernten. Frankreich war arm. Erst im Herbst 1946 normalisierte sich die Versorgungslage der Gefangenen weitgehend.

Im Grunde hatten die Franzosen ein großes Interesse daran, ihre Gefangenen am Leben zu erhalten, denn sie sollten arbeiten: im Straßenbau

Im Schacht von Alouettes, Hauptstollen 104, gab es zahlreiche Fälle von »Doppelschichten«. »Doppelschicht« heißt, dass ein Gefangener seine Arbeit sofort nach Beendigung der ersten Schicht wieder aufnehmen muss, ohne zu essen und sich auszuruhen. Danach stehen ihm nur drei oder vier Stunden Schlaf zu, der ihm durch Ungeziefer und Parasiten unmöglich gemacht wird, bis er seine ordnungsgemäße Arbeit wieder aufnimmt. Die Doppelschicht wird angeordnet, wenn die Arbeit als unzureichend betrachtet wird, oder bei Unwilligkeit, aber es ist klar, dass es sich dabei meistens nur um Vorwände handelt und der Gefangene völlig den Launen seines Aufsehers ausgeliefert ist.

Bericht des Internationalen Roten Kreuzes, 7. April 1946

oder in Fabriken, in der Landwirtschaft oder unter Tage. Besonders verhasst war der Einsatz im Bergwerk. Gerhard Haase hatte nichts ahnend in Amerika ein Schiff bestiegen und fand sich Neujahr 1946 unversehens auf einem Arbeitskommando in einem Bergwerk im nordfranzösischen Lille wieder: »Es ging das Gerücht, die Amerikaner hätten uns für 25 Dollar pro Mann verkauft, wir hatten eine Stinkwut«, schimpft Haase noch heute. »90 Tage, hatte man uns gesagt; da sind 900 Tage draus geworden.« Die Arbeit bis zu 300 Meter unter Tage war hart: »Man musste die Kohle mit dem Presslufthammer rausbohren, die Norm war 2,50 Meter in der Länge, 1,20 in der Tiefe. Dann musste man die Kohle wegschippen. Wer das nicht schaffte, musste Doppelschicht machen«, beschreibt Haase die mühselige Plackerei. Kohlenstaub und Dreck legten sich auf die Lungen der Arbeiter, dass sie kaum atmen konnten. »Solange wir französische Bewachung hatten, hagelte es Kolbenschläge und Fußtritte«, erinnert sich Haase.

Um der Tortur wenigstens für ein paar Tage zu entkommen, brachten sich die Gefangenen selbst Verletzungen bei, um als »blessé«, Verwundete, ins Lazarett eingewiesen zu werden. Dabei war ungeschriebenes Gesetz unter den Gefangenen, dass man dem Verletzungswunsch eines Kameraden nachkam. »Wir hatten einen Schwaben bei uns, der war Schlachter von Beruf«, erzählt Haase, »da hat man die Hand auf ein Stück Holz gelegt, und dann haute der drauf. Das ging rein, die Hand blutete und schwoll auch gleich an.« Haases Wunde wurde vom Arzt geklammert. Damit sie sich aber entzündete und auf keinen Fall heilte, bearbeitete Haase seine Hand mit Dreck oder umwickelte sie mit Essig und Kupferdraht. Der Lohn für die Selbstverstümmelung: sechs Wochen krank feiern. Um vorzeitig

»Begehrte Arbeitskräfte«: Deutsche Gefangene auf dem Weg zu Aufräumungsarbeiten in Saint-Lô.

»Erträgliches Leben«: Die Arbeit bei den Bauern ermöglichte persönliche Kontakte und half, Ressentiments abzubauen.

Man rätselte im Zug: »Wo geht es denn hin? Landwirtschaft, Bergwerk?« Bis es einer aussprach: »Du, die schaffen uns auf das Minenfeld!«

Alfred Glück, Gefangener in Frankreich

Die Franzosen haben uns nicht gefragt, ob wir das machen wollen. Wenn sie uns gefragt hätten, wäre keiner hingegangen. Nach der Genfer Konvention war das Minenräumen auch gar nicht erlaubt. Aber wenn man das erwähnte, dann hieß es: Was wollt ihr eigentlich, ihr habt bedingungslos kapituliert, für euch gilt die Genfer Konvention nicht.

Alfred Müller, Gefangener in Frankreich

nach Hause geschickt zu werden, bohrten sich andere den Presslufthammer durch die Hand. Haase war das zu riskant: Er blieb bis zu seiner Entlassung 1948 im Bergwerk.

Als ein regelrechtes Himmelfahrtskommando galt dagegen das Minenräumen. Laut Kriegsvölkerrecht war die diesbezügliche Verwendung von Kriegsgefangenen verboten. Dennoch stimmten die Angloamerikaner im Frühjahr 1945 dem Ersuchen der Franzosen zu, sich hierfür der Gefangenen zu bedienen. Dabei wurden nicht nur Fachleute eingesetzt, die sich mit der gefährlichen Arbeit auskannten, sondern auch Laien, ohne Ausbildung oder angemessene Ausrüstung. Zum Teil mussten die Gefangenen sogar alliierte Blindgänger beseitigen – eine äußerst gefährliche Tätigkeit, für die kein Deutscher ausgebildet war. Der französische Boden war mit 13 Millionen Minen gepflastert. Pioniere der deutschen Wehrmacht hatten vor allem die Küsten und Grenzen vermint. Als nach der Landung in der Normandie der Kampf um Frankreich begann, wurden auch die Kriegsschauplätze im Landesinneren von den Deutschen, aber ebenfalls von den Alliierten und Franzosen vermint. Nun lagen ganze Landstriche brach.

»Das Leben in den Dörfern war erstarrt, als ob die Pest dort vorbeigekommen wäre«, erklärt Raymond Aubrac, ein ehemals prominenter Widerstandskämpfer. »Die Häuser waren verschlossen, man ließ die Kinder nicht mehr zum Spielen hinaus, die Schulen waren zu. Auf den Feldern starb das Vieh, weil es auf Minen trat.« Ab November 1944 wurde die Minenräumung dem »Ministerium für Wiederaufbau und Städtebau« unterstellt. Als zuständiger Direktor fungierte Raymond Aubrac. Im selben Jahr wurden 3200 französische Minenräumer auf Freiwilligenbasis eingestellt, um diese heimtückischste aller Waffen zu entfernen. Bald jedoch stellte sich heraus, dass es zu wenige waren. Bis zu 50 000 Kriegsgefangene sollten hier Abhilfe schaffen. Offiziell sollten es Freiwillige sein, das Gegenteil war meistens der Fall.

»›Ihr kommt auf das Minenfeld‹, hieß es auf einmal«, berichtet Alfred Glück, den man von den Rheinwiesenlagern in die Normandie verlegt

»Regelrechtes Himmelfahrtskommando«: Deutsche Gefangene beim Minenräumen in Frankreich.

hatte. Diese Küstenregion war zur Abwehr alliierter Angriffe von der Wehrmacht komplett vermint worden. »Angst, das blanke Elend brach unter der Truppe aus«, erinnert er sich. Glück absolvierte jedoch zusammen mit Franzosen eine fundierte Ausbildung zum Minenspezialisten und Sprengmeister. Die wurde allerdings nicht jedem Kriegsgefangenen zuteil. Auch Alfred Müller wurde einem Minenräumkommando im Département Calvados in der Normandie zugeteilt. Hier sollte er den Strand von Minen säubern. »Zuerst waren wir schockiert – ich hatte noch nie was mit Minen zu tun gehabt und die anderen auch nicht. Wir wussten gar nicht, was es da für Sorten gab.« Eingewiesen wurde Müller von Kameraden, die ihrerseits im Minenräumen geschult worden waren. Außerdem gab es eine Dienstvorschrift für deutsche Minensucher, die zwar in holprigem Deutsch abgefasst war, doch Müller gibt zu: »Wir hatten auf unserem Kommando zwei Tote und mehrere Schwerverletzte mit Beinamputationen. Aber wenn wir uns an die Vorschriften gehalten hätten, hätten diese Unfälle eigentlich nicht passieren können.«

Alles, was noch eben so lebensfähig war – das waren die jüngeren Gefangenen –, wurde zu den gefährlichen Arbeiten, wie dem Bombenräumkommando, delegiert.

Siegfried Niemann, Gefangener in Frankreich

Müller und seine Kameraden waren freilich

keine professionellen Sprengstoffexperten. Sie waren jung, manchmal unbedarft und mitunter unvorsichtig. Angeführt wurden die Kriegsgefangenen in Müllers Kommando von französischen »démineurs«, Minenräumern. Mit Schrotflinten bewaffnete Franzosen übernahmen die Bewachung. »Das war derart lächerlich«, sagt Müller, »wir hätten das ganze Dorf in die Luft sprengen können, so viel Minen und Munition lag da am Strand. Wir haben uns nur darüber amüsiert.« Mithilfe eines Minensuchgeräts, einer Art Detektor, schwenkten die Gefangenen den Boden ab. Wurde eine Mine geortet, piepste der Detektor, und die Gefangenen markierten die Stelle mit einem weißen Stab. Gefunden wurden 100 bis 200 Minen pro Feld. Dann wurden die Minen herausgeholt, an einem Ort gesammelt und gesprengt. Wenn die Mine besonders gefährlich schien, verzichtete man auf ihre Entschärfung und sprengte sie gleich an Ort und Stelle. »Aus der Erfahrung heraus machte das jeder einzeln«, erklärt Müller, »und in 20, 30 Meter Entfernung war der Nächste, der an einer Mine arbeitete.« Mit der Zeit kehrte die Routine ein und mit ihr die Sorglosigkeit.

Müller berichtet, dass sich manche Minen gut als Wärmespender im Winter eigneten. »Bei den englischen Panzerminen wurde die Kappe abgenommen, der Zünder rausgeschraubt – es war wie eine große Konservendose –, dann lag die Sprengladung frei. Die haben wir dann ein bisschen angekratzt mit dem Nagel und dann angezündet; dann konnte man sich zehn Minuten, da rumstellen und sich die Hände wärmen.« Tödliche Unfälle holten die Minensucher jedoch immer wieder in die raue Wirklichkeit zurück. Ein Kamerad von Müllers Truppe war damit beschäftigt, ein von meterhohen Brombeerhecken überwuchertes Feld mit einer Sichel freizuräumen, als er eine Mine traf: »Da war eine riesige Explosion, er war sofort tot.« Die Franzosen zollten den Männern, die ihre Felder von die-

Wir suchten mit Gruppen von drei Mann das Gelände ab. Der linke und rechte Mann hatte ein weißes Tranchierband, das wurde abgerollt und damit eine Gasse festgelegt, in der man sich vorwärts bewegte. Und in dieser Gasse wurde mit einem Stab Stück für Stück abgeteilt und mit einer Metallsonde fünf Zentimeter in den Boden hinein gesucht. Jeder Metallgegenstand gab einen Ton von sich. Dann musste man jede Kette, die einmal eine Kuh verloren hat, und jedes Hufeisen ausgraben. Das war eine ziemlich langwierige und schwierige Prozedur.
Alfred Glück, Gefangener in Frankreich

ser heimtückischen Gefahr befreiten, durchaus Respekt. Gerührt erinnert sich Müller, dass sein Kamerad in allen Ehren begraben wurde. »Er bekam eine Messe gelesen – das hatten alles die Franzosen organisiert –, dann sind wir zum Ortsfriedhof rausgefahren. Unsere vier Wachmannschaften waren dabei, und an dem offenen Grab schossen die Franzosen Salut; das hat mich am meisten beeindruckt.«

Für die Leute in der Normandie waren wir nicht einfach Kriegsgefangene; wir waren Arbeitskräfte, die eine gefährliche Arbeit verrichteten, die unter Einsatz ihres Lebens die Minen herausholten, und das wurde geachtet. Das hat man gespürt.

Alfred Glück, Gefangener in Frankreich

Seit Eröffnung dieses Dêpots hat es 151 Todesfälle gegeben. Diese Zahl enthält die 17 Opfer eines Minenräum-Unglücks, das sich am 18. Oktober vergangenen Jahres in La Pallice ereignet hat.

Bericht des Internationalen Roten Kreuzes über das Dêpot 97 (La Rochelle), 23. März 1946

Obwohl der Tod sein ständiger Begleiter war, hat Müller von seinem Arbeitskommando positive Eindrücke zurückbehalten. Untergebracht waren die Minenräumer im Fort Criqueboeuf, einer ehemaligen Küstenbatterie inmitten einer traumhaften Landschaft an der normannischen Küste. »Wir wohnten in der Mannschaftsbaracke und hatten einen sehr großen Auslauf. Das Gelände war zwei Hektar groß mit Waldbestand. Wenn man nicht eingesperrt gewesen wäre, hätte man sagen können, man ist in der Sommerfrische.« Die Dorfbewohner hielten die Minenräumer anfangs für Sträflinge und Kriegsverbrecher. Als sie jedoch feststellten, dass es normale »PG«, »prisonniers de guerre«, waren, wurden sie freundlicher und bestellten die Gefangenen bald übers Wochenende zu kleineren Arbeiten zu sich nach Hause. »Wir haben mit denen am Tisch gesessen, haben gefrühstückt, Mittagessen bekommen und zwischendurch Holz gesägt.« Ohnehin wurden die Minenräumer – quasi als Gefahrenzulage – in der Regel besser verpflegt als im Stammlager. Einen Groll gegen die Franzosen hegt Müller nicht. »Mir leuchtete die Argumentation der Franzosen ein: Ihr habt ja die Minen gelegt, nun seht auch zu, dass ihr sie wieder wegbringt. Dass das nicht für mich persönlich zutraf, spielt ja keine Rolle. Die Minen waren da hingelegt worden von der Wehrmacht. Nur, dass es einen persönlich traf, hätte man lieber nicht gehabt.«

Oft brachte reine Fahrlässigkeit den Tod. »Der Zünder der Tellermine 42, hat man herausgefunden, war wunderbar geeignet zur Herstellung von Schrotpatronen für die Karnickeljagd«, erzählt Müller von einer Tragödie, die ein Nachbarkommando traf. »Es war verboten, die Mine so zu behandeln, dass man an den Zünder rankam. Man musste dazu eine Kappe abschrauben. Nebenan, in Villerville, da war ein großes Minendepot angelegt, wo Hunderte von Minen gelagert waren, die schon aus der Erde raus waren und noch gesprengt werden mussten. Da haben fünf Mann gearbeitet. Einer muss versucht haben, den Zünder rauszuschrauben aus einer 42er Tellermine, und dabei ist sie explodiert. Das ganze Depot ist in die Luft geflogen und die fünf Mann auch.« Müller selbst sprang dem Tod zweimal von der Schippe. Einmal erkannte er erst in letzter Sekunde, dass eine Mine eine Vorrichtung hatte, die sie vor der Wiederaufnahme schützte. Ein zweites Mal trat er auf den Zünder einer Schützenmine, die in diesem Fall normalerweise aus dem Boden sprang und hunderte Schrapnellkugeln verstreute. Zu seinem Glück war sie als Einzige auf dem ganzen Feld defekt und explodierte nicht. Insgesamt entschärfte der deutsche »PG« 920 Minen.

Im Grunde war es eine grausame Ironie der Geschichte, dass deutsche Gefangene von Minen in Stücke gerissen wurden, die ihre eigenen Kameraden erst kurze Zeit zuvor gelegt hatten. Auf ihrem Rückzug hatte die Wehrmacht sogar Privatvillen, Kasernen und Hotels vermint, hatten deutsche Pioniere mancherorts Scheunentore mit Sprengladungen verbunden und in Kellern Minen hinter Weinflaschen versteckt. Man fand sie im Inneren von Telegrafenmasten und selbst in Leichen deponiert. Manchmal reichte das Verrücken eines Möbelstücks, um eine Explosion zu verursachen. Im Schnitt wurden beim Minenräumen von 1945 bis 1947 rund 30 000 deutsche Kriegsgefangene eingesetzt. Zehn Prozent davon erlitten Verletzungen. Mindestens 1800, also 3,5 Prozent, wurden getötet. Die genauen Zahlen sind bis heute nicht exakt ermittelt. Bei den französischen Minenräumern lag die Quote noch höher: 40 Prozent wurden verletzt, über 15 Prozent getötet. Die meisten Unfälle ereigneten sich im Jahr 1945, als die Minenräumung noch in ihren Anfängen steckte. Als sich daraufhin Ausrüstung und Schulungen besserten, ging die Anzahl der Todesfälle deutlich zurück.

Während Müller es noch vergleichsweise gut getroffen hatte, durchlebte Siegfried Niemann während seiner Gefangenschaft ein Inferno. Er wurde zum Minen- und Bombenräumen in das Lager Rivesaltes bei Perpignan am Mittelmeer gebracht. Die Franzosen nutzten sowohl die von den Amerikanern improvisierten Gefangenenlager als auch ehemalige Internierungslager der

Wir wurden in Güterwaggons nach Südfrankreich verlagert, und wenn der Zug mal hielt, dann schrien Franzosen immer: »Boche, Boche« – ihr deutschen Schweine. Man war sehr feindselig uns gegenüber.

Siegfried Niemann, Gefangener in Frankreich

Als wir im Lager ankamen, waren wir verzweifelt, doch was nützte es? Wir hatten schon so viel ertragen, also, sagten wir uns, würden wir auch das noch ertragen.

Siegfried Niemann

Deutschen oder des Vichy-Regimes, Festungen, Bunker, Fabrikhallen, verlassene Schulen, Baracken oder Ställe als Gefangenenlager oder Unterkünfte für die verschiedenen Arbeitskommandos. Rivesaltes war ein Internierungslager für ausländische Juden, bevor die deutschen Gefangenen hier ihrerseits hinter Stacheldraht gesperrt wurden. »Es war ein Todeslager, ganz grausam. Man hatte nichts zu essen, wir bekamen jeden Tag nur ein kleines Stückchen trockenes Brot, sonst hatten wir nichts. Ich habe oft auf dem Fußboden gelegen und habe versucht, mich mit Gras zu ernähren«, denkt Niemann mit Grauen an jene Zeit zurück.

Das Lager bestand aus Baracken, die auf offenem Feld von der sengenden Hitze umwabert wurden. Nach Aussagen von Niemann waren hier etwa 3000 Deutsche eingesperrt, die meisten davon Männer über 50 Jahre. »Die Älteren haben die Gefangenschaft nicht überlebt, die haben wir reihenweise zu Grabe getragen«, berichtet Niemann. »Da kam ein französischer Soldat und sagte: ›Hier, die Toten müssen weggeräumt werden!‹ Dann haben wir, weil wir selbst zu schwach waren, diese leichten Körper mit sechs Personen zu einer Grube getragen und dort abgelegt.« Niemann empfand damals eine unglaubliche Leere, eine tiefe Verzweiflung. »Man ist ausgehöhlt, man hat keine Hoffnung, man begräbt praktisch sich selbst, weil einem das Ganze so hoffnungslos erscheint, und man fragt sich nur: Kann es noch schlimmer kommen? Geht es so weiter?« Es kam noch schlimmer: Niemann wurde zum Minenräumen an der Mittelmeerküste und in die Pyrenäen abkommandiert. Eine gewisse Vorbildung im Minenräumen brachte er von der Offiziersschule mit, von den Franzosen erhielt er sie nicht. Ein halbes Jahr lang beseitigte Niemann unter Todesangst Minen, entschärfte Bomben und Granaten. Während eines solchen Einsatzes in den Pyrenäen nutzte er eine Unachtsamkeit seiner Bewacher. Gemeinsam mit einigen Kameraden gelang ihm die Flucht nach Spanien, wo er allerdings wieder interniert wurde. Erst 1948 kehrte Niemann nach Hause zurück.

Fluchtversuche waren in Frankreich unter den Gefangenen fast schon eine Art »Volkssport«. Im Vergleich zu den USA, England oder der Sowjet-

Ich habe den Gedanken an Flucht bald von mir gewiesen, denn ich wusste: Hier kann ich überleben. Ich habe über den Pfarrer des Ortes Briefverbindung mit meiner Mutter aufnehmen können. Ich wusste wieder, was los war. Da habe ich mir gesagt: Jetzt riskierst du nichts, jetzt stehst du das hier durch. Du hältst es aus beim Bauern.

Horst Pätzold, Gefangener in Frankreich

Ich bin dreimal geflüchtet, zweimal hat man mich erwischt, zweimal hat man mir die Haare geschoren, und ich bekam vier Wochen verschärften Arrest bei Wasser und Brot.

Bruno Gemeinhardt, Gefangener in Frankreich

Am meisten freut es mich, dass es mir gelungen ist, den Franzosen einen Streich zu spielen – nicht den Leuten vor Ort, mit denen ich guten Kontakt gehabt habe, sondern der Regierung. Nicht, dass sie davon Kenntnis genommen hätte, dass Alfred Müller aus der französischen Gefangenschaft geflohen ist, aber ich bin immerhin einer der 70 000, die es geschafft haben.
Alfred Müller, Gefangener in Frankreich

union war die Heimat näher, und die Flucht schien somit ungleich leichter. 170 000 Fluchtversuche wurden von den Franzosen registriert, 80 000 endeten erfolgreich. Der Minensucher Alfred Müller gehört zu den wenigen, denen die Flucht auf Anhieb gelang. Er fuhr mit einer Fahrkarte versehen von der Normandie aus an die belgische Grenze und schlug sich von dort zu Fuß oder per Zug bis nach Osnabrück durch. Alfred Glück schmuggelte sich als Frau verkleidet in ein amerikanisches Lager ein, fälschte einen Ausweis und ließ sich schließlich von den Amerikanern nach Deutschland entlassen. Gefangenen, die auf der Flucht erwischt wurden, wurde der Kopf kahl geschoren, und sie bekamen 30 Tage verschärften Arrest. Wer Pech hatte, wurde anschließend zur Strafe ins Bergwerk oder auf ein Minenräumkommando geschickt. Auch die, die es bis nach Deutschland schafften, waren noch nicht in Sicherheit: Wenn sie dort den Franzosen in die Hände gerieten, wurden sie gnadenlos zurückgeschickt. Das passierte zuweilen sogar Gefangenen mit gültigen Entlassungspapieren.

Am besten erging es in Frankreich den Gefangenen, die es schafften, in der Landwirtschaft zu arbeiten und bei einer Bauernfamilie unterzukommen. Lothar Ester hatte bereits eine fürchterliche Odyssee hinter sich. Er hatte tagelang in den Rheinwiesen vegetiert, als er in einen Güterwaggon gesperrt und nach Frankreich gefahren wurde. Unterwegs hatten ihm belgische Frauen mit einer Eisenstange die Zähne eingeschlagen, Franzosen hatten den Waggon mit Steinen beworfen und drei Gefangene getötet. Nun fand er sich in einem riesigen Gefangenenlager der bretonischen Stadt Rennes wieder, in dem die Gefangenen von einem solch entsetzlichen Hunger gepeinigt wurden, dass sie die Bulldogge des Lagerkommandanten schlachteten. Ester wurde schwer krank, litt unter Diarrhöe, konnte sich kaum noch auf den Beinen halten. Irgendwann wehte die Trikolore über dem Lager, und Ester gehörte den Franzosen. Er war deprimiert, hilflos, fühlte sich ausgeliefert. Wie sollte es weitergehen? Eines Tages wurden Landarbeiter gesucht. Unversehens war Ester mit von der Partie, obwohl er von Landwirtschaft keine Ahnung hatte. Zusammen mit einem Dutzend Kameraden bestieg er einen Lastwagen, der die Bauernhöfe in der Bretagne abklapperte. Wie auf einem Sklavenmarkt begutachteten die Bauern die Ware und suchten sich die Kräftigsten aus. Ester war nach zwei Tagen der Letzte auf dem Wagen.

»Meine Eltern haben gesagt: ›Den nehmen wir‹«, erinnert sich Madeleine Hautin. »Dabei war er sehr krank, er war mager, und er war auch sehr jung. Wir waren sieben Kinder, aber er wurde einfach integriert.« Das Schicksal meinte es gut mit Lothar Ester. Der 20-Jährige fand bei der Familie Hautin ein freundliches und ihm wohl gesonnenes Zuhause. »Im Pferdestall war ein Käfig für mich vorbereitet, aus Stacheldraht mit einem großen Schloss davor. Das wurde mir gezeigt, als ich ankam. Es war nämlich auch noch ein französischer Offizier da, der musste mitgehen und bestätigen, dass ich den Vorschriften gemäß untergebracht wurde. Dann gab es Abendessen, und die beiden großen Jungen nahmen mich mit unters Dach. Da waren drei Schlafräume, ich kriegte die mittlere Schlafkammer für mich alleine. Das erste Mal seit Wochen und Monaten in einem Bett. Ich kam mir vor wie Gott in Frankreich.« Arbeiten konnte Ester in seinem Zustand nicht. Als er am nächsten Tag Heu schneiden sollte, brach er ohnmächtig zusammen. Eine Woche lang päppelten die Hautins den Jungen mit Rotwein, Brot, Speck und Äpfeln auf, bis er wieder zu Kräften kam. »Ich habe gedacht: Wie kann das möglich sein? Du kommst praktisch aus der Hölle in den Himmel.«

Hoch motiviert ging Ester nun an die Arbeit, betreute Pferde und Kühe, lernte pflügen, die Sense dengeln, Brot backen. Drei Jahre sollte Ester auf dem Hof bleiben, er wurde Teil der Familie. »Der Patron war für mich wie ein Vater. Er hat nicht einmal mit mir geschimpft, die ganze Zeit«, erinnert sich Ester heute noch voll Dankbarkeit an jene Jahre. Selbst als ein paar Bretonen ihren Hass auf die Deutschen an dem »prisonnier de guerre« Ester austoben wollten, stellte sich sein Bauer schützend vor ihn. »Ich war am Pflügen, und es fuhr ein Lastwagen mit Bauarbeitern vorbei. Weil ich noch meine Uniform trug, auf der vorne und hinten mit weißer Farbe ›PG‹ für ›prisonnier de guerre‹ stand, hatten die gleich erkannt, dass ich

Ich kam mit der Landbevölkerung in Berührung. Das waren Bauernburschen, die in deutscher Gefangenschaft gewesen waren und die in der Landwirtschaft eingesetzt worden waren. Ich habe keinen gefunden, dem es schlecht ergangen ist. Sie sind alle gut behandelt worden und haben umgekehrt uns jetzt auch gut behandelt. Also, die Landleute unter sich, die werden sich einig.

Horst Pätzold, Gefangener in Frankreich

Der Bauer, der mich holte, der sagte einen klassischen Satz: »Ich erwarte von Ihnen nur eines – den guten Willen.« Und den habe ich ihm gezeigt.

Horst Pätzold, Gefangener in Frankreich

deutscher Gefangener war. Der Lastwagen hielt an, sie sprangen herunter, über die Wallhecke auf mich zu. Der Knecht, der kein Deutsch konnte, machte ein Zeichen, und ich wusste, was das bedeutet – weglaufen. Ich bin gelaufen, auf den Hof, in den Pferdestall. Mein Patron stellte sich in die Tür und hat ihnen erzählt: nur über meine Leiche. Was war geschehen? Göring hatte sich an dem Tag das Leben genommen. Vor lauter Wut, dass er der gerechten Strafe entgangen war, wollten sie sie jetzt an mir auslassen.«

Die Wut der Bretonen war durchaus nachvollziehbar. Kurz vor ihrem Abzug hatte die deutsche Wehrmacht hier Hitlers Befehl von der »verbrannten Erde« in die Tat umgesetzt und einige Höfe in Brand gesteckt. Es sollte auch nicht das letzte Mal sein, dass Ester für die Verfehlungen der Deutschen in Frankreich in Bedrängnis geriet. Als er mit seiner Familie im Dorf in die Kirche ging, machte man ihn auf Einschusslöcher in den Wänden aufmerksam. »Es war ein englischer Flieger abgeschossen worden, und der Pilot war abgesprungen«, berichtete man Ester. »Die Widerstandsbewegung hatte ihn aufgegriffen und nachts mit dem Boot auf eine Insel im Kanal oder nach England zurückgebracht. Der deutsche Kommandant von Brest sagte: Wenn ihr den nicht ausliefert, muss ich Repressalien ergreifen, und es werden einige erschossen. Die Löcher, die an der Wand waren, waren von dieser Erschießung.« Selbst der Patron war sich nicht sicher, ob die Gemeinde den Kriegsgefangenen aufnehmen oder ihn aus der Kirche hinauswerfen würde. Doch man nahm ihn auf. Niemand machte Ester für diese Geiselerschießung einen Vorwurf.

Besonderes Wohlwollen wurde Ester zu seinem Erstaunen von einem Bauern in der Nachbarschaft entgegengebracht, der als Kriegsgefangener in Deutschland gewesen war. Er hatte in einer Offenbacher Lederfabrik gearbeitet und war offenbar gut behandelt worden. Nun wollte er Gutes mit Gutem vergelten. Er dolmetschte für den Jungen, besorgte ihm einen Zivilanzug und beschützte ihn, wo er konnte. Nach der Eroberung Frankreichs 1940 waren etwa 1,6 Millionen gefangene Franzosen nach Deutschland verbracht worden, etwa eine Million musste fünf Jahre als Zwangsarbeiter dort bleiben. Sie arbeiteten in der Rüstungsindustrie, aber auch bei kleineren Betrieben, in der

Ich habe den Pfarrer aufgesucht und gesagt: »Wir sind 30 Gefangene, meistens Protestanten. Erlauben Sie, dass wir die Sonntagsmesse besuchen?« Er war sehr angetan davon, und wir sind dann mit unseren sauber gebürsteten Uniformteilen jeden Sonntag um zehn in die Messe gegangen.

Horst Pätzold, Gefangener in Frankreich

Landwirtschaft und bei privaten Arbeitgebern. Natürlich litten auch hier tausende unter schlechter Behandlung. Doch wie für die deutschen Kriegsgefangenen in Frankreich ergaben sich oft persönliche Kontakte, die das Leben erträglicher machten. Viele Zeitzeugen berichten davon, dass ihnen ehemalige französische Kriegsgefangene von guten Erfahrungen erzählten und ihnen deshalb freundlich gegenübertraten.

Die Bauern hatten Anfang 1946 die Wahl, französische Arbeiter einzustellen oder die deutschen Gefangenen zu behalten, für die sie denselben Lohn bezahlen mussten wie für die Franzosen. Alle deutschen Gefangenen blieben da. Das Ansehen der deutschen Kriegsgefangenen in der französischen Landwirtschaft war ungemein groß, und wir haben sie auch nicht enttäuscht.

Horst Pätzold, Gefangener in Frankreich

Besonders lehrreiche Erfahrungen machten die Gefangenen, die in Frankreich religiös geschult wurden. Frankreich legte insgesamt keinen so großen Wert auf »Re-education«-Programme, wie sie in den USA existierten. In manchen Stammlagern wurden zwar Kultur- und Bildungsveranstaltungen durchgeführt und einige Gefangene, wie Horst Pätzold, auf sechswöchige Lehrgänge geschickt, auf denen sie Demokratie lernen und ihr Wissen dann als »Kulturreferenten« ihren Mitgefangenen vermitteln sollten. Für ausgewählte Offiziere gab es sogar eine Art »Kaderschule« in demokratischer Umerziehung. Doch im Grunde sollten die Gefangenen vor allem arbeiten. Als einzige Siegermacht gründeten die Franzosen allerdings Priesterseminare: bei Chartres für die Katholiken, in Montpellier für die Protestanten. Innerhalb dieser »Stacheldrahtseminare« erhielten Hunderte von Gefangenen die Möglichkeit, Theologie zu studieren. Allein aus dem Lager in Chartres sind 500 Priester hervorgegangen.

Ab dem Herbst 1946 übten die USA Druck auf Frankreich aus, die Gefangenen nun endlich zu entlassen. Um der drohenden Repatriierung entgegenzuwirken, stellte die französische Regierung ihnen ab 1947 in Aussicht, als Vertragsarbeiter im Land zu bleiben. Etwa 130 000 nahmen das Angebot an, unter ihnen auch Lothar Ester. 1948 kehrte er in seine Heimat im Sauerland zurück. Bis zum Ende desselben Jahres waren alle Kriegsgefangenen repatriiert. »Mein berufliches Leben hat sich hinterher ganz danach gerichtet, was ich in Gefangenschaft erlebt habe«, sagt Ester heute. »Ich wollte dazu beitragen, dass das, was unsere Generation mit der verlorenen Jugend erlebt hat, nicht noch mal eine Generation erleben müsste.« Lothar Ester wurde Lehrer, schließlich Rektor, benannte eine Schule nach Kardinal von Galen und

Die Heimkehr war mit einem unliebsamen Gefühl verbunden: »Verstehen wir uns überhaupt noch? Finden wir wieder zueinander?« Das hat tatsächlich eine Weile gedauert. Mein jetziger Mann hatte sich in der Gefangenschaft verändert. Still war er geworden, hat sich zurückgezogen, konnte nicht mehr lachen.

Ursula Niemann, Ehefrau eines Heimkehrers

ein Jugendhaus nach Alfred Delp, einem Märtyrer aus der Nazizeit. In den Sechzigerjahren besuchte er das erste Mal seine Gastfamilie in der Bretagne. Die Familien blieben freundschaftlich verbunden. »Lothar war wie ein Bruder«, sagt Madeleine Hautin noch heute.

Heinz Sturges blieb ein Leben lang in Frankreich. Er war im Juni 1944 als 17-Jähriger bei der Landung der Alliierten in der Normandie gefangen genommen und nach Amerika verschifft worden. In Watertown, einem Außenlager von Fort Niagara, half er in der Landwirtschaft. Die Landschaft war atemberaubend, das Verhalten der Farmer freundlich, die Verpflegung üppig. »Jeder hatte sein Bett, auf dem Bett war eine Begrüßungstüte, und es gab gleich Abendessen«, staunt Sturges noch heute. »Wir bekamen zwei Paar maßgeschneiderte Schuhe und verdienten 20 Dollar pro Monat. Davon kaufte sich jeder sein eigenes Radio, und unsere Unterwäsche haben wir gar nicht mehr gewaschen, sondern gleich neue gekauft, das war praktischer. Wenn einer vom Frühstück kam, und man fragte: ›Was gab's?‹, war die Antwort: ›Schinken, Wurst, Butter, Käse, Kuchen, Torte.‹ – ›Ach, schon wieder dasselbe.‹« Als er im Februar 1946 in New York wieder ein Schiff bestieg, dachte er, nun würde er entlassen. »Doch als wir in Le Havre ankamen sagte mir auf einmal ein US-Soldat: ›Wir haben euch belogen, ihr müsst in Frankreich Reparationsarbeiten leisten.‹« Die Enttäuschung war groß, wurde aber vom Schock über die Zustände in den französischen Lagern noch übertroffen. Sturges wog 100 Kilogramm als er aus Amerika kam. Gegen Ende seiner Gefangenschaft brachte er noch 49 Kilogramm auf die Waage.

Sturges arbeitete in einer Wäscherei in Clermont-Ferrand und in einem Walzwerk in Thionville. Er wollte nach Hause, nach Kordel bei Trier. Zweimal wagte er die Flucht. Das erste Mal legte er 800 Kilometer zurück, als er kurz vor der Grenze geschnappt wurde. Das zweite Mal kam er nur 25 Meter weit. »Die Franzosen haben auf uns geschossen. Ich lag dann zwischen den Schienen auf der Bahnstrecke, hörte die Geräusche der abprallenden Geschosse und dachte mir: Heinz, jetzt wirst du bald 20 Jahre alt, der Krieg ist bald zwei Jahre vorbei, und dich jetzt noch erschießen zu lassen wäre doch dumm, reiner Blödsinn.‹« Sturges gab auf. Er wurde ins Straflager in die Festung Metz gebracht. Wie schon beim Fluchtversuch zuvor erhielt er 30 Tage verschärften Arrest. Seine Bewacher drohten, ihn in die Kohlengruben zu schicken. Das wollte er unter allen Umständen vermeiden. Er hatte Glück. Eines Tages, im Februar 1947, holte ihn ein Bauer nach Courcelles-Chaussy in Lothringen. Was ihm hier widerfuhr,

Oben: »Ihrer Zeit voraus«: Der ehemalige Kriegsgefangene Heinz Sturges mit seiner französischen Braut Henriette.
Unten: »Priesterseminar hinter Stacheldraht«: In Chartres studierten über 500 Gefangene Theologie und wurden zum Priester geweiht.

Ich wusch mich an einem Bach. In der Nähe war ein kleiner Bauernhof, wo die Magd des Bauern mit ihrer Tochter lebte. Die Frau kam zum Bach und fragte: »Haben Sie kein Hemd?« – Ich hatte tatsächlich keines mehr, meins war zerfallen. Sie verschwand im Haus und kam mit einem frisch gebügelten Nachthemd zurück – ein frisch gebügeltes Leinenhemd, es duftete nach Lavendel. Später habe ich dann erfahren, es war ihr einziges Nachthemd. Ihr Mann war gefallen, und sie hatte eigentlich absolut keinen Grund, mir ein Hemd zu schenken. Doch das war die französische Humanität, die Selbstverständlichkeit, einem Menschen, der in Not ist, zu helfen. Nicht den Gefangenen oder den Deutschen zu sehen, sondern den Menschen.
Alfred Glück, Gefangener in Frankreich

veränderte sein Leben und machte Sturges zu einem Vorreiter deutsch-französischer Freundschaft: Er begegnete der Liebe seines Lebens.

»Eines Tages ruhte ich mich vor dem Haus meines Chefs aus, als eine junge Französin auf einem Fahrrad vorbeikam. Auf ihrem Gepäckträger hatte sie einen großen Strauß Pfingstrosen«, erinnert sich Sturges an das erste Zusammentreffen. »Mit den paar Worten, die ich damals auf Französisch sagen konnte, rief ich: ›Oh, die schönen Blumen!‹ Sie bremste sofort und sagte: ›Wollen Sie ein paar?‹, und gab mir drei Rosen.« Wenige Tage später traf Sturges seine angebetete Henriette beim Gottesdienst wieder und steckte ihr einen Zettel zu, auf dem er ein Rendezvous im Park des ehemaligen Kaiserschlosses von Urville mit ihr verabredete. »Wir haben abgemacht, dass ich in einem hohlen Baum auf sie warte, und wenn sie langsam, nonchalant daran vorbeischlendert, ist die Luft rein. Wenn sie schnell vorbeigeht, rühr ich mich nicht.« Beim ersten Mal hatte es die junge Frau eilig, weil ihr Leute folgten. Beim zweiten Mal blieb sie zu Sturges übergroßer Freude stehen. Die Heimlichtuerei hatte gute Gründe. Der Kontakt zwischen Kriegsgefangenen und Französinnen war damals streng verboten. »Wenn eine Französin mit einem ›boche‹, einem dreckigen Deutschen, ging, drohten Schläge«, erklärt Sturges. Er wäre bei Entdeckung ins Lager zurückgeschickt worden. Gefährlicher war es für die junge Frau. Nach der Befreiung Frankreichs waren aufgebrachte Franzosen über die Frauen hergefallen, die sich mit Deutschen eingelassen hatten. Sie wurden bespuckt und beschimpft, ihre Köpfe kahl geschoren, auf Karren durch die Straßen gezogen und dem Gespött der Leute preisgegeben. Zwei Jahre nach dem Krieg war die erste Woge des Hasses zwar verebbt. »Doch sie hätte die Folgen tragen müssen: Sie wäre von der Familie aus-

»Allmähliche Normalisierung«: Ab 1947 hatten Gefangene die Möglichkeit, als Vertragsarbeiter in Frankreich zu bleiben.

gestoßen, von der Gesellschaft geächtet worden. Wir können unseren französischen Frauen nicht genug dafür danken, dass sie so treu zu uns gehalten haben«, sagt Sturges gerührt.

Trotz der Gefahr traf sich Sturges nun regelmäßig heimlich mit seiner Freundin. Für eine gemeinsame Zukunft sah es ziemlich düster aus, wie Sturges nun erfuhr. Der Vater von Henriette war zunächst als Moselanwohner vertrieben worden, hatte sich im besetzten Frankreich der Résistance angeschlossen und Sabotageakte verübt. 1944 war er von der Gestapo verhaftet, gefoltert und zum Tode verurteilt worden. Drei Tage vor der Erschießung hatte ein deutscher Soldat ihm und seinen Kameraden zur Flucht verholfen. Nachdem er wieder zur Mosel zurückgekehrt war, musste er bei null anfangen. Sein Hass auf die Deutschen war grenzenlos. Doch das Paar ließ sich nicht abschrecken. »Wir waren jung, ein anderes Gesetz nahm uns in Bann, das Gesetz der Natur. Zwei junge Menschen gefielen sich und liebten sich, so einfach war das. Was daraus werden sollte, darüber machten wir uns gar keine Gedanken. Wir sahen nur den, mit dem wir unser Leben aufbauen wollten.« Auch dem Schwiegervater in spe konnte die Liaison auf Dauer nicht verborgen bleiben. Es war nicht einfach, doch er fügte sich zähneknirschend. Im November 1948 war Hochzeitstag. Doch als der Schwiegervater die Ehe mit seiner Unterschrift genehmigen sollte, lief ihm die Galle über: »Niemals, niemals kommt ein dreckiger Deutscher in meine Familie!« Beschwichtigend erwiderte sein Bruder: »Raymond, erinnere dich, es war so ein dreckiger Deutscher, der dir zur Flucht verholfen und dir das Leben gerettet hat, vergiss das nicht!« Das gab den Ausschlag. Heinz/Henri und Henriette heirateten und bekamen vier Kinder. Henri wurde seiner Familie zuliebe, was er in Gefangenschaft immer vermeiden wollte: Bergmann. Der Schwiegervater blieb distanziert, verbat, dass in seinem Haus auch nur ein Wort Deutsch gesprochen wurde. »Es hat zehn Jahre gedauert, bis wir in der Familie und der Gesellschaft als gleichwertig anerkannt wurden, bis ich ein Mensch war wie jeder andere«, sagt Sturges.

Tausende deutsche Kriegsgefangene blieben in Frankreich, hunderte Ehen sind daraus entstanden. Für Henri Sturges ist seine Heirat ein persönlicher Beitrag zur deutsch-französischen Freundschaft. Als Kind war er begeisterter Hitlerjunge gewesen und fest davon überzeugt, für Großdeutschland, für die »Herrenrasse«, kämpfen zu müssen. Selbst als bei den Gefechten in der Normandie seinem Freund von einer Bombe der Kopf abgerissen wurde, stand der »Endsieg« für ihn nie infrage. Und auch, als er einen jungen amerikanischen Soldaten im Nahkampf mit der Maschinenpistole erschoss und dessen Augen ihn fragend anblickten, glaubte er noch, das Richtige zu tun. Selbst als für den 17-Jährigen im Juni 1944 der Krieg zu Ende war und seine Truppe, von 185 Mann auf 34 dezimiert, in Gefangenschaft geriet, standen »Führer, Volk und Vaterland« außerhalb jeden Zweifels. Erst bei der Kapitulation brach für ihn eine Welt zusammen. Er erkannte, dass er nichts weiter gewesen war als Kanonenfutter. »Ich fühle mich nicht als Täter mitschuldig, ich fühle mich mitschuldig, daran geglaubt und mitgewirkt zu haben«, sagt Sturges heute.

Henri Sturges gehört zu den wenigen Glücklichen, für die sich ihre Kriegsgefangenschaft als Segen erwies. Heute wird er in Schulen eingeladen, um den Kindern von seinen Erfahrungen zu berichten. Er ist längst ein geachteter Bürger seines Dorfes. Seine Kinder können sich an Anfeindungen vonseiten der Bevölkerung gar nicht mehr erinnern. Auf die Frage, wie es denn sei, Kind eines Deutschen zu sein, antwortet seine Tochter: »Ganz normal, ich sehe da keinen Unterschied.« Man kann nur hoffen, dass es so bleibt.

Die Heimkehr der Zehntausend

> **Man musste hoffen, wider den Verstand. Der Verstand sagte einem: Das überlebst du nicht, du kommst nie wieder raus. Und trotzdem musste darin ein bisschen Hoffnung sein, das da sagte: Das schaffst du doch.**
>
> Siegfried Suda, Gefangener in der Sowjetunion

Vor den Rundfunkgeräten drängten sich die Zuhörer, als die deutsche Nationalhymne aus den Lautsprechern erklang. 80 000 waren ins Stadion gekommen, um zu sehen, ob die deutschen Stars um Fritz Walter und Helmut Rahn das Abwehrbollwerk der Heimmannschaft würden überwinden können. Und es begann gut für die Deutschen. Nach einer Stunde hatten sie zweimal ins Schwarze getroffen. Doch dann begann die Schlussoffensive des Gegners, der das Spiel schließlich noch mit 3 : 2 gewann.

Die deutsche Niederlage auf fremden Platz war kein Beinbruch – schließlich stand bei der UdSSR ein Mann zwischen den Pfosten, der als der beste Torhüter seiner Zeit galt: Lew Jaschin. Immerhin pries der *Kicker*, das Sprachrohr deutscher Fußballfans, das Spiel der deutschen Mannschaft, »die wieder einmal durch hervorragendes Zusammenspiel, großartige Technik und Schnelligkeit überzeugt« habe. Das 3 : 2 war ein normales Ergebnis. Doch es war kein normales Länderspiel.

Die deutsche Nationalmannschaft war an diesem 21. August 1955 zu einem Freundschaftsspiel in der sowjetischen Hauptstadt angetreten. 3000 deutsche Schlachtenbummler hatten den weiten Weg nach Moskau gewagt. Zehn Jahre nach dem verlorenen Krieg waren die Geschlagenen ins Land der Gewinner gekommen. Doch sie kamen nicht als Verlierer. Längst war Deutschland wieder wer in der Welt – Fußballweltmeister. Das »Wunder von Bern« lag gerade ein gutes Jahr zurück. Lange hatten die Deutschen im Abseits gestanden, waren geächtet, weil sie Hitler zugejubelt, sich zu Werkzeugen seiner Verbrechen hatten machen lassen. Der Gewinn der Weltmeisterschaft war der entscheidende psychologische Durchbruch. Ausdruck eines neu erwachten Selbstbewusstseins. In einem politisch nicht ganz korrekten, psychologisch aber durchaus zutreffenden

»Deutsche Schlachtenbummler in Moskau«: Der deutsche Torwart Fritz Herkenrath faustet beim Länderspiel Sowjetunion – Bundesrepublik den Ball aus der Gefahrenzone.

Bonmot heißt es, drei Gründerväter habe die Bundesrepublik gehabt: Konrad Adenauer, den ersten Kanzler, Ludwig Erhard, den Vater des Wirtschaftswunders – und eben Fritz Walter, den Kapitän der Weltmeistermannschaft von Bern. Der Sieg im Fußballendspiel war das erste große Gemeinschaftsereignis dieser »zweiten Republik«, ihr innerer Gründungsakt.

Auch wirtschaftlich schien das Kriegstrauma überwunden. Wenige Tage zuvor, am 5. August 1955, war in Wolfsburg der millionste Käfer vom Band

»Wir fieberten alle mit«: Auch in den Gefangenenlagern verfolgte man die Radioübertragung des Länderspiels.

gelaufen. Die Deutschen von Flensburg bis Friedrichshafen feierten das Symbol des wirtschaftlichen Aufstiegs der Bundesrepublik. Der Volkswagen war das Wahrzeichen für den Aufschwung, der die Deutschen aus Trümmern zu neuen Rekorden geführt hatte.

Doch trotz aller scheinbaren Normalität: Das Fußballspiel UdSSR gegen Deutschland (West) hatte einen hohen Symbolwert. Das Fußballstadion war nicht nur grüner Rasen, sondern auch diplomatische Bühne. Die fußballerische Brisanz war das eine, die politische die andere. Als Wilhelm Pieck, der Präsident der »Sowjetzone«, die Ehrenloge im Dynamo-Stadion betrat, verließen die Mitglieder der westdeutschen Delegation ihre Plätze und nahmen am Spielfeldrand Platz. Zu Hause in Deutschland lehnte es der RIAS Berlin ab, das Spiel im Hörfunk zu übertragen. »Keine politische Vernebelung« lautete die Devise. Die Empfindlichkeiten und politischen Rücksichtnahmen waren noch groß. Dem sportlichen Vorspiel musste ein politisches Finale folgen, das die deutsch-sowjetischen Beziehungen grundlegend verändern sollte. Denn tausende Kilometer weiter im Osten waren die Folgen des Krieges für Zehntausende Deutsche noch immer schmerzlich spürbar – Tag für Tag.

»Die Läden waren voll«: Während die Gefangenen noch hungerten, hatte in Westdeutschland der Wohlstand Einzug gehalten.

Vor einem Radiogerät, Typ »Minsk«, saßen an diesem Tag in den sowjetischen Lagern deutsche Gefangene und hörten eine vertraute Melodie: das »Deutschlandlied«, gespielt von einer sowjetischen Kapelle. »Wir brauchten nicht zu arbeiten. Wir durften im Lager bleiben und fieberten alle mit«, erinnert sich Wilhelm Hansen in Josef Redings Friedland-Dokumentation. Ein anderer Lagerinsasse kann nicht vergessen, wie die deutschen Gefangenen ihrer Hymne die Ehre erwiesen: »Alles stand auf und nahm Haltung an. Viele Kameraden weinten.« Es waren Tränen der Rührung, des Stolzes und der Freude. Aber auch Tränen des Zorns und des Unverständnisses. »Einigen sind die Nerven durchgegangen, und sie haben die Lautsprecher kaputtgeschlagen. Was wir nicht begreifen konnten: Da jubeln deutsche Schlachtenbummler in Moskau. Und wir sitzen hier und können nicht nach Hause.«

»Skoro domoj – bald nach Hause« – wie oft hatten sie diese Worte seit ihrer Gefangennahme gehört. Für hunderttausende war dieses Versprechen längst in Erfüllung gegangen. Für ebenso viele, die in der Gefangenschaft gestorben waren, sollte es nie mehr dazu kommen. Für einige zehntausende in den Lagern des sowjetischen Gulag war es eine unerfüllte Hoffnung. Nur längst vergilbte Bilder hielten die Erinnerung an die Ehefrauen, die Eltern, die Kinder wach. In Gefängnissen zwischen Kiew und Kamtschatka zahlten diese Männer den Preis für Hitlers Überfall auf die Sowjetunion. Hier saßen die verlorenen Söhne eines längst verlorenen Krieges. Zehn Jahre nach Kriegsende war für sie der Krieg noch immer nicht vorbei. Stalin hatte sie als Geiseln zurückgehalten. Resignierend, aber zutreffend charakterisierte sie der Beauftragte der Evangelischen Kirche Deutschlands (EKD), Theodor Heckel, als »politisches Wechselgeld«. Für den Kreml waren sie keine Kriegsgefangenen, sondern Kriminelle. In Scheinprozessen hatte die sowjetische Justiz sie angeblicher Kriegsverbrechen angeklagt und zu jahrzehntelanger Zwangsarbeit verurteilt.

Was uns eigentlich zu schaffen machte, das waren diese verflixten Versprechungen, schon am Anfang: »Skoro domoj« – »bald nach Hause«. Als wir dann in dem Lager waren, kam dann noch ein Satz hinzu: »Wer gut arbeitet, kommt bald nach Haus.« Doch was hieß »bald«? Das »bald« wurde immer weiter hinausgeschoben. Und das Schlimmste war, dass 1947 große Transparente aufgehängt wurden: »1948 ist das Jahr der Heimkehr«. Da hat man wieder Hoffnung geschöpft und musste sich doch wieder sagen: Wie oft ist man enttäuscht worden. Das ist doch wieder nur ein Köder, den man uns hinwirft – und so war es dann auch.

Siegfried Suda, Gefangener in der Sowjetunion

Im November 1949, mehr als fünf Jahre nach seiner Gefangennahme, wartete Dr. Kuno Wahl mit Tausenden ehemaliger deutscher Soldaten auf dem Vorplatz eines Bahnhofs an der polnisch-russischen Grenze. Der sowjetische Ministerrat hatte am 16. Februar 1949 die Repatriierung der deutschen Kriegsgefangenen beschlossen. Bis zum 31. Dezember 1949 sollten die restlichen 373 744 Deutschen aus der UdSSR zurückkehren. Der Transport mit Kuno Wahl war auf der Heimfahrt. Die Stimmung unter den Männern war gut, sie hofften, dass sich das »Skoro domoj« nun endlich auch für sie erfüllen würde, beschreibt Wahl die Gefühle in Paul Carells *»Die Gefangenen«*.

Geduldig nahmen sie es hin, in eine große Baracke geführt zu werden. Was sollte schon passieren? Sie würden ein weiteres Mal gefilzt werden, sich ein letztes Mal der entwürdigenden Prozedur des Entkleidens unterziehen, sich die Erniedrigungen gefallen lassen müssen – doch dann würden sie in den Zug steigen können, der sie nach Deutschland bringen sollte, in die Freiheit. Sie wurden grausam enttäuscht. Ihr Weg führte sie nicht nach Westen in die Freiheit, sondern nach Osten – zurück in sowjetische Lager.

In Brest-Litowsk sind wir noch einmal vernommen worden. Der russische Major fragte mich am Ende, wohin ich denn nun fahren würde. Nach Schlesien konnte ich ja nicht mehr zurück. Ich wusste, dass meine Mutter in Westfalen lebte und dass ich dorthin reisen würde. »Ach«, sagte er, »da kannst du gleich wieder Soldat werden, die amerikanischen Imperialisten stellen schon wieder eine deutsche Armee auf.« »Nein«, sagte ich, »davon habe ich die Schnauze voll.« »Was dann?«, fragte er weiter. Weil meine Mutter und meine Schwester in einer Apotheke untergekommen waren, sagte ich schließlich, dass ich Apotheker werden wolle. Das hat ihn beruhigt.
Horst Zank, Gefangener in der Sowjetunion

Dort waren zur gleichen Zeit immer wieder Offiziere der Geheimpolizei des Innenministers Berija erschienen. In den Monaten November und Dezember riefen sie beim morgendlichen Appell ohne erkennbare Systematik einzelne Namen auf. Die Genannten blieben im Lager, während die anderen zur täglichen Arbeit ausrückten. »Von den Jahren der Gefangenschaft war der letzte Abschnitt der schlimmste«, erinnert sich ein Häftling in einem Stalingrader Lager. »Was uns die Russen damals psychisch zugemutet haben, ist unvorstellbar. Mit unseren Nerven wurde buchstäblich Schindluder getrieben.« Bei ihrer Rückkehr fanden die Gefangenen die Betten ihrer Kameraden leer vor. Niemand wusste, wohin sie verschwunden waren. Alle fürchteten sich, beim nächsten Morgenappell aufgerufen zu werden. Die Zahl der Selbstmorde nahm deutlich zu. Depressionen und Verzweiflung machte sich in den Lagern des sowjetischen Gulag breit.

Die deutschen Kriegsgefangenen ahnten nicht, dass die sowjetische Regierung bei ihrem Beschluss zur Rückführung der Deutschen eine Ausnahme gemacht hatte: Alle Kriegsgefangenen, die bereits von sowjetischen Gerichten verurteilt waren beziehungsweise deren Prozesse unmittelbar bevorstanden, sollten von der Repatriierung ausgenommen bleiben – der Kreml wollte ein Faustpfand für künftige Verhandlungen mit dem sich etablierenden westdeutschen Staat behalten.

Die sowjetische öffentliche Meinung stand zu dieser Zeit voll und ganz aufseiten der sowjetischen Justiz. Zu frisch waren die Wunden des Krieges, die zerstörten Siedlungen und Dörfer, die zerbombten Städte und die gesprengten Brücken. Das alles musste wieder aufgebaut werden.
Aleksandr Orlow, russischer Militärhistoriker

Nach offiziellen Angaben befanden sich am 1. Januar 1950 noch 30 771 Kriegsgefangene in der UdSSR, und sie waren nur zu einem kleineren Teil bereits verurteilt. Ende des Jahres 1949 wurde die Zeit knapp, die nach den selbst gestellten Vorgaben blieb, um den Schein von Rechtmäßigkeit zu wahren. Es begann die Zeit der »Minuten-Prozesse«.

In langen Verhören hatte die Geheimpolizei die Gefangenen zum wiederholten Male ausgefragt. Mancher Häftling durfte nach drei Stunden wieder gehen, mancher musste mehrere Tage hintereinander auf dem harten Stuhl vor dem Tisch des Vernehmungsoffiziers zubringen. Der Russe fragte nach Lebenslauf und Dienstrang, nach Schulbesuch und politischer Einstellung. Dann erfolgte sehr oft die Frage: »Haben Sie Gräueltaten begangen?« Wer das verneinte – und das konnten die meisten Gefangenen guten Gewissens tun –, wurde gefragt, ob er Gräueltaten gesehen habe und als Zeuge auftreten könne. Ein Gefangener berichtete später der Wissenschaftlichen Kommission der Bundesregierung für Kriegsgefangenengeschichte von seinen Erfahrungen im Lager Borovici: »Wir müssen mit Schrecken erleben, wie mit List und Gewalt versucht wird, auch die harmlosesten Kameraden zu Kriegsverbrechern zu stempeln, wobei eine große Zahl von Offizieren und Soldaten bedroht, erpresst und schwer geschlagen wurde.«

Drohungen und Erpressungen, Schläge und Dauerverhöre, Einzelhaft und enge Zellen – die Palette der sowjetischen Verhörmethoden war lang und grausam. Zu den effektivsten Mitteln, Geständnisse zu erzwingen, gehörte die so genannte »Konvejer«, pausenlose Verhöre, die selbst den stärksten Willen brachen. Kuno Wahl erlebte, wie die Sowjets die Deutschen zum Sprechen brachten: »Wollen die Russen jemanden zu irgendeinem Geständnis zwingen, so wird er in den Stehbunker gesperrt, ein schmales Verlies, in dem man weder sitzen noch liegen kann und aus dem die Eingesperrten wie Holzstücke herausfallen, wenn nachgesehen wird.«

Die sowjetische Unrechtsjustiz speiste sich noch aus einer weiteren Quelle: Unter den Deutschen, die 1955 noch immer in sowjetischen Lagern saßen, befand sich eine Reihe »Zivilinternierter« und politischer Häftlinge: Personen, die nach Kriegsende in Deutschland verhaftet und abgeurteilt wurden.

»Sie kamen nachts, sie kamen eigentlich immer nachts«, erinnerte sich Horst Schüler, Sprecher der Lagergemeinschaft Workuta, bei der Eröffnung einer Ausstellung am 9. Januar 2002. »Mit gezückten Pistolen stürmten sie in das vorher umstellte Haus. Handschellen, Haussuchung, eine gerade noch so genehmigte kurze Verabschiedung von der Frau, und dann ab in den dunklen Wagen.« Horst Schüler, Jahrgang 1924, war verwundet aus sowjetischer Kriegsgefangenschaft in den sowjetisch besetzten Teil

Der so genannte Prozess vor dem sowjetischen Militärtribunal war nichts als eine Farce. Natürlich hatte man keinen Verteidiger, natürlich stand das Urteil des seine Langeweile kaum verbergenden vorsitzenden Richters lange bereits fest. In der Regel waren es 25 Jahre Zwangsarbeit, manchmal aber auch das Todesurteil.

Horst Schüler, Zivilverschleppter in der Sowjetunion

Mir wurde vorgeworfen, ich sei ein Saboteur. Das Urteil: 25 Zwangsarbeit in Sibirien.

Johannes Bebak, Gefangener in der Sowjetunion

Deutschlands gekommen. Für ihn schien es, als sei der Krieg vorbei. Doch als Journalist geriet er schnell in Konflikt mit den Besatzungsbehörden.

Was er Anfang 1951 erlebte, war kein Einzelschicksal. Wie er wurden überall in Ostdeutschland Menschen verhaftet. Sie mussten Verhöre, körperliche Gewalt, Sonderarrest, Entwürdigung in jeder nur denkbaren Form über sich ergehen lassen. Am Ende dieser unmenschlichen Untersuchungshaft stand der Prozess vor sowjetischen Militärtribunalen. Die Beschuldigten erlebten die brutale Effektivität des sowjetischen Rechtssystems. In Ostberlin wie in den sowjetischen Gefangenenlagern demonstrierte Moskau seine Macht, sprachen sowjetische Gerichte mit bedrückender Perfektion Unrecht am Fließband. Um die hohe Zahl der Einzelfälle bewältigen zu können, machte die sowjetische Justiz mit den Gefangenen buchstäblich »kurzen Prozess«. Meist dauerte es keine Viertelstunde, und aus Kriegsgefangenen waren Kriegsverbrecher geworden.

Die Vorwürfe gründeten in der Regel auf den Paragraphen 58 und 59 des sowjetischen Strafgesetzes. Unter Strafe gestellt waren demnach ganz allgemein jede »konterrevolutionäre Tätigkeit, Schädigung des Volkseigentums, Vorbereitung eines Angriffskrieges auf die Sowjetunion«. Die Vorwürfe ließen viel Raum für Interpretationen. Jede Kampfhandlung war nach diesen Maßstäben mit Strafe bedroht. »Erschüttert die wirtschaftlichen Grundlagen des Sowjetsystems«, lautete ein häufig verwendeter Anklagepunkt. Wer bei einem Angriff mit seinem Panzer durch ein Kornfeld fuhr, um Minensperren zu umgehen, vernichtete die Ernte – und damit die wirtschaftlichen Grundlagen. Mancher wurde verurteilt, weil er gestanden hatte, während des Krieges ein russisches Huhn aufgegessen zu haben. Die Anklage bezichtigte ihn des Diebstahls sowjetischen Eigentums.

Ein Schuhmachermeister hatte sich durch die Ausübung seines Berufs darin schuldig gemacht, dass er, so die sowjetischen Richter, die »Marschfähigkeit der deutschen Truppe begünstigte«, ein Musiklehrer, weil er mit seiner Musik »die Stimmung der faschistischen Armee gehoben« hatte. Ein Apotheker wurde verurteilt wegen Lieferung von Medikamenten – die Ausübung seines Berufs legte ihm die sowjetische Strafjustiz als »Stärkung der Wehrmacht« aus.

Wir arbeiteten an einer Baustelle. Weil immer öfter Material fehlte, schafften wir unsere Norm nicht mehr. Doch in der Sowjetunion wird nicht nach der Ursache gesucht, sondern da kommen die Politoffiziere und sagen: »Das gibt es doch nicht. Vorher haben Sie 170 Prozent geschafft und jetzt nur noch 90 Prozent – das ist Sabotage.« Ich wurde am Ende eines Arbeitstages in eine Baracke geführt, ich musste eine deutsche Uniformjacke anziehen, ein deutsches Käppi aufsetzen, was wir damals schon lange nicht mehr hatten, und wurde von drei Seiten fotografiert. Da wusste ich: Jetzt bin ich in der Verbrecherkartei. Das hat mir natürlich den Rest gegeben.
Albrecht Appelt, Gefangener in der Sowjetunion

War schon das Vorgehen, militärische Aktionen im Rahmen eines internationalen Krieges nach den Maßstäben nationalen Strafrechts zu behandeln, ein Verstoß gegen internationales Recht, so sollte es für die ehemaligen Soldaten noch schlimmer kommen. Wer seine Aufgabe im Krieg erfüllt hatte, musste nach dem Krieg mit dem Schlimmsten rechnen: »Als Dolmetscher unterstützte er die Besatzungspolitik des hitlerischen Deutschland«, hieß es in einem Urteil, das exemplarisch deutlich machte: Es ging nicht um Kriegsverbrechen, schon gar nicht um persönliche Schuld. »Was dieser Herr aus der Anklageschrift vorlas, war sagenhaft. Kein einziger Punkt betraf eine persönliche Schuld, jedoch was meine Division alles verbrochen haben sollte, würde ganz klar meine Mitschuld als Offizier beweisen«, erinnerte sich Norbert Rencher an seinen Prozess. So wie in seinem Fall genügte es den Anklägern, wenn die Angeklagten in einer Einheit gedient hatten, welche die sowjetischen Sieger des Verdachts von Kriegsverbrechen bezichtigten – dazu zählten generell SA, SS oder Polizeiverbände, aber auch reguläre Einheiten der Wehrmacht.

Hatten sich die sowjetischen Gerichte bis zum November 1949 noch bemüht, mehr oder minder konkretes Belastungsmaterial zu sammeln und individuelle Schuld nachzuweisen, so ging es nun um bloße Zugehörigkeit zu »verdächtigen Organisationen«, wie Andreas Hilger in seinem Buch über deutsche Kriegsgefangene in der Sowjetunion nachweist. Selbst sowjetische Behörden stellten im April 1953 unverblümt fest; dass »eine individuelle Verantwortung eines beträchtlichen Teils von ihnen nicht festgestellt werden konnte«. Die nachträgliche Einsicht nutzte Soldaten wie Hans Hafftmann wenig, als er Ende 1949 vor seinem sowjetischen Richter stand. »Beihilfe«, lautete die Anklage, und der Begriff wurde sehr großzügig ausgelegt. Man musste nicht am Ort des Geschehens gewesen sein,

Es war kein Akt der Rache. Es wurden Zeugen angeführt, die begangenen Verbrechen wurden aufgelistet, und sie wurden nach den Gesetzen verurteilt, die für unsere Bürger in unserem Land ebenfalls galten. Vielleicht wären sie in anderen Ländern nach mil- deren Gesetzen verurteilt wor- den, aber bei uns galten eben solche Gesetze.

Aleksandr Orlow, russischer Militär- historiker

sondern es genügte, in einer Einheit gedient zu haben, in deren Operationsgebiet Kriegsverbrechen stattgefunden haben sollen. Häufig genug gründete der Vorwurf dabei auf bloßen Verdächtigungen – häufig, aber nicht immer. Zu den von sowjetischen Gerichten verurteilten gehörten auch Männer wie Bruno Streckenbach, Chef des Amts I im Reichssicherheitshauptamt, und Friedrich Panzinger, 1943/44 Kommandeur der Einsatzgruppe A, die zu den Entscheidungsträgern für Kriegsverbrechen gezählt werden müssen.

Wie die rechtlichen Grundlagen, so widersprachen auch die Verhandlungen selbst allen Grundsätzen eines rechtsstaatlichen Prozesses. Die »Kriegsverbrecherprozesse« waren gerichtliche Schnellverfahren, in denen der Angeklagte keine faire Chance zur Verteidigung bekam. Gelegentlich nahm der Beschuldigte an der Verhandlung gar nicht teil und erhielt das Urteil nachträglich zugestellt. Fast immer wurden Beweisanträge übergangen. Lediglich jeder siebte Angeklagte hatte einen Strafverteidiger, Dolmetscher gab es nur selten. »Es war nichts als eine Farce. Natürlich stand das Urteil des seine Langeweile kaum verbergenden vorsitzenden Richters lange bereits fest.« Was Horst Schüler beklagt, mussten auch andere Angeklagte leidvoll erleben: Gerichte, die im Akkord Unrecht sprachen.

Im Minutentakt wurden die Verurteilten vorgeführt, immer wiederholte sich das gleiche Schauspiel. Der Gerichtsvorsitzende fragte nach Namen und Dienstrang. Dann wurde dem Deutschen die Anklage vorgelesen. Anschließend verschwand das Gericht durch eine Tür, um den Anschein zu erwecken, es berate ernsthaft über das Strafmaß. Nach fünf Minuten waren die Richter wieder da und verkündeten das Urteil. Der Spruch lautet stets: Schuldig. Die Richter kannten nur drei Strafhöhen: zehn, 15 oder 25 Jahre Zwangsarbeit. 25 Jahre lautete der Richterspruch im Fall von Horst Schüler, das Urteil für Hans Hafftmann: 25 Jahre, Norbert Rencher: 25 Jahre. »Arbeits- und Besserungslager«, lautete der Gerichtsentscheid, in der deutschen Übersetzung wurde daraus häufig »Ausbesserungslager«.

Von den offiziell genannten 37 591 deutschen Kriegsgefangenen, die sowjetische Gerichte in den Jahren von 1943 bis 1950 verurteilten, wurde 26 833 Soldaten in den Jahren 1949/50 der Prozess gemacht. 13 600 Verurteilungen ergingen allein in den Monaten November und Dezember

»Barackenarchipel der Angst«: Ein verfallenes Straflager in der Sowjetunion – eines von tausenden.

1949. »25 Mann wurden in einer Stunde verurteilt«, erinnerte sich der Arzt Ernst-Günther Schenck. Er hatte als »Ernährungsinspekteur« der Waffen-SS in Südrussland gedient und konnte für sich in Anspruch nehmen, »nicht geschändet, nicht geplündert« zu haben. Nach seiner Heimkehr schilderte er die Emotionen bei seiner Verurteilung: »Wir lachten zunächst. Die negative Reaktion kam erst, als wir die Gänge des Moskauer Staatsgefängnisses hinuntergeführt wurden, als verurteilte Verbrecher. Im Keller kamen wir in einen Raum, in dem Kameraden, die vor uns verurteilt waren, standen. Die Kammer war völlig überfüllt. Dort überkam einen das Gefühl: Du kommst nie wieder nach Hause. Alles ist vorbei.«

Einen besonders psychischen Terror mussten diejenigen aushalten, die zum Tode verurteilt waren. Kurt Fehli gehörte zu diesen Opfern. Die Todeskandidaten verbrachten einige Wochen allein in der Todeszelle, lauschten voller Angst auf jeden Schritt: Waren es die Henker, die den Delinquenten zur Hinrichtung abholten, oder nur die Wärter mit dem Essen? Nach einigen Tagen verkündete ein Offizier, der Oberste Sowjet habe einem Gnadengesuch stattgegeben.

Sie alle führte der Weg in die Lager des sowjetischen Gulag, die in Form von mehr als 3000 Punkten auf der großen Karte der noch größeren Sowjetunion verteilt waren – ein Barackenarchipel der Angst. Die als Kriegs-

In der Gefangenschaft fragte ich mich oft: Warum kommst ausgerechnet du in die Gefangenschaft, warum musst ausgerechnet du dieses Schicksal erleiden? Wenn man vier Jahre in der Gefangenschaft ist, legt man sich tagtäglich diese Frage vor, und man denkt, die anderen Kameraden sind zu Hause und du bist noch in Russland und musst büßen für diesen wahnsinnigen Krieg.

Josef Zrenner, Gefangener in der Sowjetunion

Die Auswahl der Kriegsgefangenen, die zwischen 1945 und 1955 freigelassen wurden, war ein großes Geheimnis. Denn das hat nicht das einzelne Lager bestimmt, sondern es gab Namenslisten. Wer nicht draufstand, fuhr nicht. Wenn einer auf der Liste stand, dann konnte ihn einzig noch die Blutgruppeneintätowierung der SS auf dem Arm von der Heimfahrt abhalten.

Josef Schaaf, Gefangener in der Sowjetunion

verbrecher verurteilten Kriegsgefangenen kamen in der Regel nicht in »normale« Straflager, sondern in eigenständige Lager im europäischen Teil der UdSSR. Manche führte ihr Weg auch in das eisige Workuta, wo sie in Kohlebergwerken Zwangsarbeit leisten mussten – jenes Lager in der Nähe des Polarkreises, das wegen der unsäglichen Arbeits- und Lebensbedingungen von seinen Insassen als »weiße Hölle« gefürchtet war. Doch auch dort war es die Hoffnung, die zuletzt starb. Auch in der »weißen Hölle« hatten die gedemütigten Opfer noch nicht alle Hoffnung fahren lassen, wie Ernst-Günther Schenck bestätigt: »Das Prinzip Hoffnung lebte weiter, weil wir alle wussten, wir sind gegen jedes Recht verurteilt worden. Daraus erwuchs eine Kraft, die die letzten 10000 zusammenschweißte. Es war eine gewaltige Kraft.«

Das Prinzip Hoffnung wurde genährt durch unerklärliche Entscheidungen der sowjetischen Führung. Wenige Monate nach der Prozesswelle im Frühjahr 1950 wurde etwa ein Drittel der Verurteilten überraschend begnadigt. Für sie war der Spuk nach kurzer Zeit vorbei. Dieser ersten Freilassungsaktion folgte im Herbst 1953 eine zweite Heimkehrerwelle. So willkürlich wie die Verurteilung waren auch die Kriterien der Freilassung. Es war keine Seltenheit, dass von zwei Soldaten, die wegen des gleichen »Vergehens« verurteilt waren, der eine im März 1950 entlassen wurde, während der andere noch fünf Jahre in sowjetischen Lagern büßen musste.

Am 4. Mai 1950 verbreitete die sowjetische Nachrichtenagentur TASS eine offizielle Meldung, die in der jungen Bundesrepublik ungläubiges Entsetzen auslöste. Die Repatriierung der deutschen Kriegsgefangenen in der Sowjetunion sei abgeschlossen, hieß es lapidar. 1 939 063 deutsche Gefangene seien nach Deutschland zurückgekehrt. Neben 14 Kranken, die bald folgen sollten, befänden sich nunmehr lediglich 9717 Verurteilte und 3815 Untersuchungshäftlinge in sowjetischem Gewahrsam. »Furchtbar für Millionen Deutsche«, nannte Konrad Adenauer diese Zahlen in einer Regierungserklärung. Sie bedeuteten, dass das Schicksal von fast 1,5 Millionen Deutschen ungeklärt bleiben würde. Wenn sich überhaupt etwas

UdSSR entließ alle Kriegsgefangenen

Mitteilung der TASS / 1 939 063 deutsche Kriegsgefangene heimgekehrt

Moskau (ADN). In der TASS-Meldung vom 4. Januar 1949 wurde darauf verwiesen, daß die überwiegende Mehrheit der deutschen Kriegsgefangenen bereits bis Ende 1948 aus der Sowjetunion nach Deutschland repatriiert worden war und daß die Repatriierung der dort verbliebenen Kriegsgefangenen nach einem von der Sowjetregierung bestätigten Plan durchgeführt und im Laufe des Jahres 1949 abgeschlossen werden sollte.

Die Nachrichtenagentur TASS ist ermächtigt, mitzuteilen, daß die letzte Gruppe von 17 538 Kriegsgefangenen bereits nach Deutschland zurückgeführt worden ist.

Damit ist die Repatriierung der deutschen Kriegsgefangenen aus der Sowjetunion nach Deutschland bis zum gegenwärtigen Zeitpunkt vollständig abgeschlossen worden.

Insgesamt sind seit der Kapitulation Deutschlands 1 939 063 deutsche Kriegsgefangene aus der Sowjetunion nach Deutschland repatriiert worden, darunter 58 103 deutsche Kriegsgefangene, die in den Jahren 1947 bis 1949 unter Kriegsgefangenen anderer Nationalitäten, die sich in der Sowjetunion befanden, festgestellt wurden.

Auf dem Territorium der Sowjetunion sind 9717 deutsche Kriegsgefangene verblieben, die wegen schwerer Kriegsverbrechen verurteilt worden sind, und 3815 Personen, gegen die gerichtliche Untersuchungsverfahren wegen Kriegsverbrechen laufen, sowie vierzehn auf Grund von Erkrankungen zeitweilig zurückgestellte Kriegsgefangene, die nach Beendigung der ärztlichen Behandlung repatriiert werden.

»Furchtbar für Millionen Deutsche«: Die TASS-Meldung von Mai 1950 zerstörte die Hoffnung auf Rückkehr von 1,5 Millionen Kriegsgefangenen.

Positives in dieser schrecklichen Meldung finden ließ, dann nur eines: Das Schicksal von 13 532 Deutschen war damit geklärt. Sie waren namentlich bekannt. Sie blieben zwar in Gefangenschaft, aber sie hatten immerhin überlebt. Die quälende Ungewissheit war damit für ihre Familien beendet.

Für die zu Verbrechern gestempelten Kriegsgefangenen hatte ihre Verurteilung den Traum von der baldigen Heimkehr zerstört, und doch gab es kleine Hoffnungsschimmer. Nach dem schnellen Prozess setzte eine langsame Entwicklung ein, in deren Verlauf sich die Lage der Gefangenen allmählich besserte.

Während des Krieges hatten in den sowjetischen Lagern deutsche Exilkommunisten wie Walter Ulbricht unter den Gefangenen um aktive Unterstützung für die »antifaschistische Bewegung« geworben. Nach der deutschen Kapitulation wurde die Zielsetzung eine andere: Umerziehung.

TASS ist ermächtigt mitzuteilen, dass die letzte Gruppe von 17 538 Kriegsgefangenen nach Deutschland zurückgeführt worden ist. Damit ist die Repatriierung der deutschen Kriegsgefangenen aus der Sowjetunion nach Deutschland ... vollständig abgeschlossen worden. Insgesamt sind seit der Kapitulation Deutschlands 1 939 063 deutsche Kriegsgefangene aus der Sowjetunion nach Deutschland repatriiert worden, darunter 58 103 deutsche Kriegsgefangene, die in den Jahren 1947 bis 1949 unter Kriegsgefangenen anderer Nationalitäten, die sich in der Sowjetunion befanden, festgestellt wurden. Auf dem Territorium der Sowjetunion sind 9717 Kriegsgefangene verblieben, die wegen schwerer Kriegsverbrechen verurteilt worden sind, und 3815 Personen, gegen die gerichtliche Untersuchungsverfahren wegen Kriegsverbrechen laufen, sowie 14 aufgrund von Erkrankungen zeitweilig zurückgestellte Kriegsgefangene, die nach Beendigung der ärztlichen Behandlung repatriiert werden.

TASS-Meldung, 4. Mai 1950

Die »Antifa-aktiv«-Kämpfer dienten nun vor allem als Spitzel. Die Dienste der verächtlich »Holzaugen« genannten Gefangenen reichten von der Ermittlung angeblicher Kriegsverbrecher über die allgemeine Gesinnungsforschung bis zur konkreten Überwachung. Erkennbar waren die Antifa-aktiv-Kämpfer daran, dass sie keine kahl rasierten Köpfe hatten. Als »Langhaarige« waren sie bei den normalen Gefangenen verschrien. Gegenseitiges Misstrauen war die Folge. »Der hat sich die Heimfahrt erkauft« – das war die dunkle Vermutung, die in Wilhelm Hansen aufstieg, als er nach einem Gespräch mit einem Mitgefangenen verurteilt worden war, während sein Gesprächspartner kurz darauf in die Heimat durfte. Manche hatten sich zur aktiven Teilnahme in der Antifa-Bewegung entschlossen, weil damit materielle Vorteile verbunden waren. Spitznamen wie »Nachschlagfresser« und »Kaschköpfe« machen deutlich, worin die Vorteile der »Lagerprominenz« lagen. Doch nach der Prozesswelle waren sie wieder gleich: Alle waren nun Verurteilte.

Die Urteile zu langjähriger Zwangsarbeit hatten, so stellte die Wissenschaftliche Kommission der Bundesregierung für Kriegsgefangenengeschichte fest, eine auf den ersten Blick überraschende Auswirkung auf die deutschen Gefangenen: »Der Zusammenhalt war wesentlich besser als vorher. Biedere Landsturmmänner waren genauso verurteilt wie Offiziere, Aktivisten der Antifa und Spitzel. Mit 25 Jahren Zwangsarbeit schien die Situation klar. Man musste sich jetzt einrichten und sehen, wie man am

»Arbeit war immer noch das Beste«: Kriegsgefangene ziehen gefällte Baumstämme zur Verladestation.

besten über die Runden kam. Jetzt entstand erst wirklich das Bewusstsein eines gemeinsamen Schicksals, bis dahin hatte man doch mehr oder weniger überlegt, wie man sich dem gemeinsamen Schicksal entziehen könnte.«

Alle teilten das gleiche Los, alle mussten arbeiten. Neu war diese Arbeitspflicht für höhere Dienstgrade. Auch Offizieren drohte nun die »Normpeitsche« – wer seine Norm nicht erfüllte, erhielt weniger Verpflegung. So unglaublich es im Nachhinein klingen mag: Die Schufterei

Ich selbst war eigentlich unfähig, für mich zu sorgen. Wenn ich nicht meinen Freund Willy gehabt hätte, wäre ich viel, viel schwerer über diese schwere Zeit gekommen. Willy verstand es also, zum Beispiel Kartoffeln zu organisieren – und das im Juli 1945, wo es uns begann, sehr schlecht zu gehen. Willy buddelte Saatkartoffeln aus. Ich machte ihm deswegen Vorhaltungen: Es wäre doch besser, bis in den Herbst zu warten. Darauf sagte Willy: »Was nützt mir eine Kartoffel im Herbst, wenn ich längst verhungert bin?« Das war die Logik eines Kriegsgefangenen.
Siegfried Suda, Gefangener in der Sowjetunion

Man kaut, was man kauen kann, ganz egal, ob Sie Brennnesseln abreißen auf dem Weg zur Arbeit oder Kümmel. Man reißt irgendwas ab, steckt es in den Mund, und kaut einfach.

Am Heiligen Abend 1945 brachte Willy drei Kartoffeln an. Das war das schönste Weihnachtsgeschenk. Sie wurden geschält, in Scheiben geschnitten und mit Lebertran zu Bratkartoffeln verarbeitet. Unsere Ecke, fünf Mann, haben sich an den drei Kartoffeln gütlich getan. Das war unser schönstes Weihnachten.

Siegfried Suda, Gefangener in der Sowjetunion

behielten manche deshalb in fast schon angenehmer Erinnerung, weil der Arbeitszwang für alle Verurteilten galt. Die Bindung der Verpflegungsrationen nicht mehr an den Dienstgrad, sondern an die Arbeitsleistung hob bisher bestehende Klassengegensätze auf. Es entstand wieder ein Gefühl der Kameradschaft. Ein verurteilter Oberleutnant berichtete über die neue Situation in dem Lager: »Besonders in den letzten Jahren ist die Kameradschaft, das Zusammengehörigkeitsgefühl wesentlich größer geworden als in den ersten Jahren. Der ganze Ton besserte sich, man wurde wieder menschlicher zueinander.«

Das lag nicht zuletzt daran, dass sich die Ernährungssituation zu Beginn der Fünfzigerjahre deutlich verbessert hatte. Vorbei waren die Zeiten des Hungerwinters 1944/45, in dem die Qualität des Essens schlecht, die Menge unzureichend war. Sie fühlten sich noch immer als Kriegsgefangene, als »Wojennoplenny«. Doch der »Plenny«-Schritt, das langsame Dahinschlurfen mit hängenden Schultern, war Vergangenheit.

Das Krankheitsbild, das die Mediziner Dystrophie nennen, bestimmte nicht mehr die Lagerwirklichkeit. Männer, die als Folge einer lang andauernden Mangelernährung unter hochgradig entstellende Ödeme gelitten hatten, waren nicht mehr zu sehen. Vorbei die Zeit, in der ein pausenloses Gefühl des Hungers alle anderen Empfindungen überlagert hatte. Ausweich- und Ersatzreaktionen wie das »Schnippeln«, das Zerschneiden der kleinen Rationen in noch kleinere Teile, oder die Kunst des langsam Essens, des minutenlangen, andächtigen Kauens, waren nicht mehr nötig.

Vorbei die dunklen Zeiten, in denen die Kranken nicht mehr an ihrer Umgebung interessiert waren, sondern nur noch apathisch auf ihrer Pritsche lagen und warteten, bis der Tod kam, den viele nur noch als Erlösung empfinden mussten. Vorbei waren die Zeiten, in denen alltägliche Verrichtungen wie der Gang zur Latrine eine übermenschliche Anstrengung war, die unter Aufbieten der letzten Kräfte umgesetzt werden musste. »Es gibt Leute, die pinkeln und scheißen in die Baracke nachts hinein«, schilderte Helmut Paul die Folgen, wenn die Gefangenen diese Willenskraft nicht mehr aufbringen konnten. Nun kehrten mit der verbesserten Ernährungssituation wieder die Kraft und auch die Bereitschaft zur Hygiene zurück.

Schließlich hatten sich die sanitären Verhältnisse wieder normalisiert. Es gab regelmäßig frische Wäsche, Privatkleidung konnte in der offiziellen Wäscherei gereinigt, Schuhe konnten geflickt werden – wenn auch gegen Entgelt. Denn auch das gehörte zu den Verbesserungen: die Möglichkeit, Geld zu verdienen. Die Gefangenen wurden nach den sowjetischen Arbeitsnormen bezahlt. Günther Wagenlehner hat die Bedingungen nicht vergessen, unter denen die Lohnauszahlung stand: »Wir mussten von unserem Monatsverdienst 456 Rubel für Wohnen und Essen abgeben. Sogar Steuern waren zu entrichten: 30 Prozent für die Arbeit über Tage, 15 Prozent für Schwerstarbeit beim Untertagebau. Ausgezahlt wurden Summen bis zu 200 Rubel, allerdings nur dann, wenn alle Arbeitstage im Monat gezählt werden konnten.« Krank durften die Gefangenen unter diesen Bedingungen nicht werden.

Jeder hatte eine Pritschenbreite von höchstens 50 Zentimetern. Man musste sich nachts auf Kommando umdrehen… Im Winter war es natürlich kalt, man musste sich vor der Kälte schützen. Besonders beliebt waren Zementsäcke als Dämmmaterial und als Kopfkissen ein Ziegelstein.

Siegfried Suda, Gefangener in der Sowjetunion

Wir haben dann in Fabriken gearbeitet und sogar Lohn bekommen. Je nachdem wie wir die Norm erfüllt haben, haben wir Brot bekommen, bis zu 1000 Gramm pro Tag. Dennoch war das Essen sehr einseitig. Es gab dreimal am Tag Hirse oder Erbsen.

Walter Goebel, Gefangener in der Sowjetunion

Auch der zweite Todfeind, die Kälte, konnte den Gefangenen nicht mehr in dem Maße zusetzen wie zu Beginn der Gefangenschaft. Jeder Dritte hatte die eisigen Nächte in ungeheizten Baracken nicht überlebt. Nun hatte die Kälte ihr tödliches Gesicht weitgehend verloren. Die Qualität der Unterkünfte war deutlich gestiegen. Die Baracken konnten beheizt werden, die Schlafpritschen verfügten immerhin über Holzwollesäcke. Workuta-Sträfling Schüler konnte rückblickend feststellen: »Es war eine unsagbar harte Zeit. Doch gemessen an dem Leben unserer Vorgänger in den Anfangsjahren dieser Strafkolonie ging es uns noch gut. Wir lebten wenigstens in Baracken, mussten uns auf den Pritschen zwar mit wenigen Zentimetern Schlafplatz abfinden, doch was galt das schon gegen eine Zeit, in der die Sträflinge sich mühsam in die ewig gefrorene Erde eingruben.«

Die Zeiten, als Hunger und Kälte zu den alltäglichen und in vielen Fällen tödlichen Begleitern gehörten, waren also vorbei. Doch die Stimmung blieb weiterhin gedrückt. Denn auch wenn sich die Lebensumstände für die Insassen erkennbar verbessert hatten – die Gefangenenlager blieben Orte, in denen Menschen gegen ihren Willen festgehalten wurden. Überdies war die Sehnsucht nach der Heimat für viele ein steter Schmerz. Erst fünf Jahre nach Kriegsende wurde sie etwas gelindert.

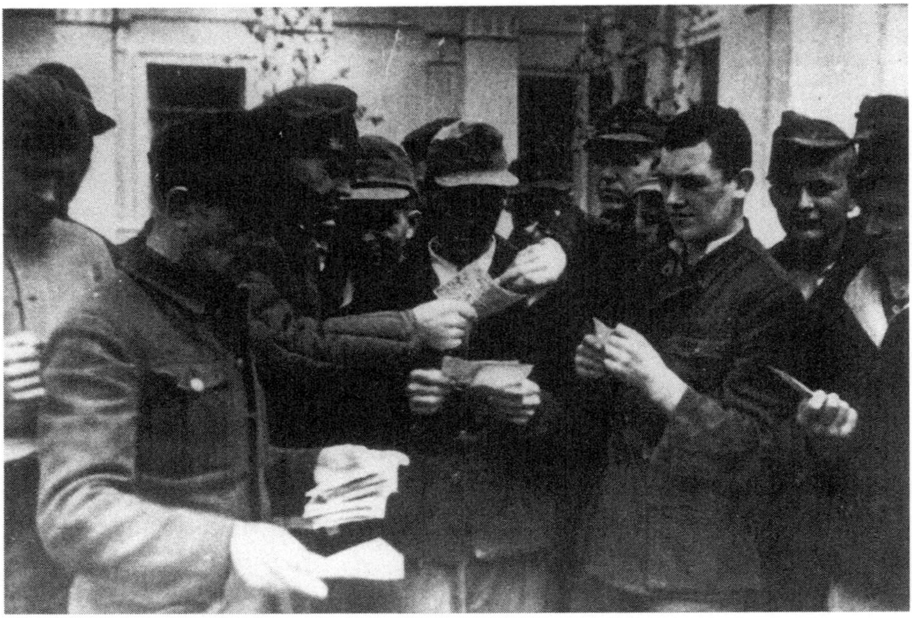

»Mir geht es gut«: Ungeduldig warten die Gefangene auf Post von daheim. Mancher wartete umsonst.

Denn an Weihnachten 1950 durften die ersten Gefangenen wieder nach Hause schreiben. In anderen Fällen dauerte es noch länger. »Wir durften erst Ende 1953 nach Hause schreiben. Bis dahin waren wir von dem Tag an, als man uns verhaftet hatte, für unsere Angehörigen spurlos verschwunden gewesen. Weder wussten sie, wo wir uns befanden, noch, ob wir überhaupt noch lebten. Meine Frau etwa bekam im Januar 1954 ein erstes Lebenszeichen von mir«, beschreibt Horst Schüler seinen besonders schwierigen Fall.

Wir haben nie die Möglichkeit bekommen, nach Hause zu schreiben.

Eberhard Manthey, Gefangener in der Sowjetunion

Ich war schon fast drei Jahre in Kriegsgefangenschaft, ehe ich die erste Nachricht von meinen Eltern erhielt, das war sehr schlimm.

Siegfried Suda, Gefangener in der Sowjetunion

Noch nicht einmal der Kalte Krieg konnte verhindern, dass die Gefangenen Post empfangen durften. Für viele war es das erste Lebenszeichen nach Jahren. Alle vier Wochen ein »offener Brief«, das waren 25 Worte auf einer Postkarte – alle drei bis vier Monate ein Brief, selbstverständlich auch dieser zensiert. Karten mit »antisowjetischem« Inhalt wurden als »verleumderisch« zurückgehalten. Nachrichten über andere Kriegsgefangene oder Verstorbene fielen ebenso in diese Kategorie wie grundsätzlich alle negativen

Inhalte. Darüber hinaus durften keine Aussagen über die Bedingungen im Lager, die Arbeit oder die Sowjetunion allgemein gemacht werden. Was blieb, war häufig nur ein »Mir geht es gut«.

Auf seinen Karten war vieles durchgestrichen, sodass ich immer nur zu lesen bekam: »Ich bin am Leben, ich bin gesund, hoffentlich komme ich bald nach Hause.«

Minna Wawrzinek,
Frau eines Spätheimkehrers

Das »Mir geht es gut« mag stereotyp und einfallslos erscheinen, doch wie wichtig waren diese vier Worte für diejenigen, die seit Jahren nichts mehr von ihren Angehörigen gehört hatten, die nicht wussten, ob Männer und Söhne noch am Leben waren. Für sie bedeutete dieses »Mir geht es gut« das Ende der Ungewissheit, den Beginn neuer Hoffnung. Doch es gab auch Fälle, in denen diese erste Antwort aufkeimende Zuversicht zerstörte: Mancher Gefangene erfuhr, dass seine Frau im traurigen Glauben an den Tod des Ehemanns sich neu gebunden hatte. Die Zahl der Fernscheidungen nahm zu. In anderen Fällen wurden die Ehefrauen der verurteilten »Verbrecher« unter Druck gesetzt, sich von ihren Männern deutlich zu distanzieren. Horst Schüler musste verbittert zur Kenntnis nehmen, »dass die Ehefrau mehrfach aufgefordert worden war, sich doch von dem ›Staatsfeind‹ scheiden zu lassen, ein weiteres Zeichen auf die Zustände in diesem Staat wirft, der sich DDR nannte«. Dennoch empfanden die Gefangenen die Briefe aus der Heimat als immense seelische Stütze. Als »nicht zu unterschätzender Kraftquell« beschrieb das Evangelische Hilfswerk den regen Postverkehr.

Daneben führten die Antwortbriefe bei den Gefangenen zu Reaktionen, welche ihre Angehörigen daheim sicher nicht beabsichtigt hatten – Unverständnis, Unsicherheit, Fassungslosigkeit und Angst: Von erstaunlicher Mode war die Rede, von Badeanzügen und Nylonsocken, von Fortbewegungsmitteln wie Motorrollern. Was war das für eine Welt, in der die Familien zu Hause lebten? War das noch ihr Deutschland?

Das Wirtschaftswunder hatte begonnen und auch die Gefangenen spürten, was sich zumindest im Westen Deutschlands vollzog: Neuer Wohlstand breitete sich aus. Die Pakete trafen zunächst vereinzelt, dann immer häufiger und regelmäßig ein.

Die »Liebesgaben aus der Heimat« sollten das Schicksal der Eingeschlossenen erleichtern. »Die Pakete waren natürlich eine maßlose Beglückung«, schrieb ein Häftling in die Heimat. »Sie machten uns unabhängig von der russischen Versorgung.« Die Pakete aus Deutschland verbesserten die eintönige sowjetische Verpflegung, die materielle Unterstützung hatte zudem psychologischen Nährwert. Die Männer schöpften neuen Lebensmut. »Der Gesundheitszustand und vor allem auch die moralische Widerstandskraft wurden durch die Pakete gehoben«, berichtete ein Gefangener. »Der Pakettag war immer ein Freudentag.«

Meist enthielten die Pakete Lebensmittel: Speck, Butter, Schokolade, Kaffee, Kekse, Wurst. »Das Beste war immer die große Salami mit weißer Pelle, von uns Gipswurst genannt«, erinnert sich Konrad Müller. Aber auch Kleidungsstücke und Decken fanden dankbare Abnehmer. Am begehrtesten neben den Lebensmitteln: Tabak und Zigaretten. »Wir bewundern die feinen, großartigen Dinge aus der Heimat. Zu Hause scheint kein Mangel mehr zu sein«, stellten die Gefangenen überrascht fest.

Argwohn und Neid veranlassten die russischen Behörden zu scharfer Kontrolle der Paketinhalte, die auf verbotene Dinge gefilzt wurden. Selbstverständlich wurden Waffen und Alkohol konfisziert. Aber auch Medikamente, ein Kompass oder andere Materialien wie Landkarten oder Ferngläser, die eine Flucht ermöglichen konnten, passierten die Kontrollen nicht. Geld und Wertgegenstände bewahrte die Lagerverwaltung für die Empfänger auf. Besonderes Augenmerk legten die Zensoren auf Zeitungen. Die freie Westpresse sollte nicht die Informationen infrage stellen, mit denen die Gefangenen bis dahin gefüttert worden waren: zunächst die offiziellen »Nachrichten für die deutschen Kriegsgefangenen«, dann die Zeitungen aus der sowjetisch besetzten Zone. Diese Blätter zeichneten zwar ein überaus rosiges Bild der Lage in der neuen »Deutschen Demokratischen Republik«, doch der erhoffte Propagandaerfolg blieb aus. Die *Tägliche Rundschau* wurde meist zur »Kläglichen Rundschau« oder »Täglichen Schundsau« verballhornt. Immerhin gelang es den sowjetischen Behörden damit, die Gefangenen über die weltpolitische Entwicklung im Unklaren zu lassen. Dass sich West und Ost in Korea erbitterte Kämpfe lieferten, erfuhren die deutschen Soldaten erst nach ihrer Heimkehr.

Die Paketsendungen führten zu einer Art von Lager-Wohlstand. Es entstand schnell ein Schwarzmarkt. Wer häufig Pakete erhielt, konnte sich von bestimmten Tätigkeiten freikaufen, Dienstleistungen mit dem neuen Reichtum bezahlen. Doch auch wenn die soziale Struktur in den Lagern sich zu ändern begann, alle profitierten von den »Liebesgaben aus der Heimat« – die einen mehr, die anderen weniger.

Die Pakete dokumentierten noch etwas anderes: Die Gefangenen waren nicht vergessen. Was sie allerdings nicht ahnen konnten: Sie waren längst zum Politikum geworden – in Ost und West.

Deutschland wird nunmehr durch seine staatliche Neugestaltung in die Lage versetzt, sich der Frage der deutschen Kriegsgefangenen und Zivilverschleppten mit größerer Stärke anzunehmen als bisher.

Konrad Adenauer, Regierungserklärung, 20. September 1949

»Liebesgaben aus der Heimat«: Pakete von Angehörigen oder Hilfsorganisationen verbesserten die Situation der Gefangenen erheblich.

»Wir warten auf euch«: Zum Gedenken an die Kriegsgefangenen wurden Kerzen in die Fenster gestellt.

Als Erinnerung an den Tag der Veröffentlichung der TASS-Meldung, mit der die sowjetischen Behörden die Repatriierung für abgeschlossen erklärten, wurde künftig am 4. Mai der »Tag der Treue« begangen. Mit Glockengeläut, Schweigeminuten, Bittgottesdiensten oder Mahnwachen gedachten die Menschen in der Bundesrepublik ihrer Landsleute in den sowjetischen Lagern. »Überall in den deutschen Städten herrschte für eine Minute Verkehrsstille. Fahnen wehen auf halbmast«, meldete die »Deutsche Wochenschau« am 4. Mai 1954. »Für zwei Minuten ruhte in der Bundesrepublik der Verkehr. Deutschland gedachte seiner noch nicht heimgekehrten Kriegsgefangenen, für die seit neun Jahren die Zeit stillsteht. Und am Abend stellt man Kerzen zum Gedenken für alle, die noch nicht da sind, in die Fenster. Und in der Nacht bewegen sich schweigende Fackelzüge durch die Straßen ihrer Heimat. Wir warten auf euch – ein ganzes Volk wartet.« Der »Tag der Treue« wurde von den Heimkehrerverbänden mit zunehmendem Aufwand vorbereitet. Über die ganze Republik verteilt standen Mahnmale, welche die Heimkehrer zur Erinnerung an ihre noch nicht zurückgekehrten Kameraden errichtet hatten. »Die Heimkehrer haben Wort gehalten. Sie versprachen ihren zurückbleibenden Kameraden, in der Heimat nach ihnen zu rufen.« Der Tonfall der »Wochenschau« entsprach dem Zeitgeist. Schon damals war dies nicht allen Recht. Die KPD sorgte im Bundestag für einen Eklat, als der Abgeordnete Heinz Renner die gemeinsame Entschließung aller übrigen Fraktionen als »Hetze gegen die Sowjetunion« bezeichnete. Hinter den verschlossenen Türen mahnten jedoch auch nichtkommunistische Politiker zur Zurückhaltung. Zu laute öffentliche Kritik könne den Bemühungen um eine Lösung der Kriegsgefangenenfrage und den Inhaftierten in der UdSSR schaden, hieß es.

Wenn Verkehrsschwierigkeiten auch die Rückkehr von deutschen Kriegsgefangenen aus der Sowjetunion bisher noch verzögerten, so zweifle ich doch keineswegs daran, dass in diesem Jahr die letzten deutschen Kriegsgefangenen aus der Sowjetunion in Deutschland eintreffen werden.

Otto Grotewohl, Januar 1949

Es gibt keine Kriegsgefangenen mehr in der Sowjetunion. Als bisher einziger Staat hat die Sowjetunion ihre Kriegsgefangenen entlassen.

Rundfunkkommentar von Karl Eduard von Schnitzler, 5. Mai 1950

Es werden nach einem festgelegten Modus Maßnahmen getroffen, um die deutschen Kriegsgefangenen von der weiteren Abbüßung der Strafen zu befreien, zu denen sie für während des Krieges begangene Verbrechen verurteilt wurden. Hiervon ausgenommen sind Personen, die besonders schwere Verbrechen gegen den Frieden und gegen die Menschlichkeit begangen haben.

Neues Deutschland, 23. August 1953

Noch deutlicher unterschieden sich offizielle und inoffizielle Politik im anderen Teil Deutschlands. Mit Rücksicht auf den sowjetischen Bruder war das Thema Kriegsgefangene in der Öffentlichkeit nahezu tabu. Offiziell begrüßte das Regime in Pankow die TASS-Erklärung zum Ende der Repatriierung. Hinter den Kulissen jedoch sah sich die DDR-Führung mit einer Fülle von Nachfragen aus der Bevölkerung konfrontiert, die den Verbleib ihrer Angehörigen geklärt haben wollten. Selbst SED-Funktionäre stellten in Briefen kritische Fragen: »Wir hatten damit gerechnet, dass anlässlich des XIX. Parteitages der KPdSU eine Amnestie erfolgen würde, aber nichts von alledem. Warum setzt man sich nicht für diese Belange ein?«, schrieb ein SED-Mitglied an den DDR-Präsidenten Wilhelm Pieck. Die Fülle von Gnadengesuchen zwang die Ostberliner Führung, eine Kommission einzusetzen, die offiziell die Aufgabe hatte, »Argumente gegen die Hetze in der Kriegsgefangenenfrage auszuarbeiten«. Gleichzeitig sollte sie jedoch auch Verbesserungen beim Postverkehr und andere Erleichterungen für die Gefangenen anstreben.

Walter Ulbricht persönlich teilte dem Zentralkomitee der KPdSU im Juni 1953 eine »dringende Bitte« mit: »Angesichts der Tatsache, dass zahlreiche deutsche Bürger ständig Auskunft über das Schicksal ihrer von sowjetischen Besatzungsorganen verhafteten Angehörigen verlangen, bittet das Politbüro die Sowjetorgane, den deutschen Organen die Möglichkeit zu geben, diese Fragen zu beantworten.«

Die Angehörigen der Kriegsgefangenen beklagen sich sehr bitter darüber, dass ihre Männer und Söhne seit längerer Zeit kein Lebenszeichen mehr gegeben haben, obwohl seinerzeit angekündigt worden ist, jeder Kriegsgefangene werde in die Lage versetzt werden, eine Nachricht nach Hause gelangen zu lassen. ... Es würde sehr zur politischen Beruhigung der deutschen Bevölkerung beitragen, wenn die Ungewissheit über das Schicksal der Kriegsgefangenen ... beseitigt würde.
Aus einem internem Papier des SED-Zentralsekretariats, Mai 1945

Im Zuge des politischen Tauwetters nach dem Tod Stalins, vor allem aber nach den Ereignissen des 17. Juni 1953, als nur sowjetische Panzer das SED-Regime vor dem eigenen Volk retten konnten, rang sich der Kreml zu einer größeren Amnestie durch. »6994 Kriegsgefangene und andere deutsche Bürger« sollten »vorfristig nach Deutschland zurückgeführt werden«.

Auch wenn es offiziell für das SED-Regime keine Kriegsgefangenen mehr gab, so waren die Kameras der DDR-»Wochenschau« immer dabei, sobald Deutsche aus sowjetischen Lagern in die Heimat entlassen wurden: »Einer Bitte unserer Regierung folgend, amnestierte die Sowjetunion deutsche Kriegsgefangene. Im Lager Fürstenwalde erhielten die Entlassenen Kleidung, Geld und Fahrkarte.«

Immer wieder entließen die sowjetischen Behörden Einzelne oder kleine Gruppen von Kriegsgefangenen aus den Lagern. Doch niemand wusste, ob und wann der letzte Kriegsgefangene zurückkehren würde. Die Heimgekehrten mahnten, das Schicksal der Gefangenen nicht hinzunehmen. Kein deutscher Politiker konnte sich diesem ungelösten Problem der deutschen Nachkriegsgeschichte entziehen – schon gar nicht die Kanzler. Zur Jahreswende 1954 besuchte Konrad Adenauer das Grenzdurchgangslager Friedland. Für Vertriebene und Verschleppte, Gefangene und Geflüchtete, Umsiedler und Aussiedler – für Millionen von Heimkehrern war Friedland das »Tor zur Freiheit«. An diesem symbolträchtigen Ort versprach der Kanzler: »Wir werden nicht ruhen und rasten, bis der letzte Gefangene, der letzte Verschleppte der Heimat wiedergegeben ist.«

Bei Adenauer war das für einen Politiker typische Empfinden, die Gunst des Augenblicks nutzen zu müssen, sehr ausgeprägt.
Wilhelm Grewe, ehemaliger Berater von Adenauer

Ohrenbetäubender Jubel folgte diesen Worten der Hoffnung. Doch es war vor allem ein Wechsel auf die Zukunft. Es sollte noch mehr als ein Jahr vergehen, bis die Chance bestand, diesen

Oben: »Meinungsaustausch über die Frage der Kriegsgefangenen«: Vor Adenauer waren Ulbricht und Grotewohl Ende September 1955 in Moskau.
Unten: »Sympathien für die friedliebende Sowjetunion«: Schon die ersten heimkehrenden Kriegsgefangenen aus der Sowjetunion im Juli 1946 wurden von der Propaganda missbraucht.

Wechsel einzulösen. Mit der Unterzeichnung der Pariser Verträge am 23. Oktober 1954 hatte sich Entscheidendes getan. Die Bundesrepublik Deutschland sollte am 9. Mai 1955 Mitglied im westlichen Verteidigungsbündnis werden, gleichzeitig gaben die drei westlichen Siegermächte dem westdeutschen Staat die staatliche Souveränität zurück. Damit wurde der frisch gebackene NATO-Partner Bundesrepublik ein Machtfaktor, mit dem die Russen rechnen mussten. Der Kreml akzeptierte die neue Situation und setzte nun alles daran, die Existenz zweier deutscher Staaten zu bekräftigen und den Status quo zu festigen.

Die Sekretärin in der deutschen Botschaft in Paris dachte an einen Dummejungenstreich. Kurz vor Dienstschluss wünschte ein Anrufer, der sich als sowjetischer Diplomat ausgab, den Botschafter zu sprechen – dringend. Auch wenn es keine offiziellen Kontakte zwischen der Bundesrepublik Deutschland und der UdSSR gab – der Mann beharrte auf ein Treffen. Die formelle Note, die er am 7. Juni 1955 in der deutschen Botschaft überreichte, enthielt politischen Sprengstoff: Der Kreml schlug die Aufnahme diplomatischer Beziehungen vor und lud Bundeskanzler Adenauer zu einem Besuch ein.

Sirenenklänge aus Moskau: Die sowjetische Weltmacht suchte den offiziellen Kontakt mit dem ehemaligen Kriegsgegner – nicht in Form von Verhandlungen zwischen Sieger und Besiegtem, sondern als Gespräch gleichberechtigter Partner. War dies das erhoffte Entgegenkommen Moskaus in der Frage der deutschen Wiedervereinigung? Sollte sich Adenauers »Politik der Stärke« so schnell als erfolgreich erweisen? Oder war es ein Köder?

Die westlichen Alliierten wurden hellhörig. Schlug die deutsche Regierung einen eigenen Weg ein, so wie 1922 in Rapallo, als die erste deutsche Republik nach einem verlorenen Krieg eine Wiederannäherung an Russ-

Die Zielsetzung der Sowjetunion war ganz klar: Sie wollte keine Freundschaft, aber normale Beziehungen zur Bundesrepublik aufnehmen. Das hatte damit zu tun, dass Chruschtschow an die Macht gekommen war und eine weltweite Entspannung anstrebte. Er schloss Frieden mit Jugoslawien, und auch Österreich wurde, was niemand für möglich gehalten hatte, frei. Außerdem sollte eine Stabilisierung des damals noch sehr wackligen DDR-Regimes erfolgen.
Hans Ulrich Kempski, Journalist

land betrieb? Auch andere historische Reminiszenzen wurden wach. Die Erinnerungen an den 16 Jahre zuvor geschlossenen Hitler-Stalin-Pakt waren noch frisch. André François-Poncet, der als französischer Botschafter diese fatale Epoche deutsch-sowjetischer Politik miterlebt hatte, kommentierte die Politik Adenauers: »Er ist nicht mehr so unnachgiebig, wie er vorher war.«

Nach unserer Auffassung können wir nicht normale diplomatische Beziehungen herstellen zu einem Lande, das wahrscheinlich noch über 10 000 von unseren Menschen festhält.

Konrad Adenauer in der Kabinettssitzung vom 31. August 1955

Doch plante die Bonner Regierung tatsächlich einen Kurswechsel? Adenauer hatte immer wieder deutlich gemacht, dass er, wenn die Zeit gekommen sei, das Gespräch mit dem Kreml suchen werde. Im CDU-Parteivorstand erklärte er am 5. Februar 1955: »Sobald wir souverän sind, können wir als ein selbstständiger Staat unsere diplomatischen Beziehungen einsetzen im Sinne einer Beilegung des Konflikts auch mit den Sowjets, wozu wir jetzt gar nicht in der Lage sind.« Nun war die junge Republik dazu in der Lage. Nach harten innenpolitischen Auseinandersetzungen hatte die Bundesrepublik mit der Ratifizierung der Westverträge ihre Souveränität wiedererlangt. Doch Adenauer war sich des Risikos bewusst. Noch beim Anflug auf Moskau erlebte Regierungssprecher Felix von Eckardt einen Bundeskanzler, der befürchtete, »dass diese neuartigen Entspannungsmethoden die Situation im Westen schwächen und Illusionen auslösen, die die Verteidigungsbereitschaft und Immunität gegen geistige Infizierung beeinträchtigen«.

Auch intern hatte sich Widerstand geregt: Adenauers Helfer, Männer wie Herbert Blankenhorn und Walter Hallstein, sorgten sich, dass die Bundesrepublik einen hohen Preis würde zahlen müssen. Die Aufnahme diplomatischer Beziehungen fürchteten sie wie der Teufel das Weihwasser, schließlich würde der Kreml damit seine Theorie von der Existenz zweier deutscher Staaten bestätigen können. »Die Reise ist ein Wagnis«, warnte der CDU-/CSU-Fraktionsvorsitzende Heinrich Krone. Doch er wusste auch: »Wir müssen es eingehen.«

Politische Risiken auf der einen – die Chance auf mehr Menschlichkeit auf der anderen Seite. Diese beiden Seiten der Medaille hatte Bundespräsident Theoder Heuss schon vier Jahre zuvor auf den Punkt gebracht, als er in einer Rede zum Gedenken an die Kriegsgefangenen am 8. Mai 1951 klar erkannte: »Es ist ein tragisches Verhängnis, dass der ganze Fragenkreis des Kriegsgefangenenproblems zu einem Politikum geworden ist, während er ganz simpel ein Humanum, eine Sache der einfachen Menschlichkeit, ist.«

Adenauer war völlig klar, dass wir, die Bundesrepublik Deutschland, erst wieder souverän werden müssen. Als er das erreicht hatte, ging seine erste Reise nach Moskau, und von dort brachte er die Kriegsgefangenen mit.

Rainer Barzel, CDU-Politiker

Der Flughafen war voll. Ich habe nie wieder so viele Leute gesehen – Diplomaten, Botschafter, Minister –, obwohl ich noch sehr viele Delegationen empfangen habe.

Aleksandr Bogomolow, ehemaliger Dolmetscher des sowjetischen Außenministeriums

Adenauer wollte sich auf die Aufforderung des Kreml einlassen. Er wusste, Moskau war an diplomatischen Beziehungen mit Westdeutschland interessiert. Und dafür forderte Adenauer einen Preis. Seine beiden grundsätzlichen Vorbedingungen: Die Sowjetregierung müsse »erstens die 9626 noch in Kriegsgefangenschaft gehaltenen deutschen Soldaten entlassen« und zweitens die Vorbehalte der deutschen Regierung hinsichtlich der Ostgrenzen Deutschlands akzeptieren.

Doch bereits die Vorbereitungen des Besuchs machten deutlich, wie schwierig die Umsetzung dieser Formulierungen sein würde. Die Unterhändler Moskaus wollten die Frage der Kriegsgefangenen ausklammern. Über diplomatische Beziehungen, über wirtschaftliche Zusammenarbeit und kulturelle Fragen – darüber könne man sprechen. Kriegsgefangene? Die gebe es nicht. Worüber wolle man hier also diskutieren?

Die sowjetische Weigerung ließ den deutschen Kanzler wieder zweifeln. In seinem Sommerurlaub erwog er, den geplanten Besuch »unter irgendeinem Vorwand« abzusagen. Doch die Phase des Zweifels dauerte nicht lange. Wollte er nicht zu Hause als »kalter Krieger« dastehen, musste er die Einladung annehmen. In seiner Antwortnote vom 9. August erklärte sich Adenauer zu Gesprächen bereit, auch »wenn in der Frage der nationalen Einheit die sowjetische Position« bekannt sei. Über die Kriegsgefangenen fand sich im offiziellen Schreiben kein Wort.

Es war eine hochrangige Delegation, die am 8. September in zwei Sonderflugzeugen nach Moskau aufbrach, zu einer »Fahrt ins Blaue«, wie Adenauer spöttelte. Mit dem Kanzler reisten Außenminister Heinrich von

Nach einem erfolgreichen Abschluss der Verhandlungen mit der Deutschen Bundesrepublik beabsichtigen wir, 5614 deutsche Bürger, darunter 3708 Kriegsgefangene, 1906 Zivilpersonen und 180 Generale der ehemaligen Hitlerarmee von der weiteren Strafverbüßung zu befreien und sie entsprechend ihrem Wohnsitz nach der DDR oder Westdeutschland zu repatriieren.

Brief Chruschtschows an die DDR-Regierung, 14. Juli 1955

Brentano und die außenpolitischen Berater Adenauers. Staatssekretär Hans Globke und Ministerialdirigent Walter Hallstein waren ebenso dabei wie NATO-Botschafter Herbert Blankenhorn und die Vorsitzenden der Auswärtigen Ausschüsse von Bundestag und Bundesrat, Kurt Georg Kiesinger und Ministerpräsident Karl Arnold. Sogar ein Oppositionspolitiker gehörte zur Delegation. Mit der Einladung an Carlo Schmid zeigte sich Adenauer als gewiefter Fuchs. Innenpolitisch band die Teilnahme des SPD-Politikers die Opposition ein. Außenpolitisch demonstrierte Adenauer zugleich, dass die gesamte deutsche Öffentlichkeit seine Politik unterstützte.

Mehr als 80 Journalisten begleiteten den deutschen Verhandlungstross. Die Erwartungshaltung war hoch, der Aufwand erheblich. Die Bundesbahn hatte einen Sonderzug für das russische Schienennetz umrüsten lassen. Zu dem komplett ausgestatteten Reisezug gehörte ein abhörsicherer Konferenzwagen mit unabhängiger Fernmeldezentrale. Auch eine Limousine aus dem Fuhrpark des Bundeskanzleramts wurde nach Moskau transportiert – wer konnte schon wissen, wo die sowjetischen Gastgeber »Wanzen« installiert hatten?

Mit der Landung auf dem Flughafen Wnukowo begann die Abfolge symbolträchtiger Bilder. Die beiden modernen Super-Constellations der Lufthansa demonstrierten das deutsche Selbstbewusstsein. Der Kreml empfing seine Gäste mit großem Zeremoniell. Zur Begrüßung waren mit Regierungschef Nikolai Bulganin und Außenminister Wjatscheslaw Molotow hochrangige Mitglieder der Staatsführung erschienen. Sie hießen den Kanzler der Bonner Republik mit allen protokollarischen Ehren willkommen: »Herr Bundeskanzler! Ich melde Ihnen die 1. Kompanie des 3. Garderegiments des XV. Armeekorps zu Ehren der Ankunft Eurer Exzellenz in Moskau angetreten«, grüßte Gardehauptmann Petrow. Adenauer dankte mit einem »Sdrastwuitje – guten Tag«, und die Ehrenkompanie wünschte dem alten Mann aus Rhöndorf ein »Sdawja dalaje! – ewige Gesundheit«.

Mit ganz besonders großer Hoffnung wurde die Rundfunkübertragung in manchen Teilen des sowjetischen Imperiums verfolgt. Die Deutschen in den sowjetischen Lagern registrierten erstaunt das große Selbstbewusstsein, das aus Adenauers Begrüßungsworten sprach: »Zum ersten Mal verhandelt eine Vertretung des deutschen Volkes mit der Sowjetregierung.« In gespannter Erwartung drängten sich diese Zuhörer vor dem Apparat, krochen fast hinein, damit ihnen nicht entgehen, worauf sie alle sehnsüchtig warteten. »Über ein selbst gebautes Radio erfuhren wir, wie Kon-

»Die Reise ist ein Wagnis«: Die deutsche Delegation wird am 8. September 1955 auf dem Moskauer Flughafen Wnukowo empfangen.

rad Adenauer über unsere Freilassung verhandelte«, schildert Johann Knüwer die Berichte über Gespräche, von denen er hoffte, dass sie auch seine 14-jährige Gefangenschaft beenden würden. »Nachts hörten wir ganz leise Radio, damit die Russen es nicht merkten.« Doch es fiel kein Wort über deutsche Gefangene – noch nicht.

Bereits am ersten Tag der Gespräche, die im Spiridonowka-Palais stattfanden, kamen die unterschiedlichen Positionen unmissverständlich zur Sprache. Kurt-Georg Kiesinger beobachtete als einfaches Delegationsmitglied die Verhandlungen: »Wir wurden zwar von den Russen überschüttet mit ihrer Gastfreundschaft. Aber sobald es zu Verhandlungen kam, hatte man das Gefühl, vor einem Tribunal zu sitzen. Überall eingefrorene Gesichter. Adenauer hat sich so souverän gezeigt, hat immer gekontert, wo es notwendig war.«

Die Verhandlungen waren absolute Chefsache. Parteichef Nikita Chruschtschow, Bulganin und Molotow führten das Wort auf sowjetischer Seite, ihnen gegenüber sprach fast ausschließlich Konrad Adenauer. Die

»Die Gunst des Augenblicks nutzen«: Konrad Adenauer besucht im Bolschoi-Theater die Ballettaufführung von »Romeo und Julia«.

eine Seite wünschte die Aufnahme diplomatischer Beziehungen ohne Vorbedingungen, genau diese stellte aber die andere Seite. »Bitte schicken Sie die festgehaltenen Deutschen in die Heimat zurück. Es ist nicht denkbar, normale Beziehungen zwischen Deutschland und Russland herzustellen, solange diese Frage ungelöst bleibt. Seien Sie menschlich!« Adenauers drängender Appell legte den Finger in eine offene Wunde. Bulganin tat ahnungslos. Kriegsgefangene? Die gebe es nicht mehr. Was es noch in sowjetischen Lagern gebe, seien Kriegsverbrecher. 9626 Personen der ehemaligen Hitler-Armee, »die durch die sowjetischen Gerichte für besonders schwere Verbrechen an dem sowjetischen Volk, gegen den Frieden und gegen die Menschlichkeit verurteilt wurden«, befänden sich in sowjetischem Gewahrsam. »Das sind Menschen, welche die Menschenwürde verloren haben.« In seiner Entgegnung vermied Adenauer das Wort »Kriegsgefangene« und sprach von »zurückgehaltenen Personen«. Seine eindringliche Bitte: »Lassen Sie uns nicht nach Hause fahren mit der Erklärung: ›Die Sowjetregierung hat es abgelehnt, in dieser Frage überhaupt mit uns zu sprechen.‹«

Tatsächlich ist im Spiridonowka-Palais überhaupt nicht verhandelt worden. Es gab hier, sozusagen auf offener Bühne, bloß Redeschlachten, die mit Verhandlungen nichts zu tun, wohl aber den Charakter reinigender Gewitter hatten.

Hans Ulrich Kempski, *»Um die Macht«*

Die Stimmung war von Anfang an sehr angespannt und skeptisch. Natürlich war es das Ziel, so mit den Gefangenen zurückzukommen, aber ich glaube, dass niemand sicher war, dass es gelingen würde.

Rolf-Dietrich Keil, Dolmetscher von Adenauer

Doch genau danach sah es aus. Der erste Verhandlungstag endete ergebnislos. Nach fünf Jahren heißem Krieg und zehn Jahren kalten Spannungen wogten die Kriegsereignisse noch immer wie ein Meer aus Blut und Tränen zwischen den beiden Völkern. Zehn Jahre nach einem Krieg musste man beim ersten Treffen etwas »Dampf ablassen«, schrieb Adenauer in seinen Erinnerungen.

Während in den sowjetischen Lagern die Gefangenen des Regimes litten, zeigte sich die Sowjetunion ihren Gästen in Moskau von einer ganz anderen Seite. Die Führung hatte zu einer Gala ins Bolschoi-Theater geladen und präsentierte dort mit das Herausragendste, das die Sowjetunion auf künstlerischem Gebiet hervorgebracht hatte: Galina Ulanowa tanzte in Sergeij Prokofjeffs »Romeo und Julia«. Das Ballett erzählte die Geschichte zweier Familien, deren Feindschaft erst der Jugend den Tod brachte, bevor die Opfer auf beiden Seiten zur Versöhnung führen konnten. Fast schien es, als präsentierte die Primaballerina damit auch die jüngste Geschichte im deutsch-sowjetischen Verhältnis. Als sich die Oberhäupter der feindlichen Familien Capulet und Montague in die Arme sanken, nutzte der Bundeskanzler die Ergriffenheit zu einer Geste: »Er fasste Bulganin an den Schultern und drehte ihn zu sich her«, erinnerte sich Dolmetscher Rolf-Dietrich Keil. Und unter dem rauschenden Beifall aller Besucher legte Adenauer seine Hände in die Bulganins. Was auf der Bühne endete, setzte sich in der Ehrenloge fort: Das Bild von der Versöhnung zerstrittener Staatsmänner ging um die Welt. War das der Durchbruch?

Ermutigt durch den symbolischen Handschlag, machte Adenauer am nächsten Verhandlungstag erneut klar, dass er auch über Kriegsgefangene und die deutsche Wiedervereinigung sprechen wollte. Die Antwort der Russen war ebenso eindeutig: Njet. Der Ton wurde schärfer, als Bulganin die offizielle sowjetische Interpretation konkretisierte: »Das sind Gewalttäter, Brandstifter, Mörder von Frauen, Kindern und Greisen. Das sowjetische Volk kann nicht die schwersten Verbrechen vergessen, die von diesen kriminellen Elementen verübt wurden.«

Doch Adenauer betrachtete seinen Besuch keinesfalls als Büßergang nach Canossa: »Es ist wahr: Deutsche Truppen sind in Russland eingefallen. Es ist wahr: Es ist viel Schlechtes geschehen. Es ist aber auch wahr, dass die russischen Armeen dann – in der Gegenwehr, das gebe ich zu – in Deutschland eingedrungen sind und dort viele entsetzliche Dinge im Kriege vorgekommen sind.« Er wolle keine Gegenanklage erheben und Unrecht gegen Unrecht aufrechnen, sondern verdeutlichen, »...wenn wir in eine neue Periode unserer Beziehungen eintreten – und das ist unser ernstlicher Wille –, dass wir dann nicht zu tief in die Vergangenheit hineinsehen sollten«.

Der Kampf war sehr heftig. Die Russen – das muss ich sagen – waren stark im Geben. Sie waren aber auch stark im Nehmen.

Konrad Adenauer vor dem Parteivorstand der CDU, 30. September 1955

Das laute Gegeneinander, mehr Tumult als diplomatische Konferenz, spitzte sich immer dann zu, wenn über die Freilassung der letzten deutschen Kriegsgefangenen geredet wurde.

Hans Ulrich Kempski, *»Um die Macht«*

Wo sie sind? In der Erde! In der Erde! In der sowjetischen Erde!

Wutausbruch Chruschtschows auf die Frage nach dem Verbleib von hunderttausenden Deutschen, 10. September 1955

Als Adenauers Antwort übersetzt wurde, schien sich ein Eklat anzubahnen. Chruschtschow schäumte vor Wut. Durch einen Übersetzungsfehler wurde aus den »entsetzlichen Dingen« im Russischen »Gräueltaten«. Doch auch als dieses Missverständnis ausgeräumt wurde, konnte sich Chruschtschow nicht beruhigen und dementierte mit geballten Fäusten »kategorisch« die Vorwürfe Adenauers. Sein Wutausbruch wegen der »beleidigenden Bemerkungen« endete mit der Warnung: »Wenn Sie noch einmal derartige Formulierungen gebrauchen, werden wir unsere Gespräche beenden müssen.«

Gegenseitiger Groll drohte die Verhandlungen zum Scheitern zu bringen. In dieser Krisensituation ergriff Carlo Schmid das Wort. Mit seiner ganzen Sprachgewalt betonte er die »moralische Verantwortung« für die Verbrechen, die im deutschen Namen am russischen Volk begangen worden seien. »Die Haftung für die Folgen liegt auch auf den Schultern der Menschen, die sich dieser Verbrechen nicht schuldig gemacht haben. Und weil es so ist, ist es für jeden Deutschen immer beschämend, von Menschen, die Opfer von Verbrechen geworden sind, etwas für Deutsche zu erbitten.« Er argumentiere nicht im Namen der »Gerechtigkeit«, sondern beschwor eindringlich die russische Seele: »Ich appelliere an die Großherzigkeit des russischen Volkes. Lassen Sie Gnade walten, lassen Sie diese Menschen zurückkehren zu denen, die seit mehr als zehn Jahren auf sie warten. Hinter dieser Bitte steht das ganze deutsche Volk ohne Unterschied der Partei und ohne Unterschied des persönlichen Schicksals.«

Der sowjetische Dolmetscher Alexander Bogomolow war später sicher:

Die Kriegsgefangenenfrage… war, so wollte es scheinen, für beide Seiten zu einer Prestigeangelegenheit geworden.

Hans Ulrich Kempski, *»Um die Macht«*

Carlo Schmid hat die Verhandlungen gerettet. Er war ein intelligenter Mann. Er bat um Vergebung für das Leid, das die Deutschen ins Land gebracht hatten.

Aleksandr Bogomolow, ehemaliger Dolmetscher des sowjetischen Außenministeriums

»Die Rede Schmids hat die Verhandlungen gerettet.« Nach sekundenlangem Schweigen fand Chruschtschow als Erster die Sprache wieder. Bewegt und erkennbar beruhigt erklärte er: »Das war das rechte Wort und auch die rechte Art. Jetzt können wir weitersprechen.« Hatten die Sowjets bis dahin Gespräche über die Gefangenen kategorisch abgelehnt, so thematisierten sie nun die Reihenfolge: Zuerst solle über die Aufnahme diplomatischer Beziehungen gesprochen werden, dann über die »Kriegsverbrecher«.

Eine Krise schien überstanden, es sollte noch nicht die letzte gewesen sein. Adenauers Dolmetscher erlebte, wie sich die Situation entspannt hatte. »Auf Chruschtschows Frage: ›Kriegen wir nun Botschafter oder nicht?‹, antwortete Adenauer: ›Dat kommt. Nur, wissen Se, et is' so schwierig, den richtigen Mann zu finden.‹ Als Chruschtschow eilfertig versicherte: ›Also, ich würde sofort gehen‹, wiegelte Adenauer listig ab: ›Ich würde Se ja auch sofort nehmen. Nur wissen Se, Sie sind ein impulsiver Mensch. Und dann müssten Se sich Ihrem Außenminister unterordnen.‹« Doch die Personalfrage stand noch überhaupt nicht zur Debatte.

Ähnlich schwierig wie die Frage der Kriegsgefangenen gestalteten sich die Gespräche zur deutschen Wiedervereinigung. Der Kreml sah in der Aufstellung deutscher Truppen im Rahmen der NATO eine Bedrohung seiner Sicherheit. Für Adenauers Beteuerungen, die Bundesrepublik werde immer für den Frieden eintreten, hatte Chruschtschow nur Spott übrig: »Armeen werden nicht aufgestellt, damit sie Suppe essen und Brühe zubereiten.«

Diesmal war es an Adenauer, mit dem Abbruch der Gespräche zu drohen. Die deutsche Delegation traf sich zu einer Krisensitzung im Sonderzug der Bundesbahn. Der Kanzler befand sich in einer Zwickmühle. Sein Ziel, die Rückkehr der Gefangenen und Zugeständnisse in der deutschen Frage zu erreichen, schien in weite Ferne gerückt zu sein.

Es kam, wie es vorauszusehen war, bei diesem ersten Zusammentreffen nach dem Kriege auf beiden Seiten der ganze Groll, der Zorn und die Trauer über all das heraus, was in diesem Krieg zwischen beiden Völkern geschehen ist, was das eine Volk dem anderen angetan hat.

Konrad Adenauer vor dem Parteivorstand der CDU, 30. September 1955

Einige seiner außenpolitischen Berater hatten vor dem Flug über Alternativen nachgedacht. Ein geschlossenes Konzept war es zwar nicht, doch sie wussten, was sie nicht wollten: sofortige diplo-

»Wir geben Ihnen alle«: Der Händedruck von Bulganin, Adenauer und Chruschtschow symbolisierte den Durchbruch bei den Verhandlungen.

matische Beziehungen. Stattdessen plädierten sie für kleine Schritte: Beobachter statt Botschafter, Arbeitsgespräche statt diplomatischer Kontakte. Doch konnte der deutsche Kanzler, der mit so großem Gefolge gekommen war, ein solch minimales diplomatisches Ergebnis mitbringen? Konnte er ohne die Gefangenen zurückkehren?

Auf sowjetischer Seite spürte man, dass die Verhandlungen auf der Kippe standen. Ein Fiasko drohte – für beide Seiten. In dieser Situation entschloss sich Adenauer zu einem Bluff: »Er ließ seinen Regierungssprecher nach den Flugzeugen telefonieren und sagte: ›Es hat keinen Zweck.‹« Damit die Sowjetführung von der beabsichtigten vorzeitigen Abreise erfuhr, ging die Nachricht auf ausdrücklichen Wunsch Adenauers unverschlüsselt über den Äther. Der Kreml verstand den Wink.

Für den Abend des 12. September war ein Staatsempfang im festlichen Saal des Sankt-Georgs-Ordens des Kreml geplant. Bei Krimsekt und Kaviar plätscherten die Gespräche zunächst dahin. Wie bei den Gesprächen üblich, wurde reichlich Wodka gereicht. Harte Wortgefechte und Hochprozentiges gehörten nach russischer Tradition zusammen. »Hans Globke hat vor jeder Verhandlungsrunde jedem Delegationsmitglied einen Esslöffel voll Olivenöl zu schlucken gegeben«, wussten Journalisten wie Hans Ulrich Kempski um das Geheimnis deutscher Trinkfestigkeit. In einer Vielzahl von Vier-Augen-Gesprächen drehte sich alles stets um das eine Thema: Was würden die Deutschen für ihr »Ja« zur Aufnahme diplomatischer Beziehungen bekommen? Wie kurios solche Gespräche gelegentlich verliefen, berichtet Dolmetscher Professor Keil, der ein Wortgeplänkel zwischen den beiden Außenministern Molotow und von Brentano übersetzte: »Molotow fragte: ›Was hindert Sie eigentlich, diplomatische Beziehungen zur Sowjetunion aufzunehmen? Ist es Amerika?‹ Brentano verneinte. ›Ist es England?‹ Nein. ›Frankreich?‹ Nein. ›Dann ist es Luxemburg!‹ Als Brentano gequält lächelnd ›Ja‹ sagte, spottete Molotow: ›Ich wusste, dass es nicht Costa Rica war.‹«

Nach einer Vielzahl von Trinksprüchen änderten sich die Formulierungen. In einer persönlichen Unterredung fragte Bulganin: »Wie wollen wir die Verhandlungen abschließen?« Als Adenauer wieder auf die Frage der Kriegsgefangenen verwies, hielt Bulganin eine überraschende Lösung parat: »Gut, wenn noch welche da sind. Sie sollen sie haben.« Dann unterbreitete er einen ungewöhnlichen Vorschlag: »Schreiben Sie uns eine Note, in der die Zustimmung zur Aufnahme diplomatischer Beziehungen ausgesprochen wird, und wir geben sie Ihnen alle! Eine Woche später.« Adenauer fragte nach, ob damit alle Deutschen gemeint seien, was Bulganin bestätigte: »Alle, alle, alle.« Parteichef Chruschtschow schränkte danach lediglich ein: »Wir können Ihnen keine Garantien oder Zusicherungen geben, weder schriftlich noch mündlich. Aber wir geben Ihnen unser Ehrenwort, und unser Wort gilt.«

Die Sowjets hatten einen Weg gefunden, wie man zu einer Lösung kommen konnte, ohne dass eine Seite ihre Position aufgeben musste. »Sie müssen verstehen, dass die Sowjetunion als Großmacht sich keine Bedingungen stellen lassen kann«, hatte Chruschtschow gegenüber Karl Arnold erklärt. So wie kein Junktim zwischen Kriegsgefangenen und diplomatischen Beziehungen hergestellt werden durfte, sollte es auch keine schriftliche Vereinbarung geben, in welcher der Kreml von der bis dahin praktizierten Sprachregelung hätte abweichen müssen.

Das Eis schien gebrochen. Bei Wodka und Wein wurde die Stimmung gelöster. Man war sich in dieser Nacht näher gekommen. Während Adenauers rheinischer Frohsinn durchbrach – angesichts einer großen Marx-Büste im Kreml hatte der Kanzler die sowjetischen Kommunisten nur gefragt: »Dat is' doch so'n Rheinländer, nich?« –, herrschte auf deutscher Seite noch immer bei vielen Skepsis. Zurück im abhörsicheren Konferenzwagen, warnten Brentano, Hallstein und Grewe davor, dem sowjetischen Vorschlag zuzustimmen. Wilhelm Grewe war überzeugt, »dass wir unsere Möglichkeiten noch nicht ausgereizt hatten. Ich plädierte dafür, noch ein paar Tage zu verhandeln.« Adenauer hingegen war entschlossen, »die Gunst des Augenblicks zu nutzen«. Ihn bewegte nur noch die Frage: Wie ließ sich vermeiden, dass die Aufnahme diplomatischer Beziehungen nicht als Anerkennung der »Sowjetzone« gar der Oder-Neiße-Grenze interpretiert wurde?

Es begann eine politische Gratwanderung, die ihren Niederschlag in einem »Brief zur deutschen Einheit« fand. Darin hieß es: Die Aufnahme diplomatischer Beziehungen bedeute »keine Änderung des Rechtsstandpunktes der Bundesregierung in Bezug auf ihre Befugnis zur Vertretung des deutschen Volkes in internationalen Angelegenheiten und in Bezug auf die politischen Verhältnisse in denjenigen deutschen Gebieten, die gegenwärtig außerhalb ihrer effektiven Hoheitsgewalt liegen«. Was da in verquastem Diplomatendeutsch umschrieben wurde, hieß im Klartext: Bonn gab seinen Anspruch nicht auf, auch für die Deutschen im Osten zu sprechen. Adenauer wollte sich nicht dem Vorwurf aussetzen, er habe die Freiheit von 10 000 Kriegsgefangenen mit der Freiheit von Millionen Deutschen in Ostdeutschland erkauft.

Dem diplomatischen Tanz auf dem Vulkan folgte ein juristischer Eiertanz. In der Nacht vor dem Rückflug übergab ein deutscher Protokollbeamter dem Privatsekretär Bulganins den endgültigen Text und verlangte eine Quittung. Vertrauen ist gut, Kontrolle ist besser. Auch die Deutschen kannten Lenins Lebensweisheit. Auch wenn die sowjetische Seite den Brief inhaltlich nicht zur Kenntnis nehmen wollte, entgegengenommen hatte sie ihn.

Adenauer hatte sein Nahziel erreicht: die Rückkehr der Kriegsgefangenen. Er hatte hoch gepokert und letztlich gewonnen. Der »Alte aus Rhöndorf« hatte es den »Soffjets«, wie er sie im kölschen Dialekt nannte, gezeigt. Die Würdigung dieser Leistung fehlt in keiner Adenauer-Biografie. Dennoch gab es Kritik. Heute und auch damals.

Charles Bohlen, der US-Botschafter in Moskau, war außer sich. Seinen Zorn bekam Herbert Blankenhorn zu spüren, den er am 13. September wü-

Wenn Sie uns mit Ihren Kriegsgefangenenangelegenheiten weiter langweilen wollen, suchen Sie sich ein anderes Auditorium.

Chruschtschow gegenüber Adenauer, 13. September 1955

Ich kann nicht finden, dass Sie höflich sind, Herr Chruschtschow.

Adenauers Antwort

»Gefangene gegen die Legalisierung der Spaltung Deutschlands eingetauscht«: John Foster Dulles, Dwight D. Eisenhower und Botschafter Charles Bohlen im Gespräch.

tend anschrie: »Sagen Sie dem Herrn Bundeskanzler, dass ich ihm dafür danke, dass er am vergangenen Sonntag uns ermahnt hat, den Sowjetrussen gegenüber fest zu bleiben. Es ist mir heute klar geworden, was er unter Festigkeit versteht!« Von einem »vollständigen Zusammenbruch der deutschen Position« berichtete Bohlen nach Washington. »Man hat Gefangene gegen die Legalisierung der Spaltung Deutschlands eingetauscht.« Doch was für den US-Botschafter der »größte diplomatische Sieg der Sowjetunion in der Nachkriegszeit« war, hatte sein Präsident vorab bereits akzeptiert, als er Adenauer telegrafisch freie Hand gegeben hatte: »Was immer Sie tun, Herr Bundeskanzler, ich billige Ihre Haltung und werde Sie unterstützen.«

In Deutschland äußerte sich unter anderen Außenminister Brentano kritisch: »Ich war der Überzeugung, dass die deutsche Seite nicht hart genug verhandelt hatte. Es war ja ein Gespräch mit Kidnappern.« Und dem Ehrenwort der Kreml-Führung schenkte das Delegationsmitglied ohnehin keinen Glauben, für ihn waren die sowjetischen Politiker »Flegel, Heuchler, Lügner«. Im fernen München befürchtete der stellvertretende Vorsitzende der CSU, Franz Josef Strauß, den »Beginn einer neuen und außer-

»Zahlreiche Versuche, die Kriegsgefangenen freizubekommen«: Der Präsident des Deutschen Roten Kreuzes, Heinrich Weitz.

ordentlich gefährlichen Periode«, der zudem durch eine »plumpe Erpressung erzwungen« worden war. In seltener Einmütigkeit mit Strauß übte auch der *Spiegel* Kritik am Verhandlungsergebnis. Keinen Monat nach der Rückkehr Adenauers verkündete das Hamburger Nachrichtenmagazin, dass die Freilassung der Gefangenen ohnehin auf der Agenda des Kreml gestanden habe. Bereits im Februar hätten die Vorbereitungen für ihre Rückführung begonnen. Doch dann hätten die Russen gepokert und die Transporte bewusst zurückgehalten, um in den Verhandlungen ein Faustpfand zu behalten.

Tatsächlich räumte Wilhelm Grewe später ein: »Wir haben das immer für selbstverständlich gehalten, dass sie irgendwann diesen Schritt tun würden, aber wann und zu welchem Preis, das war die Frage.«

Ich glaube, dass die Russen auf jeden Fall dazu entschlossen waren, die Kriegsgefangenen freizulassen. Sie überlegten nur noch, welchen Preis sie dafür verlangen konnten, und zu welchem Zeitpunkt sie zu erkennen geben, dass sie dazu bereit waren.

Wilhelm Grewe, ehemaliger Berater von Adenauer

Hatte Adenauer also für etwas bezahlt, das er ohnehin erhalten hätte? Wie groß war die Gefahr, dass ein mögliches Scheitern der Moskau-Reise die Situation der Kriegsgefangenen verschlim-

Hätte Adenauer in Moskau das Problem der Gefangenen nicht angesprochen, sie wären ohne Zweifel einige Monate später trotzdem nach Deutschland zurückgekehrt.

Aleksandr Bogomolow, ehemaliger Dolmetscher des sowjetischen Außenministeriums

mert hätte? Oder noch gravierender: Erfolgte die Heimkehr tatsächlich »fünf Jahre zu spät«, wie noch Anfang der Neunzigerjahre gemutmaßt wurde? Der Historiker Wolfgang Benz wagt die These, dass die Kriegsgefangenen von beiden Seiten als Geiseln missbraucht worden seien – »von Moskau und von Bonn«. Seine Behauptung: Die Deutschen mussten länger als notwendig in sowjetischen Lagern ausharren, weil die Bundesregierung humanitäre Initiativen des Deutschen Roten Kreuzes verhindert hatte.

Tatsächlich hatte es immer wieder Versuche gegeben, dieses Nachkriegsproblem zu lösen. International setzten sich die westlichen Alliierten im Rahmen der UNO für eine allgemeine Lösung der Kriegsgefangenenfrage ein – vergebens. In Deutschland versuchten kirchliche und karitative Organisationen auf eigenen Wegen, die Sowjetunion zur Freilassung der Gefangenen zu bewegen. Vor Adenauer war beispielsweise der Präses der evangelischen Kirche Deutschlands, Gustav Heinemann, zu einem Besuch nach Moskau gereist – ebenfalls vergeblich. Die scheinbar aussichtsreichste Initiative soll Heinrich Weitz, nordrhein-westfälischer Finanzminister und Präsident des Deutschen Roten Kreuzes, unternommen haben. Auch er scheiterte – angeblich an mangelnder Unterstützung Adenauers, tatsächlich aber am Kern des Problems. Der Kreml wollte für sein Entgegenkommen in der Gefangenenfrage einen politischen Preis. Genau diesen Preis konnten weder die deutschen Kirchen noch das Deutsche Rote Kreuz zahlen; dazu war allein die Bonner Regierung imstande, wie Michael Borchard in seiner Dissertation über »*Die deutschen Kriegsgefangenen in der Sowjetunion*« feststellt.

Bleibt die Frage, ob Adenauer einen zu hohen Preis gezahlt hatte: Marion Gräfin Dönhoff wagte in der Wochenzeitung *Die Zeit* eine traurige Vorhersage: »Die Freiheit der 10 000 besiegelt die Knechtschaft der 17 Millionen.« Tatsächlich war mit dem Botschafteraustausch der Status quo der Teilung Deutschlands vor aller Welt besiegelt. Erstmals akzeptierte eine Bonner Regierung, dass es in einer ausländischen Hauptstadt zwei deutsche Botschaften geben würde. Mit dem Problem, dass nach der UdSSR nun auch andere Staaten versuchen würden, diplomatische Beziehungen zu zwei deutschen Staaten aufzunehmen, hatten sich Adenauers Berater bereits auf dem Rückflug von Moskau beschäftigt. Es entstand die so genannte Hallstein-Doktrin, die den befürchteten Dammbruch verhindern sollte. In einer Regierungserklärung am 22. September 1955 erläuterte Konrad Adenauer die Position der Bundesregierung: »Ich muss unzweideutig feststellen, dass die Bundesregierung auch künftig die Aufnahme diplomatischer Beziehungen mit der so genannten DDR durch dritte Staaten, mit denen sie offizielle Beziehungen unterhält, als einen unfreundlichen Akt ansehen würde.« Moskau sollte eine Ausnahme bleiben.

Die Russen haben ihr Wort gehalten und das ganze Abkommen genau erfüllt. Die ersten Heimkehrer trafen im Lager Friedland am 7. Oktober 1955 ein. Es folgten nahezu 10 000. Von den in der Sowjetunion befindlichen Zivilpersonen kehrten in der Folge über 20 000 nach Deutschland zurück.

Konrad Adenauer, »*Erinnerungen*«

Adenauer selbst sah die Position der Bundesrepublik durch die Aufnahme diplomatischer Beziehungen zur UdSSR gestärkt. »Wir waren bisher der junge Mann, der von den anderen drei nach Belieben mitgenommen oder zu Hause gelassen wurde. Und nun haben wir uns auf einmal in eine Reihe mit ihnen gestellt.« Nach den drei westlichen Siegermächten hatte nun auch der vierte Siegerstaat die junge deutsche Republik als souveränen Verhandlungspartner akzeptiert. Und der Kritik an einer vermeintlichen Aufgabe des Alleinvertretungsanspruchs hatte Adenauer ein unschlagbares Argument entgegenzusetzen: Der Bonner Kanzler hatte nicht nur die westdeutschen Kriegsgefangenen aus den sowjetischen Lagern befreit. Auch eine Vielzahl von Deutschen, die ihren Wohnsitz oder ihre Familie auf dem Gebiet jenseits der Demarkationslinie hatten, sollte nun zurückkehren dürfen.

Bei der Rückkehr auf dem Köln/Bonner Flughafen Wahn am 14. September hielt Adenauer eine improvisierte Rede. »Der sowjetrussische Premierminister hat mir gestern Abend erklärt: Ehe ich in Bonn sein werde, werde die Aktion der Rückgabe in Russland schon anlaufen. Sodass wir also hoffen dürfen, dass die Kriegsgefangenen sehr bald zurückkommen und dass alle anderen auch in verhältnismäßig kurzer Zeit wieder bei uns in unserem Vaterlande sein werden.« Der Jubel auf dem Rollfeld kannte keine Grenzen.

Ich habe mal gesagt, so schlimm diese Verhältnisse manchmal in der Gefangenschaft waren, aber das Schlimmste war diese Ungewissheit der Heimkehr. Und wenn der Bundeskanzler Adenauer nicht gewesen wäre, hätte das noch ganz schlimm ausarten können. Das ist das, was ich Adenauer hoch anrechne, dass er diese Verurteilten immerhin fünf Jahre nach Kriegsende nicht praktisch losgeackert hat.

Albrecht Appelt, Gefangener in der Sowjetunion

Die Hauptpersonen wussten zu diesem Zeitpunkt noch nichts von ihrem Glück. Und als sie davon erfuhren, konnten sie es zunächst nicht glauben, wie Albrecht Lehmann in seinem Buch über Gefangenschaft und Heimkehr schreibt. »Da kam einer in die Stube und rief: ›Du sollst zur Heimkehreruntersuchung!‹« Horst Mensing hielt die frohe Botschaft für einen makabren Scherz und warf mit seinem Holzschemel nach dem Überbringer der Nachricht. Erst nach und nach wich die Skepsis grenzenloser Freude. »Das war die schönste Stunde meines Lebens.« Klaus Gerlach erinnert sich an den entscheidenden Zählappell: »Als der Offizier mich als Ersten aufgerufen hat, da habe ich geglaubt, mir platzt die Erde. In diesem Moment, da war ich wie neu geboren.« Der Kriegsgefangene Hans Haber beschloss, wie viele andere Kameraden, diesen Tag als zweiten Geburtstag zu feiern.

In Güterwaggons ging die Reise nach Westen. Auch wenn die Fahrt für viele fast zwei Wochen dauerte – was waren 14 Tage angesichts der zehn Jahre, die sie in sowjetischer Gefangenschaft verbracht hatten? Wie sehr hatten sich auf dieser Fahrt von Osten nach Westen ihre Gefühle verändert, verglichen mit der Reise in die umgekehrte Richtung? Es gab keine Übergriffe durch das Wachpersonal, keinen Hunger – und vor allem: Die quälende Ungewissheit, was kommen würde, war der freudigen Gewissheit der bevorstehenden Heimkehr gewichen. Dennoch sollte mancher Heimfahrer das ersehnte Ziel nicht erreichen: »Auf dem Heimtransport haben wir zwei aus dem fahrenden Zug geschmissen. Einer hat geweint und gewinselt. Dabei war der Mann ein solcher hundertfacher Mörder. Sie haben als Brigadiere die Leute zu Tode geschunden.« Die Hintergründe für eine solch spontane Selbstjustiz sollten später unter dem Begriff »Kameradenschinder« die Öffentlichkeit in Ost und West bewegen: Vorwürfe gegen ehemalige Angehörige der Wehrmacht, die in sowjetischer Gefangenschaft als Lagerführer oder Antifa-Leiter angeblich Kameraden misshandelt hatten.

Die zehntausendfache Vorfreude konnte dies nicht trüben, als am 6. Oktober die ersten Eisenbahnzüge aus dem Osten über die Zonengrenze nach Herleshausen rollten. »Wir grüßen die Heimat«, stand in großen Lettern an den Güterwaggons. Der »Wochenschau«-Kommentator schwelgte in zeittypischem Pathos: »Die Heimat grüßt ihre Söhne. Deutschland ist mit den Gedanken hier an der Zonengrenze.« Den Übergang nach Westdeutschland erlebten die Heimkehrer gänzlich anders als die Fahrt über die deutsch-polnische Grenze. Die Volkspolizei hatte den Bahnhof in Frankfurt/Oder gesperrt. Nur von fern durften die Ostdeutschen ihren befreiten Landsleuten zuwinken. Es war ein erster Vorgeschmack auf zweierlei Empfang in der Heimat.

Die Berlinerin Marianne Kopelke gehörte zu den Glücklichen der ersten Stunde. Ihr Mann war im ersten Zug mit den Heimkehrern: »Seine ersten Worte am Telefon: ›Rat mal, wer hier ist.‹ Ich kam nicht drauf. Ich war

»Im Güterwaggon auf dem Weg nach Westen«: Heimkehrer erwarten die Ankunft in Deutschland.

fassungslos vor Freude, als ich es erst begriff.« Als im Radio die Namen derer verbreitet wurden, die nach zehnjähriger Gefangenschaft auf der Fahrt in die Heimat waren, fiel auch der Name Konrad Müller. Der einfache Unteroffizier hatte zehn Jahre Straflager hinter sich, und er ahnte nicht, wer nach Friedland kommen sollte, um ihn zu begrüßen. »Eintreffe

All die Jahre in der Gefangenschaft hatte man keine Gefühle gezeigt, nicht geweint – aber nun war's aus.

Günther Wagenlehner, Heimkehrer

mit Bundeskanzler Adenauer«, hatte seine Frau ins Lager telegrafiert. Das Gerücht, Müller sei ein Neffe des »Alten«, stellte sich bald als falsch heraus. Richtig war: Die Männer mit dem gleichen Vornamen wohnten in derselben Straße. Nach Jahren der Entbehrung genoss der Heimkehrer das Privileg, im Sonderzug des Mannes nach Hause fahren zu dürfen, der ihm und vielen anderen die Freiheit gebracht hatte. Wenngleich dies ein besonderer Luxus war, so zeigte sich der Westen auch den Heimkehrern ohne prominente Nachbarn von seiner besten Seite:

Vom Zug ging es in bereitgestellte Autobusse. Solche Fahrzeuge hatten die Neubürger noch nie gesehen: »Mit Radio, in dem Reklame lief. An der Straße standen schick gekleidete Leute, Mädchen gaben uns Zigaretten und Schokolade«, erinnert sich Wilhelm Hansen. Heiratswillige junge Frauen reichten ihnen Zettel mit ihren Adressen. Die Autofahrt von Herleshausen nach Friedland wurde zum triumphalen Korso. Über die gesamten 50 Kilometer säumten Menschen die Straßen. In jedem Ort musste angehalten werden. »Da schwoll das Herz, die Augen gingen uns über«, zeigte sich Heimkehrer wie Ernst-Günther Schenck noch Jahre später überwältigt. »Als wir einzeln aus den Waggons herausgezählt wurden und von einem russischen Begleitoffizier den deutschen Behörden übergeben wurden und dann draußen die große Zahl der uns zujubelnden Menschen sahen, da war das die urplötzliche Erkenntnis: Nun sind wir wieder frei. Wir hatten es ja bis zum letzten Moment nicht glauben können.« Zur Begrüßung hatten sich Kinder eingefunden, die noch nicht auf der Welt waren, als die Männer in Gefangenschaft geraten waren. Nun warfen sie Blumen zum Willkommen. Die Menschenmassen beiderseits der Straße beeindruckte auch den »Wochenschau«-Kommentator, der in der Sprache der Zeit die Szenen beschrieb: »Wieder ein Halt. Auf dem Marktplatz von Eschwege lassen die Einwohner die Heimkehrer nicht mehr weiterfahren,

Ich hatte immer noch Hoffnung. Denn ab und zu hörte man doch: Es kam noch jemand. Und wie Adenauer denn noch die letzten Gefangenen geholt hatte, da dachte ich, ich wollte auch nach Friedland fahren, aber ich hatte Angst, große Angst. Und er war nicht dabei. Die zeigten ja Bilder im Fernsehen, ich hab' immer ihn gesucht, aber er war nicht dabei. Und dann damit fertig werden.

Luzia Kollak, Witwe eines deutschen Soldaten

»Endlich die Gefangenenkluft abstreifen«: Als Symbol ihrer Freilassung warfen Heimkehrer auf der Strecke nach Herleshausen ihre Gefangenenmützen weg.

ohne sie selbst begrüßt zu haben. Überwältigt stehen die Männer da, diese Männer aus einer andern Welt.« Der Kommentator ahnte nicht, wie Recht er mit seinen Worten hatte: eine andere Welt. Sie sollte bald schon mit voller Wucht die Entlassenen treffen.

Doch noch herrschte die reine Freude vor: Deutschland erlebte einen Ausbruch von Gefühlen, wie ihn zuletzt 1954 die deutschen Fußballwelt-

»Männer aus einer anderen Welt«: Busse mit Spätheimkehrern werden auf dem Marktplatz von Eschwege von der Bevölkerung begrüßt.

meister auf ihrer Rückfahrt von Bern ausgelöst hatten. Alle Augen der Menschen in der jungen Bundesrepublik richteten sich auf Friedland. Jahrelang hatten sich Frauen nach jeder Rundfunkmeldung über die Ankunft neuer Kriegsgefangener auf den Weg vor die Tore Hannovers gemacht, voller Hoffnung, dass unter den Heimkehrern auch ihr Sohn, ihr Mann, ihr Vater sein würde. Lange Jahre waren sie vergebens gekommen, so wie Minna Wawrzinek: »Es war furchtbar zu sehen, wie andere ihre Männer wiederfanden und man selbst allein nach Hause fuhr. Aber ich habe mir gesagt: Ich gebe nicht auf! Ich fahre wieder hin, immer wieder! Am 9. Oktober 1955 stand sie abermals in Friedland, hörte, wie die Glocke im »Lager der Tränen« abermals zum Empfang läutete. Diesmal sollten es für Minna Wawrzinek Tränen der Freude werden. Unter den von Krieg und Lager gezeichneten Männern war auch ihr Karl, der Vater ihrer vier Kinder. Gemeinsam mit ihrer Tochter Roswitha stand sie in vorderster Reihe auf dem Empfangsplatz, als sich die Busse mit dem ersten Heimkehrertransport näherten. Die elfjährige Roswitha begegnete zum ersten Mal ihrem Vater. Als er im Juli 1944 von einem Heimaturlaub an die Front zurückkehrte, war sein jüngstes Kind noch nicht geboren. »Er kam mir so fremd vor. Ich hatte solche Angst. Ich mochte ihn gar nicht anfassen, weil ich dachte: ›So ein fremder Mann, das ist doch nicht dein Vater.‹« Doch genau der stand vor ihr: 38 Jahre alt, bleich, etwas aufgedunsen, aber insgesamt wohlauf. »Dann sagte meine Mutter: ›Das ist dein Vater, geh hin!‹ Und dann habe ich ihn gestreichelt und dann in den Arm genommen.«

Rührende Wiedersehensfreude, berührende erste Begegnungen. Dem ersten Heimkehrerzug sollten noch weitere folgen. Bis zum Jahresende kehrten 9626 Deutsche (darunter 2622 Internierte und 5588 Zivilverschleppte) aus sowjetischen Lagern zurück. Die letzten 68 trafen erst Ende 1956 ein. Dann war der Krieg auch für diese Kriegsgefangenen zu Ende.

Doch an dieser Straße der Wiedersehensfreude standen viele, die vergebens warteten. Während für einige die Freude des Wiedersehens die Schmerzen der Trennung vergessen ließ, wurde für andere eine dunkle Ahnung zur schrecklichen Gewissheit: Die Männer, auf die sie warteten, würden nie wieder zurückkommen. Fast anderthalb Millionen deutsche Soldaten blieben vermisst.

Sieben Jahre getrennt, und dann dieses Wiedersehen – nicht nur mit meiner Frau allein, sondern auch mit meiner Tochter, die schon sechs Jahre alt war und die ich zum ersten Mal gesehen habe – das war ein Glücksgefühl! Dennoch waren wir von Anfang an ein Herz und eine Seele.

Helmut Tomisch, Heimkehrer

Ich klopfte an der Tür meiner Mutter. Sie saß am Tisch und las ein Buch. Sie schaute kurz hoch, und ich merkte, wie ihre Augen etwas feucht wurden. Doch dann sagte sie nur: »Na, da bist du ja wieder.« Das war so ihre Art.

Manfred Gusovius, Heimkehrer

Er hat wirklich gedacht, er sieht uns nie wieder. Er konnte es nicht fassen, und auch wir konnten es nicht fassen.

Roswitha Senfft, Tochter des Heimkehrers Karl Wawrzinek

Bundespräsident Theodor Heuss persönlich begrüßte alle Freigelassenen: »Liebe Landsleute, Heimkehrer aus dem fernen Osten. Das Grußwort, das ich für das deutsche Volk zu sprechen habe, kann ganz einfach sein: Ein herzliches Willkommen.« Der Arzt Ernst-Günther Schenck antwortete für die Heimkehrer: »Wir stehen mit klopfenden Herzen und mit tränenden Augen vor Ihnen. Wir weinen darüber, dass es so viel Liebe, so viel Treue gibt, wie wir sie heute erleben konnten.« Die offizielle Begrüßung endete mit dem Choral »Nun danket alle Gott«.

Es war nicht die letzte große Feier, welche die Heimkehrer erlebten. Als Wilhelm Hansen im Herbst 1955 in sein holsteinisches Heimatdorf zurückkehrte, feierten die Bewohner »ihren Wilhelm«. »Ich kam mir vor wie ein Schützenkönig.« Auf Dorffesten war er die Attraktion – vor allem für ledige Frauen. In einer Gesellschaft mit ausgeprägtem Männermangel verkörperten manche Spätheimkehrer eine seltene Spezies: Sie waren unverheiratet.

Oben: »Ein herzliches Willkommen«: Bundespräsident Theodor Heuss im Lager Friedland, 18. Oktober 1955.
Unten: »Wir konnten es nicht fassen«: Karl Wawrzinek sieht seine Tochter Roswitha am 9. Oktober 1955 in Friedland zum ersten Mal.

In Heilbronn fand die offizielle Begrüßung von 14 Heimkehrern am 11. November 1955 im Heim der Schützengilde statt. Zum Gedenktag brannten abends in den Fenstern grüne »Heimkehrerkerzen«. Nicht alle ehemaligen Gefangenen kamen mit dem Trubel um ihre Person zurecht. Für Johann Knüwer war der Wiedersehensstress zu viel: »Am 15. Januar 1956 holte mich meine Familie aus Friedland ab und brachte mich mit einem PKW nach Heiden. Dort umjubelten mich die Bürger, als ich mit einer Kutsche durch ganz Heiden fuhr. Nach der Fahrt kippte ich, von den Strapazen geschwächt, vor unserer Haustür um und wusste nicht mehr, was danach passierte.« Überall gab es einen großen Bahnhof – Musik, Blumen, Erfrischungen. Die Zeitungen berichteten ausführlich. Doch den deutschen Behörden war der Rummel nicht immer recht.

Als ich nach Hause kam, läuteten die Kirchenglocken. Da musste ich weinen. Nach diesen vielen, vielen Jahren kamen mir die Tränen, ich konnte ich sie einfach nicht halten.

Heinz Thomas, Heimkehrer

Die Bundesregierung wollte vermeiden, dass der Trubel zu groß wurde. Sie fürchtete, dass das rechte Wort zur falschen Zeit die Rückführung aller Gefangenen gefährden könnte. Aus diesem Grund wurden auch zunächst keine Zahlen genannt, wie viele Heimkehrer in Friedland angekommen waren. Bonn wollte dem Kreml die Möglichkeit nicht verbauen, mehr als die bisher zugestandenen Gefangenen freizulassen.

Doch im Überschwang hielten sich die deutsche Presse nicht an die Mahnung von Fritz Sänger, dem Chefredakteur der Deutschen Presse-Agentur, der in einem Schreiben an die »Herren Chefredakteure der Zeitungen, die den Funkdienst der dpa beziehen« am 27. September 1955 um Zurückhaltung gebeten hatte.

Die Antwort des Kreml ließ nicht lange auf sich warten. Auf den euphorischen Empfang in Westdeutschland reagierte die sowjetische Presse mit der befürchteten Gegenpropaganda: »In Westdeutschland werden

In Friedland wurden wir an einem Sonntag entlassen, und es wurde ein Sonderzug eingesetzt nach Paderborn. Der Bischof von Paderborn hat uns allen die Hand gegeben und uns eingeladen zum Essen. Wir haben uns immer wieder genommen und konnten gar nicht genug bekommen. Das war eben der Gefangene, der hat immer Angst, dass er morgens nichts mehr kriegt.
Hermann Behet, Heimkehrer

In der Bundesrepublik Deutschland wurde der gesamte Propagandaapparat alarmiert, um die begnadigten Kriegsverbrecher mit dem Nimbus von »Heroismus« und »Märtyrertum« zu umgeben. Das Lager Friedland, wo die Heimkehrer empfangen werden, ist zu einer Tribüne zügelloser Verherrlichung der ehemaligen Mitschuldigen hitlerscher Verbrechen gemacht worden. Mitunter vernimmt man dort auch Ausfälle gegen die Sowjetunion.

Prawda, 21. Oktober 1955

Kriegsverbrecher gefeiert« – unter dieser Überschrift erschien in der *Prawda* ein Korrespondentenbericht, der Stimmung gegen die gute Stimmung machte. Eine »zügellose Verherrlichung der ehemaligen Mitschuldigen hitlerscher Verbrechen«, kritisierte die sowjetische Presse.

Dann stockte der Rücktransport der Gefangenen. Die tatsächlichen Ursachen lagen jedoch hinter den Kulissen: Beim Aufbau der diplomatischen Vertretung Moskaus in Bonn kam es immer wieder zu Problemen – Streit um die Größe des Botschaftsgebäudes, Hinausschieben der offiziellen Anerkennung des vorgesehenen Botschafters. Ein weiteres Mal bekamen die Kriegsgefangenen zu spüren, dass sie das menschliche Faustpfand in einem politischen Prozess waren.

Deshalb half es auch nichts, dass sie selbst versucht hatten, ihre Unschuld deutlich zu machen, indem sie den »Schwur der Heimkehrer« ablegten: »Vor dem deutschen Volke und bei den Toten der deutschen und der sowjetischen Wehrmacht schwören wir, dass wir nicht gemordet, nicht geschändet und nicht geplündert haben. Wenn wir Leid und Not über andere Menschen gebracht haben, so geschah es nach den Gesetzen des Krieges.«

Manche schworen einen Meineid. In die Schlagzeilen geriet der Mediziner Karl Clauberg, der Studien zur Massensterilisierung betrieben hatte. Weil er als Arzt in Auschwitz medizinische Experimente durchgeführt hatte, wurde er nach seiner Ankunft in Schleswig-Holstein verhaftet. Westdeutsche Gerichte machten ihm den Prozess – diesmal nicht wie 1949/50 in Form sowjetischer Schnellverfahren, sondern auf rechtsstaatlicher Basis. Auch im Osten wurden nicht alle Heimkehrer in die Freiheit entlassen. Nach der Siegerjustiz in der UdSSR mussten sie sich nun der »Rechtsprechung« im sozialistischen Satellitenstaat des Kreml stellen. Manchen führte der Weg von der »weißen Hölle Workuta« ins »gelbe Elend Bautzen«.

Im Kalten Krieg wurde die Kriegsheimkehrer-Problematik erneut instrumentalisiert – auf beiden Seiten. Im Westen beherrschten die Klagen über die Unmenschlichkeit russischer Kriegsgefangenschaft die Berichterstattung.

Der Osten hingegen interpretierte die glücklichen Heimkehrer als Beweis der deutsch-sowjetischen Freundschaft.

»Viele warteten umsonst«: Hunderttausende Kriegsgefangene kehrten nicht zurück.

»Die wollten alles ganz genau wissen«: Mit Befragungen von Heimkehrern durch das Rote Kreuz versuchte man, etwas über die Lebensumstände in den Lagern zu erfahren.

»Nicht gemordet, nicht geschändet, nicht geplündert«: Spätheimkehrer beim »Schwur von Friedland«.

Ein besonderer Streitpunkt waren die »Kameradenschinder-Prozesse«, Verfahren gegen ehemalige Angehörige der Wehrmacht, die in sowjetischer Gefangenschaft in ihrer Position als Lagerführer oder Antifa-Leiter Kameraden misshandelt haben sollten. Nach Auffassung der SED war dies lediglich Hetze gegen die Sowjetunion. Ihr Argument: Solche falschen Vorwürfe würden erhoben, um Rache dafür zu nehmen, dass die angeblichen Kameradenschinder vor sowjetischen Gerichten wahrheitsgemäß gegen ihre Kameraden ausgesagt hätten. Wer denunzierte wen?

Auch wenn die Männer ein gemeinsames Schicksal hatten, so erfuhren sie doch zweierlei Begrüßung. 6000 Mark »Starthilfe« gab es im Westen, 50 Mark »Begrüßungsgeld« im Osten. Am Rhein waren sie gefeierte Helden, an der Elbe oft nur begnadigte Kriegsverbrecher. Hier konnten sie mit der uneingeschränkten Unterstützung durch die Behörden rechnen, dort spürten sie bald frostige Zurückhaltung. Offizielle Empfänge gab es nur im Westen, während im Osten die Volkspolizei zu verhindern suchte, was nicht zu verhindern war: spontane Freudenbekundungen über die Heim-

> *In Friedland wurden wir gleich von den Geheimdienstleuten verhört, die wollten alles genau wissen. Außerdem wurden wir ärztlich untersucht. Ich sagte zu dem Doktor am Röntgengerät: »Sie werden sich wundern, auf der linken Lungenhälfte, da können Sie die* Iswestja *lesen und auf dem rechten Lungenflügel die* Prawda. *« Denn wir hatten uns unsere Zigaretten immer aus Zeitungspapier gedreht.*
> Herbert Wendeler, Heimkehrer

kehrer. Was den Empfang bei der Bevölkerung anging, so waren die Menschen auf beiden Seiten des Eisernen Vorhangs ein einig Vaterland. Es gab Blumen, strahlende Menschen und Hilfsangebote – doch im Osten wurde das allenfalls geduldet. »Jubelnder Empfang für diejenigen, die in die Bundesrepublik kamen, ängstliches Schweigen für alle, die in der DDR landeten«, so empfand es der Heimkehrer Horst Schüler.

Kein Wunder also, dass die meisten Kriegsgefangenen bei ihrer Ankunft in Deutschland den Wunsch hatten, im Westen zu bleiben. Unproblematisch war das bei den Heimkehrern, die zuvor ohnedies im Westen Deutschlands gelebt hatten. Doch was war mit den Heimkehrern, die nach Thüringen oder Sachsen weiterfahren sollten? »Niemand wollte in der Zone bleiben«, schrieb die *Frankfurter Allgemeine Zeitung* am 19. Oktober 1955.

Die DDR-Behörden versuchten zunächst, »ihre« Bürger zu halten. Schon bald befand sich das SED-Regime in einer Zwickmühle. Hielt man die Heimkehrer fest, so musste man damit rechnen, dass die ehemaligen Gefangenen ihr Schicksal in den sowjetischen Lagern schilderten. Der deutsch-sowjetischen Freundschaft waren die Erlebnisse nicht förderlich.

Ende Januar 1956 reagierten die DDR-Behörden zunehmend gereizter, als sich Heimkehrer aus den Durchgangslagern im deutschen Osten um eine Weiterfahrt nach Westen bemühten. Diese »Weiterreise aus eigenem Wunsch« betrachteten sie nun als »illegales Verlassen der Deutschen Demokratischen Republik«. Den so zu »Republikflüchtigen« gestempelten Männern hätte es egal sein können, wenn da nicht ihre Angehörigen gewesen wären, die im Osten lebten. Waren es bis dahin die Männer, die als Geiseln des politischen Systems missbraucht wurden, so nutzten die kommunistischen Machthaber nun die Familienangehörigen in einem ähnlichen Sinn. Deren Nachzug wurde erschwert, »den Familienangehörigen ist eine Genehmigung zur Mitnahme ihres Umzugsgutes nicht zu erteilen«, hieß es lapidar.

Als mittellose Flüchtlinge kamen die Heimkehrer mit Familien aus dem Osten Deutschlands. Sie waren im besonderen Umfang auf Hilfe angewiesen. Doch nachdem sich auch im Westen die Euphorie gelegt hatte, ergaben sich bald erste Probleme bei der Versorgung der Freigelassenen. Zu lange Abfertigungsdauer, Organisationsschwierigkeiten, zu wenig Kleidung, lauteten die Klagen. Kleidung wurde nicht vom Deutschen Roten Kreuz, sondern von den Hilfsorganisationen der Kirchen gespendet. Waren die ehemaligen Gefangenen zunächst alle gleich, so zeigten sich schnell Unterschiede: »Die Katholiken erschienen mit einem wie maßgeschneiderten Anzug, in anständigen Schuhen, mit Hut, Mantel und allem Drum und Dran. Die Evangelischen hatten ein Oberhemd, Schlips und eine einfache Hose und Jacke. Wir haben alles das selbst erlebt, und dann diese Unterschiede. Das hat mir den Rest gegeben.« Unverständnis spricht noch heute aus den Worten von Wilhelm Hansen. Die Folgen der konfessionellen Einkleidung löste auch bei der Familie von Hans Haber nur Kopfschütteln aus. Die Friedlandspende verschwand nach der Neueinkleidung für immer in einem Margarinekarton.

Die euphorischen Bilder der Wiedersehensfreude spiegelten schnell nicht mehr die Realität wider. Zählte im Moment des Wiedersehens nur die Freude des Augenblicks, so folgte der Freude oft Ernüchterung. Auf die Heimkehrer wartete nun die Last des Alltags…

Viele Spätheimkehrer waren krank, verkrüppelt und verbittert. Eine sofortige Eingliederung in den Arbeitsprozess war nur selten möglich. Die Frau eines Heimkehrers erinnert sich: »Ich habe gehofft, wenn er nach Hause kommt, dass es uns dann besser geht, dass wir endlich wieder ein eigenes Leben führen können. Aber das war wohl nicht so. Ich musste auch dann noch arbeiten, denn er konnte nicht gleich wieder in den Arbeitsprozess rein, weil er erst gesundheitlich wiederhergestellt werden musste.«

Die meisten Spätheimkehrer waren unterernährt und vielfach mit seelischen Problemen belastet. Die Gefangenschaft hatte tiefe Wunden hinterlassen. Ihre Schwierigkeiten waren nicht die Probleme der Nachkriegsgesellschaft. Hatte der Zusammenbruch alle betroffen, so sahen sich die Spätheimkehrer und ihre Familien mit einer besonderen Situation konfrontiert. Niemand interessierte sich für ihre individuellen Probleme

Ich habe mich fremd gefühlt, es war ja eine ziemliche Zeitspanne von 1941 bis 1949. Zu der Zeit hat man als »Kriegsgefangener« nichts mehr gegolten. Meine Schulkameraden hatten schon alle Arbeit gehabt – ich hatte keine. Ich hatte nichts anzuziehen, ich hatte kein Geld. Es gab zwar Entlassungsgeld, doch das habe ich zum Großteil meiner Mutter gegeben, weil sie auch nichts gehabt hat.

Franz Baumeister, Heimkehrer

Oben: »Die Heimat hatte sich verändert«: Gefangene bestaunen die Wirtschaftswunderwelt.
Unten: »Spenden aus der Bevölkerung«: In der Kleiderausgabe des Lagers Friedland erhalten die Heimkehrer Zivilkleidung für die Weiterreise zu ihren Heimatorten.

Ich konnte noch mit Messer und Gabel essen. Aber ich habe mich im Westen erst mal wieder zurechtfinden müssen, mit diesem ganz anderen Umgang untereinander.

Manfred Gusovius, Heimkehrer

nach der langjährigen Gefangenschaft. Die Wellen der Begeisterung nach dem triumphalen Empfang hatten sich bald gelegt, stattdessen schlug ihnen nun Gleichgültigkeit entgegen. Wie anders hatte Marianne Kopelke die Situation vor und während der Heimkehr erlebt: »Man war nicht alleine, die ganze Bevölkerung empfand mit. Es war eine Welle des Entgegenkommens.« Damit hatte es schnell ein Ende. Eben noch begeistert begrüßt, wurden die Spätheimkehrer rasch zu Außenseitern in der bundesdeutschen Wirtschaftswunderwelt.

Nicht jeder fand zurück in die Normalität der neuen Welt. Das Deutschland, in das sie zurückgekehrt waren, war so ganz anders als das Land, das sie verlassen hatten. Fast alles in der alten Heimat hatte sich verändert. Die Arbeitswelt stellte ganz andere Anforderungen, Tempo und Hektik bestimmten den Alltag. Viele erlebten einen Zivilisationsschock: eben noch die Ödnis eines sowjetischen Lagers, in der Entbehrungen und Langsamkeit den Tag beherrschten, nun die schnelllebige Werbewelt der boomenden Wirtschaft, in der Leistung zählte und Profit.

Die Heimgekehrten fanden eine Welt vor, die nicht mehr die ihre war. Ihren früheren Platz in Wirtschaft, Gesellschaft, ja sogar in der Familie hatten häufig andere eingenommen. Manche Ehefrau hatte nach Jahren vergeblichen Wartens einen anderen Mann gefunden. Meist war es der Lagerpfarrer in Friedland, der die niederschmetternde Nachricht überbrachte: »Ihre Frau möchte Sie nicht wiedersehen. Zehn Jahre sind eine

Ein Freund von mir kam nach zehn Jahren Gefangenschaft in Russland nach Hause. Inzwischen ist in Deutschland das Gesellschaftsleben oder überhaupt das Leben über diese ganzen Gedanken über Stalingrad hinwegmarschiert. Das Wirtschaftswunder ist da. Außer der eigenen Familie nahm niemand mehr Notiz von seiner Heimkehr. In der eigenen Familie hatte aber inzwischen die Frau eine beachtliche Stellung sich erarbeitet und damit die Familie ernährt. Der Versuch dieses Mannes, der Ingenieur war, nunmehr mit seinen 55 Jahren in der Industrie noch irgendwie platziert zu werden, misslang. Und das führte zu solchen Spannungen in dieser Ehe, dass sie daran zerbrach. Dann hat sich der Mann das Leben genommen. Und dabei hatte er immerhin zehn Jahre Russland ausgehalten.

Gerhard Munch, Heimkehrer

»Letzte Zeugnisse«: Heimlich geführte und nach Deutschland geschmuggelte Totenlisten sind oft der einzige Beleg für den Verbleib von Kriegsgefangenen.

lange Zeit – und da ist jetzt ein anderer Mann…« Träume, welche die Männer jahrelang hinter dem Stacheldraht geträumt, die sie am Leben gehalten hatten, zerplatzten.

Und die Frauen, die ihren Partner nun in die Arme nehmen konnten, waren ebenfalls andere geworden. Sie hatten nach dem Krieg allein ihren Mann gestanden, waren selbstständiger geworden – und auch selbstbewusster. Die Söhne waren mittlerweile fast erwachsen und akzeptierten die Autorität des Vaters nicht immer im erhofften Maß. Der traditionelle Familienverband hatte sich aufgrund der erzwungenen langjährigen Abwesenheit der Männer verändert, und mancher Heimkehrer fragte sich insgeheim: Bin ich überflüssig geworden? Der Weg zurück in die Familie – für viele war dies die schwerste Aufgabe nach der Rückkehr. An der Lösung dieser Aufgabe scheiterten in Hamburg allein 15 Prozent der Spätheimkehrer-Ehen.

So wie manche Männer Schwierigkeiten mit der Familie hatten, so gab es in manchen Familien Probleme mit dem Ehemann und Vater. Denn natürlich hatten die Gefangenschaft und das Lagererlebnis die Männer verändert. Eigenbrötlerisch, autoritär, egozentrisch und überaus reizbar – so erlebten Ärzte manche Spätheimkehrer. »Die Konflikte zwischen Heimkehrern und Kindern erfordern in der Sprechstunde viel Mühe«, heißt es in einem ärztlichen Bericht aus dem Jahre 1956.

Bei allen Problemen und Schwierigkeiten – es gab auch eine Vielzahl positiver Fälle. Wilhelm Hansen zum Beispiel gelang der komplette Neuanfang in einer anderen Stadt. Der Mittdreißiger fand eine deutlich jüngere Frau, die er ein halbes Jahr nach seiner Heimkehr heiratete. Er hatte aus Gesprächen mit seiner früheren Schulfreundin den Schluss ge-

Ich hatte mich ein bisschen gefürchtet vor dem Wiedersehen mit den Angehörigen. Zunächst mal, weil man nicht wusste, wie es ihnen ging. Es war nicht diese überschwängliche, von Heimweh strotzende Freude, das war es nicht. Dazu waren die sieben Jahre Gefangenschaft in einer Umwelt, die mir auch nicht ganz fremd geblieben ist, wo ich mich quasi schon eingenistet hatte. Eingenistet im Sinne von: Wenn es zu Hause nicht läuft, könnte ich zur Not auch hier existieren. Unterschwellig bleibt man natürlich der Heimat immer verbunden, das ist schon richtig. Aber man kann das nicht nur schwarz und weiß malen.

Manfred Gusovius, Heimkehrer

zogen: »So eine Frau kannst du nie heiraten. Du denkst ja ganz anders als die.«

Die Heimkehrer hatten in Krieg und Gefangenschaft viele Erfahrungen gesammelt. Eine fehlte gerade den jüngeren, die mit Anfang zwanzig die Heimat verlassen mussten: sexuelle Erfahrung. Hans Haber räumt freimütig ein: »Als Soldat hatte ich keine Gelegenheit mehr dazu. Und in der Gefangenschaft schon gar nicht.« In einer Zeit, in der unverheiratete Männer ein knappes Gut verkörperten, waren solche Spätheimkehrer begehrte Objekte holder Weiblichkeit. Soziologen haben dafür den statistisch belegbaren Begriff der erhöhten »Eheschließungsanfälligkeit« geprägt. Der Rat eine Heimkehrerarztes: Was für Scheidungen gilt, gilt auch für Eheschließungen: keine übereilten Entschlüsse, mindestens ein Jahr der Prüfung.

Völlig unproblematisch fand sich Karl Wawrzinek wieder in seine Familie und das Leben im Westen integriert. Seine jüngste Tochter hatte die anfängliche Zurückhaltung bald abgelegt und akzeptierte den erst so unbekannten Mann als ihren Vater. Die Ehe der Wawrzineks hielt. Die Wiedereingliederung in den Arbeitsprozess klappte reibungslos.

Auch andere Spätheimkehrer fanden einen entsprechenden Arbeitsplatz oder konnten in ihrem alten Beruf weiterarbeiten, wie zum Beispiel der Beamte Hans Hafftmann. Doch der Polizist, der mit seinem alten Dienstrang dort weitermachte, wo er aufgehört hatte, musste schnell erkennen, dass die Zeit nicht stehen geblieben war: »Als ich auf die Wache kam, saß da einer, der war 28 und Hauptwachtmeister. Und ich bin 45 und komme als Wachtmeister.« Krieg und Gefangenschaft hatten ihn einige Routinebeförderungen gekostet. Durch entsprechende Förderung konnte er anschließend einige Beförderungsstufen überspringen, auch er wurde noch Hauptwachtmeister. Doch niemand konnte ihm und seinen Kameraden die Jahre der Gefangenschaft von 1945 bis 1955 zurückgeben – zehn gestohlene Jahre.

Ausgewählte Literatur

Allgemein

Benz, Wolfgang (Hrsg.)/Schardt, Angelika (Hrsg.): Deutsche Kriegsgefangene im Zweiten Weltkrieg. Erinnerungen von Heinz Pust, Hans Jonitz, Kurt Glaser und August Ringel. Frankfurt/Main 1995.

Bischof, Günter (Hrsg.)/Overmans, Rüdiger (Hrsg.): Kriegsgefangenschaft im Zweiten Weltkrieg. Eine vergleichende Perspektive. Ternitz-Pottschach 1999.

Carell, Paul/Böddeker, Günter: Die Gefangenen. Leben und Überleben deutscher Soldaten hinter dem Stacheldraht. Berlin, Frankfurt/Main 1996.

Maschke, Erich (Hrsg.): Zur Geschichte der deutschen Kriegsgefangenen des Zweiten Weltkriegs. 15 Bände und 2 Beihefte. München 1962–1974.

Overmans, Rüdiger (Hrsg.): In der Hand des Feindes. Kriegsgefangenschaft von der Antike bis zum Zweiten Weltkrieg. Köln, Weimar, Wien 1999.

Overmans, Rüdiger: Soldaten hinter Stacheldraht. Deutsche Kriegsgefangene des Zweiten Weltkriegs. Berlin, München 2000.

Ab nach Sibirien!

Birkemeyer, Willy: Eine Jugend hinter Stacheldraht. Als 16-jähriger Flakhelfer in sowjetischer Kriegsgefangenschaft. Münster 2002.

Beevor, Antony: Stalingrad. München 1999.

Böhme, Kurt W.: Die deutschen Kriegsgefangenen in sowjetischer Hand. Eine Bilanz. Bielefeld 1966 (Zur Geschichte der deutschen Kriegsgefangenen des Zweiten Weltkriegs; Bd. VII).

Haus der Geschichte der Bundesrepublik Deutschland (Hrsg.): Kriegsgefangene. Sowjetische Kriegsgefangene in Deutschland. Deutsche Kriegsgefangene in der Sowjetunion. Düsseldorf 1995.

Hilger, Andreas: Deutsche Kriegsgefangene in der Sowjetunion 1941–1956. Kriegsgefangenenpolitik, Lageralltag und Erinnerung. Essen 2000.

Knopp, Guido: Hitlers Krieger. München 1998.

Knopp, Guido: Stalingrad. Das Drama. München 2002.

Stadler, Wolfgang: Hoffnung Heimkehr. Mit 17 Jahren an die Front, mit 19 hinter Stacheldraht. 1942–1949: Die sieben mageren Jahre. Reichsarbeitsdienst, deutsche Wehrmacht, russische Kriegsgefangenschaft. Colditz 2000.
Streit, Christian: Keine Kameraden. Die Wehrmacht und die sowjetischen Kriegsgefangenen 1941–1945. Bonn 1997.
Rinas, Otto: Von Sibirien bis zur Spree. Waghalsige Flucht eines Fahnenjunkers. Gelnhausen 2002.
Scheurig, Bodo: Verräter oder Patrioten? Das Nationalkomitee »Freies Deutschland« und der Bund Deutscher Offiziere in der Sowjetunion 1943–1945. Berlin, Frankfurt/Main 1993.
Wette, Wolfram (Hrsg.)/Ueberschär, Gerd (Hrsg.): Stalingrad. Mythos und Wirklichkeit einer Schlacht. Frankurt/Main 1992.

Lauf, wenn du kannst!

Bindemann, Walther (Hrsg.): Doch die Wurzeln liegen in Deutschland. Erfahrungen und Erinnerungen Deutscher in Großbritannien. Leipzig 2000.
Carter, David: POW – Behind Canadian Barbed Wire. Alien, refugee and prisoner of war camps in Canada, 1914–1946. Elkwater/Kanada 1998.
Faulk, Henry: Die deutschen Kriegsgefangenen in Großbritannien – Re-education. Bielefeld 1970 (Zur Geschichte der deutschen Kriegsgefangenen des Zweiten Weltkriegs; Bd. XI,2).
Lieberwirth, Johannes: Alter Mann und Corned Beef. Kriegsgefangenschaft in Afrika und Kanada von 1941 bis 1946. Ein deutscher Prisoner of War (POW) erzählt anhand authentischer Unterlagen. Emmelshausen 1999.
Masters, Peter: Kommando der Verfolgten. 87 Elitesoldaten im Kampf gegen Hitler. München 1999.
Mohring, Siegfried G.: Freiheit in Gefangenschaft. Erinnerungen an Erlebnisse im Zweiten Weltkrieg. Karlsruhe 2000.
Neitzel, Sönke: Zwischen Niederlage, Kriegsverbrechen und Widerstand – Reflexionen deutscher Generäle in britischer Gefangenschaft 1942–1945. Eine Auswahledition der Abhörprotokolle des Combined Services Interrogation Centre UK. Erscheint in: Vierteljahrshefte für Zeitgeschichte (52) 2004, Heft 1.
Rossberg, Horst: A Prisoner in Scotland. In: After the Battle Nr. 76. London 1992.
Siedler, Wolf Jobst: Ein Leben wird besichtigt. In der Welt der Eltern. Berlin 2000.
Steinert, Johannes-Dieter/Weber-Newth, Inge: Labour and Love. Deutsche in Großbritannien nach dem Zweiten Weltkrieg. Osnabrück 2000.

Steinhilper, Ulrich: Die gelbe Zwei. Erinnerungen und Einsichten eines Jagdfliegers 1918 bis 1940. Berlin 2002.
Steinhilper, Ulrich: Noch zehn Minuten bis Buffalo. Meine Flucht aus kanadischen Lagern. Esslingen, München 1987.
Wolff, Helmuth: Die deutschen Kriegsgefangenen in britischer Hand. Ein Überblick. München 1974 (Zur Geschichte der deutschen Kriegsgefangenen des Zweiten Weltkriegs; Bd. XI, 1).

Schlimmer als die Hölle

Bährens, Kurt: Deutsche in Straflagern der Sowjetunion; 3 Bände. Bielefeld 1965 (Zur Geschichte der deutschen Kriegsgefangenen des Zweiten Weltkriegs; Bd. V, 1-3).
Donga-Sylvester, Eva (Hrsg.), u.a.: Ihr verreckt hier bei ehrlicher Arbeit! Deutsche im Gulag 1936–1956. Anthologie des Erinnerns. Graz, Stuttgart 2000.
Fittkau, Gerhard: Mein dreiunddreißigstes Jahr. Ein ostpreußischer Pfarrer im Archipel Gulag. Berlin 1991.
Fraedrich, Käthe: Im Gulag der Frauen. München 2001.
Gerlach, Horst: Nightmare in Red. Kirchheimbolanden 1995.
Gruschka, Gerhard: Zgoda – ein Ort des Schreckens. Neuried 1995.
Hilger, Andreas (Hrsg.): Diktaturdurchsetzung. Instrumente und Methoden der kommunistischen Machtsicherung in der SBZ/DDR 1945–1955. Dresden 2001.
Hirsch, Helga: Die Rache der Opfer. Deutsche in polnischen Lagern 1944–1950. Berlin 1998.
Karner, Stefan: Im Archipel GUPVI. Kriegsgefangenschaft und Internierung in der Sowjetunion 1941–1956. Wien, München 1995.
Klier, Freya: Verschleppt ans Ende der Welt. Schicksale deutscher Frauen in sowjetischen Arbeitslagern. Berlin 1998.
Mitzka, Herbert: Meine Brüder hast du ferne von mir getan. Beiträge zur Geschichte der ostdeutschen »Reparationsdeportierten« von 1945 in der Sowjetunion. Einhausen 1983.
Rauschenbach, Hildegard: Vergeben ja, vergessen nie. Damals verschleppt im Ural-Gebiet, heute auf dem Weg der Versöhnung. Bad Münstereifel 2001.
Rauschenbach, Hildegard: Von Pillkallen nach Schadrinsk. Meine Zeit im »Lager 6437« und das Wiedersehen nach 43 Jahren. Leer 1993.
Seiring, Ursula: Du sollst nicht sterben. Erlebnisse einer deportierten Ostpreußin. Würzburg 1994.

Stege, Eva-Maria/Moser, Sigrid: Bald nach Hause. Das Leben der Eva-Maria Stege. Nach Tonbändern, Notizen und Gesprächen. Berlin 1991.

Willkommen im Camp

Bischof, Günter: Einige Thesen zu einer Mentalitätsgeschichte deutscher Kriegsgefangener in amerikanischem Gewahrsam. In: Bischof, Günter (Hrsg.)/Overmans, Rüdiger (Hrsg.): Kriegsgefangenschaft im Zweiten Weltkrieg. Eine vergleichende Perspektive. Ternitz-Pottschach 1999, S. 175–212.

Carlson, Lewis H.: We were each other's prisoners. An oral history of World War II American and German prisoners of war. New York 1997.

Gärtner, Georg/Krammer, Arnold: Einer blieb da. Als deutscher Kriegsgefangener auf der Flucht vor dem FBI. München 1986.

Jung, Hermann: Die deutschen Kriegsgefangenen in amerikanischer Hand. USA. Bielefeld 1972 (Zur Geschichte der deutschen Kriegsgefangenen des Zweiten Weltkriegs; Bd. X/1).

Krammer, Arnold: Deutsche Kriegsgefangene in Amerika 1942–1946. Tübingen 1995.

Reiß, Matthias: »Die Schwarzen waren unsere Freunde«. Deutsche Kriegsgefangene in der amerikanischen Gesellschaft 1942–1946. Paderborn u.a. 2001.

Reiß, Matthias: Keine Gäste mehr, sondern die Besiegten – Die deutschen Kriegsgefangenen in den USA zwischen Kapitulation und Repatriierung. In: Hillmann, Jörg (Hrsg.)/Zimmermann, John (Hrsg.): Kriegsende 1945 in Deutschland. München 2002, S. 179–202.

Smith, Arthur L.: Kampf um Deutschlands Zukunft. Die Umerziehung von Hitlers Soldaten. Bonn 1997.

Sonntag, Manfred: Im goldenen Käfig. Freiheit hinter Stacheldraht. Hamburg 1993.

Whittingham, Richard: Martial Justice. The last mass execution in the United States. Annapolis 1997.

Zwischen Tod und Liebe

Bischof, Günter (Hrsg.)/Ambrose, Stephen E. (Hrsg.): Eisenhower and the German POWs. Facts against Falsehood. Baton Rouge, London 1992.

Böhme, Kurt W.: Die deutschen Kriegsgefangenen in amerikanischer Hand. Europa. Bielefeld 1973 (Zur Geschichte der deutschen Kriegsgefangenen des Zweiten Weltkriegs; Bd. X/2).

Böhme, Kurt W.: Die deutschen Kriegsgefangenen in französischer Hand. Bielefeld 1971 (Zur Geschichte der deutschen Kriegsgefangenen des Zweiten Weltkriegs; Bd. XIII).
Michels, Eckard: Deutsche in der Fremdenlegion 1870–1965. Mythen und Realitäten. Paderborn u.a. 1999.
Pätzold, Horst: Nischen im Gras. Ein Leben in zwei Diktaturen. Hamburg 1997.
Rovan, Joseph: Erinnerungen eines Franzosen, der einmal Deutscher war. München 2000.
Smith, Arthur L.: Die deutschen Kriegsgefangenen und Frankreich 1945–1949. In: Vierteljahreshefte für Zeitgeschichte 32 (1984), S. 103–121.
Smith, Arthur L.: Die »vermisste Million«. Zum Schicksal deutscher Kriegsgefangener nach dem Zweiten Weltkrieg. München 1992.
Voldman, Danièle: Attention mines. Paris 1985.

Heimkehr der Zehntausend

Adenauer, Konrad: Erinnerungen. 1953–1955. Stuttgart 1983.
Blumenwitz, Dieter (Hrsg.), u.a.: Konrad Adenauer und seine Zeit. Politik und Persönlichkeit des ersten Bundeskanzlers. Stuttgart 1976.
Borchard, Michael: Die deutschen Kriegsgefangenen in der Sowjetunion. Zur politischen Bedeutung der Kriegsgefangenenfrage 1949–1955. Düsseldorf 2000.
Grewe, Wilhelm G.: Rückblenden 1976–1951. Aufzeichnungen eines Augenzeugen deutscher Außenpolitik von Adenauer bis Schmidt. Frankfurt/Main, Berlin, Wien 1979.
Grüter, Helmut: Überleben in russischer Gefangenschaft 1945–1953. Hamburg 2002.
Köhler, Henning: Adenauer. Eine politische Biografie. Frankfurt/Main, Berlin 1994.
Krekel, Michael W.: Verhandlungen in Moskau. Adenauer, die deutsche Frage und die Rückkehr der Kriegsgefangenen. Bad Honnef 1996.
Lehmann, Albrecht: Gefangenschaft und Heimkehr. Deutsche Kriegsgefangene in der Sowjetunion. München 1986.
Müller, Klaus-Dieter (Hrsg.): Die Tragödie der Gefangenschaft in Deutschland und der Sowjetunion 1941–1956. Köln, Weimar 1998.
Reding, Josef: Friedland. Chronik der großen Heimkehr. Recklinghausen 2000.
Schwarz, Hans-Peter: Adenauer. Der Staatsmann. 1952–1967. Stuttgart 1991.
Wagenlehner, Günther: Stalins Willkürjustiz gegen die deutschen Kriegsgefangenen. Dokumentation und Analyse. Bonn 1994.

Personenregister

Kursive Seitenangaben verweisen auf Abbildungen.

Adenauer, Konrad 11, 72, 205, 332, 350, 354, *355*, 354–371, *361*, *365*, 374
Alexander, Harold 84
Appelt, Albrecht 32, 339, 371
Arnim, Hans Jürgen von 259
Arnold, Fritz 212, 216
Arnold, Karl 359, 366
Attlee, Clement 124
Aubrac, Raymond 314

Bacque, James 291 f.
Bade, Elert 212
Barrie, Doug 106
Barzel, Rainer 358
Baumeister, Franz 63, 70, 384
Bebak, Johannes 32, 338
Becher, Johannes R. *61*
Beck, Wilhelm 66
Behet, Hermann 379
Benz, Wolfgang 370
Berija, Lawrentij 28 f., 151, 158, 336
Besymenski, Lew 34
Bismarck, Gottfried von 37
Blankenhorn, Herbert 357, 359, 367
Bogomolow, Aleksandr 358, 363 f., 370
Bohlen, Charles 367 f., *368*
Borchard, Michael 370
Bormann, Martin 49
Brech, Martin 296
Brentano, Heinrich von 358, 366 ff.
Brick, Philipp s. Pabel, Reinhold
Brunner, Günter 131, 231
Bulganin, Nikolai 359 ff., *365*, 366 f.
Buntkirchen, Ruth 142, 165

Carell, Paul 335
Chruschtschow, Nikita 356, 358, 360, 363 f., *365*, 366 f.
Churchill, Winston 84, 101, 150, *151*
Clauberg, Karl 380
Clay, Lucius D. 295
Crüwell, Ludwig 115 f.

Davidson, Edward 246
Delp, Alfred 324
Dengler, Gerhard 16, 21, 25, 57, 62, 71
Dibold, Hans 22
Dillner, Helmut 254
Dirks, Carl 44
Dönhoff, Marion Gräfin 370
Dönitz, Karl 118, 120, 234
Dorsch, Xaver 43
Drechsler, Werner 255
Dulles, John Foster *368*

Eckardt, Felix von 357
Eich, Günter 297
Einsiedel, Heinrich Graf von 55, 59, 66
Eisenhower, Dwight D. 268, 292, 291 ff., 295 f., *369*
Elbe, Erika 165 f.
Erhard, Ludwig 332
Erler, Karl 45
Ester, Lothar 320 ff.

Farber, Josef 20
Faulk, Henry 117, 124, 131
Fehli, Kurt 341
Fellgiebel, Erich 66
François-Poncet, André 357
Freitag von Loringhoven, Bernd 60
Friedeburg, Hans-Georg von 118f.
Frings, Josef 131
Fritze, Eugen 13

Gärtner, Georg 207f., 208, 240
Gärtner, Jeannie 208
Gaulle, Charles de 310
Gemeinhardt, Bruno 304, 306f., 319
Gerlach, Klaus 372
Gersdorff, Rudolf Christoph 41
Glaser, Kurt 28, 252
Globke, Hans 359, 366
Glück, Alfred 267, 271, 275, 278f., 284, 286, 288, 296, 303, 315ff., 320, 326
Gödecke, Herbert 207, 215f., 231, 241, 246, 249
Goebbels, Joseph 13, 15f.
Goebel, Walter 70, 347
Goldau, Franz-Benedictus 146
Goldau, Ursula 142, 145f., 156, 160f., 164, 172, 184, 186ff.
Golgowski, Ernst 253, 257
Golubev, K.D. 29
Göring, Hermann 15, 322
Grewe, Wilhelm 354, 367, 369
Griesemer, Vincenz 24
Grotewohl, Otto 353, *355*
Grubba, Erwin 108, 110, 116, 122, 125ff., 130
Grunwald, Anton 144f., *144*
Grunwald, Christel 144f., *144*, 152ff., 165f., 169, 172, *172*, 179, 181, 183, 188, 196, 198
Grunwald, Irene 144f., *144*, 153f., 160, 179, 181, 201
Grunwald, Valeria 144, *144*, 153f.
Guggenberger, Fritz 233ff., *236*
Guhr, Ekkehard 274, 279, 282f., 301
Gusovius, Manfred 18, 377, 386, 388

Haase, Gerhard 311, 314
Haber, Hans 372, 384, 389
Hackbarth, Karl Hans 215, 231
Hafftmann, Hans 339f., 389
Halder, Franz 41
Hallstein, Walter 249, 357, 359, 367
Halver, Rudolf 108
Hansen, Wilhelm 334, 344, 374, 377, 384, 388
Hautin, Madeleine 321, 324
Heckel, Theodor 335
Heidorn, Fritz 310
Heidt, Heinz 265f., 272, 284, 288, 291, 298
Heinemann, Gustav 370
Herkenrath, Fritz 332
Heschel, Berthold 190f., *192*, 198f.
Hetz, Karl 59
Heuss, Theodor 357, 377, *378*
Heyden, Gerald 122, 126, 240, 257, 262
Heyden, Jean 126
Hilger, Andreas 339
Hitler, Adolf 8, 11, 15f., 28, 40ff., 49, 54–60, *61*, 62, 66, 68, 78, 81, 92, 98, 118, 123, 126, 132, 139, 144, 146, 159, 161, 210, 251f., 258, 267, 294, 298, 304, 322, 331, 335
Hocke, Gustav René 247
Hoffmann, Hillmar 44, 212, 215, 223, 228f., 241, 258
Holden, William A. 234
Hoover, Edgar G. 237

Iltschenko, Fjodor 29

Jacob, Ida 71
Jänecke, Eberhard 268ff., 278, 295f., 303f., 306
Jaschin, Lew 331

Kampmann, Hans 36f., 59, 63f.
Keats, LaVerne 275, 278, 288, 290, 298
Keil, Rolf-Dietrich 362, 366
Keitel, Wilhelm 44
Kempski, Hans Ulrich 356, 362f., 366
Kiesinger, Kurt Georg 359f.

Kireew, Georgij 16
Kiwe, Tilman 232
Klein, Alfred 231, 240, 258
Knight, Peter 113, 126
Knüwer, Johann 360, 379
Kollak, Luzia 374
Kopelew, Lew 54
Kopelke, Marianne 372, 386
Korfes, Otto 60
Kostinski, Boris 52
Krammer, Arnold 207
Kraus, Hans Werner 233
Krause, Christel 161, 164, 174, 179, 204
Kreye, Johannes 126, 212, 218, 230
Kriwitzki, Gertrud 141, 146, 154f., 160, 167, 173, 179, 181, 183f., 200f.
Krone, Heinrich 357
Kuhn, Karl 80, 91, 136

Lattmann, Martin 60
Lehmann, Albrecht 371
Leichner, Werner 108
Leitner, Rudolf 268, 304, 307f.
Leonhard, Wolfgang 55
Lieberwirth, Johannes 80, 84, 86ff., 90, 94, 96ff.
Lovat (Lord) 104
Ludwig, Wilhelm 215

Maizière, Ulrich de 43
Mann, Thomas 246
Manthey, Eberhard 21f., 348, 364
Marchel, Gerhard 138, 158, 166, 173
Marshall, George C. 296
Masters, Peter 102, 104, 106
Matthias, Heinz 272, 279, 284
Maus, August 233, 235
McCloy, John J. 295
Mensing, Horst 371
Messer, Paul 233
Metternich, Helmut 64
Miese, Rudolf 77
Mischnick, Wolfgang 41
Model, Walter 266
Mohring, Siegfried 117f., 122, 124, 132
Molotow, Wjatscheslaw 359f., 366
Moltmann, Jürgen 118, 122
Montgomery, Bernard L. 119
Mroczinski, Hans 20, 57
Müller, Alfred 305, 309, 314ff., 320
Müller, Konrad 350, 373f.
Munch, Gerhard 386

Napoleon Bonaparte 60
Neuffer, Georg *114*, 115f.
Niemann, Siegfried 308, 314f., 318f.
Niemann, Ursula 323

Okrafka, Ewald 45, 64
Olbricht, Friedrich 66
Oppermann, Hans-Julius 269f., 272, 274, 283f., 287, 290, 295ff.
Orlow, Aleksandr 336, 340

Pabel, Reinhold 212, 225, 236f., *236*, 250, 255, 260
Paget, Bernhard 125
Panzinger, Friedrich 340
Paschold, Gerhard 285, 287, 295
Pätzold, Horst 269, 271f., 278, 282, 286, 288, 290f., 294, 298, 300f., 303f., 307, 319, 321ff.
Paul, Helmut 346
Paulus, Elena Constance 67
Paulus, Ernst 67
Paulus, Friedrich 8, 13, *14*, 15f., 34, 40, 60f., 66, 72, 74
Paulus, Olga 67
Pétain, Henri Philippe 304
Peters, Manfred 143, 148ff., 158, 166, 168f., 175, 178, 181, 195f.
Peters, Otto 75
Petrow, Iwan J. 359
Pfeifer, Paul 212, 224, 251, 260, 264, 285
Pieck, Wilhelm 52, 333, 353
Platt, Henry 102, 104, 106
Poselskij, Michail 21
Prätorius, Günter 272, 278, 282
Probst, Josef 18
Prokofjeff, Sergeij 362

Quaet-Faslem, Jürgen 233, 235

Rahn, Helmut 331
Reding, Josef 334
Rencher, Norbert 339f.
Renner, Heinz 353
Retschkowski, Ursula 156, 158, 188, 196, 202, 204
Reynolds, Olive 127
Rocholl, Horst 22, 36
Rommel, Erwin 77, 81, 86f., 207, 267
Roosevelt, Franklin D. 101, 150, *151*, 244, 293
Roske, Fritz 61
Rossberg, Horst 108, 122
Rovan, Joseph 309f.
Russel, Bertrand 175

Säckler, Alfons 291
Sanders, Eric 122, 130
Sänger, Fritz 379
Schaaf, Josef 25, 35, 52, 57, 62, 342
Schenck, Ernst-Günther 341f., 374, 377
Schlener, Richard 94, 117, 124
Schmid, Carlo 359, 363f.
Schnitzler, Karl Eduard von 71, 353
Schruff, Friedrich 32
Schüler, Horst 337f., 340, 347ff., 383
Schultz, Wanda 175, 179, 182
Schumacher, Kurt 131
Schütz, Lotte 287
Seidler, Manfred 90, 95
Seiring, Hellmuth 186, 189
Senfft, Roswitha 376f., *378*
Severing, Carl 128
Severloh, Hein 254
Seydlitz, Walther von 60ff., *61*
Sicot, Henri 308
Siedler, Wolf Jobst 8, 131
Solschenizyn, Alexander 28, 152
Sonntag, Manfred 240
Stalin, Jakow 40
Stalin, Josef 8, 11, 28, 35, 39, 54f., 60, 64, 66, 74, 101, 137, 139, 143, 150ff., 161, 335, 354
Stauffenberg, Claus von 66
Stege, Eva-Maria 155f., 159, 180, 200, 202, 204
Steinhilper, Ulrich 75ff., 80f., 90ff.
Strauß, Franz Josef 368f.
Streckenbach, Bruno 340
Sturges, Heinz (Henri) 324, *325*, 326, 328f.
Suda, Siegfried 30, 331, 335, 345ff.
Sulzbach, Herbert 127f., 136

Thiele, Jutta 159
Thoma, Wilhelm Ritter von 115
Thomas, Heinz 15, 379
Thomas, Michael 120
Tomisch, Helmut 18, 25, 377
Trautmann, Bernhard »Bert« 132, *133*
Tschumakow, Fjodor Iwanowitsch 44

Uebe, Heinz 298
Ulanowa, Galina 362
Ulbricht, Walter 52, 54, 343, 353, *355*
Unrau, Karin 191, *192*, 198
Unrau, Waltraud 143, 147f., 166ff., 173f., 181, 183, 190f., *192*, 198ff.
Utz, Sebastian 285

Vetter, Werner 127
Vinz, Curt 247

Wagenlehner, Günther 347, 374
Wagner, Eduard 45
Wahl, Kuno 335, 337
Walter, Fritz 331f.
Wartenburg, York von 60
Wattenberg, Jürgen 233, 235
Wawrzinek, Karl 376f., *378*, 389
Wawrzinek, Minna 349, 376
Wechmar, Rüdiger von 214
Wedel, Hasso von 90f.
Wegner, Herry 138f., 141f., 180f., 192ff.
Wegner, Waldemar 194
Weinert, Erich 16, 52, 59, *61*

Weitz, Heinrich *369*, 370
Wendeler, Herbert 69, 383
Werra, Franz von 92, *93*, 235
Whiles, Dennis s. Gärtner, Georg
Wichter, Max 86
Widdra, Erna 143, 155, 165, 172, 178, 190
Winlock, Payton 258
Witzleben, Erwin von 66

Zank, Horst 21, 29, 37, 58f., 336
Zrenner, Josef 25, 342

Orts- und Sachregister

Afrika 88, 100, 116, 132, 251 f., 256
Afrikakorps, deutsches 80f., 84f., 86, *89*, 100, 207, 252, 254, 267f.
Ägypten 84, 86, 88, *89*, 133
Aktjubinsk 168
Alabama 231, 240, 259f.
Alberta 88, 90, 96
Alexandria 87
Algerien 133, 210, 214, 260
Allenstein 144ff., *147*
Alva 257
Andernach 269f., 274, 287, 296, 300
Ankara 34
Antifa 68, 179, 343f., 372, 382
Antifaschistische Bewegung s. Antifa
Arbeitseinsätze 69, *69*, 100, 120, 123, 133, *134*, 140, *147*, *167*, 228, 230, 233
Ardennenoffensive 59, 259, 268, 275
Argentan 107
Arizona 233, 235, 255, 259
Arkansas 244
Arnheim 117f.
Auschwitz 11, 122, 298, 380
Australien 8, 81, 132
Avranches 107

Baikalsee 145
Barcelona 92
Bardia 86
Barnikowa 175
Bayern 268
BDO 57, 59ff., *61*, 68, 70
Beketowka 17, 20f., 29, 32
Belgien 117, 132, 263, 299, 320
Bergen-Belsen 10, 122, 298
Berlin 71, 72, 92, 118f., 189, 195, 202, 231
- Ost- 338, 353
Bialystok 43
Bielefeld *47*
Billettee 124
Bingen *289*
Blanding *227*
Blutgruppentätowierung 257, 272, 277, 342
Bobruisk 63
Bolbec 303
Bonn 71, 367, 370, 379f.
Borovici 337
Boston 216
Bowmanville 98
Brady 258
Brandenburg 142, 152, 159
Breckenridge *226*
Bremerhaven 199
Brest 268
Brest-Litowsk 186, 196, 336
Bretagne 321, 342
Bretzenheim 285, 291
Bromberg 159
Brüssel *105*
Buchenwald 10, 50f., 310
Büderich 275
Buffalo 92, 229

Bulgarien 137
Bund Deutscher Offiziere s. BDO
Bundesrepublik Deutschland 332 f., 342, 352, 354, 356 ff., 364, 367, 371 f., 376, 379 f., 383 f.
Burenkrieg 94

Caen 105 f.
Calgary 94
Calvados 107, 315
Camp Grant 260, 262
Camp Gruber 253, 257
Carburton 117
Carson 241, *256*
Casablanca 212
CDU 357 f.
Chantenay-sur-Loire 303
Chartres 307, 323, *325*
Cherbourg 307
Chicago 235
Chile 234
Chingford 127
Civilian Conservation Corps 219
Cincinnati 218
Clermont-Ferrand 324
Cockfoster 80
Colorado 241, 247, *256*
Combined Services Details Interrogation Centre s. CSDIC
Compiègne 308
Comrie 116, 136
Concordia 264
Courcelles-Chaussy 324
Criqueboeuf 317
CSDIC 115
CSU 368

Dachau 10, 50 f., 67, 269, 310
Dänemark 119
Danzig 142, 148 f., 152, 168 f., 175, 195 f.
D-Day 81, 101, *103*, 108, 113 f.
DDR 74, 202, 204, 349 f., 353 f., 356, 358, 367, 371 f., 383 f.
DEF 294, 300
Dermott 244
Deutsche Luftwaffe 77 f.
Deutsches Rotes Kreuz 155, 370, 384
Deutschland 10, 54 ff., 58, 60, 66, 68, 71 f., 74, 78, *93*, 100, 112, 119, 122 f., 126 ff, 130 f., 134, *135*, 136, 138 f., 141, 151, 168, 181, *187*, 188, 193 f., 196, 199, 208, 218, 223, 232, 234 ff., 242, 246, 250 f., 253, 262 f., 269, 272, 293, 299 f., 305, 320, 322, 331, 335, 338, 344, 349, 354, 370
Dieppe 98, 108
Dietersheim *289*
Disarmed Enemy Forces s. DEF
Dortmund 309
Dresden 71, 74, 123, 200
Dubrovka 20, 25, 29, 61
Dünkirchen 77, 78, 307
Durban 88
Dystrophie 22, 23, 346

Eberswalde 62
Edinburgh 80, 122
Eheschließung 126 f., 230
Eheschließungsanfälligkeit 388
El Agheila 86
El Paso 92
Elabuga 30, 62
England (s.a. Großbitannien) 8, 75, *76*, 88, 101, 108, 110, 117, 120, 132 f., *133*, *135*, 235, 262, 275, 319, 322
Erfurt 199
Erster Weltkrieg 48, 94, 127, 145, 211, 228
Eschwege *376*
Essex 127
Europa 132, 150, 210, 232, 236, 262 f., 268, 275, 293 f., 297
Evangelische Kirche Deutschlands (EKD) 335

Fairview 240
Falaise 107
Falkenberg 48
Featherstone 125, 127 f., 136
Feldwebeldiktatur 95
Fernscheidungen 349

Fesselungskrieg 98, 100
Fleckfieber 17, 22, 25, 48, 52
Flensburg-Mürwik 234
Florida 7, 227
Fluchtversuche 92, 98, 195, 233, 235, 237, 240, 259, 272, 288, 319f., 324
Foley 258
Fort Bliss 233
Fort Devens 257
Fort Farragut 263
Fort Meade 225
Fort Niagara 324
Fort Rucker 231
Frankfurt an der Oder 186, 189, 196, 199f., 364, 372
Frankfurt-Gronenfelde 199
Frankreich 7, 78, 108, 132, *217*, 259, 262ff., 267, 274, 291, 299ff., 303f., *305*, 306ff., 314–324, *315*, 326, *327*, 328
Fraternisierungsverbot 120, 125, *125*, 229, 296
Fremdenlegion 301, 303
Friedland 11, 188, 198, 200, *203*, 354, 371, 373f., 376, *378*, 379f., 383, *385*, 386
Fußbrand 288

Gefangenenaustausch 100
Gefangenenzeitung s. Lagerzeitung
Gefangenschaft, amerikanische 8, 10, 38, 67, 75, 77, 81, 86, *87*, 94, 107, 211f., 214ff., 218, 223, 225, 228ff., 233, 240f., 246, 248ff., 253, 255, 257f., 260, 264, 267f., 293, 300f., 303f.
Gefangenschaft, britische 67, 80, 101, 107f., 112ff., 116ff., 120, 122, 124, 126f., 130ff., 134, 136
Gefangenschaft, deutsche 39, 48f., 52, 77, 91, 210, 259, 295
Gefangenschaft, französische 11, 224, 304–310, 314–323
Gefangenschaft, kanadische 91, 94f., 98, 235
Gefangenschaft, russische 8, 11, 13, 15ff., 20ff., 24f., 28ff., 32f., 35ff., 40, 45, 50, 52, 57ff., 60, 62ff., 67, 69f., 72, 190, 224, 295, 331, 334–339, 342, 344ff., 353f., 361f., 364, 366f., 369ff.
Geheimdienst, britischer 8
Genfer Konvention 8, 10, 33, 38f., 75, 77f., 80, 86f., 90f., 98, 113, 127, 132, 200, 222ff., 233, 251, 262, 268, 274, 300, 314
Gerichtsbarkeitserlass 41
Gestapo 51, 304, 328
Gibraltar 88
Gleiwitz 59, 160
Glen Mill 110
Golf von Pensacola 258
Grant (Illinois) 225
Graudenz 149f., 165, 175
Grochnow 155
Gronowo 160
Großbritannien 8, 39, 54, 70, 77f., 81, 86, 101, 108, *109*, 110, 113, 118, 123f., 127, 132, 134, 136, 259, 262f., 299
Großer Bittersee 88, 133
Gumbinnen 161
Gulag 28f., 165
Gumrak 20
GUPVI 28f., 33, 35f., 59, 63, 152, 188
Guttstadt 143

Haager Konventionen 38
Haager Landkriegsordnung 8
Halfaya-Pass 86
Halifax 90, 92
Hallstein-Doktrin 370
Hamburg 119, 200, 202, 237
Hampton Roads *317*
Hannover 376
Harwich 136
Hearne 241
Heiden 379
Heilbronn 275, 379
Heiligenstadt 199
Heilsarmee 124f.
Heimkehrerverbände 352
Heluan 88, 133
Herleshausen *197*, 372, 374, *375*

Hilfswillige 25, 28
Hof-Moschendorf 203
Holland 78, 117, 119, 263, 299
Home Guard 75f., 79
Hunger 17, 20, 22, 24, 36f., 44f., 52, 67f., 87, 88, 117, 120, 159f., 169, 260, 279, 282ff., 291, 293, 295, 308, 320, 346f.
Hungerstreik 91

Idaho 263
IKRK 86, 134, 207
Illinois 229, 236, 257, 260, 262
Indiantown Gap 241
Indochina 303
Insterburg 152ff., *153*, 183
Internationales Komitee des Roten Kreuzes s. IKRK
Internationales Rotes Kreuz 10, 100, 225, 230, 233, 240f., 243f., 247, 260, 303, 310f., 317
Iserlohn 266
Ismailia 88
Isolation 120, 127
Italien 112, 132, 255, 257

Jackson 254
Jamaika 228
Japan 210, 250
Jugoslawien 137, 152, 356

Kairo 88, *89*
Kalifornien 7, 207
Kälte 20, 36f., 117, 183, 286, 295, 347
Kalter Krieg 70, 348, 380
Kameradenschinder-Prozesse 382
Kamtschatka 335
Kanada 8, 81, 87f., 90ff., *93*, *95*, 96, *97*, 100, *101*, 108, 124, 132, 211
Kannibalismus 22
Kapitulation 20, 67, 107, 119f., 122, 134, 248, 267f., 275, 293f., 296, 298, 329, 343f.
- der Sechsten Armee 13, 15f., 20f., 24, 30
- der Wehrmacht 260
- individuelle 119
Kapstadt 88
Karabasch 182, 190f., 198, 200
Kasachstan 9, 30, 137, 153, 168
Kaspisches Meer 9, 137
Kassel 55
Kasserine-Pass 210
Katyn 28
Kaukasus 9, 137, 153, 165
Kemerowo 158
Kempton Park 108, *111*
Kenia 8
Kensington 80
Kent 75
Kentucky *226*, *227*, 259
Kierspe 189
Kiew 335
Kimpersai 168f., 178, 195
Köln 189
Kommissarbefehl 41f.
Konferenz von Jalta 150, *151*, 300
Königsberg 138, *141*, 180, 192, 194
Konzentrationslager 50f., 63, 67, 122, 152, 169, 249, 251, 253, 259, 262, 269f., *292*, 293, 296, 309
Kopejsk(-Potanino) 165f., 173, 180f., 190
Kordel 324
Korea 350
Korkino 166
KPD 353
KPdSU 353
Krasnoarmeisk 20f.
Krasnogorsk 29f., 34, 54, 62
Kriegskommissare 39
Kriegsverbrechen 340f., 344, 361
Kriegsverbrecherprozesse 340
Krim 150, 165
Kultur 241, 244, 323

La Rochelle 317
Lagerbücherei 244
Lageruniversität 128, 243
Lagerzeitung 128, 244, *245*, 247ff., *256*
Lake Arthur 229

Lake Superior (Ontario) 90
Lamsdorf 160
Landsberg 159
Landwirtschaft 228f., 233, 311, 320f., 323f.
Lansdorf 48
Latimer House 115
Le Havre 263, 324
Le Mans 308
Le Paradis 79
Leningrad 190
Lethbridge 96ff., *97*, *99*
Libyen 81
Lille 311
Lion-sur-Mer 101f.
Lissa 160
Lissabon 96, 100
Liwadija-Palast (Moskau) 150
Lodz 160
London 80, 101, 108, *111*, 113ff., 128, 130
London District Cage 80
Lordsburg 252
Lothringen 324
Louisiana 228f.
Lübeck 119
Ludowice 115
Ludwigshafen 275
Luftschlacht um England 79, 90
Lüneburger Heide 119
Lungenentzündung 24, 88
Lunjowo 60, 62
Luxemburg 263, 299

Madagaskar 87
Maine 229
Marokko 210
Marrakesch 212
Maryland 225, 229
Maschke-Kommission 294
Mauthausen 50
McCain 254
Mecklenburg 119f.
Medicine Hat 88, 96
Medikamente 184, 186, 190, 292
Metz 324
Mexia 241, 243
Mexiko 92, 228, 234f.
Minenräumen 314–320, *315*
Minsk 39, 43, 45, 115
Minuten-Prozesse 337
Mississippi 229, 240, 254
Mogilev 63
Mohrungen 142, 254
Molotow 30
Montpellier 323
Moosburg 51
Moskau 11, 13, 28f., 32, 34, 40, 49, 61, 64, *65*, 66, 70, 72, 151f., 188, 196, 205, 331, *332*, 338, 356ff., *360*, 362, 367, 369ff., 380
Mülhausen *306*
München 51, 368

Naher Osten 84, 211
Nantes 303, 305
Narvik-Lager 148
Nationalkomitee Freies Deutschland s. NKFD
Neuhammer 52
New Mexico 207, 240, 252
New Orleans 232
New York 90, 92, 216, 235, 324
Newcastle 126, 128
NKFD 54ff., *56*, *58*
NKWD (sowj. Geheimpolizei) 21, 28ff., 33, 52, 54–60, 62, 66, 68, 70, 137, 141f., 150ff., 159, 168
Nordafrika 114, 210, 219, 222, 225, 251, 253, 265, 268, 300
Norfolk 216
Norilsk *185*
Normandie 8, 81, 101f., 104, 107, 122, 212, 257, 267, 274, 292, 304, 307, 314f., 317, 320, 324, 328
North Carolina 210
Nortorf 199
Norwegen 132
Nottingham 117
Nürnberg 51
Nürnberger Prozesse 140

Oberkommando des Heeres s. OKH

Oberkommando der Wehrmacht
s. OKW
Oberschlesien 48
Oder 159
Ohio 218
Ohrdruf *292*
OKH 41f.
Oklahoma 257
OKW 16, 41f., 45, 49ff., 100, 230, 253
Oldham 110
Omsk 30
Ontario 92
Opelika 240
Operation Crusader 84, 86
Oradour-sur-Glane 305
Oran 212
Oranki 52
Organisation Todt 43, 278
Osnabrück 320
Ostende 118
Österreich 102, 104, 106, 122, 130, 132, 356
Ostpreußen 50, 142, 144, 148, 152, 161, 188, 196, 303
Ouistreham 101
Overijsche 117
Ozada 96

Paderborn 379
Panama 92
Pankow 353
Papago Park 233, *236*, 255, 259
Paris 107, 356
Pariser Verträge 354
Pearl Harbor 208
Pennsylvania 241
Peoria 236
Perpignan 318
PG 7, 300, 317, 321
Phenolinjektionen 50
Philadelphia 235
Philippeville 214
Phoenix 233, 235, 255
Plötzensee 66
Polen 28, 87, 159ff., 186, 193, 294
Pommern 142, 147, 152
Portugal 100, 252
Posen 159
Potanino s. Kopejsk(-Potanino)
Potsdamer Konferenz 151
Potulice 159f.
POW 7, 77, 90, 108, 110, 112f., 123f., 128, 132, 218, 229f.
Priesterseminare 323, *325*
Prisoner of War Interrogation Section
s. PWIS
Prisoner of War s. POW
prisonnier de guerre s. PG
Public Record Office 115
PWIS 79
Pyrenäen 319

Quäker 124f.

Rapallo 356
Rassentrennung 219, 250
Re-education 8, 110, 117, 122, 128, *129*, 130ff., 136, *242*, 244, 247, 249ff., 259, 262, 323, 343
- praktische *256*
- soziale 124, 133
- systematische 133
Regensburg 51
Reichssicherheitshauptamt s. RSHA
Remagen 265, 267, 271, 275, 278f., *281*, 284, 286ff.
Rennes 307ff., 320
Reparationsleistungen 151, 300, 324
- lebende 137, 151
Repatriierung 136, 188, 253, 262, 264, 323, 336, 342, 344, 352f.
Republikflüchtige 383
Résistance 304, 306, 328
Rhein 10, 59, 267, 275, 282, 299
Rheinberg 275, 278f., 282, 295
Rheinwiesenlager 274f., 278, *281*, 282, 284, 286, 291f., 294–301, 303, 307f., 314
RIAS Berlin 333
Rimini 132
Rio de Janeiro 90, 92
Rivesaltes 318f.

Rom 92
Rostock 119
Roswell 240
Rote Armee 13, 21, 24, 28ff., 34, 39f., *42*, 43, 45, 48, 52, 54, 63, 67, 118, 137f., *139*,
Rotes Kreuz 39, 91, 97, 186, 189, 199
Rotes Meer 88
Royal Air Force 79f.
Royal Navy 101
RSHA 50ff., 340
Ruhr 22, 64, 159, 178, 287f.
Rumänien 137, 152

SA 339
Sachsenhausen 50
Saint Martinville 228
Saint-Lô *312*
Saint-Thégonnec 308
Saint-Valéry-en-Caux 77
Sam Houston (Gefangenenlager) 207, 244
San Pedro 207
Sankt-Lorenz-Strom 92
Sauerland 198, 323
Schlesien 52, 142, 152, 159, 207, 303, 336
Schleswig-Holstein 119, 199, 380
Schönwiese 142, 145, 189
Schottland 116, 122
Schwarzhandel 180, 350
Schweden 252
Schweiz 86
Schwiebus 156, 159
Schwur von Friedland 380, *382*
Screening 108, 110, 128, 272
Sechste Armee 13, 20f., 24f., 30, 32, 45, 60, 69, 71f.
Selbstmord 254f., 336
Selbstverwaltung 180
Sennelager *47*
SEP 132, 294
Sibirien 9, 35f., 137, 153, 156, 202, 204
Sidi Omar 84
Sidi Rezegh 84
Siershahn 279, 296
Sikawa 160
Sinzig 271f., 275, 278, 282, 286, 291, 294, 298, 300
Sippenhaft 40, 63, 67
Smolensk 39
Soldau 148
Sollum 81, 86
Southampton 108, 263
Sowjetunion 7, 9, 29f., 33, 36, 38f., 42, 48f., 54, 62, 66f., 69f., 74, 106, 137ff., *140*, 143ff., 148, 150ff., 155f., 159ff., 165, 169, 175, 178ff., 183f., 188ff., 196, 198ff., 202, 204, 268, 319, 331, 335ff., 341f., *341*, 344ff., 353f., *355*, 356, 361f., 364, 366ff., 380, 382
Spanien 235, 252, 319
Spätheimkehrer 331–389
SPD 131, 359
Sperreinheiten 40
Spiridonowka-Palais (Moskau) 360, 362
Sport *239*, 240f.
SS 50, 79, 104, *105*, 251, 257, 277, 301, 303, 305, 339, 342
Stalingrad 8f., 13, 15ff., *18*, 15ff., 20ff., 24, 28ff., 32, 35, 37, 40, *43*, 45, 54, 56, 61, 63, 67, 69ff., 137
Steinbruch, Arbeit im 50, 229
Stolzenhagen 146
Suchobeswodnoje *185*
Südafrika 8, 88, 90, 133
Suezkanal 84, 88
Suhl 194
Surrendered Enemy Personnel s. SEP
Sussex 124
Suzdal 30
Swerdlowsk 30, 174
Swietochlowice-Zgoda 160

Texas 7, 92, 207, 229, 233, 241, 243f., 258
Thionville 324
Thonon 306f.
Thüringen *292*
Tobruk 81, 84, 86ff.
Tolnicken 144, 153
Treblinka 298

Trent Park 113, *114*, 115
Trier 273, 324
Trinidad 247
Tschechoslowakei 137
Tscheljabinsk 166, 180, 199
Tübingen 118
Tunesien 7, 100, 115, 133, 210f., *211*, 251
Tunis 210, 253
Typhus 173f., 178, 192, 287f.

Ukraine 9, 25, 137ff., 153, 165
Ungarn 137, 152
UNO 370
Unterernährung 37, 288, 310, 384
Unternehmen Barbarossa 40, 45
Unternehmen Seelöwe 79, 81
Ural 9, 36, 137, 153, 156, 165
Urville 326
Urzad Bezpieczenstwa (poln. Geheimdienst) 159
USA 39, 54, 70, 88, 92, 101, 124, 132, 142, 107f., 210f., *213*, 214f., *217*, 218f., 222ff., 228, 231f., 234f., 237, 243, 247, 249, 251, 255, 258ff., 262ff., 291, 293f., 299, 308, 319, 323
Usbekistan 9, 137, 153

Vergewaltigungen 138, 147, 153, 155
Verpflegung 33, 44f., 224f., 282, 284ff., 303, 310, 345f., 349
Verschleppung 138f., 141ff., 146ff., 150ff., 158, 160f., 164ff., *171*, 172ff., 178ff., 188, 190, 195f., 198, 200, 202, 204, 304
Veterans Guard 94
Vichy-Regime 304, 319
Virginia *217*
Volkswagen 333

Waffen-SS 22, 106, 272, 303, 341
Warninglid 124
Warthe 159
Washington 101, 210
Waterloo 117
Watertown 324
Wehrmacht 8f., 15, 20, 28f., 33, 38, 41, 43ff., *43*, 49, 52, 55f., 60ff., 77, 104f., 107, 119, 132, *134*, 159, 249, 272, 278, 304, 314, 317f., 322, 339, 382
Weichsel 150
Weimarer Republik 55
Weißenfels 196
Weißes Meer 9, 137
Weißrussland 139
Weiterbildungsmöglichkeiten 98, 242ff., 246, 249
Weltwirtschaftskrise 219
Wesel 267
Westafrika 88
Westerwald 279
Westpreußen 142f., 152, 159, 199
Westverschiebung 161
Wiedervereinigung, deutsche 364
Wien 104
Wilhelmshaven 120
Wilton Park 115, 130f.
Wirtschaftswunder 349
Wismar 119
Witebsk *46*
Wolfsburg 332
Wolga 165
Wolkowo 34, 66
Workuta 35f., *35*, 337, 342, 347
Wormhoudt 79
Wronki 159

YMCA 96, 125, 228

Zandersfelde 143
Zeitungen 350
Zichenau (heute Ciechanow) 146, 160
Zimnawoda 160
Zivilbevölkerung 9, 24, 69, 132f., 136, 139, 141, 152, 179
Zivilisationsschock 386
Zuchthäuser 152, 159
Zwangsarbeit 11, 138f., *140*, 145, 152, 161, 168, 178, 196, 204, 262f., 268, 294, 299ff., 305, 322, 335, 338, 342, 344

Abbildungsnachweis

Karten: © Adolf Böhm/Fritz Dulas

Fotos:

AKG: 19, 31 unten, 53, 56, 58, 71, 139, 141, 149, 154, 185 unten, 253, 305, 306, 341

BA: 17 oben (183-U 0707-014), 46 oben (101/267/124/20 A), 236 r (183-B 13197), 355 unten (183 V 20312-14)

BPK: 43, 157 oben, 197 unten, 217 oben, 289 unten

Corbis: 78, 203 oben, 209 oben, 211, 213, 219, 242, 261 oben, 261 unten, 273 oben, 292

dpa: 85 oben, 203 unten, 250, 281 oben, 351, 355 oben, 360, 361, 365, 381 oben

dhm: 135, 140, 187, 205

Getty Images: 226 oben, 226 unten, 227 unten, 313, 327, 368

Christel Grunwald: 144, 157 unten, 172

Haus der Geschichte, Bonn: 387

Waltraud Heschel: 192

Hulton Archive/Getty Images: 72, 109 oben, 121 unten, 125 oben, 129 unten, 133, 227 oben, 289 oben

IWM: 76 (KY 10266), 89 unten (E 6952),103 oben (B 5089), 105 (BU 6009), 109 unten (B 8164), 111 oben (H 39229), 111 unten (H 39 276), 114 (CH 9726), 129 oben (D 26721), 134 (BU 7618)

Interfoto: 85 unten, 121 oben

Privatarchiv Klaus Kapitza: 315

Keystone: 93, 197 oben, 312, 375, 381 unten, 382, 385 unten

Johannes Lieberwirth: 95, 99 oben, 99 unten, 101

The Archives »Sir Alexander Galt Museum«/Lethbridge, c/o Johannes Lieberwirth: 97

Museum Berlin-Karlshorst: 17 unten (Foto: T. Melnik, Nr. 203497)
65 (Foto T. Melnik, Nr.: 203287), 68 (Foto: M. Sawin, Nr. 201349)

NARA: 103 unten (ARC 196304), 209 unten (80-G-77211), 213 oben (111-SC-243462), 217 unten (80-G-81256), 238 oben (111-SC 390382), 238 unten (111-SC-390384), 239 oben (111-SC-390369), 239 unten (111-SC-390365), 248 (111-SC-333716), 256 (111-SC-390373), 266 (208-NP-6-QQQ1), 269 (ARC 195470), 273 unten (111-SC-392290), 276 oben (111-SC-390500), 276 unten (111-SC-231666), 277 (111-SC-247212), 281 unten (111-SC-206078)

Reinhold Pabel: 236 l

RGVA, Russisches Staatliches Militärarchiv: 23 oben

Sächsische Landesbibliothek Dresden/Fotothek: 200 oben, 200 unten

Harald Schulze Amelung: 176 oben, 176 unten, 177 oben, 177 unten, 185 oben, 333

SV-Bild: 46 unten, 89 oben, 334, 151

Ullstein-Bilderdienst:14, 35, 42, 61, 73, 285, 325 unten, 332, 352, 373, 376, 378 oben, 378 unten, 385 oben

Roger Viollet: 309

Klaus Sasse/Waxmann Verlag, Münster: 23 unten, 31 oben, 69, 345

Hugo Lill/Westfälisches Landesmedienzentrum: 47 oben, 47 unten

ZDF: 147, 153, 167, 170 oben, 170 unten, 171, 208, 245, 325 oben, 369

Der Rechteinhaber der Abbildung von Seite 348 konnte nicht ermittelt werden.
Der Verlag bittet Personen oder Institutionen, welche die Rechte an diesem Foto haben, sich zwecks angemessener Vergütung zu melden.